가족상담 FAMILY THERAPY

가족상담

김순옥 · 곽소현 · 노명숙 · 류경희 · 배선희 · 송현애
왕석순 · 이광자 · 이현주 · 이화자 · 한상금

FAMILY THERAPY

교문사

머리말 PREFACE

가족문제는 전문적으로 해결되어야 한다는 견해가 확산되면서 가족상담에 대한 관심이 많아지고 있다. 성균관대학교 대학원 가족상담연구팀에서도 오래전부터 가족상담에 대한 관심을 가지고 연구와 실천을 해왔으며, 그 결과 『가족상담』 책을 발간하기로 의기투합하였다. 저자들은 여러 가족상담모델들 중 각자의 학문적 취향에 맞는 모델을 선정하여, 연구결과와 현장에서의 상담결과를 책으로 엮었다.

1부에서는 가족상담을 위하여 기본적으로 이해하여야 할 가족과 가족상담의 몇 가지 특성을 정리하였다. 가족상담은 이론적 지식과 기법만이 아니라 가족에 대한 이해가 선행되야 하기 때문이다. 2부에서는 가족상담의 이론 및 상담사례를 보여주는데, 초기모델로는 다세대 가족상담, 경험적 가족상담, 구조적 가족상담, 전략적 가족상담을, 후기모델로는 해결중심 가족상담, 이야기 가족상담, 통합적 가족상담을 선정하였다. 3부에서는 일반상담이론을 가족상담에 적용한 행동주의 가족상담, 교류분석 적용 가족상담, 현실치료 적용 가족상담의 이론과 상담사례를 수록하였다. 그리고 4부는 가족관계별 상담사례로써, 부부 상담사례, 부모–자녀 상담사례, 고부 상담사례를 다루었다.

본 저서의 특징은 가족상담을 위하여 필요한 가족에 대한 기본적 지식과 가족상담모델별로 기법을 적용한 상담사례를 수록하였으며, 또한 가족관계별 상담사례를 수록한 점에 있다. 가족학적 지식과 실제 상담사례들은 가족상담을 공부하는 학생들과 현장의 가족상담사들에게 도움이 될 수 있을 것이다.

『가족상담』의 집필 동기를 부여해주신 교문사의 양계성 상무이사님, 편집부 여러분, 발간되기까지 오랫동안 기다려주신 류제동 사장님께 감사를 드린다. 『가족상담』 집필을 통하여 덤으로 얻어진 저자들 간의 더욱 돈독해진 유대관계에도 감사할 따름이다.

2012년 8월

대표 저자 김순옥

차 례 CONTENTS

CHAPTER 04 경험적 가족상담

CHAPTER 05 구조적 가족상담

CHAPTER 06 전략적 가족상담

CHAPTER 07 해결중심 가족상담

CHAPTER 08 이야기 가족상담

PART 4 가족상담 적용 실제

CHAPTER 13 부부 상담사례

CHAPTER 14 부모-자녀 상담사례

CHAPTER 15 고부 상담사례

PART 1

가족 및 가족상담의 이해

CHAPTER

01 가족의 이해

가족은 대부분의 사람들에게 행복한 개인과 사회를 위한 출발점으로 여겨지고 있다. 그러나 최근 출산율의 급격한 저하, 고령화의 급속한 진행, 높은 이혼율과 그에 따른 가족의 해체 등 여러 가지 도전을 받으면서 다양한 새로운 가족문제들이 증가하고 있으며, 이러한 어려움에 처한 가족들을 지원하기 위한 방법으로 가족상담에 대한 관심이 더욱 높아지고 있다.

본 장에서는 효과적으로 상담이 이루어지기 위해 가족상담자들이 기본적으로 이해해야 할 개념인 건강가족과 가족생활주기에 대해 살펴보고, 오늘날 한국가족이 당면하고 있는 문제점들을 알아봄으로써 가족상담자들의 가족에 대한 안목을 향상시키는 데 도움을 주고자 한다.

1. 가족을 보는 긍정적 시각: 건강가족

건강가족이란 가족원 개개인의 건강한 발달을 도모하고 가족원 간의 상호작용이 올바르고 적합하여 집단으로서의 가족체계를 잘 유지하고 있는 가족이다(유영주, 2001). 가족이 건강한지 역기능적인지를 규정하는 것은 가족을 관찰하고 문제에 개입하여 해결을 지원하는 상담자에게는 매우 필수적인 일이므로 건강가족에 대한 이해가 필요하다.

1) 건강가족의 개념

저출산 · 고령화, 경제불황 등 급변하는 사회 흐름 속에서 많은 가족들이 가족해체 등 불안정성으로 이어지면서 어떻게 하면 가족이 당면하는 위기나 스트레스에 잘 대처하여 건강하게 살아갈 수 있을 것인지에 대한 관심이 높아지고 있다. 이에 따라 가족문제의 치료와 해결은 물론 가족문제를 사전에 예방하여 모든 가정이 건강해질 수 있도록 도움을 주기 위한 건강가정기본법이 제정되어 2005년부터 시행되고 있다. 이 법에서는 가족원의 욕구가 충족되고 인간다운 삶이 보장되는 가족을 건강한 가족이라고 명시하고 있다.

건강한 가족은 건강가족healthy family, 강한 가족strong family, 조화로운 가족harmonious family, 행복한 가족happy family, 기능적인 가족optimally functioning family, 탄력적인 가족resilient family 등 연구자마다 다양한 용어로 서로 다르게 표현하고 있으나, 이들이 담고 있는 기본적인 의미는 안정되고, 잘 기능하는 가족 그리고 서로의 관계에 만족하는 가족을 의미한다(조희금 외, 2006).

최근 가족 연구에서 새로운 연구방법으로 제시되고 있는 것이 건강가족적 관점family strength perspective이다. 이는 역기능적인 가족에 개입하여 가족의 병리적인 측면을 강조하는 기존의 가족접근과 달리 가족의 긍정적인 측면에 초점을 두고 있다. 이 관점에 의하면 모든 가족은 강점을 가지고 있으며 도전과 잠재적 성장의 역량을 지니고 있다(유영주, 2004). 건강한 가정은 문제가 없는 가정이 아니라, 문제가 발생했을 때 문제를 해결하기 위해 가족원이 함께 노력하여 건설적인 문제해결 방안을 찾는 가정으로, 모든 가정은 문제뿐 아니라 문제해결을 위한 잠재력도 가지고 있다(강기정 외, 2010)는 것이다. 그러므로 가족상담자는 가족의 강점을 찾아내어 강화하고 잠재력을 개발시켜줄 필요가 있으며, 이로 인해 가족의 변화와 성장이 가능하도록 도와야 한다.

2) 건강가족의 특성

비교적 유사한 문제를 가지고 있더라도 어떤 가족은 잘 적응해 나가는 반면, 어떤 가족은 쉽게 좌절하는 등 가족 간에 차이가 있다. 문제를 가진 가족이 모두 역기능적인 것은 아니며, 가족원 간의 긴밀한 협력관계 및 일체감, 가족의 기능 등이 가족의 유지와 적응에 큰 영향을 미칠 수 있는데, 이러한 가족의 특징을 가족 건강성이라고 한다(이혜경, 2009). 가족의 건강성에 대한 연구는 1970년대 가족구조의 변화와 가족기능의 약화로 심각한 가족문제 위기를 일찍부터 경험한 미국에서 가족을 진단하고 치료하기 위한 목적으로 처음 이루어졌다. 국내에서도 1990년대 초반 이후 가족 건강성에 대한 연구가 활발하게 진행되면서 가족 건강성의 구성요인들이 다양하게 제시되고 있다. 가족의 건강 여부를 몇 가지 요인으로 단순하게 결정할 수는 없지만, 가족의 건강성을 형성하게 하는 요인들을 파악하여 이것으로 가족 내의 계속적인 성장과 변화를 가져오는 기초로 삼으면 가족문제나 기타 병리적인 가족의 특성을 사전에 예방할 수 있을 것이다(유영주, 2004).

국내외의 많은 가족상담자들과 가족학자들이 건강한 가족의 특성들을 연구하여 그 결과를 제시하고 있다. 그 중 스티넷과 드프레인(Nick Stinnett & John DeFrain, 1985)은 가족의 건강성에 대한 여러 연구결과들을 살펴본 후 강한 가족strong family에는 여섯 가지 주요한 공통적 특성이 있다고 지적하였다.

첫째, 감사와 애정이 있다. 강한 가족의 구성원은 서로에게 깊이 감사하고 이것을 서로가 알 수 있도록 애정을 담아 표현한다.

둘째, 헌신한다. 강한 가족은 가능한 많은 시간과 에너지를 가족과의 활동에 투자하고 직장이나 개인적인 일로 인해 가족과의 시간을 너무 많이 뺏기지 않으려고 노력한다.

셋째, 긍정적인 의사소통을 한다. 강한 가족은 서로 간의 친밀감을 위해 이야기를 나누고 경청하는 시간을 가질 뿐 아니라 문제를 규명하고 해결방안을 찾을 때에도 서로를 비난하지 않고 의사소통한다.

넷째, 함께 즐거운 시간을 보낸다. 강한 가족은 행복을 돈, 차, 근사한 집에서 찾는 것이 아니라 가족원이 같이 활동하고 즐거운 시간을 함께 보내는 것에 더 가치를 둔다.

다섯째, 영적인 안녕을 누린다. 강한 가족은 역경의 시기에 종교적 신앙이나 낙관적인 생활관 등 영적인 자원으로 서로를 지지하고 보살핌으로써 가족을 유지하는 힘을 얻는다.

여섯째, 스트레스와 위기에 잘 대처한다. 강한 가족은 대부분 문제가 발생하기 전에 예방하는 경향이 있으며 스트레스와 위기가 있다고 해도 효율적으로 해결하는 능력을 가지고 있다.

이외에도 큐란(Dolores Curran, 1983), 벡바르와 벡바르(Dorothy Stroh Becvar & Raphael J. Becvar, 2003), 최선희(1999), 유영주(2004), 강기정 외(2010) 등 국내외 여러 연구자들

도 건강한 가족의 특성을 제시하고 있는데, 이들을 비교해보면 유사한 면도 있고 상이한 면도 있지만 원활한 의사소통, 애정과 존중, 서로에 대한 헌신, 문제해결기술, 분명한 역할책임, 가족규칙의 안정성과 융통성, 공통의 가치관과 종교 공유 등이 지적되고 있다. 그러므로 상담자는 가족을 상담할 때 이러한 건강한 가족의 특성을 인식 · 활용하여 상담을 이끌어 나갈 수 있어야 할 것이다.

그림 1-1 건강가정의 요소
출처: 강기정 외(2010), 건강가정론, pp.48-86

2. 발달론적 관점에서의 가족: 가족생활주기

가족생활주기는 시간이 경과함에 따라 가족 내에서 나타나는 발달적인 경향을 묘사하기 위해 일반적으로 사용되는 용어이다(정문자 외, 2007). 가족은 그들이 직면하는 발달단계별로 주요 과업이 있으며 그 결과로 발생되는 문제점들을 가지고 있다. 인간이 태어나서 특정한 발달단계를 거치며 단계마다 수행해야 하는 과업이 있는 것처럼 가족에게도 발달단계와 과업이 있는 것이다. 일반적으로 가족은 결혼, 첫 자녀의 출산, 은퇴 등과 같은 출발점 혹은 전환사건에 의하여 유사한 발달과정을 경험한다. 즉 대부분의 가족은 두 성인이 그들이 출생한 가족에서 분리하여 결혼한 다음 남편과 아내로서 서로에게 적응해가고, 첫 자녀가 태어나면 부모로서의 새로운 역할을 하며, 그 후 가족 수가 증가하면서 가족구조와 생활방식을 나름대로 재조직하게 된다. 이와 같이 가족은 예측 가능한 방향으로 성장하고 변하므로 가족상담자가 가족을 이해하기 위해서는 각 가족이 속해 있는 발달단계를 이해하는 것이 요구된다.

1) 가족상담에서 가족생활주기의 중요성

가족생활주기의 단계는 학자마다 다르게 구분하고 있지만, 가장 전형적인 것은 대표적인 가족사회학자인 듀발Ellen Duvall에 의한 구분이다. 그는 결혼, 출산, 자녀의 성장, 죽음 등 가족 수가 줄거나 느는 것을 중심적 사건으로 설정하여 가족생활주기를 부부확립기 가족, 자녀출산 및 영아기 가족, 유아기가족, 아동기 가족, 청년기 가족, 독립기 가족, 중년기 가족, 노년기 가족 등 8단계로 나누었다. 그러나 이와 같은 접근은 가족심리적 접근보다는 사회학적 관점에 머물러있다는 한계가 지적되면서 1950~1960년대에 보웬Murray Bowen, 사티어Virginia Satir 등 가족상담자들은 자신의 임상적 경험을 토대로 새로운 가족발달 또는 가족생활주기의 모델이 확립되어야 한다고 강조하였다. 보웬은 가족에게 치료적 접근을 하기에 앞서 가족평가를 통해 가족생활주기의 전체상을 그려내는 것이 중요하다고 주장하였다. 그는 3세대 사이에서 이루어지는 교류, 출산, 결혼, 질병, 이별 등이 어떤 경과를 거치는지를 아는 것은 가족을 이해하는 중요한 부분이 된다고 보았다. 사티어도 가족과 만나는 최초의 면담에서 중심적으로 다루어야 하는 과제는 가족생활주기를 파악하는 것이라고 했으며, 헤일리Jay Haley는 가족 스트레스가 한 단계에서 다른 단계로 이행하는 시점에서 자주 나타나며, 가족은 이러한 시점에서 증상을 나타내는 경우가 많다고 지적하였다. 또한 미누친Salvador Minuchin은 가족을 하나의 체계로 볼 때, 기본 도식의 중요한 구성요인으로 가족의 발달적 주기를 들고 있다. 그는 어떤 상태에서 새로운 상태로 이행하는 과정에서 가족들은 고통을 경험하는 경우가 많다고 지적하였다(김유숙, 2006).

오늘날 가족상담과 치료에서는 카터와 맥골드릭Betty Carter & Monica McGoldrick의 가족생활주기를 보편적으로 사용하고 있다(정문자 외, 2007). 그들은 가족생활주기의 기본적인 단계를 나눌 때 '어린 성인young adult'과 '이혼 및 재혼가족' 등 현대사회의 새로운 동향을 첨가해야 한다고 주장하였다. 현대사회에서는 자신의 원가족family of origin과 결혼가족family of procreation 중 어디에도 소속되지 않은 성인의 기간이 있으므로 이것을 가족의 출발점으로 보아야 한다는 것이다. 그래서 결혼전기를 추가하여 결혼적응기, 자녀아동기, 자녀청소년기, 자녀독립기, 노년기의 6단계 가족발달단계와 발달과업을 제시하였다. 그리고 결혼전기에 원가족과 분화가 잘되고, 본인과 맞는 배우자를 만나면 이후의 가족생활주기에 잘 적응하면서 발달과업을 잘 수행할 수 있는 중요한 시기라고 보았다. 또한 그들은 이혼으로 인한 가족생활주기의 혼란과 전후의 가족과정이나 재혼에 의한 새로운 가족 형성의 문제를 예외적 현상으로 생각하지 않고 기본적인 가족과정으로 보았다. 그들은 가족발달과업을 가족이라는 전체 속에서 관계를 확대하거나 축소, 그리고 재편성하는 것으로 보았기 때문에 이들이 제안한 가족생활주기의 단계는 실제 가족상담과정에 많은 도움을 준다(김유숙, 2006).

2) 가족생활주기에 따른 발달과업

가족생활주기의 각 단계에는 수행해야 할 특정 발달과업이 있다. 발달과업을 잘 수행하고 각 단계에 맞게 각 구성원의 지위와 관계가 변화되면 가족이 잘 기능하게 되지만 이전 단계의 발달과업이 불충분하게 달성되었거나 이전 단계의 문제가 누적되면 가족문제가 발생하고 특히 단계가 바뀌는 전이기transference period에 가족문제가 발생하기 쉽다(최규련, 2008). 따라서 가족상담자는 내담자가 처한 가족생활주기의 단계를 이해하는 것이 매우 중요하다.

(1) 결혼전기

결혼전기(結婚前期)는 미혼의 자녀가 원가족을 떠나 자신의 가족을 이루기 전까지의 기간이다. 즉 자신이 원가족으로부터 독립하였다고 생각하지만 아직 새로운 가족에는 속하지 않은 시기이다(이정숙, 2009). 최근 청년층의 취업이 어려워지면서 젊은이들 사이에서 결혼을 미루는 경향이 있고 이로 인해 초혼연령이 점점 늦어지면서 결혼전기가 길어지고 있다. 이 시기의 젊은 성인은 원가족으로부터 자기분화 의식을 가지고, 적절한 직장을 갖는 동시에 동료와 친밀한 관계를 발전시킬 수 있는 능력을 갖춰야 한다. 이러한 능력을 갖지 못한다면 새로운 가족은 물론이고 원가족과의 관계에서도 문제를 발생시킬 수 있으므로, 원가족으로부터의 분리와 독립이 성인이 되기 위한 가장 핵심적인 발달과업(송정애, 2010)이라고 할 수 있다.

이 단계에서 가족의 주요과업은 성인자녀가 독립적인 생활을 하도록 허용하여 이전에 자녀가 부모에게 의존적이었을 때 부모가 가졌던 힘과 제재를 점진적으로 줄이는 것이다. 즉 부모는 성인자녀를 성인으로 대우하며 이전보다 덜 의존하는 관계로 발전시켜야 한다. 부모는 자녀의 진로문제나 이성 관계에도 인내심을 가지고 대하여야 하며 세대 간의 갈등으로 악화되지 않도록 성인초기의 자녀와 원만한 관계를 유지하여야 한다.

(2) 결혼적응기

결혼적응기는 두 남녀가 결혼을 하여 하나의 가족을 이루어 새롭게 출발하는 단계다. 결혼으로 부부는 자신의 원가족에서 분화하여 한 가정을 책임지는 역할을 맡게 되므로 무엇보다도 상대방에게 잘 적응해야 하는 과업이 요구된다. 부부가 된다는 것은 가족생활주기 중에서 가장 복잡하면서 어려운 전환 중의 하나로 결혼으로 인해 새로운 파트너가 된 부부에게는 주요 과업이 있다.

우선적으로 결혼한 부부는 서로 만족할 수 있는 관계를 수립해야 한다. 특히 주의해야 할 점은 자신들의 기본적인 욕구 충족을 원가족에게서 추구하지 말고 자신의 배우자에게 만족하려고 노력해야 한다. 결혼한 젊은 부부는 원가족과 연결되었지만 독립적인 하위체계를 형성하기 위해 지금까지 밀접한 관계를 맺어 온 원가족과의 관계에 변화를 가져와야 한다. 각자가 자신의 원가족에서 가지고 있던 지위, 역할, 기대 등에서 남편과 아내의 관계에서의 지위, 역할, 기대 등으로 변화되어야 한다. 부부라는 새로운 관계로 접어들면서 가족생활의 모든 영역에서 각자가 그동안 익숙해져 온 방식으로 인해 대립이 생기기도 하고 갈등상황에 직면하기도 한다. 각 배우자는 상대방에게 중요한 것이 무엇인지를 알아야 하며 서로의 차이점을 인정해 주어야 한다(김규수 · 오현숙, 2010). 이 외에도 부부 사이에는 재정관리, 가사유지, 사회 및 여가활동 등을 포함한 많은 생활방식에 대한 타협이 요구된다(송정애, 2010). 따라서 가족상담자는 새로운 가정생활을 만들어 가는 신혼부부가 새로운 관계의 정체감을 확립하여 자신들의 생활에 잘 적응해 나갈 수 있도록 도와야 한다.

한편 두 남녀는 결혼을 통하여 시가, 처가라는 새로운 친인척관계를 갖게 되므로 이들 확대가족과의 관계를 잘 유지해나갈 수 있어야 한다. 각자의 원가족과 배우자와의 관계에서 적절한 균형을 유지하는 것이 중요하며, 원가족의 부모들은 결혼하여 독립한 자녀의 독립성을 존중하며 적절한 거리를 갖도록 관계를 재구성해야 한다. 이 외에도 이 시기에는 부모기에 대한 의사결정이 주요한 과업 중의 하나가 될 수 있다. 결혼하면 당연히 자녀를 낳는다고 생각하던 과거의 통념과는 달리, 피임방법의 보급 등으로 출산통제가 자유로워지면서 언제 자녀를 출산할 것인지의 문제는 부부간의 중요한 과제이므로 이에 대한 부부간의 합의가 이루어져야 한다.

(3) 자녀 출산 및 신생아기

자녀출산 및 신생아기는 자녀의 출생으로 인해 부모기에 접어들게 되는 단계이다. 이 단계는 생활양식에 변화를 요구하는 주요한 인생격변기이다. 즉 자녀 출산 이전의 부부는 자아성장, 직업개발, 친밀한 부부관계를 위한 시간을 자주 가질 수 있었다. 그러나 자녀의 출생과 더불어 자녀를 돌보는 무거운 책임에 직면하게 되면서 자신들을 위한 혹은 각자의 시간은 줄어들고 반대로 책임은 크게 늘어나게 된다. 남편에게는 아버지의 역할이, 아내에게는 어머니의 역할이 기대되며, 일상생활의 시간 배분, 소비계획, 여가를 지내는 방법 등 모든 것이 태어난 자녀에 의해 영향을 받게 된다. 이와 같이 자녀의 출생은 가족생활을 복잡하게 하고 부부에게 급격한 변화를 초래한다. 부모로서의 부부는 자녀들이 다른 사람을 신뢰하는 것을 배울 수 있도록 돕기 위해 아기가 보내는 옹알이나 미소와 같은 욕구에 민감하게 반응하는 등 자녀 양육능력을 발달시켜야 하며, 자녀의 요구에 응할 의무와 책임을 둘러싼 부부간의 육아분담에 대한 기본적인 규칙을 결정해야 한다.

자녀가 생기면 부부는 두 사람의 이원적 관계에서 세 사람의 관계로 체계 이동을 해야 한다. 부부중심의 가족체계에서 자녀중심의 가족체계로의 변화는 문제를 일으킬 수 있다. 결혼생활에서 의사소통이 잘 이루어지지 않게 되고 결혼생활만족도가 감소하기 시작(김규수 · 오현숙, 2010)하는 등 부부관계의 긴장이 유발되고 부부는 어느 한편 혹은 양편이 모두 서로에게 방임되었거나 거부당하고 있다고 오해할 수도 있다. 가장 자주 언급되는 문제는 부부 중 어느 한 쪽이 자녀를 돌보는 데에만 전념해 부부간의 대화나 친밀함, 부부관계 등을 소홀히 하는 것과 관련된 불만이다. 이처럼 어느 한 쪽의 부모가 자신들의 부부관계보다 지나치게 자녀와 친밀하거나 자녀 양육스트레스에 압도될 경우 부부간에 정서적인 어려움이 야기될 수 있다. 그러므로 이 시기에는 무엇보다도 부부관계와 부모자녀관계의 균형을 유지하는 것이 요구된다.

(4) 자녀 영유아 및 아동기

영유아기의 자녀를 둔 부모는 자녀의 보호와 안전에 관심을 집중하면서 자녀의 성장에 따라 자율성이나 주도성 발달을 위해 적절한 정서적, 물리적 환경을 제공해 주어야 한다. 스스로 할 수 있는 것을 허용하고 격려하면서 자녀들로 하여금 문제해결능력이나 사회적 기술을 발달시켜나갈 수 있도록 양육해 나가야 한다. 이 시기의 유아는 어머니뿐 아니라 아버지와도 애착관계를 형성한다. 아버지는 자녀를 직접 돌보는 시간은 적지만 자녀와 같이 놀아주어야 하며 이러한 놀이행동은 자녀에게 중요한 영향을 미친다. 아버지와의 애착은 자녀가 어머니와의 밀착된 관계에서 분리될 수 있는 대안적 애정 대상물을 제공한다(김규수 · 오현숙, 2010). 이 시기에 부부갈등에 대한 회피수단으로서 자녀와의 관계가 형성되는 경우 자녀의 성장발달에 장애를 초래할 수 있으므로 부부간의 갈등은 부부의 선에서 해결하도록 해야 한다.

자녀가 학교에 들어가게 되는 학령기에는 자녀가 외부와 관계를 맺기 때문에 가족규칙이나 경계는 자녀가 바깥 세계의 사람들과 접촉을 할 수 있도록 새롭게 형성되어야 한다. 자녀의 성장에 따라 부부는 자녀가 부모뿐 아니라 또래집단과 폭넓은 친밀관계를 이루려는 것을 인정해야 하며, 학교생활에 잘 적응할 수 있도록 세심한 배려를 해야 한다. 이 시기의 부부는 자녀가 많은 시간을 학교에서 보내므로 새로운 직업이나 활동, 인간관계를 찾으면서 개인적 성취를 시도하기도 한다. 가정에서 자녀양육에 전념했던 여성은 다시 직업을 갖거나 취미생활을 하기도 하고 남편은 직업적 성취에 더욱 전념하기도 한다. 하지만 만약 부모가 자신의 개인적 발달과 목표를 이루지 못할 경우 자녀에게 더욱 집중하는 경향이 있으며 그러한 자녀는 희생양이 되어 학교생활에서 부적응행동 등 다양한 문제행동을 보이기도 한다.

(5) 자녀청소년기

자녀가 청소년이 되면 가족은 어린 자녀를 양육하고 보호하던 역할에서 벗어나 스스로 책임감 있게 행동할 수 있도록 가족의 구조와 조직을 변화시켜야 한다. 자녀의 발달 변화에 관심을 갖고 이에 대응하여 부모의 역할도 변해야 한다.

이 시기는 청소년기에 접어든 자녀가 급속한 신체적 · 성적 성숙을 경험하면서 세대 간의 갑작스런 변화를 초래할 수 있다. 이 시기의 청소년들은 부모의 영향권에서 벗어나 가족에서부터 친구와 또래집단에게로 초점이 옮겨가지만 완전히 독립하는 것에 대해서는 불안감을 가진다. 따라서 가족이 이 단계를 성공적으로 보내기 위하여 가장 중요한 것은 융통성이다. 부모는 청소년기의 자녀가 가족의 체계에 자유롭게 드나들 수 있도록 가족의 경계선 설정에 유연하여야 하는 등 가족경계의 융통성을 증가시키고 부모의 권위를 조정함으로써 청소년 자녀가 독립성과 발달적 성숙을 얻을 수 있도록 도와주어야 한다. 부모들이 자녀에게 과도하게 집착하여 십대 자녀들의 행동이 완벽하기를 요구할 때 자녀들은 부모의 이와 같은 기대에 미치지 못한다고 느끼고 절망하거나 우울해하기도 하며, 극단적인 경우 자살을 시도하기도 한다. 따라서 청소년기 가족을 만나는 가족상담자는 가족이 청소년기의 자녀를 보다 잘 이해하도록 돕는 것이 필요하다.

이 시기는 세대 간의 가족관계에 전체적인 변화가 나타나는 시기이기도 하다. 즉, 청소년은 신체적으로 성숙하고, 부모세대는 중년기에 접어들며, 조부모세대는 고령화로 인하여 복합적인 문제에 직면하게 된다(송정애, 2010). 중년기에 접어든 부모들은 부모의 지시를 간섭이라 여겨 무시하기도 하고 반발하기도 하며 부모의 생각과는 전혀 다른 새로운 주장을 내세우기도 하는 자녀들의 변화에 현명하게 대처하고 자녀가 독립해 가는 것에 대한 불안을 견뎌야 하는 쉽지 않은 과제에 놓이기도 한다. 이로 인해 이 시기의 부모와 자녀 사이에는 의사소통상에 많은 문제점이 나타나면서 갈등 상황에 처할 수 있다는 점을 가족상담자들은 주목해야 할 것이다. 한편 조부모가 쇠약해 건강이 약화될 경우 병든 조부모를 돌보아야 하는 부담스런 상황에 놓일 수도 있다. 이 시기의 부모세대는 재정적인 문제로 인해 스트레스를 받기도 하며, 자신의 부모세대와 자녀세대에 대한 의무 사이에서 샌드위치 세대의 어려움을 경험하기도 한다.

(6) 자녀독립기

자녀독립기 가족은 자녀가 대학이나 군대에 가거나, 결혼한 경우의 가족을 말한다. 오늘날 평균수명이 늘어나면서 이 단계가 새롭게 부각되고 있으며 이 단계의 적응이 인생에서는 매우 중요시되고 있다. 이 시기의 특징은 가족원이 가족체계에 들어오거나 나가는 것이다. 성장한 자녀는 집을 떠나 학업, 입대, 취직을 하기도 하고 결혼한 자녀는 배우자를 새로운 가족원으로 들어오게 한다. 또한 자녀들이 결혼해서 아이를 가지면 조부모로서의 역할이 생긴다(이정숙, 2009). 따라서 부모세대가 자녀의 배우자나 손자녀와 어떻게 관계를 맺는지를 포함하는 새로운 가족원과의 관계를 보다 건전하게 발전시키려는 노력이 필요하다. 이 시기에는 연로한 조부모 세대가 신체적 쇠퇴단계에 접어들어 더 많은 보살핌과 주의가 필요하기도 하며, 많은 경우 조부모세대의 죽음에 관여하게 되므로 사망으로 인한 상실감을 어떻게 극복하느냐가 이 시기에 중요한 과제이다.

이 단계와 관련해서 주목해야 할 점은 부모자녀 간의 밀착과 분리에 대한 것으로, 이는 가족 문제를 초래하는 중요한 요인이 되고 있다(김유숙, 2006). 한국가족의 경우 부모자녀 간의 장기간의 밀착관계로 인해 부모 곁을 떠나는 성인자녀 가족의 어려움이 늘고 있다. 이 단계에서 부부는 부부중심으로 관계를 재조정해야 하며, 부모자녀 간의 유대를 유지한 채 서서히 자녀를 분리시키는 것이 중요한 과제이다. 그러므로 자립한 자녀에게 이전의 자녀역할을 계속하라는 무리한 요구를 하여 이것이 세대 간의 갈등으로 이어지지 않도록 이 시기 부모의 과업은 부모 역할의 중요한 특성을 포기하는 것이다. 이후 자녀가 물리적으로 독립하여 어느 정도 안정적인 생활을 하게 되면 부모는 새로운 생활에 적응해야 하는 과제가 생긴다. 여성은 지금까지 해왔던 어머니 역할이 줄어들고 빈둥지empty nest시기를 경험한다. 여성은 남성보다 자녀가 성장하여 독립해 집을 떠날 때 공허감, 상실감, 우울감을 더 느끼게 되는데, 특히 자녀양육에 자신을 헌신한 여성들의 경우 더욱 그렇다. 따라서 이 시기의 가족상담에서는 자녀와 분리하는 데 도움이 되는 사회봉사활동이나 새로운 취미활동을 장려하는 것도 포함되어야 한다(김규수 · 오현숙, 2010). 자녀의 출가 후 부부만의 시기가 길어지면서 부부체계를 보다 긴밀한 협력관계로 재구성하여 '늦은 이혼'으로 인한 가족의 붕괴가 야기되지 않도록 부부간의 관계에 보다 많은 관심을 기울여야 할 것이다.

(7) 부부 노년기

결혼으로 시작된 가족생활주기가 노년을 맞이하게 되면서 인생의 만년을 보내는 가족 발달의 마지막 단계에 접어들게 된다. 이 시기의 과제는 '상실'에 대한 대처로, 상실감을 최소화하며 역할의 변화를 수용해야 한다. 이 시기에는 신체적 쇠퇴를 비롯하여 경제, 사회, 심리 등 여러 측면에서 상실감을 경험하고, 배우자를 비롯하여 형제, 친구, 친지와의 사별에 대처하며 자신의 죽음에도 대비하여야 한다. 특히 은퇴에 적응하는 것이 중요한데 오랜기간 유지해왔던 사회적 역할과 인간관계를 상실하게 되기 때문에 심리적 타격이 크다. 퇴직 후에는 배우자와의 생활에도 큰 변화가 오므로 노년기에는 부부관계의 재적응이 필요하게 된다. 집안일에 대한 충분한 협상과 재조정을 통한 역할분담이 결혼생활 향상에 기여할 수 있다. 노년기의 부부는 남편과 아내 중 어느 한 쪽 배우자의 사망으로 인해 홀로됨을 맞이하게 되며 이러한 배우자의 죽음은 노년의 고독을 가져오게 되고 일부 노인들의 경우 그에 대한 대안으로 재혼을 선택하기도 한다.

노년기의 과제 중의 또 하나는 중년세대인 자녀들에게 가정의 중심적 역할을 이양하는 것이다. 일반적으로 이 시기의 부모자녀관계는 돌봄에서 역할 역전이 일어난다. 노년기를 맞이한 부모세대는 자녀세대가 중심적인 역할을 할 수 있도록 도와주는 것이 바람직하며 그렇지 못한 경우 세대 간의 갈등이 일어나기도 한다. 한편 손자녀와의 교류 경험은 자신의 어린 시절과 인생을 되돌아 볼 수 있는 기회가 되며, 자녀세대와의 관계와 달리 큰 긴장이나 갈등이 없고 조건없는 순수한 애정관계를 맺을 수 있으므로 좋은 조부모-손자녀관계를 맺을 수 있도록 적응해 나가는 것이 요구된다.

이와 같이 가족에게 가족생활주기별로 요구되는 발달과업은 물론 흔히 발생하기 쉬운 사건이나 문제들을 가지고 있으므로 상담자는 가족에 개입 시 이러한 점들을 점검하는 것이 필요하다. 우리나라 가족의 발달단계와 그에 따른 가족문제들을 정리해 보면 다음 표 1-1과 같다.

표 1-1 가족발달단계에 따른 주요 가족문제

가족발달단계	주요 가족문제
결혼전기	부모자녀 간의 지나친 밀착, 경직 결혼 및 미취업으로 인한 문제와 그로 인한 부모자녀 간 갈등
결혼적응기	가사, 재정관리 등 생활방식에서 불일치 부부간 성격차 및 성적 부적응 인척과의 갈등 대화체계 및 가족규칙 정립상의 갈등
자녀출산 및 신생아기	부부중심에서 자녀중심 생활로의 변화에 부적응 자녀양육스트레스 자녀와의 관계로 인해 소원해지는 부부관계로 인한 갈등
자녀 영유아 및 아동기	부부간의 유대감 약화 부정적인 양육태도 부-모-자녀 간 삼각관계 자녀의 학교생활부적응 및 성적부진
자녀청소년기	청소년기 자녀의 변화에 대한 부적응과 의사소통의 어려움 자녀교육 관련 학업적 성취 및 경제적 부담
자녀독립기	부모-성인자녀 간의 밀착 갱년기 위기감, 중년기 우울 노부모 부양 부담
부부 노년기	신체적인 노화 및 은퇴에 부적응 부부가 함께 있는 시간이 길어짐에 대한 부적응 성인자녀와의 갈등, 고부갈등으로 인한 소외감 배우자 사별 후 홀로됨에 부적응, 죽음에 대한 두려움

출처: 정문자 외(2007). 가족치료의 이해. p.354; 최규련(2008). 가족상담 및 치료. pp.64-65 재구성.

이상에서 우리나라 가족의 전형적인 가족생활주기를 살펴보았는데, 최근 젊은이들 사이의 결혼 지연, 저출산과 고령화 등으로 인해 점차 가족생활주기에 변형이 일어나고 있다.

결혼적령기 남녀의 학업연장이나 경제활동 등에 따라 결혼을 늦추거나 독신을 선호하는 등 결혼에 대한 태도 변화로 결혼전기가 길어지며, 자녀를 적게 낳고 단산연령이 낮아지면서 마지막 자녀의 독립이 빨라지고 있으며, 남녀 평균수명이 약 80세에 이르러 가족생활주기에서 부부만이 남게 되는 시기부터 부부 모두 사망하기까지의 기간이 전보다 훨씬 길어지게 되면서 가족주기의 후반부가 연장되고 있으므로 이에 대한 중요성과 관심이 높아지고 있다. 노부모를 부양해야 하는 시기가 길어지고 자녀의 학업 및 취업곤란 등으로 부양과 양육 등의 보살핌의 기간이 가족생활주기에서 차지하는 비중이 더욱 커지고 있다.

3) 재구성 가족의 발달단계와 발달과업

혼인건수가 감소하면서 전체 이혼건수가 다소 감소하고 있지만 여전히 높은 이혼율을 보이면서 한부모가족과 재혼가족이 많아지고 있다. 따라서 상담자들은 이들 가족의 특성과 요구를 이해하고 인지해야 한다. 그러므로 앞에서 살펴본 가족에 대한 보편적인 발달단계와 발달과업을 이해하는 것만으로는 불충분하며 이혼과 한부모됨, 재혼 등 가족의 재구성과 관련된 발달단계와 과업을 충분히 알고 있어야 한다.

표 1-2 이혼과 한부모됨에 따른 발달과업

단 계	발달과업
이혼 전 의사결정	결혼생활에 실패했다는 스트레스로 인한 심신의 쇠약 극복 부부관계를 지속하기 어렵다는 현실 수용
이혼 협상	자녀양육과 재산분할에 관한 합리적 의사결정 자녀 및 확대가족과의 관계 재정립 배우자에 대한 애착 해소
이혼	실패감, 죄책감, 상실감 해소 결혼생활에 대한 통합적 정리 재결합 환상 포기하기 재정, 자녀관계 재정비 협력적 공동 부모역할 재정비
이혼 후	외로움 대처방안 모색 전 배우자와의 관계 재설정 분노, 상실감 해소 정신적, 정서적 독립 자녀양육(특히 부자가족) 및 경제적 문제(특히 모자가족) 대처 자녀의 혼란과 상실감, 부적응 문제 대처 가족과 친구, 복지기관 등 사회적 지지체계 구축

출처: 최규련(2008), 가족상담 및 치료, pp.65-66 재구성.

이혼을 경험하는 가족들은 이혼 전 의사결정, 이혼 협상, 이혼, 이혼 후의 4단계를 공통적으로 경험하며 각 단계별로 요구되는 발달과업을 수행해야 한다. 카터와 맥골드릭은 이혼과정에 따른 가족의 단계별 특성과 발달과업을 다음과 같이 제시하였다(표 1-2).

한편 재혼가족의 경우 초혼가족과 다른 복잡한 정서적 구조와 기능을 가진다. 이전 가족과의 이별경험이 있고, 서로 다른 가족의 역사를 안고 있으며, 이전가족과 새로운 가족 사이의 충성심 갈등, 그리고 즉각적인 사랑의 신화 및 두 가족에 소속된 자녀 등 많은 어려움을 안고 있다. 카터와 맥골드릭에 의하면 표 1-3과 같이 재혼가족은 재혼결정, 재혼가족 설계 및 생활계획, 재혼과 가족 재구성의 3단계를 경험하며 각 단계별 발달과업을 수행해야 한다.

표 1-3 재혼가족의 발달단계와 발달과업

단 계	발달과업
재혼결정	재혼에 대한 자녀의 이해 구하기 이전의 결혼생활과 전 배우자에 대한 감정 정리 새로운 결혼에 대한 현실적 기대 재혼의 동기와 문제점 검토
재혼가족 설계 및 생활계획	새 배우자와의 결혼 설계 자녀들의 죄책감, 충성심 갈등, 불안 등의 해소 지원 계부모-자녀 간 즉각적인 사랑의 신화에서 탈피 이전 결혼생활 문제를 반복하지 않는 노력 계획 별거자녀와의 관계 유지 방법 모색 이전 배우자와 협력적 공동부모역할 방안 모색
재혼과 가족재구성	이전 가족과 배우자에 대한 애착 해소 새로운 부부체계 정립 및 친밀감 형성 이전 결혼에서의 자녀와 새로운 배우자 관계 사이의 경계 형성 재혼가족의 통합을 위한 규칙, 의례 설정 가족원 간 수용 및 의사소통 효율화 노력 가족의 재구성에 따른 자원의 합리적 재분배 자녀들의 새로운 형제자매 관계 적응 자녀에 대한 친부모 및 계부모의 협력관계 구축 확대가족, 친지, 친구 등 사회적 지지체계 재구축

출처: 최규련(2008), 가족상담 및 치료, pp.66-67.

3. 가족의 구조와 가치관 변화 : 가족문제

가족을 둘러싼 사회적 환경의 변화에 따라 가족의 구조와 가치관 등이 변하고 있으며, 이로 인해 전통적인 우리 한국가족의 면모도 변화추세에 있다. 이 과정에서 오늘날의 가족들이 과거와는 다른 새로운 가족문제에 당면하고 있다. 가족상담자들은 이러한 사회적 변화에 따른 제반 가족문제들을 이해하여 각 가족의 상황에 적합한 도움을 줄 수 있어야 할 것이다.

1) 가족구조의 변화에 관련된 문제

현대가족의 변화는 가족의 구조 측면에서 뚜렷이 나타나고 있다. 기본적으로 가족의 규모가 축소되면서 핵가족, 소가족, 소자녀가족이 증가하고 있으며, 외형적으로 다양한 유형의 가족들이 등장하고 있다. 이 가족들은 각기 서로 다른 내용의 문제점을 가지고 있다.

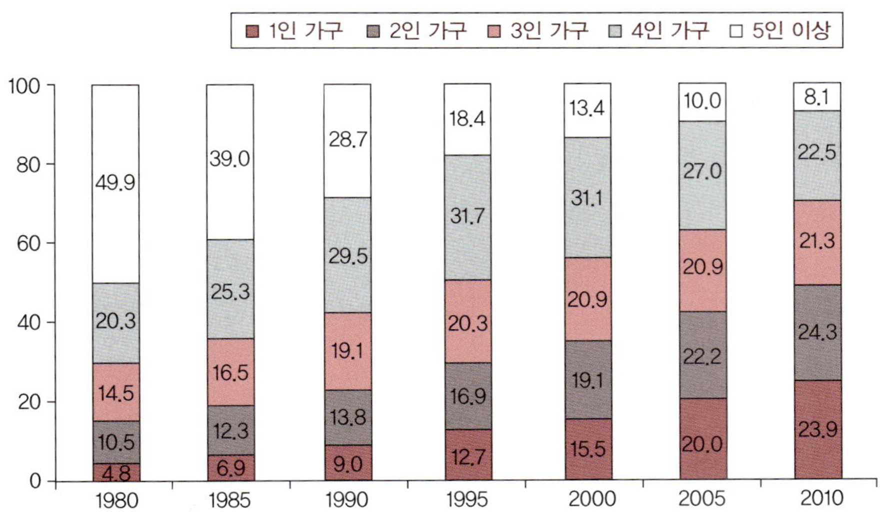

그림 1-2 가구원수 규모

출처: 통계청(2011), 2010인구주택총조사.

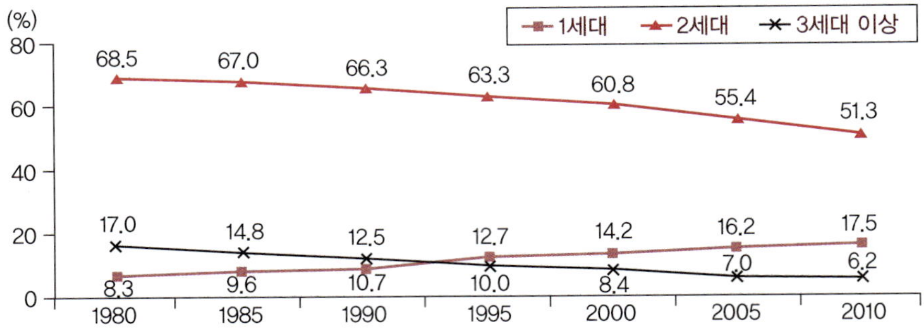

그림 1-3 세대구성 추이

출처: 통계청(2011). 2010인구주택총조사.

(1) 가족규모의 축소

세대구성이 단순화되고 있다. 부부만 사는 1세대 가구 비율은 2005년 16.2%에서 2010년 17.5%로 1.3% 증가했지만 2세대 가구는 55.4%에서 51.3%로 4.1% 줄었고 3세대 이상 가구는 7.0%에서 6.2%로 감소했다(그림 1-3). 부부, 부부+미혼자녀, 부+미혼자녀, 모+미혼자녀로 이루어진 핵가족 비율은 61.6%로 2005년의 65.0%보다는 감소했으나 여전히 높은 비율을 차지하고 있다(표 1-4). 이와 더불어 평균 가구원수도 점차 감소하여 2010년 2인 가구 비율은 24.3%, 1인 가구는 23.9%로 2인 이하 가구가 전체의 48.2%를 차지하는 것으로 나타났다(그림 1-2). 1990년 이후 가장 주된 가구유형이던 4인 가구 비율은 22.5%로 2005년의 27.0%에서 4.5% 급감하면서 1인 가구보다 적어졌다. 이는 부부만 사는 1세대 가구가 늘고, 늦은 결혼과 혼인 감소, 이혼 및 혼자 사는 노인의 증가 등으로 1인 가구가 급증했기 때문이라 할 수 있다. 독신가구는 현저히 증가하고 있으며 앞으로도 계속될 것으로 전망되고 있으므로 이들 다양한 유형의 독신가구가 안고 있는 어려움을 파악하여 이에 대한 대책 마련에 좀 더 관심을 기울여야 할 것이다.

현대 가족이 소가족화되면서 자녀들이 대가족제도에서 가질 수 있었던 넓은 인간관계를 형성하지 못한 채 고립되고 더 나아가 소외감을 갖거나 안정감을 잃게 될 수 있다. 노부모세대와의 별거로 인해 자녀 돌봄을 지원받을 인력의 부재로 자녀양육에 어려움을 토로하는 부모들도 늘어나고 있다. 자녀양육 과정에서 부부간에 충분한 협력이 이루어지지 못하고 부부간의 의견이 불일치할 경우 결혼생활의 스트레스와 불안정을 증대시키는 결과를 초래하기도 하며 때로는 자녀의 바람직하지 못한 일탈행동으로 이어지기도 한다(김유숙, 2006).

가족구조의 변화로 자녀양육이 어려워지면서 최근 자녀출산을 미루거나 포기하는 가족이 늘고 있다. 우리나라 합계출산율은 수년간 세계 최저수준으로 2007년 1.19명, 2008년 1.2명, 2009년 1.22명으로 점차 증가하고는 있으나 2010년 현재 1.23명으로 세계 평균 2.52명의 절반에도 미치지 못하고 있다(그림 1-4). 자녀수의 감소는 부모의 과잉보호와 지나친 기대에 따른 문제로 이어질 수 있다. 부모들이 정서교육을 소홀히 한 채 자신의 보상심리에 따라 자녀에게 집중적으로 무리하게 공부만을 강요할 때 자녀들은 심리적 부적응 현상을 보이기도 한다. 또한 형제자매와의 관계 속에서

표 1-4 세대별 가구구성

(단위: 천 가구, %)

구 분		2005년(A)		2010년(B)		증감(B-A)	
			구성비		구성비		증가율
일반가구		15,887	100.0	17,339	100.0	1,452	9.1
1세대		2,575	16.2	3,027	17.5	453	17.6
	부 부	2,259	14.2	2,672	15.4	413	18.3
	기 타	316	2.0	356	2.1	40	12.7
2세대		8,807	55.4	8,892	51.3	85	1.0
	부부 + 미혼자녀	6,702	42.2	6,416	37.0	-286	-4.3
	부 + 미혼자녀	287	1.8	347	2.0	61	21.1
	모 + 미혼자녀	1,083	6.8	1,247	7.2	164	15.1
	조부모 + 미혼손자녀	58	0.4	51	0.3	-7	-11.9
	기 타	678	4.3	831	4.8	154	22.7
3세대		1,093	6.9	1,063	6.1	-30	-2.7
	부부+미혼자녀+양친	141	0.9	134	0.8	-6	-4.5
	부부+미혼자녀+모친(또는 부친)	567	3.6	518	3.0	-49	-8.7
	기타	385	2.4	411	2.4	26	6.7
4세대 이상		16	0.1	13	0.1	-3	-19.7
1인 가구		3,171	20.0	4,142	23.9	971	30.6
비친족가구		226	1.4	202	1.2	-24	-10.5

출처: 통계청(2011). 2010인구주택총조사.

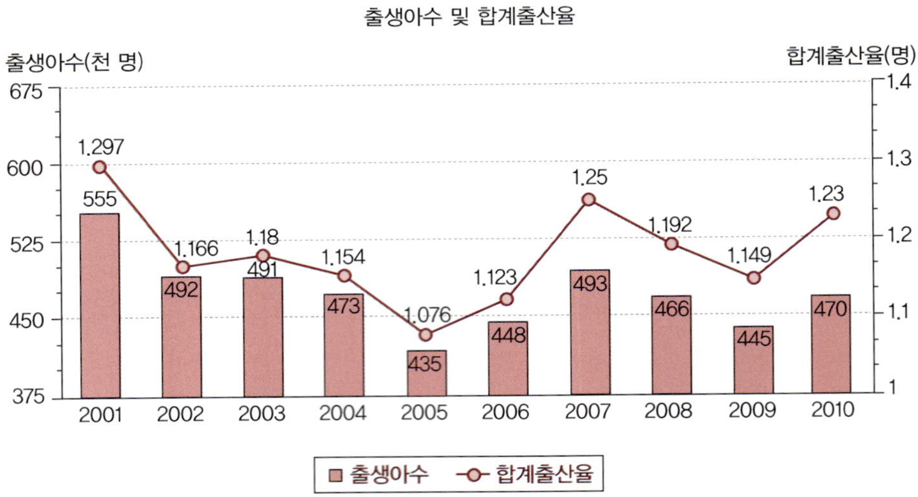

그림 1-4 출생아수 및 합계출산율

출처: 통계청(2010), 2010출생통계.

스스로를 절제하며 서로의 갈등을 조절해가는 방법을 습득할 수 있는 기회를 상실하여 자칫 사회에서의 대인관계에 어려움을 초래할 수 있다.

(2) 이혼으로 인한 한부모가족, 재혼가족과 조손가족의 증가

가족구조의 변화에서 또 하나의 두드러진 특징은 이혼율이 높다는 점이다. 2010년 이혼은 11만 6900건으로, 2009년 12만 4000건보다 7100건, 5.8% 감소했으며 인구 1000명당 이혼 건수도 2.3건으로 전년보다 0.2건 감소를 보이고 있으나 여전히 하루 300쌍 이상의 많은 이혼이 행해지고 있다(표 1-5). 이혼의 추이를 성·연령별로 살펴보면 남녀 모두 모든 연령층에서 이혼이 감소하고 있는 반면 50대 이상의 이혼은 2006년 이후 계속 증가하고 있으며 평균 이혼연령은 남성 45세, 여성 41.1세로 상승세를 유지(통계청, 2011)하고 있다. 자녀출가 후 부부 단둘이 남는 시기가 길어지면서 황혼이혼으로 이어지는 새로운 가족문제가 양산되고 있는 것이다. 따라서 상담자들은 20년 이상 살다가 헤어지는 '늦은 이혼'에도 주목해야 할 것이다.

이혼한 사람들은 이혼으로 인해 상실을 경험한 사람들이므로 많은 어려움이 예상된다. 결혼을 유지하고 있는 사람들과 비교했을 때 삶의 질이 낮고 심리적인 고통을

표 1-5 총 이혼건수 및 조이혼율

(단위: 천 건, %)

구분		2002	2003	2004	2005	2006	2007	2008	2009	2010
총 이혼	이혼건수	144.9	166.6	138.9	128.0	124.5	124.1	116.5	124.0	116.9
	증감건수	10.3	21.7	-27.7	-10.9	-3.5	-0.5	-7.5	7.5	-7.1
	증감률	7.7	15.0	-16.6	-7.8	-2.7	-0.4	-6.1	6.4	-5.8
조이혼율		3.0	3.4	2.9	2.6	2.5	2.5	2.4	2.5	2.3

출처: 통계청(2011). 2010혼인이혼통계.

경험하며 건강문제의 위험도 높다고 보고되고 있다. 또한 이혼 후 사회적으로 고립되고 경제적인 어려움을 더 많이 경험하며 자녀양육에서도 어려움을 겪게 된다. 이혼은 부부 당사자뿐 아니라 자녀에게도 극도의 혼란과 불안을 경험하게 하는 가족 전체의 위기라 할 수 있다. 이에 따라 이혼을 선택할 때 이혼 후의 문제점과 적응 등에 대해 심사숙고한 후에 이혼할 수 있도록 2008년 이혼숙려제도가 도입되어 시행되고 있지만 앞으로 이혼 전, 이혼과정 중, 이혼 후 이들을 위한 교육과 상담프로그램이 좀더 활성화되어야 할 것이다.

우리나라의 경우 미성년 자녀가 있는 부부의 이혼이 전체 이혼의 절반 정도를 차지해 이혼으로 인한 한부모가족의 비율이 증가하고 있다. 한부모가족의 경우 경제적, 정서적 스트레스는 물론 자녀 양육 및 교육 등에서 어려움을 겪고 있으므로 현재 이들 가족을 돕고 있는 한부모가족지원센터나 건강가정지원센터 등에서는 교육, 상담과 더불어 이들의 욕구를 실질적으로 충족시켜줄 수 있는 지원서비스를 제공해야 할 것이다. 이혼의 증가로 인해 나타나는 또 다른 변화는 재혼가족의 증가다. 재혼가족의 경우 새로 결합한 부부관계보다 더 익숙하고 친밀한 부모자녀관계가 선행하므로 부부관계에 부정적인 영향을 미칠 수 있다는 점에 유의해야 한다. 또한 가족관계에서 도 '내 아이', '당신 아이', '우리 아이' 등 보다 많은 관계가 서로 얽혀 있어서 더욱 복잡한 문제를 파생시킬 수 있으므로 그 어떤 가족보다도 가족상담자의 도움이 필요하다.

한편 이혼이나 재혼으로 인한 조손가족이 꾸준히 증가되고 있다. 이들은 손자녀양육비, 양육에 따른 가사노동의 증가, 자신들이 손자녀를 양육할 수 없는 상황이 되었을 경우에 대한 걱정(강기정 외, 2010) 등 많은 어려움을 안고 살아가고 있으므로 이러한 부담을 덜어줄 수 있는 조손가족의 욕구와 특성이 반영된 사회적인 지원이 필요하다. 조손가족은 가족해체라는 사회문제가 증가하고 있는 현실에서 이에 대한 하나의 대안으로 받아들여지고 있으므로 조손가족에 대한 보다 적극적인 접근이 요구된다.

(3) 세계화로 인한 결혼이민자가족과 분거가족의 증가

최근 국제결혼의 증가로 결혼이민자가족 등 다문화가족에 대한 사회적 관심이 집중되고 있다(표 1-6). 다문화가족은 새로운 사회에서 경험하는 문화적 차이나 의사소통상의 어려움 이외에도 정보의 부족이나 가족의 폐쇄적인 태도로 인해 사회로부터 단절되고 소외된 채 살아가는 경우가 많다. 결혼이민자가족의 자녀들 또한 소외와 차별, 방임이나 정체성의 문제를 겪을 수 있으므로 부모들이 적절하게 자녀를 양육할 수 있도록 돕는 방안이 고려되어야 한다.

국내의 이혼건수는 다소 줄어들고 있는데 반해 부부갈등이나 고부갈등 등으로 이들 결혼이민자 가족의 이혼건수는 꾸준히 증가하고 있으므로(그림 1-5) 가족원 상호간에 서로 다른 문화적 배경을 수용해가면서 조화롭게 공존할 수 있는 방안이 모색되어야 한다. 현재의 결혼이민자가족의 지원은 주로 결혼이주여성들이 한국 생활과 문화에 적응하도록 동화위주의 교육과 상담이 이루어지고 있는데 앞으로는 남편과 시가족들이 아내의 출신국의 생활문화나 제도를 이해할 수 있는 기회를 좀더 확대시켜 나가야 할 것이다.

한편 조기유학이 활발해지면서 자녀와 엄마는 외국에서 생활하고 아버지는 한국에

표 1-6 국적별 다문화 가구원

(단위: 천명, %)

국 적	다문화가구원		국 적	다문화가구원	
		구성비			구성비
합계	578	100	일 본	16	2.8
중국(한국계)	219	37.9	몽 골	12	2.1
중 국	93	16.1	대 만	11	1.9
베트남	58	10.0	태 국	11	1.8
미 국	41	7.1	인도네시아	10	1.7
필리핀	24	4.1	기 타	84	14.5

출처: 통계청(2011). 2010인구주택총조사.

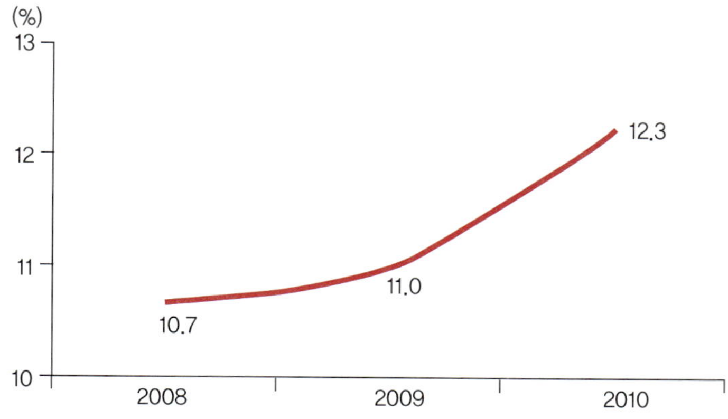

그림 1-5 전체이혼건수 대비 다문화가구 이혼 비중

출처: 통계청(2011). 다문화인구동태통계.

남아서 학비와 생활비를 조달하는 신종 이산가족인 분거가족, 소위 기러기 가족이 최근 우리 사회에 급증하고 있다. 이는 부부중심의 핵가족으로 이행되고 있다고는 하나 여전히 자녀를 중시하는 우리 가족의 모습을 보여주는 전형적인 예로, 오랜 기간 가족들이 떨어져 살게 되면서 가족해체 등의 사회문제를 야기하고 있다. 사회변화에 따라 앞으로 해외는 물론 학업이나 직장 등의 이유로 국내 분거가족의 증가도 불가피한 만큼 가족이 떨어져 살면서 가족의 소중함을 느낄 수 있고 서로의 중요성을 깨닫는 등 분거가족의 강점을 좀 더 강화시켜(강기정 외, 2010) 가족원 간의 유대가 지속될 수 있도록 하는 방안을 적극 모색해야 할 것이다.

2) 가치관의 변화에 관련된 문제

오늘날 현대가족은 핵가족화와 개인주의, 평등주의 가치관의 영향으로 전통가족의 바탕에 자리 잡고 있던 유교적 가족윤리와 가부장적 문화가 퇴색하고 있는 과도기에 있으며 이에 따라 가족가치관이 혼재되어 있는 상태이다. 이로 인해 동일한 가족의 가족원이더라도 성별 및 세대별로 가치관과 사고방식의 변화속도에서 차이를 보이는 문화지체 현상이 나타나고 있다. 그 과정에서 가족생활 전반에 걸쳐 부조화와 갈등이 발생하여 가족문제로까지 진행되는 경향이 있다.

(1) 남성의 문화지체현상으로 인한 부부간의 갈등

양성평등을 강조하는 사회분위기는 가족관계에 영향을 미쳐 이러한 변화에 융통성 있게 대처하지 못하는 가정의 경우 가족관계에서 어려움을 경험한다. 현대 한국 가족의 부부관계에서 주목할 점은 남편과 부인의 의식 격차라고 볼 수 있다(김유숙, 2006). 전통적으로 기득권을 가진 남성의 경우 남성우월사상과 가부장적 가치관에서 쉽게 벗어나지 못하는 경우가 많다. 그 결과 민주적이고 평등한 관계를 지향하고 자기주장과 역할분담을 요구하는 아내와의 사이에 갈등과 불화가 발생하면서 가정폭력, 별거 및 이혼 등으로 이어지기도 한다. 즉 남성의 문화지체현상이 가족문제의 주요 원인이 되고 있는 것이다.

이러한 상황은 맞벌이 가족에서도 별반 다르지 않다. 경제적 이유나 사회활동을 통해 자아실현을 하려는 여성들이 많아지면서 맞벌이 가족이 꾸준히 증가하고 있다. 우리나라 여성의 경제활동참가율은 49.4%로(표 1-7), 20대 후반(25~29세)의 경제활동참가율이 69.8%로 가장 높고 30대 초반(30~34세)에서 54.6%로 크게 하락했다가 40대 초반(40~44세)에 65.9%로 60%대를 회복하는 전형적인 M자형의 취업률곡선을 보이고 있다. 이는 출산 및 어린 자녀양육 후 재취업을 선택하는 경향이 있음을 나타내고 있다. 이러한 맞벌이 가족의 여성들은 무엇보다도 부부간의 가사분담과 자녀양육에서의 역할공유를 기대하는데, 남성들은 역할분리를 고수하고 아내에게 슈퍼우먼이 되기를 기대하면서 부부간에 불화의 원인이 되고 있다.

한편 우리나라 가족의 의사소통 양상을 보면 엄격한 유교의 영향으로 부부사이나 부모자녀 사이에 감정표현이나 애정표현이 억제되어 감정을 표현하지 않고 지내거나 은근히 간접적으로 표현하는 방법을 사용하여 가족원 간의 갈등이 야기되기도 한

표 1-7 여성경제활동 인구 및 참가율 (단위: 천 명, %)

구 분	2002	2003	2004	2005	2006	2007	2008	2009	2010
15세 이상 여성인구	19,042	19,220	19,405	19,683	19,899	20,086	20,273	20,496	20,741
여성경제 활동인구	9,486	9,418	9,690	9,860	10,001	10,092	10,139	10,076	10,256
여성경제 활동참가율	49.8	49.0	49.9	50.1	50.3	50.2	50.0	49.2	49.4

출처: 통계청(2010). 경제활동인구조사.

다. 가족 내 의사결정 방법에서도 엄격한 위계구조에 의하여 가족관계에서 우위에 있다고 생각되는 가족원인 남편이 일방적으로 결정하고 부인이 이를 수용하는 방식으로 이루어지는 경향이 있다. 표면적으로 보면 오늘날 한국 가정의 부부관계에서는 더 이상 남편이 독단적으로 가정의 중요한 일을 결정하지 않으며 부인의 권한도 많이 강화된 것처럼 보인다. 실제로 금전관리 및 자녀교육에 관련된 결정권이나 영향력에서 점차 부인들의 입지가 높아지고 있기는 하다. 그래서 외형상 평등하고 서로 협력하는 관계처럼 보이지만 부부관계의 내부에서는 남편이 아내를 지배하고 통제하려는 전통적인 관계가 그대로 존재하여(김유숙, 2006) 실생활에서는 아직도 가부장적인 가족문화로 인해 고통받는 여성들이 적지 않다.

그러나 최근 젊은 세대들 사이에서 절대적으로 평등한 동반자적인 부부관계를 지향해야 한다는 의식이 높아지고 있어서 현재 한국 가족의 부부관계는 과도기적 혼돈에 처해 있다고 말할 수 있다. 가부장적 사회에서 양성평등 사회로 변화되기 위해서는 무엇보다도 가족 내 남성들의 변화에 대한 적응이 필요하므로 이에 대한 가족상담자들의 관심이 요구된다.

(2) 효와 부양 의식의 변화로 인한 노부모부양문제

효는 한국사람들에게 가장 친근한 덕목이며 대표적인 삶의 근간이 되는 주된 가치였다. 전통적으로 가족관계를 지배해 온 효에 기반을 둔 가치관은 민주적 사고방식, 평등의식, 개인주의적 사고, 독립의식 등이 확산되면서 혼돈을 일으키고 있다. 특히 젊은 세대의 효의식이나 노부모부양에 대한 가치관은 점점 약화되고 있으며, 이는 빠르게 증가하고 있는 고령화의 흐름과 맞물리면서 연로한 노부모들의 부양문제를 야기하고 있다. 성인자녀들의 경우 노부모에 대해 자녀로서의 책임감은 여전히 가지고는 있지만 경제적인 자원이 제한되어 있는 상태에서 노부모를 돌보는 것에 대해서는 부담감을 갖는다. 노부모 부양책임의식을 보면 과거의 장남을 비롯한 자녀책임 일변도에서 벗어나 점차 노인 스스로의 책임이나 국가나 사회가 책임져야 한다는 사회적인 효의 개념이 강조되고 있다. 자녀세대의 부부중심의 핵가족 선호 경향뿐 아니라 최근 노부모세대에서도 자발적으로 독립적인 거주를 선호하는 경향이 높아지면서 자녀와 별거해서 생활하는 노인가구가 증가하고 있다. 우리나라 1인 가구를 연령별로 보면

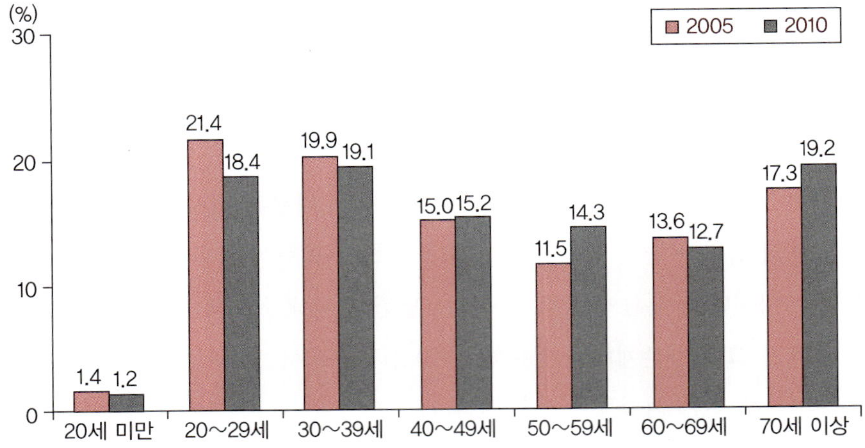

그림 1-6 연령별 1인 가구 비율

출처: 통계청(2011). 2010인구주택총조사.

2005년에는 20대가 21.4%로 가장 많았으나 2010년에는 70세 이상이 19.2%로(통계청, 2011) 가장 높은 비중을 차지하고 있는 것으로 보아 자녀와 떨어져 노인가구를 형성하고 생활하다가 배우자 사별 후 홀로 사는 노인이 점차 많아지고 있음을 알 수 있다. 이들 독거노인들이 겪는 외로움 등의 어려움이 우울과 자살로 이어지는 경우가 적지 않으므로 사회문제화 되지 않도록 다각적인 노력이 뒤따라야 할 것이다.

한편 노년기에 건강이나 경제적인 측면에서 자립하지 못하고, 자신들이 늙어간다는 사실을 거부하면서 가정에서의 주도적 역할을 자녀들에게 넘기고 싶어 하지 않거나 더 이상 이전의 강력한 위치에 있지 않다는 사실을 받아들이지 못할 때 자녀세대는 이러한 노부모의 과도한 의존과 통제, 간섭으로 부담을 느끼게 된다. 그 결과 세대 간의 갈등이 야기되고 이는 자칫 노인학대 문제로까지 이어질 수 있다. 그러므로 노인이 스스로 질병으로 인해 건강이 쇠약해지는 것, 은퇴하거나 홀로되는 것, 조부모가 되는 것 등 노년기의 변화에 잘 적응하고 사회적으로도 노인들이 길어진 노년기 삶에 대해 진지하게 생각해 볼 수 있도록 돕는 노년기 교육이나 상담에 보다 많은 관심을 기울여야 할 것이다.

이상에서 살펴본 바와 같이 오늘날의 한국가족은 사회변화에 따라 가족의 구조와 가치관이 변하면서 많은 가족문제들에 직면하고 있다. 핵가족화와 소가족화가 지속되면서 자녀양육의 어려움을 겪고 이는 출산자녀수의 감소로 이어지면서 국가적인 문제로까지 부각되고 있다. 높은 이혼율로 인해 한부모가족, 재혼가족, 조손가족 등이 증가하고 국제화의 흐름에 따라 결혼이민자가족과 분거가족이 증가하는 등 과거에 비해 가족유형이 점차 다양해지면서 새로운 가족문제들이 생겨나고 있다. 또한 양성평등을 강조하는 사회적 분위기가 확산되고 있음에도 불구하고 아직도 많은 남성들이 전통적 가부장적 가치관에서 벗어나지 못해 부부간의 갈등의 소지도 점점 더 높아지고 있으며, 젊은 세대는 물론 노인세대에서도 효와 부양에 대한 의식이 변화되면서 독거노인이 증가하고 노인부양문제가 심화되고 있다. 따라서 가족상담자는 이러한 가족 변화의 흐름을 인식하여 효과적으로 가족을 지원할 수 있는 방안을 모색해야 한다.

아울러 가족상담자는 한국가족의 경우 가족문제에 대한 인식과 대처방법에서 여전히 가족주의 문화가 반영되어 있다는 점을 이해해야 할 것이다. 체면과 격식을 중요시하여 개인의 행복과 자아실현에 비중을 두기보다는 집안의 갈등이나 걱정거리를 집밖에 노출하는 것을 부끄럽게 여기는 경향이 있다. 그러므로 자녀문제나 부부간의 갈등, 고부 간의 갈등 등의 가족문제가 발생했더라도 선뜻 상담 등 외부기관의 전문적인 도움을 요청하려고 하지 않는다는 점을 가족상담자는 인식하고 상담에 임해야 할 것이다.

CHAPTER

02 가족상담의 이해

서구에서 1950년대에 가족상담이 등장한 것은 제2차 세계대전과 관련이 있다. 전쟁 후유증으로 정신적인 어려움을 호소하는 개인과 적응의 어려움을 겪는 가족이 급격하게 증가하였기 때문이다. 이 시기에는 개인의 심리내면이나 행동을 분석하여 문제를 해결하는 개인상담이 지배적이었으며 가족원 간의 상호작용으로 문제를 바라보는 가족상담은 상담자들의 관심의 대상이 되지 못하였다. 그러나 개인상담으로는 어려움을 겪고 있는 많은 수의 개인과 가족을 수용하기에는 한계가 있었으며, 그 결과 다양한 방법의 접근들이 등장하였다. 가족상담은 그 중의 하나였다. 개인상담만으로 해결이 어려운 문제들이 많았다는 점과 비용과 시간이 개인상담에 비해 적게 소모되는 것도 가족상담이 활성화되는 데 중요한 요인으로 작용하였다.

가족상담의 이론적 기반은 일반체계이론과 사이버네틱스이다. 이 두 가지는 가족을 체계로 보기 때문에 문제의 원인을 가족원 간의 상호작용으로 보게 하는 기반을 마련해주었다. 이 외에도 체계의 개방적 특성인 객관적인 진리와 보편성을 중요시하는 모더니즘도 초기 가족상담의 틀을 만드는데 중요하게 작용하였다. 이후 다른 사조에 기반하여 등장한 가족상담 모델들과 구분해서 앞서 언급한 일반체계이론, 사이버네틱스, 모더니즘에 기초한 상담모델들을 초기모델이라고 부른다. 대표적 초기모델로는 다세대 모델, 경험적 모델, 구조적 모델, 전략적 모델 등이 있다. 그러나 1980년대 중반을 기점으로 가족상담의 초기모델에 한계를 느끼면서 이전과는 다른 가족상담의 후기 모델들이 생겨나기 시작했다. 후기모델은 일반체계이론, 사이버네틱스 외에 해석과 인지적인 측면으로 자신의 문제를 보는, 절대적으로 옳은 것은 없다는 점을 강조하는 포스트모더니즘 사조에 기반한 점에서 초기모델과 차이가 있다. 후기의 대표적 모델은 해결중심 모델과 이야기 가족상담이다. 1990년대 후반에는 상담자 개인의 선호 또는 내담자의 문제에 따라 앞서 나타난 여러 모델을 통합하는 통합모델이 등장하였다.

본 장에서는 가족상담을 이해하는 데 도움이 되는 가족상담의 정의와 가족상담의 필요성에 대해 먼저 살펴보겠다. 그리고 가족상담이 어떤 변천과정을 거쳐 현재에 이르게 되었는지에 대해서도 알아보고 마지막으로 가족상담의 기본이 되는 여러 개념들에 대해서도 다루고자 한다.

1. 가족상담의 정의

가족상담은 문제나 증상이 가족원 간의 역기능적인 관계 때문에 발생한다는 데 초점을 두고 접근하는 방법이다. 즉, 문제행동이나 증상은 가족원 간의 상호작용을 반영하고 있다고 가정한다. 그러므로 가족상담은 가족원 간의 역기능적인 상호작용양상에 개입하여 기능적인 상호작용으로 바꿈으로써 개인의 증상이나 행동에 변화를 가져오게 한다.

가족상담은 개별 가족원을 대상으로 이루어질 수도 있으며, 가족원 전체를 대상으로 진행될 수도 있다. 그러나 개인 한사람을 상담하더라도 상담의 단위가 그 개인의 내면이 아니라 그가 맺고 있는 가족 관계에 초점이 맞추어지면 가족상담이라고 할 수 있다.

가족원 간의 관계에 초점을 두는 가족상담은 경우에 따라서는 가족 내 관계가 아니라 다른 관계나 맥락이 상담의 단위나 초점이 될 수 있다. 그러므로 가족상담을 관계상담 혹은 맥락상담이라고도 한다(정문자 외, 2011).

2. 개인상담과 가족상담의 차이

개인상담과 가족상담은 둘 다 문제를 해결하는 데 도움을 준다는 공통분모를 가지고 있다. 그러나 문제의 원인, 상담 대상, 인과관계를 보는 시각, 문제의 진단방법과 해결과정, 내담자에 대한 시각, 상담자의 역할, 치료기간 등에서는 차이를 보인다. 그러므로 본 절에서는 위에 언급한 요소들을 중심으로 개인상담과 가족상담의 차이에 대해 살펴본다. 개인상담에는 여러 가지 접근방법이 있지만 여기서는 정신분석학적 접근에 바탕을 두고 이루어지는 개인상담을 중심으로 살펴보겠다. 덧붙여 가족상담의 경우 초기모델과 후기모델에서 내담자나 상담자의 시각 등 몇 가지 측면에서 차이를 보이므로 이 특징도 함께 다루고자 한다.

1) 문제의 원인

개인상담에서는 내담자를 별개의 독립된 존재로 본다. 그러므로 문제나 증상의 원인을 개인의 정신내면에서 찾는다. 개인의 심리내적인 갈등이나 불안 및 방어기제 등이 문제나 증상의 원인이 된다. 반면 가족상담은 내담자를 가족원과 상호작용하는 관계망에 속해있다고 보기 때문에 내담자의 문제나 증상은 가족원 간의 역기능적 상호작용의 결과로 발생한다고 가정한다. 예를 들면 우울증에 걸린 자녀의 경우 개인상담에서는 그 원인을 자녀의 내면적 갈등이나 불안 등에서 찾게 되는 반면, 가족상담에서는 부모와의 의사소통이나 갈등 등 가족원 간의 상호작용에서 문제의 원인을 찾는다.

개인상담에서도 개인의 문제나 증상에 미치는 가족원의 영향을 인식하지 않는 것은 아니다. 그러나 가족원 간의 상호작용은 내재화되고 이에 따른 심리내적 역동이 문제의 원인이 되는 것으로 보기 때문에 가족상담과는 차이가 난다(김영애 외 역, 2002). 예를 들어 정신분열증의 경우 어린 시절 어머니와의 상호작용으로 생긴 내면적인 갈등이나 불안이 증상으로 나타난 것으로 보는데, 이는 가족상담이 아니라 개인상담에 해당된다.

2) 상담대상

개인상담에서는 문제나 증상을 가지고 있는 개인만이 상담대상이 된다. 반면 가족상담의 경우 문제를 가지고 있는 개인의 가족원이 상담의 대상이 된다. 그러나 반드시 가족전원이 상담을 받아야 하는 것은 아니며, 문제행동을 가장 효과적으로 감소시키기 위해 가족원 중에서 상담대상을 선정할 수 있다. 또한 개인을 대상으로 상담을 해도 문제의 원인을 개인에게 찾지 않고 개인을 둘러싼 가족원 간의 관계에 초점을 둔다면 가족상담이라고 할 수 있다. 즉 가족전원이 오면 가족상담이고 개인이 오면 개인상담이라는 식으로 내담자의 수로 구분하는 것이 아니라, 상담 장면에서 다뤄지는 초점이 가족원 간의 관계라면 상담에 온 내담자의 수와 상관없이 가족상담이라고 할 수 있다.

3) 인과관계를 보는 시각

개인상담에서는 문제의 원인과 결과를 직선적 인과관계로 본다. 따라서 문제의 원인을 파악하기 위해 '왜?' 라는 질문을 자주 한다. 모든 문제와 증상에는 특정 원인이 있어 그것이 특정결과를 가져오며, 그것은 초기 아동기의 경험, 즉 정서적 갈등에 의해 결정된다고 인식한다. 반면 가족상담은 인과관계를 순환적이고 회귀적인 것으로 본다. 문제를 둘러싼 체계의 맥락은 서로 유기적으로 연결되어 있기 때문에 원인을 정확히 파악하여 분별해 내는 것은 어렵다고 본다. 따라서 가족상담에서는 원인을 추적하기보다는 '지금-여기' here and now에서 무엇이 일어나고 있는지 가족원 간의 상호작용 패턴을 파악하는 데 초점을 둔다(정문자 외, 2011).

4) 문제의 진단방법과 해결과정

개인상담에서는 진단과 평가의 기준을 객관적으로 설정할 수 있고, 그 기준은 어느 내담자에게나 똑같이 적용할 수 있다고 가정한다. 흔히 DSM-IV(Diagnostic and Statistical Manual of Mental Disorders: 정신질환 진단 및 통계 편람)[1], MMPI(Minnesota Multiphasic Personality Inventory: 다면적 인성검사)와 같은 진단도구를 사용하여 평가한다. 그러므로 개인상담에서는 실험과 관찰에 근거한 실증적이고 계량가능한 과학적 방법이 기반이 되어야 하며, 주관적 판단과 서술은 비과학적인 것으로 인식한다. 한편 가족상담에서는 내담자를 유기체로 본다. 유기체의 특성은 자신이 처한 상황이나 맥락에 따라 다르게 반응하고 행동하기 때문에 절대적이고 객관적인 평가를 하는 것이 쉽지 않다. 따라서 가족상담에서는 동일한 상황에 대해서도 내담자마다 인식행위에 따라 다르게 이해하고 경험할 수 있다고 가정한다. 그러나 가족상담의 경우 그 이면을 들여다보면 초기모델과 후기모델은 차이가 있다. 체계론에 기반했지만 모더니

1) 미국정신의학협회(American Psychiatric Association)가 출판하는 서적으로, 정신질환 진단에 가장 널리 사용되고 있다.

즘의 영향도 받은 초기 모델에서는 공통된 법칙, 즉 객관적 기준으로 내담자의 사고나 행동을 평가하는 경향이 강하다(정문자 외, 2011). 반면 후기모델에서는 포스트모더니즘의 영향을 받아 초기모델에 비해 내담자의 인식행위에 초점을 두는 경향이 더 강하다.

5) 내담자에 대한 시각

개인상담은 내담자를 수동적으로 반응하는 존재로 본다. 외부에서 일정한 자극이 가해지면 그에 따라 반응하는 기계와 같은 존재로 보기 때문에 상담자가 전문적인 위치에서 해결책을 제시하고 치료과정을 지도하면 내담자는 반응할 것이라고 가정한다(정문자 외, 2011). 가족상담의 초기모델에서는 체계론의 영향을 받아 문제의 원인을 가족원 간의 역기능적 상호작용으로 보지만 객관적인 진리와 보편성을 중요시하는 모더니즘의 영향도 받았기 때문에 내담자를 수동적으로 보는 경향이 강하다. 그러나 후기모델은 포스트모더니즘에 토대를 두었기 때문에 내담자를 능동적인 존재로 본다. 따라서 상담자가 전문적인 위치에서 상담과정을 지시하기보다는 내담자의 세계와 내담자 가족과의 상호작용을 존중하면서 상담과정을 진행한다.

6) 상담자의 역할

개인상담에서는 상담자가 전문가로서 권위를 가지고 내담자를 병리적인 시각에서 해석하고 진단한다. 가족상담의 경우 초기모델에서는 상담자는 외부의 관찰자로서 가족 내의 상호작용에 관심을 둔다. 그렇기 때문에 특정 준거틀에 기초해 문제정의를 하고 상담목표나 개입도 의도적인 기술이나 방법으로 영향력을 행사하는 경향이 강하다. 그러나 자신의 문제를 개인 각자의 해석으로 보는 포스트모더니즘에 기반한 후기모델에서는 상담자와 내담자가 동등하다는 입장을 취한다. 상담자는 내담자를 변화시키는 것이 아니라 내담자가 스스로 자신의 삶에 새로운 의미를 부여할 수 있도록 함께 작업한다. 즉 후기모델에서 상담자는 내담자 가족원과의 상호작용에서 위계보다는 협력하는 자세를 취한다.

7) 상담기간

가족상담은 문제 해결에 걸리는 기간에서 개인상담과 차이를 보인다. 개인상담은 과거에 해결되지 못한 억압된 내면의 갈등을 해결하는 데 초점을 두기 때문에 일반적으로 1년 이상의 상담기간이 필요하다고 알려져 있다. 반면 가족상담은 개인상담에 비해 문제해결에 걸리는 기간이 상대적으로 짧은 경향이 있다. 오래된 내면의 갈등이 아닌 개인을 둘러싼 역기능적인 상호작용을 해결하기 때문에 보통 6개월이나 그보다 짧은 기간이 소요된다(김유숙, 2002).

또한 가족상담의 경우 상담 회기 수로 보았을 때 보통 12회기 정도가 필요하다. 개인 대상의 가족상담이 보통 13회기, 부부 대상의 가족상담이 11.5회기, 가족 전원 대상의 가족상담이 9회기 정도 요구되므로(정문자 외, 2011), 개인 대상보다는 부부나 가족 대상의 가족상담이 더 효율적임을 알 수 있다.

3. 가족상담의 필요성

급속한 산업화와 도시화, 정보화 속에서 개인주의의 확산과 여성의 경제활동의 증가는 가족에게 많은 변화를 요구하고 있다. 가족이 변화에 대처하지 못하는 경우 심각한 가족갈등이나 문제를 겪을 가능성이 높다. 물론 과거에 가족갈등이나 문제가 없었던 것은 아니지만 가족주의 가치관이 강했던 과거에는 개인의 행복보다 가족을 유지하는 것이 무엇보다 중요했기 때문에 가족문제가 발생한 경우 몇 사람의 희생으로 문제를 덮어두는 경향이 높았다.

그러나 오늘날의 가족은 과거와는 다른 양상을 보이고 있다. 가족문제가 다양해지기도 했지만 과거처럼 가족 내에서 해결방법을 찾거나 미봉책을 사용하여 해결하기 어려울 정도로 문제가 복잡하고 심각해지기도 했다. 또한 개인주의의 확산으로 개인의 희생으로 가족문제를 해결하는 것 자체도 불가능해졌다. 가족갈등이나 문제가 해결되지 않고 표면화되면 가족원들은 상처와 고통을 겪게 되는 등 여러 가지 어려움을 겪을 수 있다. 여기에서 그치지 않고 사회문제가 되어 건강한 사회를 저해하기도 한다. 그러므로 가족들이 겪고 있는 복잡하고 심각한 문제들을 해결하는 것은 가족원 개개인과 사회를 위해 중요하다고 할 수 있다. 그래서 가족이 스스로 갈등이나 문제를 해결하기 어려울 때는 조언과 심리적 지지, 조정과 타협 등으로 그들을 도와줄 수 있는 전문가가 필요하다.

그동안 가족 내에서 해결하기 어려운 갈등이나 문제행동 때문에 전문적인 도움이 필요한 경우 주로 개인상담으로 이루어졌다. 그러나 개인의 내면적 갈등이나 잘못된 행동학습에 초점을 두는 개인상담이 문제해결에 한계를 보이면서 가족원 간의 관계를 중심으로 사정하고 개입하는 가족상담이 부각되고 있는 상황이다. 실제로 가족상담은 문제해결에 개인상담만큼 효과적이며, 경우에 따라서는 더 효과적이라고 알려지고 있다(정문자 외, 2011). 예를 들면 부부간 불화와 갈등, 부모 자녀 간 문제 등은 물론이고 가출, 비행, 중독, 정신분열증, 정서장애(우울증, 불안), 알코올 중독, 약물남용, 식이장애, 만성 신체질환 등을 해결하는데 가족상담은 효과적이다(정문자 외, 2011). 그러므로 갈등과 어려움을 겪고 있는 가족을 건강하게 하는 가족상담은 건강한 개인과 사회를 위해 꼭 필요하다.

위와 같은 가족상담의 방향은 1장에서 언급한 건강가족적 관점과 맥락을 함께 한다.

4. 가족상담의 역사

가족상담이 1950년대에 시작되었다고 하지만 그 이전부터 가족상담이 태동하려는 움직임이 있었다. 그러므로 1950년 이전과 1950년대, 1960년대, 1970년대, 1980년대, 1990년대로 나누어 가족상담의 발달과정을 살펴보겠다. 특히 1980년대는 황금기라 말할 정도로 가족상담이 번성했으며, 이전에 나타난 가족상담 초기모델과는 차별되는 후기 모델이 나타난 시기이기도 하다. 1990년대 이후에는 가족상담의 여러 모델이 통합되었다.

1) 1950년 이전: 가족상담의 태동기

20세기 초반에 서구에서 가족상담이 태동하는 데는 몇 가지 흐름이 뒷받침되었다. 먼저 그 당시 주류인 개인상담 접근으로 문제를 해결하는 데 한계를 느낀 사람들의 움직임을 들 수 있다. 개인이 아닌 집단을 대상으로 상담을 한 집단역동 운동, 성인기의 심리적 문제를 아동기의 성장환경이나 부모나 가족의 부적절한 반응으로 인해 생겨났다고 가정하는 아동지도 운동, 결혼생활문제는 부부상호작용으로 일어나기 때문에 부부를 공동으로 상담해야 한다는 생각의 확산, 가족문제를 해결하기 위해서는 전체가족에 개입해야 한다는 사회복지 실천 등이 가족상담 태동에 중요한 영향을 주었다.

이러한 움직임 속에 상담자들은 신경증의 원인이 환자와 부모 사이의 바람직하지 못한 어린 시절의 체험에 관계된다는 믿음을 가지게 되었다. 즉 가족이 문제행동에 영향을 끼치고 있다는 인식을 한 것이다. 상담자들의 이러한 인식을 뒷받침해주는 패러다임이 일반체계이론과 사이버네틱스였다. 일반체계이론과 사이버네틱스는 개인보다는 사람간의 상호작용을 강조하는 패러다임으로, 관계·맥락에 초점을 두는 가족상담의 태동에 밑거름이 되었다.

특히 이 시기 가족상담의 태동에 중요한 영향을 끼친 사람은 베이트슨Gregory Bateson과 애커먼Nathan Ackerman이라 할 수 있다. 영국의 인류학자이자 민족학자인 베이트슨은 당시 공학분야에 적용된 사이버네틱스의 원리와 개념에 관심을 가졌는데, 이것은 가족원 간의 상호작용에 관심을 두는 가족상담의 태동에 중요한 동인이 되었다. 반면 애커먼은 1938년 『The unity of the family』라는 가족상담 분야의 저서를 발표하여 정신치료 접근과 체계론적 접근 사이에 다리를 놓았다. 그는 체계론적 접근을 완전히 받아들이지는 않았지만, 개인의 정신역동에 가족환경이 미치는 영향을 중요시하면서 가족 상담의 선구자 역할을 하였다.

1950년 이전 상담사들은 개인의 문제를 정신 내적갈등 해소에 초점을 두는 심리치료로 해결하려는 경향이 강했다. 그러나 개인상담만으로 문제를 해결하기에는 한계를 느끼면서 가족이 문제행동에 영향을 끼치고 있다는 인식 정도를 한 시기라고 볼 수 있다.

2) 1950년대: 개인상담에서 가족상담으로의 전환기

아동지도상담, 부부상담 등 여기저기 산발적으로 맥을 이어오던 상담활동들이 가족상담을 위한 길을 예비하였음에도 불구하고 가족상담이 전문영역으로 발전할 수 있도록 직접적인 계기를 마련해 준 것은 1950년대 정신분열증환자 가족에 대한 연구들이었다. 이 시기는 정신역동적 개인심리상담이 서구사회를 지배하고 있었지만 가족상담이 정신분열증을 해결하는데 이점이 있다는 것이 실제 상담을 통해서 확인되면서 가족상담이라는 분야가 드러나기 시작했다. 다시 말하면 정신분열증이 전통적인 상담방식인 개인심리상담으로 해결하기에는 한계가 있었기 때문에 문제해결을 위한 노력으로 이 시기에 가족에 대해 관심을 가지게 되었다고 볼 수 있다.

이 시기 정신분열증환자 가족연구를 통해 가족상담이 전문영역으로 발전하는 계기를 마련해준 연구들로는, 먼저 미국 서부 팔로 알토Palo Alto 지역의 베이트슨 연구팀을 들 수 있다. 이 팀은 의사소통전문가였던 헤일리Jay Haley, 문화인류학자였던 위클랜드John Weakland, 정신과 의사였던 프라이Fry 등이 주축이 되어 정신분열증환자 가족에 관한 '이중구속 가설double bind hypothesis'을 발표하면서 정신분열증은 가족원 간의 병리적인 의사소통 때문에 발생한다고 보았다.

미국 동부에서도 서부와 마찬가지로 정신분열증환자를 치료하고 연구하는 과정에서 가족상담의 싹이 텄다. 리츠Theodore Lidz는 '부부균열marital schism'과 '부부불균형marital skew' 개념, 윈Lyman Wynne은 '거짓상호성pseudo-mutuality'과 '거짓적대성pseudo-hostility' 등의 개념으로 정신분열증이 개인의 내면적인 갈등이 아니라 가족원 간에 일어날 수 있음을 주장하였다.

이 연구들의 공통점은 정신분열증이 개인의 정신내적 질병이라기보다는 대인적 · 관계적 현상이라고 보았다는 점이다. 이는 정신역동이론이 당 시대를 지배하였다는 점에 비추어 볼 때 획기적인 진전이었다(정문자 외, 2011).

그리고 이 시기 보웬Murray Bowen은 1955년 가족치료라는 용어를 논문에서 처음 언급하였으며, 1957년 3월 시카고에서 열린 미국정신예방학회에서는 가족상담을 공식용어로 채택하였다.

3) 1960년대: 가족상담이론의 형성기

1950년대에 정신분열증환자 가족에 대한 치료와 연구를 통해 가족상담이 전문상담영역으로 발전하게 되는 발판이 마련되었다면 1960년대는 가족상담의 이론틀이 만들어진 시기라 할 수 있다. 1950년대와 마찬가지로 이 시기에도 상담자들은 여전히 개인상담을 선호하였다. 하지만 가족상담에 대한 관심도 증가하기 시작하여 정신장애의 새로운 상담방법으로 인정을 받기 시작하였다.

가족상담으로 문제를 접근한 이 시기의 상담자들은 상담의 초점을 가족의 구조나 친밀한 사람과의 상호작용에 두었다. 그러므로 가족구조가 기능적인지 역기능적인지를 규정하는 규칙, 역할, 삼각관계, 의사소통, 경계선, 자아분화, 순환관계의 개념들이 중요하게 부각되었다(김혜숙, 2008).

이 시기 가족상담은 미국 서부의 팔로 알토Palo Alto 지역에 잭슨Donald deAvila Jackson이 세운 정신건강연구소(Mental Research Institute: MRI)를 중심으로 활성화되었다. 이 연구소에서는 잭슨, 헤일리, 사티어Virginia Satir 등이 활동하였는데, 이들은 모두 초기에 의사소통에 관심이 많았다. 그래서 1960년대 가족상담의 주도적인 접근법은 이 그룹에서 개발한 의사소통 모델이라고 할 정도였다(김영애 외 역, 2002). MRI 설립 초반에 사티어는 인생초기의 부모와의 의사소통과 상호작용이 정서적 성장과 자아존중감 형성에 중요한 영향을 미친다고 보았으며, 비슷한 시기 헤일리도 의사소통 수준에 관심이 많아 베이트슨과 이중구속 개념을 발전시키는 데에 기여하였다.

한편 미국 동부에서는 아르헨티나 태생의 정신과 의사인 미누친Salvador Minuchin이 활동하였다. 그는 저소득층 비행청소년 집단을 치료하면서 정신분석치료 기법이 효과적이지 않으며 그 이면에는 역기능적 가족구조가 있음을 발견하였다.

잭슨은 1962년 가족상담과 관련된 최초의 학술지인 『Family Process』을 애커먼과 함께 창간하였으며, 1967년에는 가족상담 분야의 고전으로 간주되는 『Pragmatics of Human Communication』이라는 책을 와츨라빅Paul Watzlavick 등과 함께 저술하였다.

4) 1970년대: 가족상담의 정립기

가족상담이 하나의 독립된 전문분야로 발전한 시기이다. 대부분의 정신센터에 가족상담이 정착되면서 가족상담이 체제를 갖춘 시기라 할 수 있다. 가족상담이 개인심리상담의 대안으로서 매우 효과가 있다는 확신이 퍼지면서 초기의 정신분열증환자 가족에서 벗어나 정서적 혹은 행동적 문제를 가진 비행 청소년, 약물남용 환자, 적응문제를 가진 부부 등 여러 임상문제에 다양하게 적용되기 시작하였다(김유숙, 2002).

1960년대부터 활동한 가족상담센터의 대부분은 1970년대에 들어서도 그 활동을 계속하였으며 새로운 센터도 많이 설립되었다. 또한 이 시기에는 몇 가지 대표적인 가족상담 이론과 모델이 발표되었으며 모델들은 더욱 분명하게 구분되었다. 각 학파들이 자신의 영역을 구축하고 위력을 발휘하게 되면서 "내가 할 수 있는 것을 보라."고 할 정도로 가족상담의 주요한 학파들이 꽃을 피운 시기였다(김영애 외 역, 2002).

미국 서부의 MRI에서는 60년대와는 다르게 분노, 우울증, 부부갈등, 성문제, 가족문제, 약물중독 등과 같은 임상적 문제에 관심을 가졌으며, 단기전략적 가족상담도 발달시켰다.

1978년 설립된 밀워키 단기가족치료센터에서는 쉐이저Steve de shazer와 김인수가 해결에 초점을 두는 해결중심 가족상담모델을 발달시켰다. 또한 이탈리아 밀라노에서는 파라졸리Mara Selvini Palazzoli와 그의 동료들이 밀란 모델을 발전시키기 시작하였다.

그리고 1960년대에 의사소통기법에 관심을 가졌던 헤일리가 에릭슨Milton Hyland Erickson의 최면치료의 영향을 받아 전략적 가족상담모델을 발전시켰고, 미누친의 구조적 가족상담모델도 등장하게 되었다. 미누친은 가족의 구조를 평가하고 가족의 고질적인 균형을 깨기 위한 시도를 하였다. 반면 사티어는 경험적 가족상담모델을 발전시켰다.

이 시기의 대표적인 가족상담모델은 다세대모델, 경험적 모델, 구조적 모델, 전략적 모델이다. 그 중에서 특히 구조적 모델이 인기가 있고 영향력이 컸으며, 그 때문에 이 시기를 미누친의 시대라고 할 정도였다(김영애 외 역, 2002). 이 모델들에 대해서는 2부에서 자세하게 다룬다.

1970년대에는 가족상담자들의 상담과 연구결과를 담은 가족상담 관련 저서가 많이 출판되었다. 그리고 1942년에 결성된 미국부부상담협회(American Association of Marrige Counselors: AAMC)는 1970년에 미국부부 및 가족상담협회(American Association of Marrige and Family Counselors: AAMFC)로 개칭되었다. 이후 1978년에 미국부부 및 가족치료협회(American Association of Marrige and Family Therapy: AAMFT)로 재개칭하게 되는데, 이것은 시대적 상황에 따른 가족상담의 필요성 때문이라고 볼 수 있다.

5) 1980년대: 가족상담의 황금기, 후기 가족상담모델의 출현기

1980년대는 이전 시기에 만들어진 다양한 가족상담 모델들이 보급된 시기로 가족상담의 꽃이 핀 시기라고 할 수 있다. 기존 가족상담 모델 중에서도 특히 전략적 가족상담 모델이 활기를 띤 시기였다. MRI의 단기가족치료, 헤일리의 전략적 모델, 이탈리아 밀란학파의 밀란모델이 전략적 가족상담모델에 해당된다. 그러나 전략적 접근법은 마술처럼 보였기 때문에 많은 사람들이 등을 돌리게 되었다(김영애 외 역, 2002). 이 시기 가족상담 모델의 중심부에 있지는 않았지만 다세대모델, 경험적 모델도 계속 사람들의 관심을 받았다.

반면 1980년대 중반에 들어서면서 가족상담의 초기모델이 문제해결에 효과적이지 않다는 인식을 하면서 새로운 흐름이 나타났다. 일반체계이론과 사이버네틱스, 모더니즘에 기초한 기존의 가족상담 모델들이 내담자의 경험세계를 별로 고려하지 않은 것이 그 이유였다. 이러한 상황에서 개인이 의미를 부여하는 세계가 진실이며 실재라고 규정하는 포스트모더니즘이 가족상담자들에게 많은 관심을 받게 되었다. 그 결과 체계이론과 모더니즘에 대한 믿음이 영향력을 잃어가는 대신, 구성주의와 사회구성주의, 포스트모더니즘 사조가 가족상담의 기반이 되었다. 따라서 특정모델에서 제시하는 정상성/비정상(기능성/역기능성)을 평가하여 상담목표를 설정하는 것은 의미를 잃게 되고, 대신 개인이 자신의 가족이나 관계를 어떻게 경험하는지, 자신의 경험의 세계에 어떤 의미를 부여하며 자신의 경험 세계를 어떻게 구성하는지를 파악하는 것이 문제해결과정에서 더 중요한 것으로 부각되었다. 상담자는 내담자가 경험세계를 재창조하는 과정에서 협력하는 동반자로서의 역할이 강조되었다. 이후 가족상담은 기존의 행동변화에서 의미변화에 초점을 맞추면서 발전을 거듭하게 되었다(정문자 외, 2011). 이러한 입장을 반영한 모델에는 해결지향모델, 해결중심모델, 이야기가족상담 모델, 협력언어체계 모델 등이 있다. 이중 해결중심 가족상담과 이야기 가족상담에 대해서는 2부 후반에서 자세하게 다룬다.

6) 1990년대 이후: 통합기

1990년대는 이전 시기의 특정모델에 열광하던 분위기는 사라졌다. 보웬파, 미누친파라고 규정하던 경계는 점차 그 의미가 퇴색되어 갔다. 반면 지금까지 독자적으로 발달한 각 학파의 개념이나 이론 기법을 통합하려는 움직임이 일어났다. 특정모델의 훈련만으로는 상담을 하기가 충분하지 않다고 인식하면서 여러 가지 모델을 통합하거나 상황에 따라 적절한 모델을 선택하여 사용할 필요성을 절감하게 되었다. 그리하여 가족상담자는 개인의 선호 또는 내담자의 문제에 따라 특정모델을 사용하거나 여러 모델을 통합하여 문제를 해결하려고 했다(정문자 외, 2011). 그러므로 통합모델에서는 어떠한 접근이 더 우위라거나 열등하다고 보지 않고 내담자의 문제해결에 가장 효율적인 모델을 취사선택하고 통합하여 문제를 해결하려는 자세를 취한다.

5. 가족상담의 주요 개념

가족상담에서는 사람들이 가지고 있는 문제나 증상이 다른 사람들, 특히 가족원 간의 관계나 맥락의 산물이라고 전제하고 있다. 본 절에서는 이런 시각을 이해하는 데 도움이 되는 몇 가지 개념들에 대해 살펴본다.

1) 체계와 하위체계

체계는 하나의 통일적 전체를 구성하는 상호관련된 부분들의 집합이다. 그러므로 상호작용하는 요소들로 구성되어 있으면 어느 것이든지 체계라고 할 수 있다. 가족도 상호작용하는 개인들의 집단이므로 하나의 체계이다.

한편 체계에는 여러 수준들이 있다. 어떤 특정체계보다 더 높은 수준을 그 체계의 상위체계라고 하며 더 낮은 수준은 하위체계라고 한다. 체계의 수준들은 상호작용하면서도 고유하게 존재한다. 따라서 한 체계의 특성은 다른 수준의 체계에도 있으므로 동일한 개념을 적용하여 서로 다른 체계를 이해할 수 있다. 가족체계는 사회라는 상위체계의 하위체계이면서 동시에 더 낮은 개인체계의 상위체계이다. 가족이라는 전체체계를 이해하기 위해서는 가족과 상호작용하는 상위 및 하위체계의 특성을 알아야 한다.

가족은 많은 하위체계들로 구성되어 있다. 하위체계들은 세대, 성, 흥미, 기능에 따라 구성될 수 있다. 가장 많이 언급되는 하위체계는 부부, 부모, 형제자매 하위체계이다. 가족원은 여러 개의 하위체계에 동시에 속할 수 있다. 예를 들면 한 여성은 아내,

어머니, 딸, 여동생, 언니 등이 될 수 있다. 그녀는 각각의 하위체계 내에서 다른 역할을 하고, 다른 상호교환유형에 참여하도록 기대된다.

2) 전체성

체계는 상호작용하는 요소들로 이루어졌기 때문에 좀 더 작은 부분의 특성으로 환원되어 이해될 수 없으며 전체라는 맥락 속에서만 이해될 수 있다. 요소들 간의 관계 때문에 어떤 체계를 구성요소로 분해하면 그 체계의 특성은 파괴되어 버린다. 그러므로 체계는 부분들을 단순히 합쳐놓은 것보다 더 큰 비합산성의 특성을 갖는다. 시계가 톱니바퀴와 스프링을 모아 놓은 것 이상이고, 교향곡이 음표들을 묶어놓은 것 이상인 것과 같다(김영애 외 역, 2001). 가족도 마찬가지로 독립적으로 행동하는 개인들의 단순한 집합이 아니다. 가령 2인 가족의 경우 두 사람 각각의 특성만 파악해서는 이 가족체계의 전체 특성을 파악할 수 없다. 두 사람 각자의 특성과 두 사람 간의 상호작용까지 파악해야 이 가족의 전체 특성을 파악할 수 있다. 즉 가족은 부분의 합보다 더 큰 것으로 간주한다.

3) 상호의존성

상호의존성은 전체성의 원칙과 관련되며 체계의 한 요소의 변화는 나머지 다른 요소에도 영향을 미치는 것을 의미한다. 모빌은 체계의 상호의존성을 보여주는 좋은 예이다. 모빌은 모든 부분이 연결되어 있어서 한 쪽 부분이 움직이면 나머지 부분들이 영향을 받아 조금이라도 움직이게 된다. 가족도 마찬가지이다. 모빌의 부분들은 가족원 각각을 나타내며, 모빌의 각 부분을 연결하는 철사는 가족체계의 각기 다른 관계를 의미한다. 따라서 모빌은 가족원 간의 상호의존성을 보여주는 좋은 예라고 할 수 있다. 가족 체계 내의 한 사람이 심하게 아프거나, 가족을 떠나는 것과 같은 변화는 그 체계 내의 모든 구성원에게 정도의 차이는 있지만 영향을 미친다.

4) 순환적인 인과관계

체계는 직선적인 인과관계가 아닌 순환적인 인과관계적 특성이 있다. 왜냐하면 체계의 부분들은 유기적으로 연결되어 있어서 상호영향을 미치기 때문이다. 따라서 체계에서 일어나는 일의 정확한 원인을 찾는 것은 의미가 없다. 원인이 결과가 되기도 하고 결과가 원인이 될 수도 있다.

가족도 위에서 언급한 상호의존적 특성을 가지고 있기 때문에 순환적인 입장에서 가족의 문제를 파악해야 한다. 예를 들면 남편이 술을 마시기 때문에 아내가 잔소리를 할 수도 있지만 아내가 잔소리를 하기 때문에 술을 마실 수 있다. 이러한 상황에서는 패턴으로 상호작용이 지속되고 있다는 점에 주목해야 한다.

그러나 순환적 인관관계는 이자관계에만 적용시킬 수 있는 개념은 아니며 세 명 이상의 다자관계에도 적용할 수 있다. 예를 들면 남편이 술을 마시기 때문에 아내는 자녀에게 잔소리를 하고 잔소리를 들은 자녀는 아버지에게 반항하고 아버지는 다시 술을 마시고 그런 남편에게 아내는 잔소리를 한다. 그러므로 문제를 해결하기 위해서는 연쇄적인 연결고리에 관심을 두어야 한다. 즉 가족상담자는 어려움을 겪고 있는 가족체계의 악순환적인 인과관계를 파악하여 건강한 연결고리로 만드는 것에 주목해야 한다.

5) 경계선

경계선은 환경과 가족체계를 구분하고 가족체계 안의 구성원이나 하위체계 사이를 구분한다. 대부분의 가족들은 가족 안에 경계선이 존재한다는 것을 인식하지 못하고 살아간다. 그러나 가족원 간에 사생활 존중이나 비밀 공유 등의 문제가 불거지면 경계선을 인식할 수 있다. 예컨대 어른들의 대화에 자녀들이 끼어들 때 부모들의 대처하는 태도 등이 경계선과 관련된 일들이다.

경계는 가족체계와 환경, 그리고 가족체계 안의 가족원이나 하위체계 간에 허용될 수 있는 친밀감의 정도를 조절한다. 그러므로 경계는 정보교환, 의사소통, 행동을 조정하는 역할을 한다고 할 수 있다.

한편 체계 간의 밀착정도에 따라 경직된 경계선, 애매한 경계선, 명료한 경계선 등으로 나눈다. 경직된 경계선의 경우 가족원 간에 자신의 생각이나 감정을 나누지 않아 서로에 대해 보호기능을 하기 어렵다. 대신 이러한 특성을 보이는 가족의 경우 구성원은 지나치게 독립적이고 단독 지향적이다. 애매한 경계선을 갖는 가족은 구성원들이 모든 정보를 서로 공유하며 지나치게 모든 문제에 얽혀있어 필요이상의 간섭과 관여를 하는 경우이다. 체계 간의 경계선이 열려 있어 개인의 사생활이 존중되지 않는다. 그러나 명료한 경계선을 갖는 가족은 경계가 유연하여 서로를 인정하고 지지해 주면서도 경우에 따라 가족원 각자의 독립성이 인정되기 때문에 가장 바람직한 가족 경계선이라 할 수 있다.

가족경계선의 밀착정도는 하위체계 간에 다를 수 있으며, 또한 가족이나 개인의 발달주기에 따라 달라질 수도 있다.

6) 사이버네틱스

사이버네틱스라는 용어는 그리스어 kybernetes에서 유래한 것으로 키(舵)의 위치를 끊임없이 감시하여 제어(制御)하는 배의 조타수(키잡이)를 의미한다. 그러므로 사이버네틱스에서는 체계를 제어하는 피드백루프feedback loops가 중요한 개념이다. 입력→처리→출력→입력과 같은 과정을 거치는 피드백은 어떤 과정이나 행동의 결과에 대한 정보를 그 근원에 전달하는 과정으로 체계의 자기조절 메커니즘이다. 체계의 결과가 정보로서 입력되어 체계가 원래 상태를 유지하게 하는 경우를 부적피드백negative feedback이라 하고, 체계 자체가 변하는 경우를 정적피드백positive feedback이라고 한다. 정적피드백과 부적피드백의 차이는 체계 내의 항상성 상태를 벗어나게 하느냐 그렇지 않느냐를 언급한 것이지, 체계에 이익을 주거나 해를 준다는 의미는 아니다. 즉 어느 피드백이 더 좋다거나 나쁘다고 판단할 수는 없다.

가족체계는 안정을 유지하면서도 때로는 변화해야 한다. 그러므로 가족들은 상황에 따라 정적 혹은 부적피드백에 모두 반응할 필요가 있다. 예컨대 어느 한 시점에서는 안정을 유지하는 것이 더 바람직하기도 하지만 자녀가 성장하거나 외벌이였던 가족이 맞벌이를 하게 되는 경우 가족체계는 변할 필요가 있다. 이전에 가족이 유지했던 규칙이나 의사소통 패턴, 역할 등을 조정하여 새로운 상황에 적응해야 하는데 이것은 정적피드백이 작동한 것이라 할 수 있다. 반면 자녀가 자율적이면서도 책임감 있고 부모나 다른 가족원과 친밀한 관계를 유지할 수 있는 단계에 이르면, 또한 맞벌이 상황으로 가족원 간에 가사노동분담이 잘 이루어지면, 다시 부적피드백 과정을 작동하여 가족체계의 안정성을 유지할 필요가 있다. 이와 같이 가족체계의 건강한 생존을 위해서는 부적피드백과 정적피드백이 모두 필요하다.

한편 사이버네티스는 1차 사이버넥틱스, 2차 사이버네틱스로 구분한다. 1차 사이버네틱스는 개방체계로 보기 때문에 체계는 블랙박스로 전제된다. 그러나 2차 사이버네틱스는 피드백 과정에 여러 단계가 있다고 전제하여, 가장 높은 단계의 피드백 과정에서 볼 때 체계는 조직적으로 폐쇄되어 있다고 본다. 즉 체계는 외부 환경과 상호작용하면서 외부체계에 대해 개방체계의 성격을 가질 뿐 아니라 가장 높은 수준에서 보면 폐쇄체계의 성격을 띤다고 보는 것이다(정혜정, 2004). 그러므로 개방체계로 보는 1차 사이버네틱스에 기반한 초기상담모델에서는 상담자가 외부의 관찰자로서 전문가의 위치에서 내담자를 진단하는 경향이 강하다. 반면 폐쇄체계로 보는 2차 사이버네틱스에 기반한 후기상담 모델에서는 상담자는 관찰자이면서 동시에 관찰대상자가 된다고 보기 때문에 목표에 대한 준거틀도 관찰자에 의한 것이 아니라 내담자의 자기 준거틀에 기반한다. 여기서 상담자는 무엇이 맞고 틀린지 어떠한 준거도 제시하지 않으며, 내담자의 어떤 관점도 무시할 수 없다.

PART 2

가족상담 주요 모델

CHAPTER

03 다세대 가족상담

●●● 아내 송의존씨는 남편의 의처증과 폭력 때문에 힘들다. "남편의 의처증 때문에 늘 감시당하는 것 같고, 기분에 따라 폭력을 써서 너무 힘들어요. 남편 때문에 힘들어도 남편에게 맞추며 살아 왔어요. 당뇨병이 있는 시아버지 병수발을 10년 했어요. 남편은 시아버지에게 신경을 쓰지 않으니 제가 할 수밖에 없었어요. 친정식구들도 안 보고 사니 제가 너무 외롭고 이제는 더 못 살 것 같아요." 라며 눈물을 뚝뚝 떨어뜨린다. 남편 김독재씨는 "처형들도 그렇고 처가 식구들과 왕래하지 않고 산 지 꽤 됐어요. 나를 무시하는 것도 싫고 내세울 것도 없어서 그런 것이지 별 뜻은 없어요. 이 사람이 고생한 건 알아요. 내가 좀 욱하는 게 있기는 하지만, 갑자기 이혼을 하자고 하니 바람이 난 것 같기도 하고 기가 막히고 화가 나요."라고 투박하게 말을 한다. 내담자는 남편의 의처증과 폭력이 변화되지 않고 계속되자 이혼을 요청하고 있으며, 남편은 아내와 처가 식구들이 자신을 무시하며, 자녀들이 한편이 되어 자신을 멀리하는 것으로 인해 외로움과 소외감을 호소하고 있다.

다세대 가족상담은 정신역동접근의 체계적 모델이다. 이 모델은 가족의 정서과정 뿐만 아니라, 보다 큰 체계인 사회, 국가, 규범, 가치, 문화, 권력, 차별 등의 사회적 정서과정이 가족의 역기능에 영향을 줄 수 있다는 점에서 매우 광범위하고 영향력있는 가족상담 접근이다.

이 모델은 부모가 자신들의 미해결문제를 자녀에게 투사하여 나타나는 융합된 정서체계가 다세대전수를 통해 문제를 발생시킨다고 본다. 따라서 다세대전수되는 과정을 내담자에게 인식시키고, 가족체계 안에서 가족원 간의 긴장과 불안으로 나타난 정서적인 융합과 삼각관계를 탈삼각관계하여 가족원의 자기분화수준을 높임으로써 역기능을 해결해나간다.

여기에서는 다세대 가족상담의 대표적인 인물인 보웬Murray Bowen을 중심으로 발달 배경과 주요 개념, 상담목표, 상담자 역할 및 기법 등을 살펴보고, 다세대 가족상담을 활용한 상담사례를 소개하고자 한다.

1. 발달 배경

Murray Bowen(1913~1990)
www.socalbowentheory.com

다세대 가족상담의 대표적 인물은 보웬이다. 그는 5남매의 장남으로, 대가족 속에서 성장하면서 가족원 간에 정서적으로 강한 결속력이 있었다. 그는 1937년에 멤피스Memphis에 있는 테네시Tennessee의과대학을 졸업하였다. 1941~1946년까지 군복무기간동안에는 정신적인 어려움을 겪고 있는 군인들을 많이 관찰하게 되었다. 보웬은 이와 같이 자신의 원가족경험과 군복무에서의 경험을 통해 정신질환에 관심을 갖게 되어 정신의학 및 정신분석으로 진로를 결정하게 되었다(김유숙, 2002).

보웬은 인간정서기능과 행동을 객관화하기 위해, 먼저 발달학과 생물학에 관계된 다양한 독서와 임상경험을 바탕으로 다세대 모델의 기반을 만들었다(Papero, 1990). 1946~1954년까지 매닝거클리닉Menninger clinic에서 다양한 임상사례들을 접했는데, 특히 정신분열증이 있는 내담자의 가족이 주요 연구대상자였다. 정신분열증이 있는 내담자는 어머니와 지나친 정서적 밀착을 보이는 것을 발견하였으며, 이는 모자공생 가설의 중요한 이론적 토대가 되었다.

1954~1959년까지 국립정신건강연구소(The national institute of mental health: NIMH)의 병동에서 핵가족을 연구했다. 이 기간에 보웬은 매닝거클리닉에서 연구했던 기본적인 개념들을 발전시켰고, 다세대 가족상담의 토대인 자기분화, 삼각관계개념을 정리하였다. 이 시기에 가족이 정서적 단위로 작용하는 것을 발견하였으며, '불안한 애

착anxious attachment' 개념을 토대로 자기분화와 삼각관계triangling 개념을 연구했다.

1959년 이후 사망할 때까지 조지타운Georgetown대학에서 연구하였다. 이 시기에는 외래병동에 내원하는 내담자들이 주요 연구대상자였기 때문에 정신분열증, 우울증과 같은 정신병psychosis 이외에 신경증neurosis까지 연구대상을 확장했다. 연구결과, 증상이 심하지 않은 문제를 드러내는 내담자와 가족도 가족원 간에 정서적 단위로 반응하는 것을 발견하였다. 특히 과잉기능과 과소기능의 형태로 나타난다는 것에 착안하여 핵가족정서체계 등의 전반적인 보웬 다세대 가족상담이론을 정립하였다.

1966년에 자기분화, 삼각관계, 핵가족정서체계, 가족투사과정, 다세대전수과정, 형제지위의 여섯 가지 개념이 형성되었으며, 1970년대에 정서적 단절과 사회적 정서과정의 두 가지 개념이 추가되었다(Bowen, 1976; 남순현 · 전연주 · 황영훈 역, 2005, 재인용).

다세대모델을 적용한 보웬 가족상담은 정신분석 및 역동모델이다. 보웬은 오랜 기간 동안 정신분석훈련을 받은 것을 토대로 초기에는 정신분열증 IP[2] 한 명을 대상으로 상담을 하였다. 그 후, 모자공생개념을 설정한 때를 기점으로 가족역동과 체계의 변화를 도출해내는 상담을 시도하게 되었으며, 상담의 대상을 IP의 어머니와 가족에까지 확대하여 나갔다. 그런데 보웬의 다세대 가족상담은 개입대상이 IP 혹은 다른 가족원 한 사람의 개입을 통해서도 모든 가족원의 변화를 이끌어 낼 수 있다는 것이 다른 체계이론 모델과의 큰 차이점이다. 보웬의 다세대 가족상담이론을 발전시킨 학자들로는 궤린Philip Guerin, 포가티Thomas Fogarty, 맥골드릭Monica McGoldrick, 카터Betty Carter, 페페로Daniel Papero, 커어Michael Kerr 등이 있다.

2. 주요 개념

다세대 가족상담에서는 가족원 간의 정서적 분화와 미분화를 중요한 개념으로 본다. 이 외에 삼각관계, 핵가족 정서과정, 가족투사과정, 다세대전수과정, 형제순위, 정서적 단절, 사회적 정서과정이 중요 개념이다(김유숙, 2002).

2) IP(identified patients) 지목된 내담자로서 가족 중에 문제증상을 보이는 사람임.

1) 자기분화 differentiation of self

가장 핵심적인 개념으로 정신내적인 개념인 동시에 대인관계적 개념으로 사고와 정서를 분리시킬 수 있는 능력을 말한다. 보웬은 가족원 중 한 사람의 기능변화는 다른 가족원의 기능에도 변화를 주며, 궁극적으로 IP에게도 변화가 발생한다고 보았다(Papero, 1990).

(1) 자기분화척도

자기분화는 기본분화와 기능분화로 이루어지는데, 다음과 같은 특성을 보인다(남순현 외 역, 2005).

① 기본분화basic differentiation

어린 시절 자라온 환경 안에서 형성된 것으로, 한 번 형성되면 분화수준이 크게 변하지 않고 안정적인 특징이 있다. 원가족과의 분리정도를 말하며, 기본분화수준이 높은 사람은 심한 스트레스 상황에서도 잘 견딘다.

② 기능분화functional differentiation

자신이 처한 상황에서 목표지향적인 활동을 할 수 있는지에 대한 개념이며, 환경의 영향을 많이 받기 때문에 기능분화수준도 변화가 많다. 기능분화수준은 관계, 신념, 문화적 가치, 종교 등에 의해 향상될 수 있으나 기본분화수준이 낮으면 기능분화수준도 안정적이지 않다.

(2) 자기분화척도의 4단계 수준

자기분화척도는 일반적으로 기본분화를 지칭하며, 4단계 수준의 범주로 나타낸다(Papero, 1990; 김도애, 2011). 분화수준이 높은 사람은 자제력이 있으며, 사고와 감정 사이에서 균형을 이루며 객관적이다. 자기분화수준이 낮은 사람은 의존적이며 자율성이 부족한 특징을 보이며, 다른 사람과 융합하려는 경향이 있다.

① 가장 낮은 수준(0~25)

타인의 정서적 지지를 매우 중요시 여기며, 많은 에너지를 사랑을 주고받는데 사용한다.

② 낮은 수준(25~50)

사회에서 일반적으로 수용되는 가치, 이데올로기, 종교 등에 심취하기 쉽고 영향을 받지만 자기 확신은 부족하며, 거짓자기가 발달하였다.

③ 보통 수준(50~75)

인간과 어떤 주제에 대한 본질적인 해석과 신념을 가지고 있으며, 이 범주에서 높은 수준으로 갈수록 자기신념을 자신 있게 표현할 수 있다. 자기분화가 60 이상인 경우는 소수에 지나지 않는다.

④ 높은 수준(75~100)

고정관념이나 경직된 이데올로기를 고집하지 않으며, 사고의 유연성으로 차이를 인정하고, 목표지향적인 삶을 살 수 있다. 타인과의 관계에서도 정서적 의존과 분리를 적절하게 할 수 있다. 자기분화수준이 75 이상은 실제로는 거의 존재하지 않는다.

2) 삼각관계triangling

삼각관계는 두 사람 사이의 갈등이나 긴장 때문에 생긴 불안을 감소시키기 위해 둘 중 한 사람이 다른 가족원이나 가족 밖의 다른 사람과 연합하는 것이다. 특히 자기분화수준이 낮으면 가족원이나 타인과의 관계에서 정서적으로 의존하고 분리가 어렵기 때문에 제삼자를 선택하여 정서적인 삼각관계를 형성하게 된다. 삼각관계의 대상은 사람뿐 아니라 일, 취미, 종교, 술 · 담배 등의 기호식품, 음식물, 각종 중독이 모두

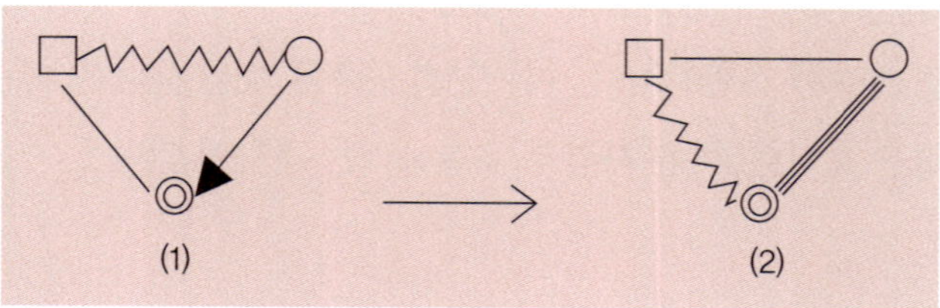

그림 3-1 삼각관계 도식

해당된다.

가장 일반적인 예로는 부부갈등이 있을 때 자녀와 연합하여 삼각관계를 형성하는 경우이다. 그림 3-1 도식을 보면, 부부 갈등 때문에 생긴 긴장감을 해소하기 위해, 불안을 더 많이 느낀 어머니는 딸과 연합을 시도한다(1). 그 결과 딸은 어머니와는 정서적 밀착을 보이며, 어머니와 갈등관계에 있는 아버지와는 갈등관계가 됨으로써, 부부갈등은 잠시 소강상태가 되고 그들 사이의 긴장과 불안도 감소하게 된다.

3) 핵가족정서체계nuclear family emotional process

한 세대 내에서 보이는 정서적 기능을 말하는 것으로 보웬은 초기에는 분화되지 않은 '가족자아집합체'라는 용어를 사용하였다(김유숙, 2002). 그는 신체적, 감정적, 사회적인 문제를 보이는 가족들에게서 '정서에 의하여 지배받는 체계 혹은 단위'라는 것을 발견하여 이를 개념화한 것이다(Papero, 1990). 자기분화가 낮은 가족원은 서로 정서적으로 융합하여 공동자아를 만들게 되는데, 이것 역시 긴장수준이 높고 불안정한 관계가 되기 쉽다. 핵가족정서체계에서의 융합은 가족의 불안이 배우자나 자녀에게 치중되어 흡수될 때 아래와 같이 배우자의 질병, 부부갈등, 자녀의 역기능으로 나타날 수 있다(남순현 외 역, 2005).

(1) 배우자의 질병

가족불안이 한 배우자에게로 가면, 그 배우자에게 우울증, 두통 같은 만성적인 신체적 증상이나 정서적 역기능을 초래할 수 있다. 외부 스트레스가 가중되면 증상도 가중된다.

(2) 부부갈등

가족불안이 부부에게 가면, 부부간 과도한 애착과 정서적 거리를 반복하게 되며, 만성적인 긴장과 파괴적 다툼, 서로에 대한 부정적인 태도 및 감정적인 미성숙을 보인다.

(3) 자녀의 역기능

가족불안이 자녀에게 가면, 자녀는 가출, 비행, 학습문제, 왕따, 정서장애 등 다양한 증상을 보인다. 부모가 자녀를 변화시키려는 태도보다 부모가 자기분화수준을 높이는 것이 선행될 때, 자녀의 자기분화수준도 높아져 자녀의 문제행동이 감소될 수 있다.

4) 가족투사과정family projection process

핵가족정서체계가 미분화로 인한 정서적 불안정을 다루기 위해서 필요한 기제로서 가족원 간에 정서적 갈등을 다루기 어렵거나 부모가 미해결된 자신들의 문제를 자녀에게 투사하게 되는 것을 말한다. 이때 자녀들은 낮은 자기분화수준을 유지한 채 부모와 밀착관계가 되며, 부모의 삼각관계 희생양이 되어 문제나 증상을 유발할 수 있다. 가족투사과정은 다음 세대를 희생시키면서까지 이전 세대의 미분화의 산물인 불안을 낮추려는 시도이다(김유숙, 2002).

5) 다세대전수과정multigenerational transmission process

1세대에서 2세대, 3세대의 다세대를 거치면서 가족 정서과정이 전수되는 것을 말하고, 분화수준, 삼각관계, 융합, 정서적 단절 등이 대를 이어 전수되며, 다세대 정서과정multigenerational emotional process이라고도 한다. 커플들은 보편적으로 자기 자신과 비슷한 자기분화수준의 파트너를 만나게 된다. 자녀들은 부모와의 정서적 융합정도나 가족의 지지적인 분위기에 따라서 부모와 비슷한 자기분화수준이 되어 다세대전수과정을 거치게 된다.

6) 출생순위sibling position

토만(Toman, 1969)은 가정환경이 달라도 동일한 출생순위의 유사한 특징들이 있다고 보았으나, 보웬은 출생순위에서의 기능을 더 중요시 하였다. 즉, 그는 출생순위의 장남보다도 기능적인 장남역할을 누가 하는 지에 대해 초점을 둔다. 또한 부모 중에 어느 자녀를 가족 투사과정의 대상으로 선택하느냐에 따라, 가족 내에서 형제들이 동일한 양육환경에서 성장하더라도 양육경험의 인식이 다르게 나타날 수 있다고 보았다.

형제순위는 배우자 선택에도 적용되는데, 형제구성이 원가족과 유사하면 부부관계가 좋을 확률이 높고, 출생순위가 같은 장남이나 막내인 경우는 권력과 역할의 충돌로 인해 역할갈등이 유발될 수 있다(Toman, 1969; 김도애 · 황경란 · 이선희, 2009).

7) 정서적 단절emotional cutoff

사람들 사이의 관계가 단절된 상태를 정서적 단절이라고 한다. 세대 간의 미분화를 처리해 나가는 방법으로 융합의 단면을 보여주는 것이며, 세대 간에 정서적 융합이 심할수록 단절이 일어날 가능성이 높다. 오해나 다툼으로 인해 단절을 경험하는 것뿐만 아니라 관계의 지속을 원하지 않으면서도 헤어지는 것에 대한 두려움 때문에 관계를 끊지 못하는 것도 정서적 단절의 한 형태이다.

투사과정에 많이 개입된 자녀는 부모와 정서적 단절을 할 가능성이 많으며, 부모와의 접촉에서 발생하는 불안을 감소시키기 위한 행동이다. 외관상으로는 부모로부터의 독립으로 보일 수 있으나 실제는 부모와 미해결된 정서적 융합의 결과이며, 정서적 단절도 세대 간 전수로 나타난다.

8) 사회적 정서과정societal emotional process

사회에서 이루어지는 현상이 가족원의 정서과정에 영향을 미치는 것을 말한다. 전쟁, 폭발적인 인구증가, 성차별 등의 만성적 스트레스로 인한 불안의 급증, 사회규범이나 가치의 수준인 인종차별, 성차별, 노인차별, 타문화에 대한 배타성 등이 가족의 기능분화수준을 낮춘다.

분화수준이 높은 가족은 사회와 상호작용하며 좋은 영향을 주고받지만, 분화수준이 낮으면 사회와 단절되어 회피적이거나 이기적이고 공격적인 특성을 보인다. 사회적 정서과정에서의 강한 융합은 만성불안을 야기하게 되어, 학교폭력, 심한 교육열, 왕따, 주식이나 부동산 투기, 심각한 수준의 음주문화 등의 사회문제를 유발시킨다.

3. 상담목표와 과정

1) 상담목표

첫째, 가족문제와 IP의 증상을 감소시키기 위해 가계도분석을 통해 다세대전수된 정서적 융합과 가족 안에서 나타나는 삼각관계를 파악하여 탈삼각관계를 실시한다.
둘째, 가족원 간의 갈등 때문에 생긴 긴장과 불안수준을 낮추어주기 위해, 가족원의 자기분화수준을 높인다. 이때 내담자 한 사람의 개입을 통해서도 내담자 및 다른 가족원의 자기분화수준이 상승될 수 있다.

2) 상담과정

첫째, 가족체계를 평가하기 위해 매 회기 상담과정에서 가계도를 보완하고 수정해 나간다.
둘째, 상담자는 가계도를 토대로 내담자 가족과 먼저 치료적 삼각관계를 형성하여 정서적 밀착을 보이는 가족원을 탈삼각관계하는 것에서부터 시작한다.
셋째, 가족원이 삼각관계를 스스로 인식하도록 과정질문을 하며, 필요시에는 직면이나 설명을 사용하여 역기능적인 가족체계를 변화시켜 나간다.
넷째, 상담과정에서 가족원이 정서적 긴장이나 불안으로 인해 삼각관계패턴을 계속 유지하려하거나 변화에 저항할 때, 상담자는 '나의 자세I-position'를 사용하여 가족들의 불안을 낮추면서 가족정서체계의 변화를 촉진한다.
다섯째, 내담자 가족과 관련되는 매체들(영화, 드라마, 문학작품 등)을 활용하여 가족원이 겪는 문제를 치환하여 볼 수 있도록 한다.

4. 상담자 역할과 기법

1) 상담자 역할

첫째, 가족상담자는 3세대의 가계도 탐색을 통해 가족원의 다세대전수의 문제나 역동을 파악하고 분석하는 것이 중요한 역할이다.

둘째, 가족원의 정서적 관계와 융합정도에 따른 자기분화수준과 삼각관계를 분석하여 개입해야 하며, 가족원의 자기분화를 위해 상담자는 코치coach의 역할을 한다.

셋째, 상담자는 가족원과 적절한 거리를 두고 중립적인 자세를 갖는 것이 필요하다. 즉 상담자가 가족원의 자기분화수준을 높이고 탈삼각관계를 촉진하려면, 상담자는 스스로 자기분화수준을 높게 유지할 필요가 있다. 자기분화수준이 낮은 상담자는 상담개입과정에서 가족원과 삼각관계로 융합상태가 되기 쉬우며, 객관적인 사고와 관찰도 불가능하게 되어 감정조절도 어렵기 때문이다. 특히 상담자가 자신의 문제와 연관되는 가족원의 문제를 직면할 때, 가족원과 융합이나 삼각관계에 빠질 위험이 있으므로 항상 중립적 위치를 지키도록 노력하는 것이 필요하다.

2) 상담기법

다세대 가족상담인 보웬 가족상담의 주요기법을 중심으로 살펴보고자 한다.

(1) 가계도genogram

가계도는 3세대 이상에 걸친 가족원에 관한 정보와 그들 간의 정서적 관계를 도표로 기록하는 방법으로(이영분 · 김유숙 역, 1997), 가족유형과 가족에 대한 정보를 짧은 시간 내에 효율적으로 얻을 수 있다.

보웬 가족상담을 진행할 때, 접수면접intake에서 가계도를 실시하며, 매 회기 진행하면서 가족에 관한 정보와 정서적 관계선을 수정해나간다.

가계도를 통해 먼저 가족의 구조와 가족생활주기를 분석한다. 즉 핵가족, 한부모가족, 이혼가족, 확대가족 등의 가족유형과 가족원 이외의 동거가족 등에 대한 정보 및 가족생활주기의 적절성을 파악한다. 또한 가족생활주기에서는 가족원이 전환기의 적응을 잘 하고 있는지 파악해야 한다. 출생, 사망, 독립, 결혼, 이혼, 재혼 등의 시기에서 가족원의 발달과업 성취 및 가족주기별 평균연령에 부합한 지 분석하는 것이 필요하다. 더불어 세대를 통해 반복되는 질병, 중독, 결혼관계 등에 대한 정보와 삼각관계유형을 중점적으로 평가한다.

가계도를 활용한 상담개입은 다세대로 이어지는 문제나 유형을 찾아내어 다음 세대에 문제가 발생하지 않도록 문제예방 및 문제가 지속되는 것을 중단할 수 있도록 하는 것이다. 또한 삼각관계를 찾아내어 탈삼각관계를 통해 자기분화를 상승시킴으로써 가족원의 문제증상을 감소시켜 나간다.

가계도 작성방법은 다음과 같다.

① 가족구조를 도식화한다.

② 가족에 대한 정보를 기록한다.

③ 가족의 정서적 관계선을 그린다.

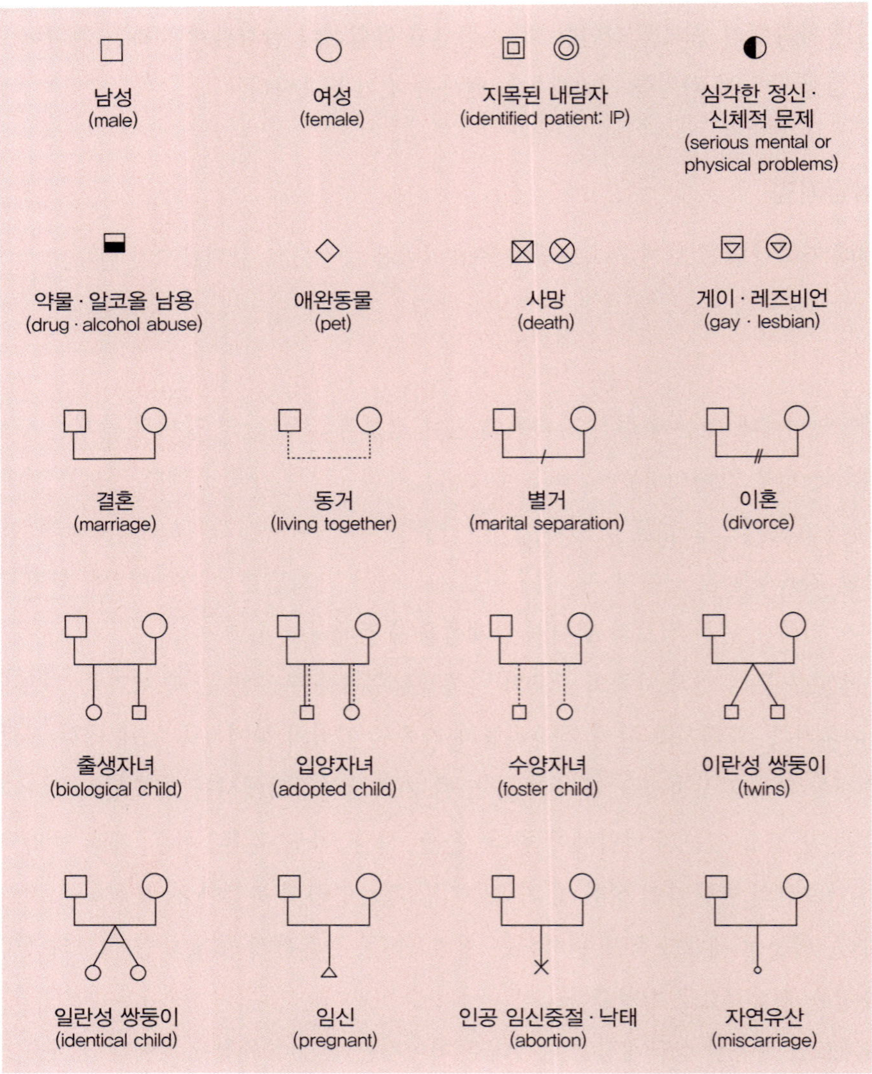

그림 3-2 가계도의 도식화를 위한 기호

출처: http://www.multiculturalfamily.org/ 발췌, 재구성, 곽소현 역(2012. 7. 3)

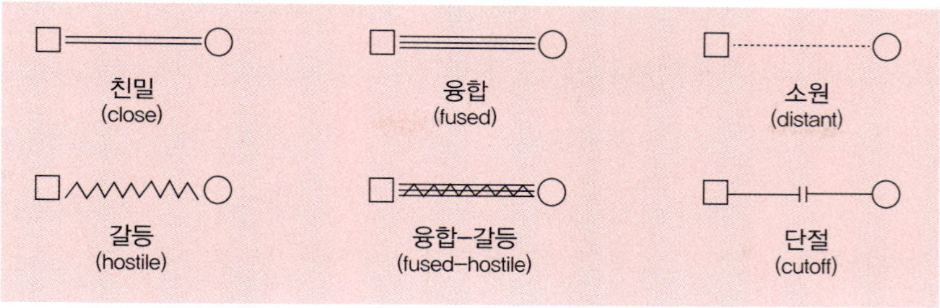

그림 3-3 가계도의 관계선
출처: http://www.multiculturalfamily.org/ 발췌, 곽소현 역(2012.7. 3)

(2) 탈삼각관계detriangling

삼각관계에 유입되어 희생양이 되었던 가족원이나 외부 사람과의 정서적 융합관계를 끊고 정서적 중립을 지키게 하는 것을 말한다. 보통 문제증상은 삼각관계에서 나타나는 경우가 많다. 즉 두 사람 중 갈등을 더 느낀 사람이 가족원 중의 사람을 자기 편으로 끌어들여 삼각관계를 형성한 경우에, 삼각관계에 들어갔던 가족원이나 삼각관계에서 소외된 나머지 한 사람이 문제증상을 나타나게 된다. 따라서 갈등을 느낀 두 사람이 다른 제삼자를 끌어들이지 않고 문제를 풀어나가도록 하는 것이다.

(3) 치료적 삼각관계therapeutic triangling

내담자인 부부나 부모자녀관계에서 상담자가 가족원과 의도적으로 삼각관계를 형성하여 정서적 융합을 보이는 가족원을 탈삼각관계를 해주어 적절한 정서적 거리가 생기면, 상담자는 자연스럽게 원래 자리로 복귀하는 방법이다. 이것은 가족원이 객관적으로 자신들의 문제를 탐색하고 해결하는 데 도움이 된다.

(4) 과정질문process question

감정을 가라앉히고, 정서적 반응에 의해 유발된 불안을 경감시키며 사고를 촉진하기 위한 질문으로, 도전, 직면, 설명 등을 사용하기도 한다(김영애 외 역, 2005). 이때 상담자는 코치coach의 역할을 담당하며, 직면이나 설명보다는 질문을 통해 가족원이 가족체계 안에서 자신의 위치나 역할을 스스로 인식하도록 하는 것이 좋다. 상담자는 특정 가족원과의 삼각관계를 방지하기 위해 중립을 유지하는 것이 중요하며, 과정질문의 목표는 전체 가족체계를 변화시키는 것이다.

(5) 관계실험relationship experiment

주요 삼각관계를 구조적으로 변화시키기 위해 사용하는 것으로, 목표는 가족들로 하여금 체계 내에서 일어나는 과정을 인식하고 그 과정에서 자신의 역할을 깨닫게 하여 학습시키는 것이다. 이 기법은 포가티(1976년)에 의해 개발된 것으로 정서적인 추적자와 냉담자를 상담하기 위한 기법이다(송정아 · 최규련, 2002)

(6) 나의 자세I-position

상대방의 행동에 대해 비난 대신에 자신의 감정을 전달함으로써 가족원 간에 비난의 악순환과 부정적인 정서적 반응을 줄이는 역할을 한다. 자신의 감정, 생각, 의도의 내적 상태를 자기책임으로 인정하고 표현하는 기법이다.

'나의 자세'I-position는 가족원 간의 문제해결이나 갈등을 감소시키는데 효과가 있으며, 상담자도 가족원이 불안이나 감정적인 반응을 하거나 책임을 회피할 때 '나의 자세'I-position를 사용하는 것이 유용하다.

(7) 치환이야기displacement story

가족이 겪는 문제와 관련되는 영상이나 도서 등을 활용하는 것으로, 아동이나 청소년문제인 경우에는 성장영화나 발달관련 DVD, 비디오테이프 등을 활용하고, 이혼과 재혼에서 재적응의 어려움이 있는 가족들에게는 '스텝맘step mom'같은 영화를 활용한다.

(8) 코칭coaching

가족의 정서적 과정과 내담자의 역할을 이해하도록 코치coach하는 것으로 '과정질문'을 사용한다. 코칭coaching에서 상담자의 역할은 선수의 기본적인 기술과 능력을 배양시켜주는 코치coach와 같이 교사의 기능을 주로 하며, 가족 전체와 함께 작업하는 것도 가능하지만, 주로 가족원 중 한 사람과 상담을 할 때 가장 많이 사용하며 가족으로부터 자기분화를 하는 데 효과가 크다(Papero, 1990).

5. 다세대 가족상담 적용 사례: 남편과 갈등이 심해요

1) 내담자 기초 정보

아내는 44세로 가게coffee shop를 운영하고 학력은 대졸이다. 음대 출신으로 곱게 자랐으나 결혼 후에 남편과의 갈등 속에서도 시부모를 부양하고 자녀를 양육하며 참고 살고 있다.

남편은 46세로 사업가이며 학력은 대졸이다. 분노가 많으며, 아내나 자녀에게 화를 잘 낸다. 처가 식구들에게 불만이 있으며 의처증이 있고 폭력적이다.

2) 내담자 주 호소 문제

① 아내는 시댁에 희생하면서 남편의 의처증과 폭력적인 상황에도 맞추며 살아왔지만 갈수록 남편의 의처증과 폭력이 심해져서 이혼을 해야겠다고 생각한다.

② 남편은 아내와 처가식구들이 자신을 무시하고 아내와 자녀들이 한편이 되어 자신을 따돌리는 것으로 인해 외로움과 소외감을 느끼고 있다.

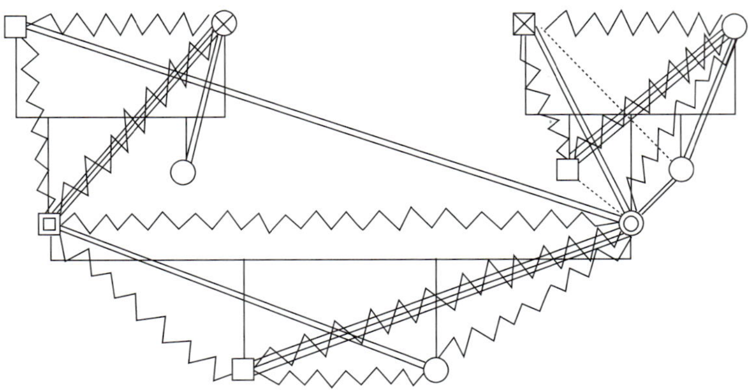

그림 3-4 가계도

3) 내담자 가족배경

(1) 아내의 원가족

아버지(사망)는 대기업 회사원이었으며 보수적이고 화가 많은 성격이다. 몇 년 전에 지병인 고혈압으로 사망했다. 어머니(74세)는 전업주부로, 장손인 아버지 때문에 대소사가 많았고, 아버지와 갈등이 많았다.

(2) 남편의 원가족

아버지(79세)는 자영업을 했으며 당뇨병으로 10년째 투병생활 중이다. 알코올 문제가 있고 폭력적이다. 어머니(사망)는 장사를 했으며 암으로 사망했다. 강인하고 참는 성격이다.

(3) 자녀

아들(16세)은 중학교 3학년으로, 엄마와 친밀하며 아빠에게 불만이 많고 갈등이 있다. 딸(15세)은 중학교 2학년으로, 엄마가 오빠만 챙긴다고 싫어하며, 엄마보다는 아빠와 가깝게 지낸다.

4) 상담과정

(1) 상담개요

갈등이 심하여 이혼위기에 있는 부부를 보웬의 다세대 가족상담으로 접근한 사례이다. 총 10회기(부부상담 6회기, 개별상담 부부 각자 2회기씩) 면접상담을 실시하였다.

(2) 회기별 상담 내용과 변화 과정

1회기(주 호소 내용 탐색, 기본적인 가족사항을 토대로 가계도 작성, 상담목표설정)

2~3회기(아내 원가족 탐색)

아버지(사망)는 직장에서 성실하고 인정받는 분이지만, 가족들에게 엄하였고, 아내나 자녀들의 의사를 존중하지 않으며 보수적이고 화가 많은 성격이었다. 화가 한번 나면 조절을 잘 못하고 많이 때렸다. 몇 년 전에 지병인 고혈압으로 사망했다. 오빠는 아버지에게 대들어 많이 맞았는데, 내담자는 무서운 아버지에게 비위를 맞추고 살았고, 무관심한 어머니보다는 자상하고 따뜻한 면이 있는 아버지와 가까웠다고 한다.

어머니(74세)는 아버지의 직장동료들이 집에 오는 일이 많아 늘 바빴고, 아버지와 자주 싸웠다. 아버지의 강한 성격에 어머니가 맞추는 편이었고, 몸이 약하며 감정기복과 우울증 증상이 있었다. 내담자는 중학교 2학년 때 아버지가 퇴임하고 시작한 사업도 잘 되지 않자 어머니는 몸이 더 약해져서 자녀들에게는 관심을 가질 틈이 없었다.

아내는 고모 집에서 중학교 3학년 때부터 고등학교 3학년까지 지냈다. 경제적으로 여유가 있던 고모가 학원비도 대주어 겨우 대학을 갔다. 가정집을 방문하여 피아노를 가르치는 아르바이트를 하면서 학교를 다녔다. 아내에게는 그 기간이 외롭고 힘든 기간이었는데, 아르바이트 다니는 집의 하숙생이던 당시 공대생 남편을 만나 결혼했다. 내담자는 늘 화가 나 있는 아버지, 아픈 적이 더 많은 어머니를 보고 자라서 부모에게 어떤 것도 요구해 보지 못했고, 힘든 일이 있을 때마다 혼자 해결해 오는 방식으로 살아왔다.

3~4회기(남편 원가족 탐색)

아버지(79세)는 조부모로부터 물려받은 재산으로 기계를 다루는 자영업을 했는데, 겨우 생활이 될 정도였다. 아버지는 경제적 관념이 별로 없고 사업도 크게 신경 써서 하지 않는 것 같았다. 충동적인 성격에 어머니에게 폭력을 행사했으며 술을 많이 마시는 편이었다. 현재 아버지는 10년째 당뇨병으로 투병생활 중이다.

어머니(사망)는 처음에는 가정주부로만 지냈는데, 아버지 사업이 잘 안되어 장사를 했는데 생활력이 강했다. 성격이 강인했지만, 아버지를 받들면서 참는 성격이었다. 아버지가 폭력이나 폭언을 해도 피하거나 숨을 죽이며 살았다.

남편은 경제적으로 무능력하면서 어머니를 학대하는 아버지가 싫었고 아버지 비위를 맞추며 사는 어머니가 불쌍하면서도 고생하는 것을 보면 화가 났는데, 어머니는 10년 전에 암으로 사망했다. 학교 공부를 잘했지만 집안 분위기가 싫어서 고등학교 때부터는 술과 담배를 배웠고, 불량스런 친구들과 사귀며 방황했다. 대학을 가자마자 집을 나와 하숙생활을 했다. 그때 아내를 만났는데 미인이면서 부잣집 딸처럼 보이는 음대생이 자기에게는 과분하다고도 생각했지만, 생각과 달리 검소하고 자신에게 맞춰 주는 것이 마음에 들어 몇 년을 따라다니다가 결혼을 했다.

5회기(부부의 원가족 미해결과제가 지금의 가족에게 미치는 영향 탐색)

남편이 아버지의 무능력과 충동적이고 폭력적인 행동을 그대로 답습하는 다세대전수가 되었으며 원가족에서 미해결된 부정적인 정서들을 아내와 자녀에게 투사하여 괴롭히는 것에 대한 인식을 가지도록 개입했다. 아내 역시 자신의 원가족에서 미해결된 문제들을 해결하려는 시도 대신에 원가족과 거의 단절상태에서 결혼 후에는 남편과 시댁에서 해결하려 했지만, 더 상처만 입었다. 자녀들과 삼각관계를 형성하여 남편과 거리를 유지하고, 맏아들과 밀착관계를 지속해온 것으로 인해, 남편은 아내나 처가식구들에게 무시당하는 느낌을 받고 가족 내에서 소외감과 외로움을 느끼는 것에 대해 인식할 수 있도록 개입하였다.

6회기(배우자의 원가족에 대한 이해 및 미해결과제의 다세대전수에 대한 탐색개입)

남편의 의처증과 친정에 위협적인 부분들에 대해 다루었다. 중산층에서 자라서 음대를 나온 아내의 집안과 가난하고 학별도 없는 자신의 집안차이, 처가의 결혼반대 등에 대한 원한의 감정들이 남아 있다. 현재도 경제적인 책임을 지고 있는 아내에 대한 미안함과 죄책감, 아내가 사회적 지위가 있는 동창들을 만나면 무슨 일이 생길 지도 모른다는 두려움이 있다. 시부모를 부양하면서 완벽하게 집안대소사를 처리하는 아내가 고마우면서도 자신을 늘 가르치려 하고 비난하며 무시하는 것 같아 충동적으로 소리지르고 폭언과 폭력까지 했던 것이라고 한다.

이에 대해 원가족의 배경이 달라서 아내에 대한 열등감이 생기고 아버지가 어머니에게 행동대로 하는 등, 원가족의 미해결문제가 다세대전수를 통해 현재의 가정에 전이된 것에 대한 개입시도하자, 남편과 아내 모두 인정하였다.

아내는 결혼해서 작은 가게coffee shop운영을 하고, 가정살림과 생활을 책임지며 힘들게 살아왔는데, 남편은 늘 자신을 의심하여 가게 외에는 바깥출입이나 동창모임에 못가게 하고 통장관리조차 남편이 하여 아내는 답답하고 힘들다고 한다. 휴대폰이나 이메일까지 다 검사하고, 특별한 일이 없어도 갑자기 트집을 잡으면 자신뿐만 아니라 자녀들도 화풀이와 폭력을 당하고 살아 왔다. 아이들 앞에서도 "어느 놈과 바람이 났냐?"며 소리를 지를 때를 황당하다고 한다. 아버지에게 받고 싶었던 관심과 보살핌을 남편에게 기대하며 결혼했는데, 지금까지 받아본 적이 없고, 요구도 못했다. 남편이 화분을 때려 부수기도 하고, 충동적으로 아내를 때리거나 위협을 하는 일이 계속 되자 몇 년 전부터 아내에게 공황발작이 일어나 119에 실려 간 적도 몇 번 있었다. 그래도 남편을 떠나지 못한 것에 대한 것에 대해 개입하자 남편과 정이 많이 들어 헤어지는 것이 어려웠고, 자신이 중학교 3학년 때부터 부모와 이별하고 부모 정 없이 자랐는데, 아이들에게는 그런 것을 물려주고 싶지 않았다고 한다. 학대하는 남편에게 주장도 못하고 비위만 맞추는 것이 어릴 때 부모에게 하던 방식이며, 부모에게 받았던 거절감과 유기감 때문은 아닌지 직면시키는 개입을 하였다.

또한 부부가 서로 원하는 것에 대한 행동목록표를 작성하였다. 아내는 남편에게 폭력과 외도에 대한 의심을 하지 말라는 것, 남편에게 선물을 한번 받아보고 싶다고 했다. 남편은 아내가 처가 식구나 아이들 앞에서 무시하지 않기를 넣어 목록표를 작성하였다.

7~8회기(부부의 미분화에 대한 개입, 다세대전수에 대한 탐색개입)

지난 회기 후에 남편은 아내가 바람을 피운 적이 없는 데도 잠깐 볼일만 봐도 늘 불안한 것이 자신에게 문제가 있는 것 같다고 하였다. 자신이 부모로부터 방치되어 자랐기 때문에 늘 버림받은 느낌이 있었고, 중년인 지금도 언제나 허전하고 아내가 자신을 떠날까봐 두려움이 있었던 것을 인정하면서 결혼 후 처음으로 아내가 동창회를 나가는 것도 허락했다. 남편이 전화나 메시지로 아내의 일거수일투족을 확인하고 가계를 배회하며 감시하던 행동과 아내가 남편의 억압적인 태도가 싫다고 하면서도 연락이 자주 안 오거나 늦게 귀가하면 궁금해 하고 불안해하는 것에 대한 역동을 개입하였다. 즉 아내는 남편의 전화나 귀가를 기다리다가 화내는 것을 멈추고 남편에게 자기 소재지를 알리고 남편은 전화하기나 가게배회하면서 감시하는 것을 그만하도록 개입하였다.

또한 아내는 남편에게는 화를 못 내면서 둘째 딸에게 욕을 하고 용돈을 안 주는 행동을 하여 딸이 욕도 하고 반항적인 성격이 나오는 것 같다고 인식하였다. 아내는 친정어머니가 요구가 많고 우울증세가 있어서 거의 안 보고 사는데, 자신의 모녀관계가 좋지 못한 것이 다세대전수되어 딸과의 모녀관계에도 영향을 미친다는 인식을 하게 되면서 딸을 수용하는 것을 증가시켰다.

아들을 과보호하던 것을 멈추고 아들과 아버지가 함께 하는 시간을 만들도록 개입하여 아내가 아들과의 탈삼각화를 시도하였다.

9회기(부부의 미분화에 대한 개입, 원가족과의 미해결과제 개입)

남편의 화 폭발과 폭력적인 행동이 현격하게 줄어들었다. 그런데 아내가 손님이 없는 시간에 가게를 아르바이트생에게 맡기고, 취미생활을 하며(피아노, 주 1회), 친구를 만나자 아내가 외모를 더 가꾸는 것 같고 외도할까봐 불안감이 엄습한다고 하였다.

아내는 지금도 남편이 자신의 이메일이나 휴대폰 비밀번호를 다 알고 있고, 자신을 감시하는 느낌이 든다고 하였다. 남편은 자기 비밀번호도 아내에게 가르쳐 주겠다고 하는데, 아내는 남편의 비밀번호에는 관심이 없었다. 이 부분도 부부의 미분화임을 개입하자, 남편은 습관상이라고 변명을 하다가 자신의 문제 같다고 시인하였다. 최소한의 기본적인 것은 지켜주는 것에 대한 약속을 하여, 아내가 비밀번호를 바꾸더라도 다시 알려고 하지 말라는 것에 대해 개입하였다.

아내는 남편이 친정을 싫어하여, 친정과 발길을 끊을 정도로 남편에게 맞추고 살아왔는데, 지금까지도 힘들다고 하였다. 친정 여동생하고만 왕래하고 있는 정도였다. 부부간의 문제를 친정 식구들과 분리하고 두 분이 풀어가기 위해, 기회를 만들어 친정 식구들과 관계가 좋지 않은 것이 부부간에도 영향을 주므로 처가와 맺힌 것들을 풀 기회를 만드는 것에 대해 개입하였다.

10회기(어머니와 아들의 탈삼각관계, 부부의 친밀감 촉진 개입)

남편은 처가 식구들과 처음으로 외식을 시도했고, 아내는 조금이나마 한이 풀린 것 같다고 하였다. 남편은 자녀들과 유리되어 있어서 외로움을 호소했었는데, 아들과 아버지 둘이 수영장에도 같이 가고 마트에도 가면서 많이 친해졌으며, 아들이 엄마만 졸졸 따라다니는 것이 많이 줄었다. 엄마와 아들의 강한 밀착이 분리되고 아버지와 아들이 친밀한 관계가 시작되기 시작했다. 부부가 합동작전으로 딸과 대화시도도 하고 기분도 맞추면서 딸과의 관계도 좋아졌으며 아들과 딸도 다툼이 줄었다.

또한 아내는 상담초기에 행동목록표에 작성한대로 남편에게 자기 주장하는 것과 요구하는 것을 할 수 있게 되었다. 남편도 아내에게 표현을 잘 안했는데, 아내를 백화점에 데리고 가서 처음 옷다운 옷도 사주었다. 휴일에 아이들을 시아버지에게 맡기고 온천에 다녀왔는데, 이번 상담을 받으면서 남편의 어린 시절 얘기를 처음으로 자세하게 들으면서 불쌍하다는 생각을 했고 지금처럼 남편이 화낼까봐 억지로 맞추는 것 아니라 자기표현도 하고 요구도 하면서 살면 자신도 숨통이 트인다고 하였다.

남편은 아내를 강한 사람으로만 여겼는데 이번에 아내의 약한 면도 보았고, 아내가 읍대까지 나와서 친정에서 부족함 없이 자란 줄 알았는데, 아내도 아르바이트와 자취하면서 어렵게 학교를 졸업했다는 것, 부모와 떨어져 살게 된 것 등을 알게 되어 아내가 안쓰럽고 잘 하겠다고 하였다. 각자의 이메일이나 휴대폰 등 기본적인 사생활을 인정하는 등 강한 밀착으로 미분화하였던 부부가 조금씩 분화하기 시작하였다. 아내의 이혼요청으로 상담이 시작되었는데, 이혼을 보류하고 좀 더 노력해보기로 하고 두 분이 잘 해보다가 힘들면 다시 상담을 요청하기로 하고 종료하였다.

5) 상담결과

부부의 원가족탐색과 미해결문제가 다세대전수되며 현재 부부와 자녀에게 전이되는 부분에 대한 개입을 하고, 부부의 미분화에 대해 분화를 촉진시켜서 기본적인 사생활을 보장하여 남편의 폭력적인 행동이 현격하게 감소하였다. 엄마와 아들의 삼각관계를 탈삼각관계를 하고, 남편과 아이들이 친밀해지는 경험을 늘리고 부부간에 대화시간과 둘 만의 시간을 가지면서 가족 내에서 소외감을 느끼던 남편이 가족 안에서 친밀감을 느끼게 되었다. 아내는 남편이 의심과 감시로 억압하던 행동과 폭력적 태도가 감소하여 이혼을 보류하고 노력해보는 것으로 결정하고 상담을 종료하였다.

용어설명

- **자기분화**differentiation of self : 정신내적인 개념인 동시에 대인관계적 개념으로, 사고와 정서를 분리시킬 수 있는 능력을 말한다. 분화수준이 높은 사람은 자제력이 있으며, 사고와 감정 사이에서 균형을 이루며 객관적이다.
- **핵가족정서체계**nuclear family emotional process : 한 세대 내에서 보이는 정서적 기능을 말하는 것으로, 낮은 자기분화를 보이는 가족은 정서적으로 융합하여 공동자아를 만들기 때문에 가족내 불안수준이 높아진다.
- **탈삼각관계**detriangling : 삼각관계에 유입되어 희생양이 되었던 가족원이나 외부 사람과의 정서적 융합관계를 끊고 정서적 중립을 지키게 하는 것을 말하며, 갈등을 느낀 두 사람이 다른 제삼자를 끌어들이지 않고 문제를 풀어나가도록 하는 것이다.

활용자료

1. 가계도와 피규어figure를 활용한 가족평가 실습

① A4용지에 가계도(2세대 or 3세대)에서 먼저 가족구조를 그리고 IP를 표시한다.

② 가족원의 이미지를 나타내는 피규어를 선택한다.
(피규어 대신에 잡지의 그림이나 인터넷의 이미지를 활용해도 좋다.)

③ 가족원의 피규어를 선택한 이유에 대해 이야기한다.

④ 가족원 간의 관계에 대해 이야기하면서 가족역동을 파악한다.
(관계선까지 그리면 더욱 좋다.)

1) 대학원생 자신의 가족 실습 사례

내담자가 자신의 가족을 피규어를 활용하여 가계도로 가족평가를 한 실습자료이며, 그림 3-5에 제시하였다. 내담자는 피규어를 선택한 이유를 말하면서 자신의 가족의 역동을 파악하였다.

내담자(30세, 대학원생 · 회사원)는 자신이 욕심이 많고 하고 싶은 일은 해야만 하는 성격이라며 돼지를 선택했다. 아내(28세, 회사원)는 귀엽고 검소하며 신앙심이 강하다면서 양을 선택했고 아버지(58세, 사업)는 든든하다며 하마를, 어머니(54세, 교사)는 생활력, 모성애, 신앙심이 강한 이유로 양을 선택했다. 특이점은 강아지를 가족으로 인식하였는데, 자기 마음대로 하려고 하고 귀여워서 아기공룡 둘리를 선택했다.

그림 3-5 피규어를 활용한 가족평가 실습자료

2) 갈등으로 별거 중인 부부 실습 사례

학생들에게 사례를 제시해주고 피규어를 사용하여 가계도 작업을 하였다. 남편이 자신의 원가족인 부모와 정서적 분화가 잘 안 되어 있는 상태에서 갈등이 있는 사례이다. 이 부부는 갈등으로 인해 현재 별거 중이다. 사례의 가계도는 그림 3-6에 제시하였다. 시부모는 결혼 전부터 아내의 집안이 가난하다는 이유로 반대를 심하게 했고 혼수로도 갈등을 보였다. 결혼 후에도 시부모는 남편이 없을 때 아내에게 이혼하라고 협박하고 있으며 남편은 시부모 편을 들며 아내를 외면하고 있다. 그러나 전문직의 똑똑한 아내도 자기주장을 하며 공격적으로 대처하고 있다.

피규어를 활용한 가계도 실습자료는 그림 3-7에 제시하였다. 학생들은 제시한 사례에 대한 피규어를 선택하면서 가족의 역동이 잘 파악된다는 의견을 보였다. 시아버지는 육식공룡, 시어머니는 호랑이로 강하고 조정하는 역할, 남편은 풍뎅이로 부모에게 의존하는 모습을 표현했고 아내는 작지만 육식공룡을 선택하여 공격적으로 대처하는 모습으로 분석하였다.

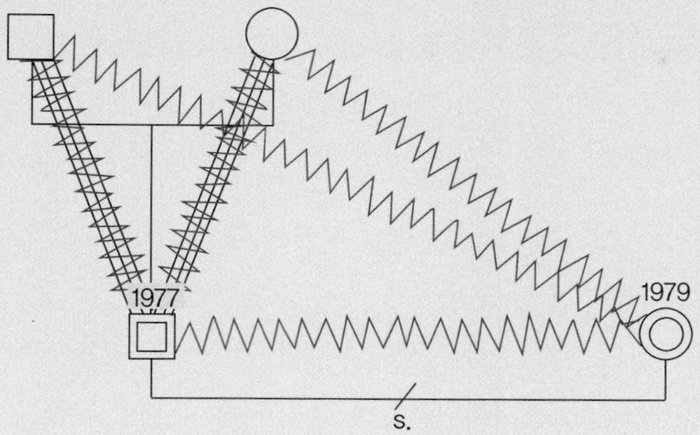

그림 3-6 가계도

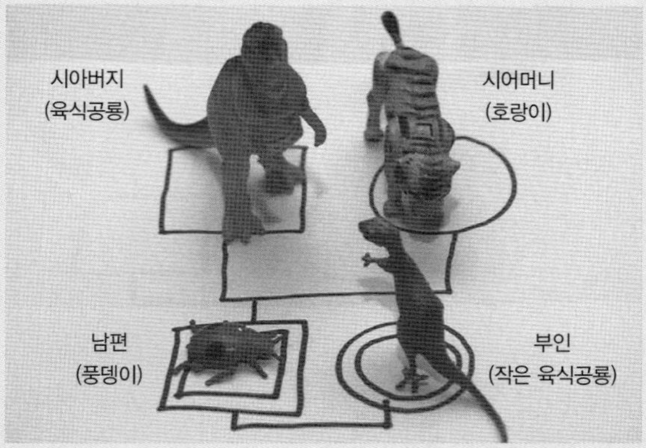

그림 3-7 피규어를 활용한 실습자료

2. 자기분화척도 실습

1) 한국형 자기분화척도

보웬이론을 토대로 한국인에게 맞게 개발한 자기분화척도이다(정혜정 · 조은경, 2007). 심리내적 차원 17문항, 대인관계적 차원 12문항, 심리내적 · 대인관계적 차원 9문항이며 총 38문항으로 구성되어 있다(한국가족치료학회지 15권 1호).

2) 자기분화척도

보웬이론의 개념을 토대로 인지적 지능 대 정서적 지능 7문항, 자아통합 6문항, 가족투사과정 6문항, 정서적 단절 5문항, 가족퇴행 12문항이며 총 36문항으로 구성되어 있고 제석봉(1989)이 개발했다(가족평가핸드북, 2003).

CHAPTER

04 경험적 가족상담

나비참씨는 남편의 잔소리와 비난 때문에 많이 힘들다. 평소에도 집안 살림을 마음에 들지 않게 한다는 이유로 사사건건 비난하고 "너 같은 건 필요 없어." 하면서 인격을 무시하는 말을 종종 하였다. 최근에는 남편이 아는 사람에게 사기를 당하여 경제적으로 어려워지면서 술을 자주 마시게 되었고, 나비참씨를 무시하고 "없어져라." 라는 말을 하면서 자신의 신세한탄을 하는 경우가 많아졌다고 한다. 나비참씨는 "제가 잘 할 수 있는 게 없는 것 같아요. 남편이 힘들 때 나라도 나서서 뭔가 해야 할 것 같은데 할 수 있는 것도 없고, 집안일 잘 못한다고 잔소리하는 남편이 밉다가도 아무런 도움도 안 되는 나도 싫어요. 그냥 남편 옆에 있지 말고 떠나는 게 더 나은 것 같기도 해요." 라면서 힘들어 하고 있다.

경험적 가족상담은 정신분석 이론과 행동주의가 갖는 결점에 대한 반동으로 출현한 인본주의, 실존주의와 현상학 등의 이론과 게슈탈트 치료의 영향을 받아 출현하였다. 이 모델은 인간의 성장 잠재력과 문제해결력을 존중하고, 자아가치와 성장을 중시하며, '지금-여기'에서의 개인의 주관적인 감정과 욕구, 행동을 중시한다. 또한 상담 시에 상담자와 가족이 그때그때 경험하는 상황과 느낌을 중시하고 현재 충만을 경험하는 것, 그리고 이를 가족이 공유함으로써 상담적 변화가 촉진되고 가족이 성장하는 것을 강조하였다.

경험적 가족상담의 대표적인 인물인 버지니아 사티어Virginia Satir를 중심으로 발달 배경과 주요 개념, 상담목표, 상담자 역할 및 기법 등을 살펴보고, 경험적 가족상담을 활용한 상담사례를 소개하고자 한다.

1. 발달 배경

경험적 가족상담은 인본주의, 실존주의와 현상학 등의 이론과 게슈탈트 치료의 영향을 받아 발달하였다. 1960년대의 인본주의적 개인 심리치료와 같이 즉시적이고 '지금-여기'의 경험을 중시하는 인본주의 심리학의 영향을 받아 인간의 성장 잠재력과 문제해결력을 존중하고, 자아가치와 성숙 및 성장을 중시한다. 또한 1960년대 들어서서 정신분석 사조가 퇴조하기 시작하고 유럽의 실존주의 정신의학 사조가 들어오면서 게슈탈트 치료가 차츰 인정받게 되었는데, 이 영향을 받은 경험적 가족상담은 인간 개개인의 감정, 욕구, 행동을 존중하는 실존주의적인 경향을 갖게 되었다.

경험적 가족상담은 현상학의 영향도 많이 받았는데, 현상학에서 시간이란 '연속되는 시점의 합'이 아니라 현상학적으로 의식에 나타나고 주관적으로 체험되는 '의식의 흐름'으로 간주되기 때문에 엄밀한 의미에서 '지금-여기'만이 실존적인 시간이라 할 수 있으며, 현상학적 관점은 모든 실존치료에서 공통적이다(정문자 외, 2007). 실존주의와 현상학의 영향으로 '지금-여기'에서 나타나는 개인의 주관적인 감정과 욕구, 행동을 중시한다. 그리고 게슈탈트 치료의 영향으로 상담 시에는 상담자와 가족 사이에 일어나는 일, 그들이 그때그때 경험하는 상황과 느낌을 중시하고 현재 충만을 경험하는 것, 그리고 이를 가족이 공유함으로써 치료적 변화가 촉진되고 가족이 성장하는 것을 강조하였다(정문자, 2007).

경험적 가족상담은 캘리포니아의 팔로 알토Palo Alto에 위치한 정신건강연구소(Mental Research Institute: MRI)에서 1960년 전후에 발달한 것으로 의사소통과정에 초점을 두는 가족치료접근법 가운데 하나이다. 그래서 경험적 가족상담 모델은 의사소통 이론과 매우 밀접한 관련이 있으나, 골든버그와 골든버그(Goldenberg & Goldenberg, 2000)는 이 모델이 상당히 인간적이며 감정 지향적인 면을 강조하기 때문에 이 모델을 경험적 모델로 분류하고 있다. 또한 경험적 가족상담 모델은 일차적으로 가족원의 개인에 초점을 둔다는 점에서 심리 역동적 모델에 가깝다고 볼 수 있다. 이 모델에서 상담자는 가족원들이 자신의 경험을 다른 가족원에게 이야기하도록 격려한다. 가족원들이 제공하는 경험이란 가족원이 자발적으로 자신을 열어 보일 수 있는 기회, 표현의 자유, 개인의 성장 등을 의미한다(Brown & Christensen, 1999).

경험적 가족상담은 경험이라는 말에서 보여주듯이 이론의 역할을 높이 평가하지 않으며 유용하지도 않다고 생각한다. 즉 상담은 이론과 기법이 아닌 개방성과 자발성이 필요하며, 가족에 깊게 관여함으로써 가족을 변화시킬 수 있다는 신념에 입각한 직관적 방법을 강조한다(송정애, 2010). 그래서 참 만남 집단, 예술치료, 심리극 등 다양한 기법의 영향을 받아서 조각, 역할극 등의 표현적 기법을 많이 사용한다. 경험적 가족상담 모델은 민감성과 감정표현을 강조하고 가족들이 상담과정 속에서 경험하는 것들이 성장에 중요한 자극과 계기가 된다는 것을 전제한다(최규련, 2008).

Virginia Satir(1916~1988)
www.wikipedia.org

주요 경험적 가족상담자로는 사티어를 들 수 있다. 사티어는 인본주의적 인간관과 실존주의 철학을 기초로 자신의 치료 이념과 가치체계를 발전시켰다. 사티어는 위스콘신대학에서 교육학을 전공하고 6년간 초등학교 교사 생활을 하였다. 교사로 재임하면서 200여 학생의 가정을 방문하였는데, 이것이 계기가 되어 가족에 관심을 가지게 되었다. 1948년 시카고 대학원에서 사회사업학을 전공하였으며, 1951년 자신의 가족치료연구소에서 본격적으로 가족을 치료하기 시작하였다(Nichols & Schwartz, 1998). 1950년대에 가족상담 운동의 창시자들 중 유일하게 여성이었고, 백인 남성 정신과 의사들이 주류를 이루는 가운데 유일하게 사회사업가라는 독특한 이력을 가지고 있었다.

1959년에는 잭슨Donald deAvila Jackson과 함께 MRI 설립을 도와 가족치료훈련 프로그램을 만들어 가족들의 경험중심 활동과 교육적인 프로그램들을 발전시켰다. 사티어는 MRI의 초기 멤버로서 의사소통과 정서적 경험을 강조하였는데, 50여 년에 걸친 가족치료의 임상 경험과 교육훈련 경험에 기초하여 사티어 모델을 발전시켰다. 사티어 모델은 적절한 환경에서 성장하는 나무에 비유하여 종자모델seed model이라고 정의하였고, 후기에는 성장모델이라고 규정하였다. 사티어가 MRI를 떠나 1966년 캘리포니아 빅서Big Sur의 에살렌 성장센터Esalen Institute에서 가족치료훈련 지도자로 일하면서 신체와 정신의 통합적인 접근을 지향하는 게슈탈트치료, 참 만남, 감수성훈련을 접목하여 경험적인 성장모델을 발전시켰다. 1977년에 아반타 네트워크Avanta Network를 설립하여 자신의 상담모델을 교육하고 훈련 · 보급하는 데 힘썼으며, 현재는 구미

외에 아시아 여러 나라에 지부가 설치되었다.

사티어는 여러 선구적인 가족상담자 중에서 여성이자 사회사업학을 전공한 점이 독특하며, 온정적인 성격의 양육적 상담자로 알려져 있다. 그가 1988년 췌장암으로 사망한 이후 밴맨John Banmen이 뒤를 이어 사티어 상담모델을 확대, 보급하고 있다.

2. 주요 개념

1) 상담적 신념

사티어는 상담에서 성장, 변화, 희망, 선택, 감정, 자원, 문제, 인간에 관하여 다음과 같은 신념을 가진다(송성자, 1993; 송성자 · 정문자, 1994; 한국버지니아사티어연구회 역, 2000; Banmen, 2002; 김규수 · 오현숙, 2006; 정문자, 2007; 최규련, 2008).

(1) 성장에 관한 신념

모든 사람들은 심리적으로 성장하고 발전하고자 하는 욕구를 가지고 있다. 그리고 생존하고 성장하기 위하여 적응할 수 있는 능력과 성장하고 변할 수 있는 자원을 가지고 있다. 상담 시에 관심의 초점은 성장과 전체적인 것에 있으며 병리적인 것은 중요시하지 않는다.

(2) 변화에 관한 신념

인간은 과거의 사건은 지울 수는 없으나, 그 사건이 인간의 행동, 감정, 지각, 기대, 열망 그리고 실존적 자아에 미치는 영향을 변화시킬 수는 있다. 상황적인 변화는 불가능할지라도 내면의 변화는 가능하다. 개인의 원가족은 매우 중요하고 최초 학습의 장이지만 초기에 학습된 생존방식이 영원히 지속될 수는 없으며 성장과 변화는 계속하여 이루어진다.

(3) 희망에 관한 신념

희망은 변화를 위한 중요한 구성요소이며, 상담을 위한 동기가 될 수 있고 목표가 될 수 있다. 문제가 무엇인가보다는 변화되기를 희망하는 것에 관심의 초점을 둔다.

(4) 선택에 관한 신념

일반적으로 인간은 예측이 가능하고 안전하다는 이유로 익숙한 것을 선택하는 경향이 있다. 그러나 새로운 선택과 결정하는 데에 과거의 영향을 받을 수는 있으나, 장애요인이 되어서는 안 된다. 대신 과거를 인정하고 수용하도록 하여 현재를 지배할 수 있는 능력을 키움으로써 과거의 영향에서 해방될 수 있다.

(5) 감정에 관한 신념

감정은 인간에게 예속된 것으로 인간은 자기 감정에 대한 책임이 있다. 내면의 감정을 선택하고, 지배하고 사용하는 것을 학습할 수 있으며 학습하면서 다르게 느끼고 반응할 수 있다. 극복한다는 것은 인간의 자기 존중 감정을 표현하는 것으로, 자아 존중감이 높을수록 더 건강하게 극복할 수 있으며 성취감을 느낄 때 자아 존중감이 향상된다.

(6) 자원에 관한 신념

모든 사람들은 성공적으로 극복하고 성장하는 데 필요한 내면의 자원과 에너지를 가지고 있다. 내면의 자원과 에너지는 신념, 확신, 지식, 사랑, 관심, 기쁨, 나눔, 인정 등을 의미한다.

(7) 문제에 관한 신념

행동이 역기능적이고 파괴적이라고 해도 그 행동은 생존하고 어려움을 극복하기 위한 외적인 표현이다. 문제의 존재보다는 문제에 대한 대처방식이 인간에게 중요한 영향을 미친다. 치료는 병리적인 것 보다는 건강한 것에 초점을 두어야 한다. 문제 자체는 큰 문제가 아니고 문제를 어떻게 극복하는지가 가장 큰 문제이다.

(8) 인간에 관한 신념

모든 사람들은 유일한 존재로서 독특한 속성을 가지고 있으면서도 인간으로서 많은 공통적인 유사성을 가지고 있다. 인간은 차이점을 발견하기보다는 차이점을 수용하는 것을 배워야 한다. 인간은 유사성을 근거로 하여 함께 어울릴 수 있고, 차이점을 근거로 하여 성장할 수 있다.

이러한 사티어의 신념들은 인간의 삶에 대해 긍정적인 사고를 갖도록 해주며, 인간에 대한 존엄성과 존재가치, 인간의 욕구와 잠재력에 대한 신성시, 성장과 변화를 위한 희망과 가능성 등을 제공하여 주고 있다(Nichols & Schwartz, 1998).

2) 자존감

사티어 성장모델에서 가장 핵심적인 개념이며 치료적 접근의 기초가 되는 개념이다. 자존감은 다른 사람들이 자신을 보는 것과는 다른 별개의 것으로 자기가 자신에게 가지는 애착, 사랑, 신뢰, 존중과 같은 것이다. 사티어는 감정측면을 중요시하며 가족원들의 자존감을 증가시키는 것을 가족상담에서 중요한 과정으로 다루었다. 사티어는 자존감을 인간의 기본욕구로 간주하고 에너지 개념으로 설명한다. 우리가 자신에 대해 가지고 있는 지식과 감정은 에너지를 만들어 내는 중요한 요소이다. 자기 자신에 대하여 감사하고 사랑할 때 에너지는 만들어지며, 이러한 에너지는 현재 주어진 상황을 창조적이고 현실적이며 온정적으로 극복할 수 있도록 한다(Satir, 1988).

3) 의사소통 유형 및 대처 방식

사티어는 사람들이 스트레스 상황에서 다른 사람과 관계할 때 회유형, 비난형, 초이성형, 산만형, 일치형과 같이 다섯 가지 방법 중의 하나로 의사소통한다고 했다(Satir, 1988). 이 중 역기능적 의사소통 유형은 회유형, 비난형, 초이성형, 산만형이고, 기능적 의사소통 유형은 일치형이다. 역기능적 의사소통 유형은 일종의 생존유형survival stances으로 자존감이 낮으며 불균형적인 상태에 있을 때 주로 나타나고, 대부분 아동 초기에 학습되어 가족 간의 잘못된 상호작용을 통하여 더욱 더 강화된다고 보았다(Satir, 1964).

(1) 회유형placating

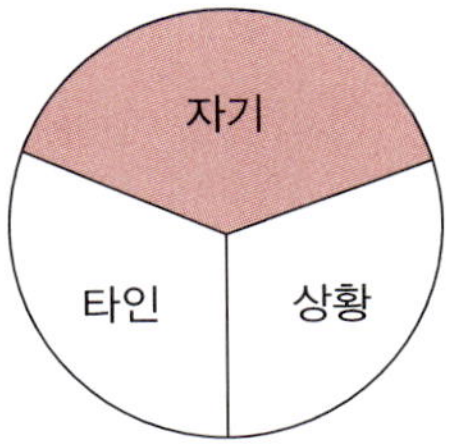

회유형은 타인과 상황은 인정하나 자기 자신은 인정하지 않는다. 즉, 자신의 느낌이나 생각을 무시하고 다른 사람의 기분을 맞춰주려고 애쓰는 유형이다. 결국 자기가치나 자신의 감정보다는 다른 사람이 기분 상하지 않게 하는 데 열중한다. 내면적으로 자신은 무가치하다고 여기며 곁에 누가 없다면 죽은 목숨과 같다고 느낀다. 회유반응은 상대방에게 죄책감을 갖게 하며 상대방이 죄책감을 가지면 자신을 아낀다고 생각한다. 그리고 회유반응은 자신을 위하여 자신의 욕구를 숨기는 것이다. 이들의 자원은 남에 대한 배려와 돌봄, 민감성이다. 회유형의 내담자에게는 감정을 통해 쉽게 접촉할 수 있다.

(2) 비난형blaming

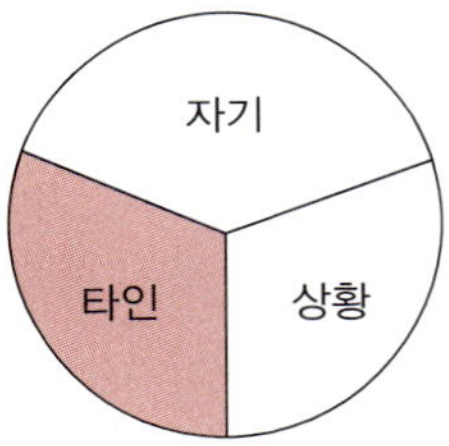

비난형은 회유형과 정반대 유형이다. 비난형은 자기 자신과 상황만을 중시하고 타인은 무시한다. 즉, 자신을 보호하기 위하여 다른 사람을 무시하면서 결점을 지적하고 독재자처럼 남을 통제하려 하며 명령을 한다. 일이 잘못될 때 남탓으로 돌리고 요청을 거부하며 공격적이다. 그러나 내적으로는 나약한 자신의 모습을 인정하지 않으려고 남을 거칠게 비난한다. 비난형의 사람은 내면적으로는 외롭고 비성공적인 감정이 있다. 비난 행위는 다른 사람과 가까워지고 싶은 자신의 욕구를 숨기는 것이다. 이들의 자원은 강한 주장이다. 비난형의 내담자에게는 (미충족된)기대를 통해 쉽게 접촉할 수 있다.

(3) 초이성형super-reasonable

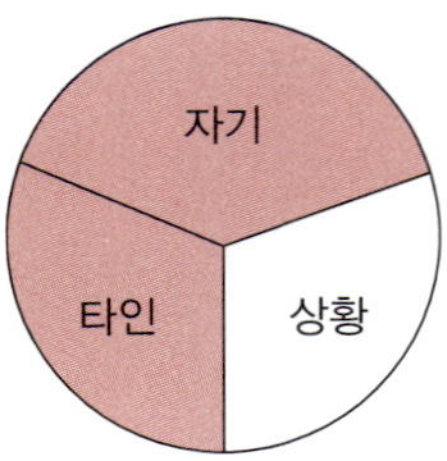

초이성형은 자신과 타인을 모두 무시하고 상황만을 중시한다. 규칙과 옳은 것만을 절대시하는 극단적인 객관성을 보인다. 매우 완고하고 냉담한 자세를 취하며 독재적인 행동을 하지만 내적으로는 쉽게 상처받고 소외감을 느낀다. 이들의 자원은 지식이다. 초이성형의 내담자에게는 지각을 통해 쉽게 접촉할 수 있다.

(4) 산만형irrelevant

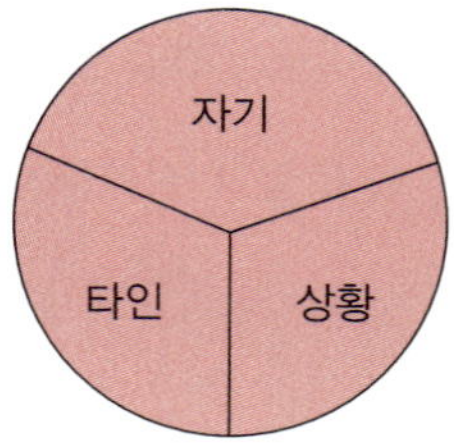

산만형은 초이성형의 반대로 자신, 타인, 상황을 모두 무시한다. 산만형은 일반적으로 즐거워하는 것이나 익살맞은 것이 혼합되어서 혼돈스러운 상태를 말한다. 말이 되지 않는 이야기를 하며 산만하게 행동한다. 다른 사람들이 자신으로부터 떠나도록 만들며 이로 인해 외로움과 공허감을 동시에 느끼게 된다. 산만형들은 자신의 외로움이나 공허감과 부딪치지 않으려고 끊임없이 움직이며 다른 사람들을 혼란스럽게 만든다. 이들의 자원은 즐거움이다. 상담에서 심리적으로 접촉하기가 가장 어려운 유형이다.

(5) 일치형congruent

일치형은 자기 자신, 타인, 상황을 자각하고 돌보는 자세로 반응하는 것이다. 의사소통의 내용과 내면의 감정이 일치하는 유형이며, 대처방식이라기보다는 충만한 인간이 되어 전인성을 이루고자 하는 선택이다. 일치적 의사소통은 스스로를 방어하거나 다른 사람이나 상황을 통제하기 위하여 선택하는 것이 아니라 자기 자신이 되기를 선택하는 것이며, 다른 사람들과 만나고 관계를 맺을 때 상호작용하기 위해서 선택하는 것이다.

일치형 의사소통을 하는 사람들의 특징은 의사소통의 내용과 감정, 의도가 일치하고, 자신의 사고, 감정, 기대, 원하는 것, 싫어하는 것에 대해 솔직하다. 타인의 말을 잘 경청하면서 존중하고 배려하며, 생동감 있고 유능하며 창조적인 행동양식을 가지고 있다. 자기가치감이 높고 심리적으로나 신체적으로 건강한 상태이며, 다른 사람을 조정하거나 자신을 방어하지 않으면서 타인과 진정한 관계를 형성하고, 자신의 말과 행동에 책임을 진다.

의사소통 유형의 예

상대방의 발을 밟았다고 가정해 보자.

회 유 형 : (아래를 보고 두 손을 마주잡고 뒤틀며) 용서해 주십시오.
저는 정말 실수투성이에요.

비 난 형 : 아이, 깜짝이야! 발을 쑥 내밀고 다니니 밟은 것 아니오.
발을 안으로 넣고 다니시오!

초이성형 : 사과드립니다. 지나가다가 부주의하여 당신의 발을 밟았군요.
혹시 피해를 줬다면 내 변호사에게 연락해 주시기 바랍니다.

산 만 형 : (다른 사람을 쳐다보며) 저런, 누가 화가 났구나. 누가 밟았나봐.

일 치 형 : (그 사람을 곧바로 보며) 내가 발을 밟았군요. 미안합니다.
다친 데는 없으십니까?

4) 가족규칙

사티어는 가족을 돕기 위한 방법의 하나로 가족규칙을 살펴보았다. 사티어에 따르면 대부분의 인간은 비합리적인 규칙에 얽매여 비인간적인 삶을 살고 있으며, 이러한 규칙은 자아존중감에 부정적인 영향을 미친다. 규칙에는 합리적이고 융통성이 있으며 인간적이어서 인간의 성장에 도움이 되는 규칙이 있는 반면, 도움이 되지 않는 규칙도 있다.

부모는 자라면서 자신의 부모에게서 배운 규칙을 현재의 가족에게 상용한다. 그러나 부모는 각기 다른 가정에서 태어나고 자라면서 각자의 가정에서 통용되는 규칙을 배웠고 그 규칙에 익숙해 있으므로 현재 가족 안에서 자녀를 키울 때는 부부의 규칙이 상치되어 자녀에게 혼란과 갈등을 줄 수도 있다. 어린 자녀가 자랄 때는 규칙을 엄수함으로써 생존이 가능했다. 그러나 성인이 되어서도 비합리적이고, 비현실적이며, 비인간적인 규칙을 준수해야 한다면 이는 자녀에게는 성장의 방해물로 작용한다. 그러나 인간은 가족의 규칙에 너무 익숙한 나머지 이 규칙을 자동으로 참고하거나 사용한다. 대부분의 가족규칙은 의식 수준에 있지 않기 때문에 규칙을 알아내려면 탐정 기술이 필요하다. 규칙을 변경시키는 것은 어려운 과정이며 외부의 도움이 필요할 수 있다(정문자 외, 2007).

3. 상담목표와 과정

1) 상담목표

사티어 경험적 가족상담에서는 모든 내담자 가족에게 적용이 되는 보편적인 메타 목표가 있다. 사티어 모델의 메타 목표는 다음과 같다.

(1) 자존감 수준 높이기

사티어와 볼드윈(Satir & Baldwin, 1983)은 가족상담을 받으러 오는 사람들의 공통된 특징으로 자존감이 낮은 것을 발견하였다. 자존감이 낮은 사람은 자기 스스로를 가치가 없다고 여기고 있기 때문에 다른 사람들이 자기를 죽이거나 짓밟거나 비난하리라고 생각한다. 이런 상태에 있는 사람은 상황을 정확하게 파악하지 못하며, 거절당하는 것에 대하여 두려워하고 객관적인 자료와 견해를 근거로 자기 자신, 타인, 상황 등을 파악할 수 있는 능력이 부족하다.

사티어(1988)는 자존감이 높은 사람은 스스로 결정할 수 있고 자기 자신이 가장 좋은 자원이라고 믿으며 자신의 가치에 감사하며 언제나 다른 사람의 가치를 인정하고 존중한다고 하였다.

정상가족에서는 가족원이 자신을 자유롭게 표현할 수 있는 분위기이다. 가족원이 서로에게 귀 기울여 주고 가족원이 스스로 표현의 자유를 가질 때 비로소 자신이 가치 있는 존재이고 사랑받는 존재라는 것을 알게 되며, 이러한 경우 자존감을 가질 수 있다(김규수 외, 2006). 그러나 역기능적 가족에서는 자존감이 낮은 부모가 자녀를 존중감과 가치를 가진 독립된 한 인간으로 간주하지 않으며, 이런 가정에서 자녀는 결코 성숙될 수 없고 자기의식이 부족한 인간으로 성장할 수밖에 없다. 그러므로 높은 자존감을 가진 부모는 가족을 잘 돌보고 자녀를 잘 양육할 수 있고, 낮은 자존감을 가진 부모는 문제 가족을 만들어 낼 수 있다(Satir & Baldwin, 1983).

(2) 스스로 선택하는 사람이 되도록 돕기

선택은 인간에게 많은 의미를 주고 매우 중요한 과제가 된다. 만약 선택이 무의미하고 자신과 가족을 위해 가치가 없다고 느껴지면 인간은 불안하게 된다. 따라서 가족은 개인의 선택을 원조해 주면서 개인에게 의미를 부여한다. 선택은 인간의 잠재력에서 나오는 것으로 인간이 선택의 자유를 갖지 못하면 문제가 발생하게 된다(김규수 외, 2006).

(3) 책임지는 사람이 되도록 돕기

책임지는 상황의 일부분으로 감정도 포함시킨다. 감정은 우리에게 속한 것이다. 우리는 감정에 대해서도 책임이 있으며, 이를 통해서 기쁨을 경험하기도 한다.

(4) 일치적인 의사소통을 하도록 도와 자기가치 수준을 향상시키기

역기능적인 가정에서는 언어적 메시지와 비언어적 메시지가 일치하지 않고, 말과 행동이 다르며, 자신의 말과 내면의 의도가 일치하지 않는 비일치적인 의사소통이 많이 이루어지고 있다. 사티어는 내담자에게 일치적인 의사소통을 하도록 돕기 위하여 자기 자신, 다른 사람, 상황에 대하여 자각하도록 하고, 다른 사람과 대화를 할 때 충분한 관심을 보이도록 한다. 또한 신체적 메시지를 자각하도록 하고, 자신의 대처방식과 가족규칙들을 자각하도록 한다(한국버지니아사티어연구회 역, 2000).

2) 상담과정

상담적 변화 과정은 도움 요청, 외부 요인의 개입, 혼돈, 새로운 선택과 통합, 변화 실행하기, 새로운 상태와 같은 다음 6단계로 진행된다(한국버지니아사티어연구회 역, 2000; 정문자, 2007).

(1) 1단계: 도움 요청

가족이 현재의 고통, 불편함, 증상 등을 통해 변화의 필요성을 인식하는 단계이다. 역기능적인 가족들은 엄청난 일이 벌어지기 전까지는 그들의 양식을 지속하려고 한다. 결국 고통이 너무 엄청나거나 위기의 상태에서 일어난 행동을 받아들일 수 없거나 혹은 심각한 갈등이 개인적으로 드러날 때, 그 체계 내의 누군가가 도움을 청하러 오게 된다.

(2) 2단계: 외부요인의 개입

가족이 상담자와 같은 가족 외적 요인의 개입을 수용하는 단계이다. 가족체계에 상담자가 개입하여 문제를 탐색하고 상담의 목표가 긍정적으로 설정되어야 한다. 상담자는 개입을 할 때 가족과 접촉을 잘 해야 하고, 가족의 기대와 변화의 장애물을 점검하며, 가족의 저항과 존엄성을 수용하고 인정해줌으로써 가족이 변할 수 있는 힘을 갖게 한다.

(3) 3단계: 혼돈

상담자가 성공적으로 개입하게 되면, 그 가족은 스스로를 객관적으로 바라볼 수 있는 단계까지 점차적으로 개방하기 시작한다. 가족체계가 외부세계에 개방되면서 취약해지며, 종종 혼란과 불안감을 느끼고 현재의 안정성과 항상성의 균형이 흔들리게 되는 것을 느끼게 된다.

상담자는 내담자의 두려움과 불안이 정상적인 것이라고 안심시키면서 내담자가 자신의 인식과 기대를 재정리하고, 재구성하면서 새롭게 하며, 변화시키도록 도와줄 수 있다. 혼돈의 단계는 가족체계를 역기능적 정체상태에서 새롭고 기능적인 상태로 옮겨가도록 하는 데 긍정적이고 창조적인 방식으로 사용될 수 있다.

(4) 4단계: 새로운 선택과 통합

새로운 선택과 통합의 단계로 아직 발휘되지 않은 자원들을 사용하고 과거와 현재의 기대를 재평가하여 새로운 가능성을 발전시키는 단계이다. 새로운 희망, 새로운 자기 가치, 새로운 지각 등 새로운 형태의 통합과 높은 자존감을 경험하기 시작하는 시기이다.

(5) 5단계: 변화 실행

강력한 힘을 지니고 있는 과거의 방식에서 벗어나 새롭게 학습한 것을 연습하는 단계이다. 강한 의지를 가지고 변화에 대한 자신의 새로운 선택을 실천하기 위한 노력을 해야 한다. 생활에서 새로운 것을 연습하면서 과거에는 낯설었던 것이 점차 익숙해지고 편안함을 느끼게 되며, 건강하고 새로운 상태를 형성하게 된다.

(6) 6단계: 새로운 상태

변화가 정착되어 좀 더 건강한 균형, 충분히 기능적으로 행동할 수 있는 개인, 건강한 관계들이 형성되는 단계이다. 건강하고 기능적인 상호작용과 대처방식이 정착되어 일치적인 의사소통을 하게 되므로 자기 가치 수준을 향상시키고, 가족이 성장할 수 있다.

4. 상담자 역할과 기법

1) 상담자 역할

사티어는 매우 카리스마가 있는 지도자였으며, 그녀는 자신을 내담자 가족들에게 따뜻하고 양육적이며 인간의 선량함과 '사랑의 치료하는 힘'을 믿는 사람이라고 소개했다(Satir & Baldwin, 1983).

또한 사티어는 사람들에게 필요한 모든 자원들을 자신 안에 가지고 있다고 믿기 때문에 그들의 잠재력에 다가가고 잠재력을 사용하는 방법을 배울 수 있도록 도와주는 개입방법을 쓴다. 이는 사람들이 자신의 삶을 책임지기 위하여 어떤 위험이 따르더라도 이를 감수할 수 있게 격려하는 성장 지향 접근법이다.

상담과정에서 사티어의 역할을 살펴보면 다음과 같다.

첫째, 교사 역할을 한다. 상담과정 초기의 가족에게 사티어는 의사소통의 차이점을 이해할 수 있도록 도와주며 가족원이 조화롭지 못한 의사소통에 빠지는 반복적인 결말을 차단하는 선생님이라고 소개한다(Goldenberg & Goldenberg, 2000). 인간이 활짝 피어나기 위해서 필요한 자원을 그들 자신이 가지고 있다는 믿음 아래 사티어는 자신의 할 일이 사람들이 스스로 잠재력에 영양을 공급하기 위해 접근할 수 있도록 돕고 사람들이 그들의 자원을 효과적으로 사용하도록 가르치는 것이라고 보았다.

또 사티어는 자신의 삶에 대해 무한히 낙천적으로 접근한 결과 사람들이 자신에 대해서 기분 좋게 느끼도록 만들었다. 그녀는 가족들의 일상생활에서의 기능과 서로간의 정서적 경험의 견지에서 치료를 하려 했다. 그녀는 사람들이 자신의 감각을 되살리고 스스로 진짜 느끼고 있는 것을 수용하고 접촉할 수 있는 능력을 되살리도록 도와서 조화로운 의사소통 방법을 가르친다. 그렇게 하여 그녀는 개인과 가족이 자아가치감을 형성할 수 있게 하고, 선택을 할 수 있는 가능성을 열어주며 관계에 변화를 가져오도록 돕는다(Bandler, Grinder & Satir, 1976).

둘째, 모델링 역할을 한다. 사티어(1988)는 "가족들은 절망하고, 무기력하며 외로

위하면서 고통스러운 감정들을 숨기려고 애쓴다. 숨기기 위하여 소리치고 외치며 잔소리하고 비난하는 상태로, 서로에게는 무관심하며, 서로 비참과 절망 속에서 몇 년을 견디며 참아내고 갈등의 연속을 경험한다." 라고 말한다. 내담자 가족들이 자발적으로 개방하며 서로 간에 둘러 싸고 있던 담을 무너뜨리듯이, 진짜 자신의 진솔한 감정을 경험하며 다른 사람들이 느끼고 경험한 것들을 서로 나누면서, 인간적인 참 만남이 이루어지도록 상담자는 자신의 감수성을 이용하여 모델링 역할을 한다.

이론가나 연구자보다는 치료자이자 훈련자인 사티어는 힘 있고 양육적으로, 열정적이고 현실적으로 모델링 역할을 담당했으며 첫 회기부터 권위 있게 쭉 가족에 관여하는 상당히 통찰력 있는 사람이었다. 그녀는 단순하고 직접적으로 말하며 가족과 더불어 하는 작업의 보고서를 계속 작성하면서 의사소통 기술이 가족들에게 전달되도록 노력하고, 그녀가 가족들에게 가르친 규칙을 따라 구성원들 간의 만남을 정돈한다(Goldenberg & Goldenberg, 2000).

셋째, 사티어는 격려자이며 지지자이다. 사티어는 내담자의 성장을 활성화시키고 내적인 성장을 위하여 상담자의 일치적인 자세와 의사소통이 매우 중요하다고 강조한다. 상담자는 내담자와 평등한 관계로 인간적으로 존중해야 하며, 격려와 지지를 해야 한다고 하였다(한국버지니아사티어연구회 역, 2000).

2) 상담기법

(1) 심리내적 역동: 개인의 빙산 탐색

사티어는 의사소통의 내적 과정으로서 인간의 심리 내적인 체계를 중요시하였고 인간의 내면을 '개인의 빙산'에 비유하였다. 겉에 드러나는 행동이나 말은 단지 빙산의 일각이며, 오히려 보이지 않은 내면의 감정, 그 감정에 대한 감정, 지각체계, 기대, 열망 등이 우리의 행동이나 말에 더 많은 영향을 끼치고 있음을 강조하였다(한국버지니아사티어연구회 역, 2000). 개인의 행동들은 수면 위에 떠오르는 빙산의 일부처럼 현상적으로 드러나는 대처방식들이다. 이런 행동들은 마치 빙산의 대부분이 물속에 감추어져 있는 것처럼 여섯 가지 요인인 대처방식, 자신의 감정, 지각, 기대, 열망, 자아라는 복합물의 결과라고 볼 수 있다. 사티어는 현재 내담자의 역기능적인 행동을 이해하기 위해서는 어떤 사건이나 상황에 대한 영향력들을 개인의 여섯 가지 요인인 내면 수준에서 탐색한다(김혜숙, 2008).

상담과정에서 내담자의 상황에 따라서 어느 한 수준에서부터 시작할 수 있고, 모든 수준을 포함할 수 있다. 내담자의 심리내적 경험과 감정, 지각, 기대와 열망을 표출화하고 통합하여 변화의 과정으로 이끌 수 있다. 예를 들어 20년 전 성폭행 당한 경험이 있는 여성이 그때의 사건을 지금도 생생히 기억하면서 괴로워하고 있다고 해보자. 이 여성이 경험한 사건은 대처행동, 감정, 지각, 기대, 열망, 자아라는 모든 내면에 영향을 끼친다. 내면의 모든 차원에서 자신의 행동을 어떻게 통제하고 있는지를 살펴보면, 남자들을 거부하고(대처방식), 분노와 슬픔, 괴로움을 느끼면서(감정), 자신을 피해자로 보고 있으며(지각), 아직도 모든 남자를 도둑놈으로 생각하고 있을 것이다(지각). 그리고 아직도 그 사건이 일어나지 않았으면 하는 충족되지 못한 기대를 가지고 있을 것이다. 그러나 진정한 내면에서는 사랑과 관계의 열망이 있는데, 이러한 열망이 충족되지 못하여 가장 깊숙한 내면에서는 상처 입은 자아가 성장하지 못하고 있을 것이다.

이와 같이 과거 사건이 현재에 미치는 두려움, 상처 등의 영향력을 분리시키는 과정으로, 현재 상황에 대하여 자기인식과 통찰에 책임을 질 수 있도록 해야 한다. 또한 내담자의 기대나 열망을 표출시키고 현재 가능한 것들을 어떻게 이루어 나갈 것인지를 구체화함으로써 과거의 사건이 현재에 미치는 영향력을 최소화할 수 있도록 변화를 시도한다.

내담자의 내면 경험의 각 부분들을 변하는 데에는 다음과 같은 탐색과정이 필요하다(한국버지니아사티어연구회 역, 2000; Banmen, 2002; 정문자, 2007).

① 행동과 대처방식에 대한 탐색

내담자의 과거나 현재의 행동방식, 반응양식, 대처방식들에 대하여 알아본다.

- 그때는 어떻게 하셨어요?
- 무엇을 해 보셨나요?
- 지금은 그 문제를 어떻게 다루시나요?
- 힘든 상황에서는 어떻게 대처하시나요?

② 감정과 감정을 일으키는 감정 탐색

감정은 내면 작용에 의해 발생되는 느낌이므로 감정에 대한 탐색을 하면서 감정을 일으키는 기대, 지각, 열망 등의 내면 탐색도 함께 필요하다. 예를 들어 어머니에 대한 분노 감정을 다루고 싶어 하는 내담자가 있다면 분노 감정만을 들여다 볼 것이 아니라, 내면의 충족되지 못한 기대가 분노 감정을 촉발시켰음을 들여다보도록 한다. 충족되지 못한 기대는 실망이나 분노 등의 감정으로 나타나기 때문에 잘못하면 이 감정에 초점을 맞추어 시간을 보낼 수 있는데, 내면의 충족되지 못한 기대와 그 외의 지각, 열망 등을 탐색해 나가면서 점차 감정 자체에 변화가 생기도록 해야 한다. 만약 감정 자체만을 탐색하면서 작업한다면 감정에 변화가 생기기 어렵고, 그 감정 자체에 머무를 수밖에 없기 때문이다. 한편, 사티어의 경험적 가족상담에서 특징적인 것은 감정을 일으키는 감정을 탐색하는 것이다.

- 이 일에 대해 어떻게 느끼십니까?
- 자신에 대해 어떻게 느끼십니까?
- 배우자에 대해 어떻게 느끼십니까?
- 이런 감정을 느껴본 적이 있나요?
- 자신의 분노에 대한 느낌은 어떠합니까?
- 그 슬픔 이면에는 또 어떤 감정이 있는지 이야기해 주시겠어요?

③ 지각에 대한 탐색

지각 체계는 상황이나 사건에 대한 개인의 사고방식, 신념, 가치체계로 상황에 대한 판단과 해석, 주관적인 관점이나 입장을 탐색한다.

- 그렇게 느끼는 자기 자신에 대해 어떻게 생각하십니까?
- 어떻게 보시나요? 어떻게 믿습니까?
- 당신은 스스로를 어떻게 보십니까?
- 당신은 다른 사람을 어떻게 보십니까?
- 당신의 행동이 자신(다른 사람)에게 어떤 영향을 미친다고 생각하나요?

④ 기대에 대한 탐색

기대는 자신에게 갖는 기대, 타인에게 갖는 기대, 타인이 나에게 갖는 기대 등을 탐색한다. 기대는 바람want이라고도 할 수 있으며, 내면에서 충족되지 못한 기대를 보도록 하는 것이 필요하다.

- 당신이 원하는 것이 무엇입니까?

- 어떻게 해서 잘 이루지 못했나요?
- 당신이 바라는 것이 무엇입니까?
- 그런 바람이 현실적으로 가능합니까?
- 그런 바람이 다른 사람에게 해가 되지 않습니까?
- 그렇게 바라는 것이 얼마만큼 중요합니까?
- 바라는 것을 얻기 위해 무엇을 하시겠습니까?
- 당신의 바람에 대해 다른 사람이 뭐라고 할 것 같습니까?
- 다른 사람이 당신에게 무엇을 원합니까?

⑤ 열망에 대한 탐색

열망을 탐색하기 위해서는 내담자가 가지고 있는 욕구need가 무엇인가를 찾아내야 한다. 열망은 보편적으로 모든 사람이 가지고 있는 욕구와도 비슷하기 때문이다. 그런데 사람마다 열망은 같을 수 있으나, 열망을 충족하기 위한 기대(원함)는 다르다. 예를 들어 사랑하고 싶은 열망(욕구)이 있다면 원하는 대상을 만나야 한다. 그러나 사랑에 대한 열망은 같으나 누구에게서 그 사랑을 받을 것인지는 사람마다 다 다르다. 내담자가 어머니로부터 받고 싶은 사랑의 욕구need가 있는데, 어머니가 이미 사망하였다면 어머니의 사랑을 받고 싶어 하는 기대(원함)는 충족되기 힘들다. 그러나 어머니 대신 자신의 딸을 통해 사랑에 대한 욕구need, 즉 열망을 충족시킬 수는 있다. 열망의 충족은 다양한 방법(기대)으로 이루어질 수 있기 때문이다. 이와 같이 우리는 기대와 열망을 분리하여 생각할 수 있어야 한다.

- 당신은 정말 갈망하는 것은 무엇입니까?
- 어떻게 그 욕구를 채울 것인가요?
- 자신의 욕구들을 충족하기 위해 자신을 어떻게 돌보고 있나요?
- 그런 욕구에 대해 어떻게 생각하나요?
- 자신의 욕구 충족을 위해 어떻게 관계를 맺나요?

⑥ 자아에 대한 탐색

자아는 가장 심층에 있는 것으로 스스로를 어떻게 경험하는지와 관련되어 있다. 생명력, 정신은 가장 심층에 있는 에너지와 연결되어 있다.

- 당신은 가치 있는 존재입니까?

• 자신을 어떻게 경험하세요?
• 자신의 내면에서 자신을 깊이 만나는 순간은 어떤 때인가요?

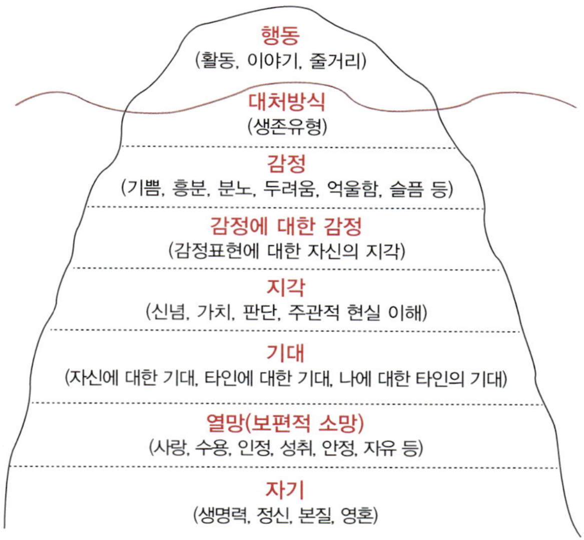

그림 4-1 개인의 빙산
출처: Banmen(2002a)

(2) 가족 상호작용 역동

① 원가족 도표를 활용한 원가족 삼인군primary triad 치료

사티어는 원가족 도표family of origin map를 통하여 가족의 역동성과 가족관계를 쉽게 이해하고 평가하며 이를 원가족 삼인군 치료에 활용한다(정문자, 2007). 원가족 삼인군이란 세명이 하나의 팀이 되어 상호작용하는 단위를 말한다. 삼인군의 유래는 부부와 아동 한 명의 단위에서 시작되었으며 이는 모든 사회생활의 기초가 되며(Baldwin, 1991), '삼인 학습체계'를 의미한다(Jacobs, 1991).

한 개인은 타인과 관계를 맺기 전에는 자신의 지각에 따라 사고하고 느끼며 행동하지만, 배우자를 만나 한 쌍을 이루고 자녀가 출생하게 되면 가족원 간의 다양한 상호작용과 지각의 차이 때문에 가정의 운영은 복잡해질 수 있다. 이 삼인군의 경험에 기초하여 자녀는 세계 속에서 자신의 위치를 결정할 뿐 아니라 타인과의 관계를 신뢰할 수 있는지를 결정한다. 또한 삼인군의 경험에서 자녀는 의사소통의 방법과 유형을 배우며, 스트레스를 받을 때 대처하는 방법, 자신의 감정을 다루고 통제하는 방법, 개인의 독자성과 동질성을 수용하는 방법, 친밀감을 다루는 방법, 자신과 타인의 영역을 분명히 규정하거나 또는 지키지 못하는 방법 등을 배우게 된다(정문자, 1993). 따라서 개인과 가족이 건강하게 삶을 영위하기 위해서는 기능적이며 양육적인 삼인군을 발달시키는 방법을 배워야 한다.

원가족 삼인군 치료의 목적은 역기능적인 원가족 삼인군 가족(어머니, 아버지, 자녀) 관계에서 세대 간에 전달되어 학습되는 역기능적 패턴을 검토하여 기능적인 삼인군의 특성을 갖게 하는 데 있다. 즉 원가족의 맥락 속에서 개인 심리의 내적 과정뿐 아니라 가족과의 상호작용 및 가족역동성을 이해하고 평가하게 함으로써 역기능적인 가족규칙과 부모의 규제에서 벗어나 독자적 개별성을 갖도록 도우며, 의식적 선택을 통하여 내담자가 자신의 행동에 책임을 지고, 자신의 감정을 잘 관리할 수 있도록 돕는다. 또한 자신의 내적 · 외적 자원을 인정하고 개발하며, 일치된 의사소통을 할 수 있도록 하여 결과적으로 자존감을 높이는 데 있다.

사티어는 치료의 대상을 스타star라고 불렀다. 원가족 도표는 스타의 원가족, 스타의 아버지 원가족, 스타의 어머니 원가족의 세 가지가 있다.

원가족 삼인군 치료 과정은 다음과 같다.

○ 1단계: 원가족 도표 그리기 원가족 도표는 현재 사실적 가족의 모습과 과거의 지각에 근거한 가족의 모습이라는 두 가지 관점에서 작성된다. 현재 사실적 가족의 모습은 인구사회학적인 정보를 포함한 가족에 관한 기본 정보를 말한다. 18세 이전에는 대개 원가족 안에서 성장하며, 그 시기의 원가족에서의 경험이 이후의 삶에 매우 큰 영향을 미치기 때문에, 과거의 지각에 근거한 가족의 모습은 18세 이전에 지각한 가족원의 대처유형, 성격적 특성, 관계양상 등의 정보를 말한다.

- 스타의 아버지와 어머니를 각각 도형(□, ○)으로 그리고 각 도형 안에 아버지와 어머니의 이름, 출생일, 연령을 적는다. 부모가 사망한 경우 사망일을 적으며 도형에 ×표시를 한다(예: ○).
- 각 도형 옆에 부모의 개인 및 인구사회적인 정보를 적는다.
- 부모의 결혼 날짜, 별거 또는 이혼 날짜를 적는다.
- 스타의 형제는 출생 순서대로 인구사회학적 정보를 적는다.
- 18세 이전으로 돌아가 그때 생각했던 가족원의 긍정적, 부정적, 성격적 특성을 각각 세 가지씩 적는다.

- 18세 이전에 가족원이 스트레스를 받을 때 보인 대처방식을 적는다.
- 18세 이전에 스트레스를 경험한 특정한 상황을 생각하면서 그때의 가족관계를 표시한다. 만약 두 사람 간에 한 가지 이상의 양상이 보이면 이를 모두 표시한다. 관계의 방향이 서로 다를 때 관계선 끝에 화살표를 한다. 관계 표시는 다음 그림과 같다.

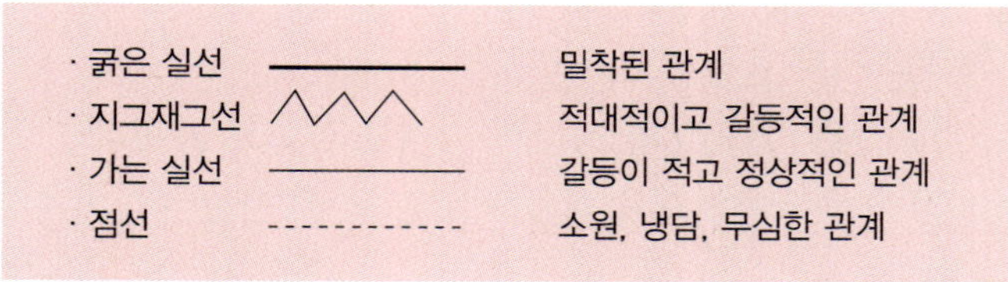

그림 4–2 원가족 도표 관계표시

- 스타를 표시하기 위해 스타 주위에 별표를 그린다.

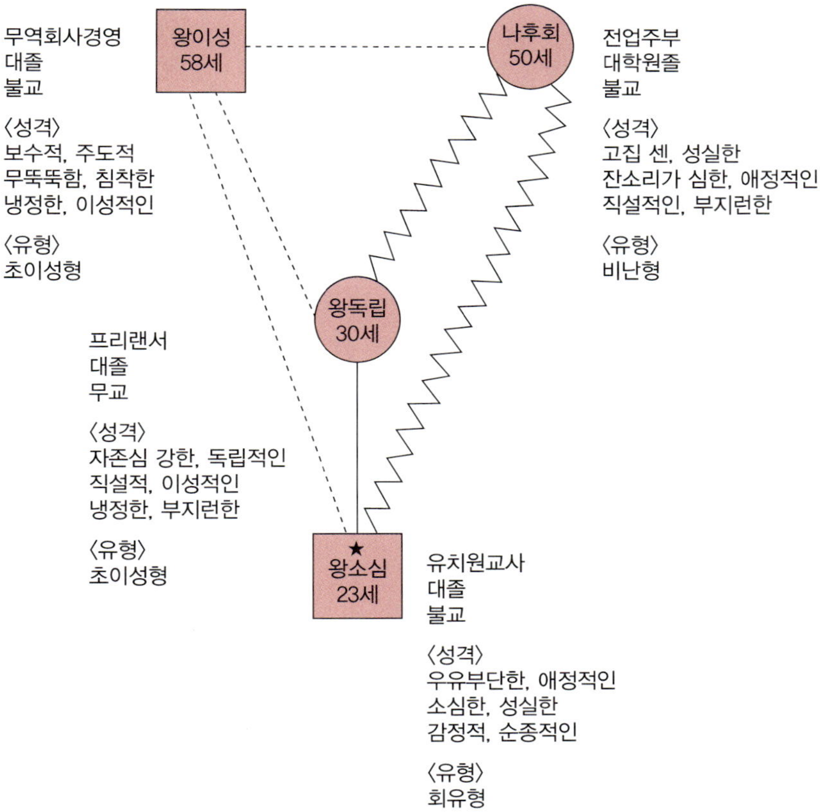

그림 4–3 원가족 도표

○ 2단계: 원가족 도표의 탐색 원가족 도표 탐색은 전반적인 치료를 위한 사정도구이자 치료도구이다. 원가족 도표에서 부모 특성의 탐색, 의사소통 및 대처 유형의 탐색, 가족관계 양상의 탐색을 통하여 현재 가족에서 과거의 역기능적 패턴을 교정하고, 가족이 긍정적인 새로운 변화를 경험하도록 돕는 것이다.

② 가족조각을 활용한 치료

가족조각family sculpting은 가족 간의 정서적 관계를 몸으로 표현하는 기법이다. 가족원들에게 행동과 감정을 표현하는 자세를 취하게 하고, 심리적 공간을 나타내는 위치에 가족원에 해당하는 물건들을 배치시키면 마치 '살아있는 가족 초상화'를 그리는 것 같이 가족의 모습이 명확히 드러나게 된다. 가족조각을 실시하는 절차는 다음과 같다(김영애 역, 2006).

우선 참여 가족들에게 "여러분들이 가족 내에서 한 구성원으로 살아가는 것이 어떤 경험인지를 알아보기 위하여 이 기법을 사용하려고 합니다." 라고 설명한다. 그 다음 식구들이 마치 찰흙으로 만들어졌다고 생각하고 자기가 이해하는 가족의 모습에 따라 배치시키고, 식구들의 신체를 움직여서 공간배열, 생동감, 가족원의 정서적 원근감을 나타내도록 한다.

상담자는 조각하는 내담자를 대신하여 자세를 취하여 준다. 조각가는 '조각'이 마음에 들 때까지 가족원의 위치나 자세에 변화를 줄 수 있다. 이때 조각의 대상이 되는 구성원에게 조각가의 요구를 순순히 들어주어야 한다고 지시를 하면서 나머지 사람들도 차례가 되면 똑같이 해 볼 수 있는 기회를 가지게 될 것이라고 약속을 한다. 가족조각이 완성되면 다음과 같은 질문을 통해 모든 구성원이 현재의 가족에 대한 경험을 묘사하도록 한다.

상담시 질문 예시

- (각자에게) 가족 내에서 자신의 위치에 대한 느낌이 어떻습니까?
- (가족에게) 조각하는 구성원이 가족을 이렇게 지각한다는 것을 알고 있었습니까?
- (각자에게) 조각하는 구성원이 당신을 이렇게 지각하는 것을 알고 있었습니까?
- (가족에게) 가족이 이 조각처럼 기능한다는 것에 동의하십니까?
- (조각한 구성원에게) 가족체계에서 어떤 것이 바뀌었으면 좋겠습니까?
- (조각한 구성원에게) 이 장면에 제목을 붙여보시겠습니까?

마지막으로는 그들이 생각하는 이상적인 가족의 모습을 조각해 볼 수 있다. '이상적 조각'을 만드는 과정은 가족을 어떻게 변하도록 도울 수 있는지에 대한 많은 자료를 제공한다.

이러한 가족조각의 이점(김영애 역, 2006)은 첫째, 말 대신 몸으로 무의식적이고 자연스러운 의사소통을 하기 때문에 말을 통한 대화에서 일어날 수 있는 지나친 언어화, 주지화, 방어 및 비난적인 투사의 영향을 줄일 수 있고, 덜 위협적이다.

둘째, 가족원 간의 삼각관계, 동맹, 갈등 등이 시각적, 감각적, 상징적으로 구체화되어 묘사될 수 있기 때문에 좋은 진단도구가 될 수 있다.

셋째, 가족의 결속력을 강화시켜 주는 효과를 가지고 있다. 가족조각을 연출하게 되면 구성원이 모두 자신만의 독특한 위치에 존재하고 서로 영향을 주면서 가족이라는 하나의 조직을 형성하고 있다는 인식을 하게 된다. 따라서 기법을 행하는 동안 가족을 하나의 단위로 결속시켜 준다.

넷째, 가족조직 내에서 각자 다른 경험을 찾아내고, 관찰하며, 해석하게 하면 가족으로부터 자신만의 경험을 분리시켜보는 체험을 할 수 있게 된다. 이러한 경험은 각 구성원을 가족으로부터 개별화하도록 도와준다.

다섯째, 가족조각은 가족 간의 상호작용 패턴을 좀 더 정확하게 관찰할 수 있도록 돕는 기법이며, 특히 말로 능숙하게 빠져나가려는 가족 또는 전통적 면접과정에 저항하는 가족에게도 효과적으로 적용할 수 있는 기법이다.

5. 경험적 가족상담 적용 사례: 내 존재감을 느끼고 싶어요

1) 내담자 기초 정보

내담자 나비참씨는 38세 기혼 여성으로, 43세 남편과의 사이에 초등학교 6학년 딸, 3학년 아들을 두고 있다. 결혼하기 전에는 학교 행정실에서 사무보조원으로 일을 하였으며, 결혼 후에는 직장을 그만두고 살림만 하였다. 성격이 내성적이고 소극적인 편이며 부부관계에서도 자기주장을 하기 보다는 남편의 의견에 따르는 편이고 순종적이다. 남편이 아는 사람으로부터 사기를 당하여 경제적으로 어려워지자, 나비참씨는 경제적인 어려움이 마치 자신이 부족해서 생겨난 것처럼 여기고 있으며, 남편에게 별

도움이 안 되는 자신때문에 매우 속상해하고 있다. 나비참씨의 상황을 잘 아는 친구의 권유로 상담을 받게 되었다.

2) 내담자 주 호소 문제

나비참씨는 집안 살림을 잘 못한다는 이유로 남편에게 잔소리를 많이 듣는 편이다. 최근에는 남편이 사기를 당하면서 레스토랑 운영에 어려움이 생기자 나비참씨에게 잔소리하는 빈도와 정도가 더 심해졌다. 나비참씨는 스스로도 자신이 정리정돈이나, 음식, 청소 등의 집안 살림을 완벽하게 하지 못하고 있다고 생각한다. 그래서 밖에 나가 돈도 벌지 못하는데 집안 살림도 못하여 남편에게 당당하지 못하다고 여긴다. 나비참씨는 집안 살림을 잘 못한다는 문제로 남편에게 비난받는 것을 매우 속상해 하면서도 스스로 자신에게 문제가 있다고 여기고 있으며, 남편의 비난은 모두 자신의 탓이라고 생각하고 있다. 그러다 보니 항상 남편에게 위축되어 있고, 남편이 나갔다가 집으로 돌아올 때쯤 되면 항상 불안하다. 현재 나비참씨는 남편이 어려운 상황에서 자신이 남편에게 정말 필요한 존재인지에 대한 생각을 할 정도로 자신의 존재감에 회의를 느끼고 있으며, 남편을 위해 자신이 떠나야 한다고 생각할 정도로 자신의 가치를 낮게 평가하고 있다.

3) 내담자 가족배경

나비참씨는 지인의 소개로 남편을 만난 지 2개월 만에 결혼을 하였다. 결혼 후 아이들이 태어나기 전에는 남편이 집안 살림을 못한다는 이유로 불평하고 비난하는 경우가 별로 없었으나, 아이들이 태어나면서 차츰 집안 살림에 대한 남편의 잔소리가 심해졌다고 한다.

나비참씨는 자신이 집안 살림을 잘 하지 못하는 모습이 원가족에서 평소에 정리정돈을 잘 하지 않았던 어머니의 모습과 많이 닮았다고 생각한다. 내면에는 자신도 어머니와 같은 삶을 살까봐 두려움이 많은 상태다. 어머니는 현재 돌아가셨으나, 첩이었기에 나비참씨는 배 다른 형제자매들에 의해 '오히려 없으면 더 좋은 존재' 일 거라는 생각을 가지게 되었다.

남편이 사기를 당하여 경제적으로 어려워지게 되었고, 그 상황에서 남편이 술을 먹고 "너 나가 버려라." 라고 한 말에 심한 충격을 받았다. 남편이 나를 버리면 어떻게 하나 하는 불안감을 가지고 있으면서도, 자신은 남편에게 짐만 되고 있다는 생각에 자신이 남편을 떠나야 한다고 생각한다. 아이들은 별다른 문제없이 잘 지내고 있는 편이며, 아빠와는 별로 대화가 없고, 주로 엄마와 친밀하게 지내고 있다. 나비참씨의 남편은 43세로, 부모님이 경영하던 레스토랑에서 일했으며, 부모님이 모두 돌아가시면서 외아들인 남편이 레스토랑을 상속받아 5년째 경영해 왔다. 평소 성격이 급하고 참을성이 없는 편이며 술을 좋아한다. 자신에게 어려운 일이 생길 때마다 나비참씨의 탓을 하며 원망을 많이 하는 편이다.

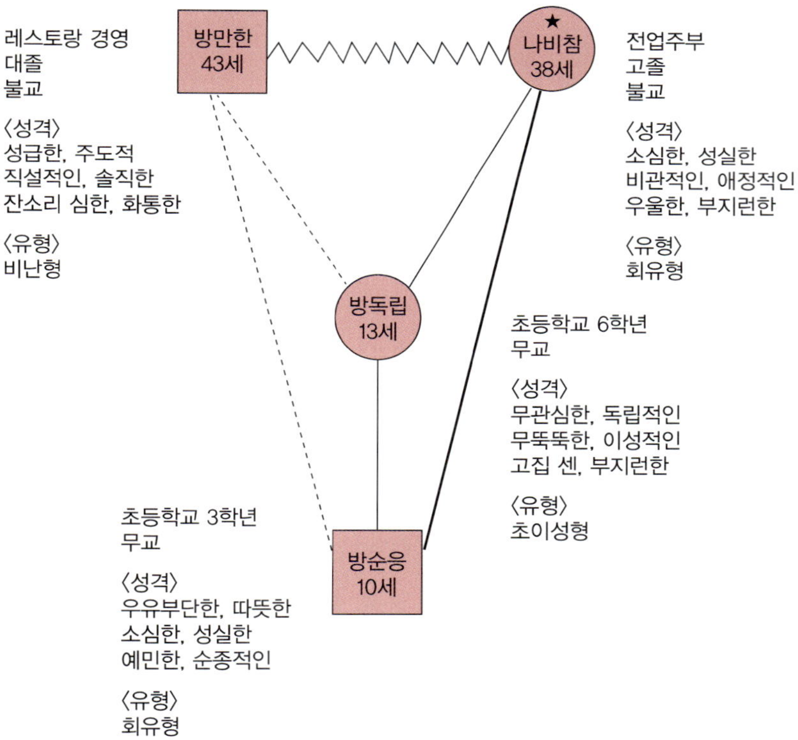

그림 4-4 원가족 도표

4) 상담과정

(1) 상담개요

본 상담은 총 6회기로, 매회 1시간~1시간 30분 이내로 진행되었으며 남편이 전혀 상담에 응하지 않았기에 전 회기 모두 내담자 나비참씨 혼자 참석하였다.

(2) 회기별 상담 내용과 변화 과정

1회기~2회기(라포형성 및 개인의 빙산 탐색)

상담자로서 내담자의 내면과 만나고, 또 내담자가 자신의 내면과 진정으로 만날 수 있도록 개인의 빙산을 탐색하였다. 내담자의 대처방식은 회유형이었으며, 개인의 빙산 중 먼저 감정을 통해 접촉하였다. 감정과 만나고 그러한 감정일 때 어떤 생각을 하는지, 남편과 자신 스스로에게는 어떠한 기대를 하고 있는지를 탐색하였으며, 기대를 충족하기 위해 어떻게 하였는지, 충족되지 않은 기대로 인해 느껴지는 감정은 무엇이고 어떠한 생각이 드는지, 아직도 해결되지 않은 감정은 어린 시절 어머니와의 관계에서 형성된 감정과 연결이 되는지, 어린 시절에 해결되지 않는 상처와 현재 배다른 언니, 오빠와의 관계에서 느껴지는 감정은 함께 연결이 되어 있는데, 그러한 어린 시절에 해결되지 않은 상처와 기대들이 현재 내담자의 가족생활에 어떠한 영향을 주고 있는지 등을 탐색해나갔다.

빙산탐색을 통해 내담자가 진정으로 자신의 내면과 만나서 내면을 잘 알도록 하였고, 어린 시절에 해결되지 않은 감정과 기대가 현재 내담자의 가족생활에 영향을 많이 미치고 있는 것을 알게 하였다. 즉 친어머니가 첩이어서 자신이 첩의 딸로 태어났다는 사실, 아버지가 일찍 돌아가셔서 어린 시절에 아버지의 사랑도 받지 못했으며, 배다른 언니, 오빠에게는 자신이 부끄러운 존재였다는 사실이 하나의 '한'으로 마음 한 구석에 자리 잡아 고통스럽게 하고 있는 것을 통찰하게 하였다. 또한 자신이 '첩의 딸로 태어나지 않았더라면' 하는 충족되지 못한 기대를 붙들고 있기 보다는 놓아버리는 것이 현명하다는 자각을 하게 하였다. 그리고 해결되지 못한 원가족에서의 문제가 현재 가족에게 어떠한 영향을 주고 있는지를 스스로 탐색하게 하였다. 그 결과 내담자는 자신의 감정, 기대, 지각, 열망 등을 스스로 탐색하고 통찰함으로써 현재 남편과의 관계에서 내담자가 겪는 어려움이 자신의 존재가치를 스스로 인정하고 수용하지 못하는 낮은 자존감에서 비롯되었다는 것을 통찰하였다. 또한 자신의 현재 가족에서의 문제는 해결되지 않은 원가족에서의 문제와 깊은 연관이 있다는 것을 깨달았다.

한편 상담과정에서 상담자가 파악한 내담자의 자원은 변하고자 하는 열정이 대단하였으며, 가정을 지키고 행복해지려는 열망이 매우 커서 스스로 변화를 적극적으로 받아들이려는 자세를 가지고 있다는 점이다. 또한 남편에 대한 사랑이 매우 컸으며, 힘든 상황에서도 희망의 끈을 놓지 않은 점을 격려하고 지지해 주었다.

3회기~4회기(원가족에서의 경험 탐색 및 원가족에서의 미 충족된 기대 다루기)

3~4회기 상담에서는 어린 시절의 상처를 다루고, 어머니와의 관계에서 미 충족 기대와 미해결 감정을 다루었다. 또한 원가족에서의 해결되지 못한 문제들이 현재 가족생활에서 남편과의 관계에 어떻게 영향을 주고 있는지를 탐색하게 하였다.

남편과의 문제를 해결하기 위해서는 우선 원가족의 돌아가신 어머니와의 관계에서 충족되지 못한 기대와 감정을 다룰 필요가 있었다. 빈 의자 기법을 사용하여 어머니와 다시 작별하는 작업을 하게 하였고, 이를 통해 어머니에게 다하지 못한 이야기를 하면서 어머니의 입장이 되어 생각해 보게 하였으며, 자신의 '한'도 어머니의 죽음과 함께 떠나보내도록 하였다. 그 결과 내담자 자신의 삶과 어머니의 삶은 정녕 다름을 인식하게 되었다. 내담자는 어머니에게 충분한 효를 다하지 못한 것을 매우 속상해 하였는데, 어머니를 보내드리는 작업 속에서 감사함을 표시하게 되었고, 자신의 '한'도 어머니에게 잘 가시라는 작별인사를 통해서 함께 보내버려 마음이 편안해졌다고 하였다. 어머니도 자신이 딸로서 최선을 다한 것을 아실 것이고, 자신이 존재함으로서 어머니가 그나마 많은 위안이 되셨을 거라고 하면서 감정의 변화와 긍정적인 지각의 변화를 보였다.

5회기(자존감 회복하기)

5회기 상담에서는 내담자의 자존감을 회복하고 자기 가치를 인정, 수용하도록 하는데 초점을 맞추었다. 집안 살림을 잘 못하는 것과 '자기 자신 존재 그 자체'를 분리시켜서 보도록 하여 '집안 살림을 잘 못하는 것'으로 자신의 '존재가치'를 해치지 않도록 하였다. 그 결과 내담자는 자신의 존재 자체와 집안 살림을 잘 못하는 행동을 분리시켜서 생각할 수 있게 되었고, 집안 살림 잘 못하는 것과 별개로 자신의 존재자체는 매우 소중하고 귀중한 존재이며 충분히 사랑 받을 가치가 있음을 자각하게 되었다.

또한 자신의 존재 그 자체에게 사랑을 보내는 작업을 통해 자존감을 회복하도록 하였으며, 내담자는 자기 가치를 인식하고 수용하게 되었다. 그래서 남편이 집안 살림을 트집 잡으며 잔소리하고 비난할 때 비참한 기분이 들거나 자신을 책망하지 않고

들을 수 있게 되었다. 남편에게 "그동안 내가 하는 행동들이 못마땅해 나름대로 당신도 힘들었겠네." 하며 오히려 남편입장을 헤아리는 이야기를 하게 되었고, 그런 자신에 대해서도 놀랐지만, 더 이상 잔소리하지 않고 자신을 가만히 바라보는 남편의 반응이 더 신기하고 놀라웠다고 하였다.

한편 정리정돈을 하는 역할이 내담자에게만 편중되어 있었고, 역할에 대한 책임과 의무를 스스로에게만 지워 스트레스를 받고 있었는데, 가족 안에서 이러한 역할은 자신만이 책임지고 행해야 하는 것이 아니라 아이들, 남편과 함께 공유할 수 있는 역할임을 인식시키고, 역할 분담에 대한 여러 가지 대안과 방법이 있다고 자각하게 하였다. 내담자는 집에 돌아가서 집안일에 대한 역할 분담 이야기를 남편과 상의해 보고 오겠다고 하였다.

그리고 원가족에서 자신은 어머니에게 꼭 필요한 존재였으며, 가정의 어려운 상황에서도 내담자는 남편에게 힘이 되어 줄 수 있는 꼭 필요한 존재임을 자각하게 되었고, 자신에 대해 인정하고 스스로 자신에게 사랑을 보낼 수 있게 되었다.

6회기(변화 확인 및 변화 뿌리 내리기)

마지막 상담에서는 그동안 상담과정에서의 변화를 확인하고 뿌리내리는 시도를 하였다. 즉 상담초기 지난 회기에 친정어머니와 자신을 분리하는 작업을 정리, 재확인하면서 내담자의 변화를 강화시켰다. 내담자가 변하려는 의지를 격려하고 남편이 변하지 않는 경우에도 대처할 수 있는 힘이 있는지를 확인시킴으로써 내담자의 변화의지를 강화하고 확신시켰다. 상담마무리 과정에서 자신이 가진 힘, 가치를 확인시키고 새로운 선택에 대한 확신을 다짐받고 이러한 것을 가진 자신에게 감사하게 하여 회기에 다룬 변화들이 뿌리내리는 작업을 하였다. 상담과정에서 내담자의 변화를 확인하였고, 상담자와 내담자 모두 종결을 해도 되겠다는 생각이 일치하여 상담을 종결하였다.

5) 상담결과

내담자가 '정리정돈 등의 집안 살림을 못하는 것'과 '자기 자신의 존재' 그 자체를 분리하게 하여 집안 살림을 못하기 때문에 자신의 존재가치가 없는 것으로 인식하지 않도록 하였다.

자신의 존재 자체에 사랑을 주는 작업을 통해 자존감을 회복하였고 남편의 비난으로부터의 영향력을 최소화 할 수 있었다. 또한 정리정돈 등의 집안 살림을 하는 역할은 가족원 누구에게나 주어질 수 있으며, 자신만의 역할이 아니라 아이들, 남편과 함께 공유할 수 있는 역할이라고 인식시키고, 역할 분담에 대한 여러 가지 대안과 방법이 있다고 지각하게 하였다. 그리고 원가족에서 어머니에게 자신은 꼭 필요한 존재였으며, 가정의 어려운 상황인 지금도 남편에게 힘이 되어줄 수 있는 존재임을 지각시켜서 자신의 존재가치를 인식하고 스스로 사랑을 보낼 수 있도록 하였다.

용어설명

- **가족규칙**family rules : 일정한 가족 기능의 반복을 통하여 만들어지는 공유된 규범이나 가치관을 말한다. 가족 룰(rule)이라고도 한다.
- **원가족 삼인군**primary triad : 3명이 하나의 팀이 되어 상호작용하는 단위를 말한다. 삼인군의 유래는 부부와 아동 한 명의 단위에서 시작되었으며, 이 삼인군의 경험에 기초하여 자녀는 의사소통의 방법과 유형을 배우고, 스트레스를 받을 때 대처하는 방법, 자신의 감정을 다루고 통제하는 방법, 개인의 독자성과 동질성을 수용하는 방법, 친밀감을 다루는 방법, 자신과 타인의 영역을 분명히 규정하거나 또는 지키지 못하는 방법 등을 배우게 된다.
- **가족조각**family sculpting : 가족원에게 가족의 정서적 관계를 몸으로 표현하게 하는 기법이다. 가족원을 찰흙으로 만들어졌다고 가정하고 행동과 감정을 표현하는 자세를 취하게 하며, 심리적 공간을 나타내는 위치에 배치시켜 마치 '살아있는 가족 초상화'를 그리는 것 같이 가족의 모습이 명확히 드러나게 한다.

활용자료

1. 가족규칙

1) 각자 가족에서 경험한 가족규칙을 5개 이상 적는다. 나의 성장에 도움이 되었던 규칙에는 +표, 도움이 되지 않았던 규칙에는 –표, 별다른 영향을 주지 않았던 규칙에는 ○표를 한다. 이 규칙이 자신에게 미친 영향을 생각해본다.

   ① ______________________
   ② ______________________
   ③ ______________________
   ④ ______________________
   ⑤ ______________________

2) 이 규칙들 때문에 치른 나의 대가는?

3) 이 규칙들 때문에 얻게 된 감정은 무엇인가?

4) 나에게 긍정적 영향을 미친 규칙에는 고마움을 표시하고 부정적 영향을 미친 규칙들은 좀 더 융통성 있게 변화시켜 본다.

2. 내면의 빙산 일기

자신과 상대방의 상호작용 가운데 부정적 감정이 느껴지는 상황을 떠올려 보고 개인의 빙산을 기록해 보십시오.

(예) 7월 25일

① 상황에 대한 객관적 서술: 엄마가 내가 하는 말에 대꾸도 하지 않고 문을 '쾅' 닫고 들어가 버리셨다.

② 대처방식: "엄마는 내 말이 말 같지 않아?"라고 소리 지르면서 엄마가 들어간 방으로 쫓아 들어갔다. 비난형의 대처방식이다.

③ 감정: 화가 몹시 났다.

④ 지각: 엄마가 나를 무시하고 있다.

⑤ 엄마에 대한 기대: 엄마가 내 말에 진지하게 귀 기울여 주기를 바란다.

⑥ 열망: 엄마에게 자식으로서 인정받고 싶다. 엄마와 친밀한 관계를 맺고 싶다.

⑦ 자기self: 내가 자식으로서 인정받지 못하였기 때문에 내 자신이 초라하다.

3. 나의 원가족 삼인군을 통한 통찰과 변화 모색하기

1) 18세 이전 어린 시절의 마음의 틀로 바라본 원가족 삼인군 그리기

① 이름, 종교, 직업, 결혼 시기, 교육 수준 등 다양한 정보들을 상세하게 기록한다.

② 각 사람의 성격 특성을 나타내는 형용사를 긍정적인 것(+) 3개, 부정적인 것(–) 3개씩 적는다.

③ 각 사람의 대처방식을 적는다.

④ 가족원 간의 관계양상을 선으로 표시한다.

2) 원가족 삼인군을 그려보고 참여자들 간에 함께 나누기

① 부모님의 긍정적인(+) 성격 특성이 나에게 온 것은 무엇인가?

② 부모님의 부정적인(–) 성격 특성이 나에게 온 것은 무엇인가?

③ 나의 부정적인(–) 성격 특성을 어떻게 긍정적인(+) 성격 특성으로 변화시킬 것인가? 나의 부정적인(–) 성격 특성을 어떻게 긍정적인(+) 성격 특성으로 생각해 볼 수 있는가?

④ 부모님으로부터 반복적으로 들었던 말은 무엇인가?

⑤ 원가족에서의 규칙과 신념 등이 현재 가족에게 미친 영향은 무엇인가?

⑥ 원가족 삼인군을 통해서 볼 때 나와 가족에게 미친 영향은 무엇인가?

CHAPTER

05 구조적 가족상담

이혼돈은 화가 나면 물건을 던지거나 소리를 크게 지르는 등 극도로 분노를 표출하는 행동특성을 나타내는 중학교 2학년의 남학생이다. 사건은 지난 주 학교에서 벌어졌다. 아주 사소한 다툼으로 시작된 반 친구와의 싸움에서 이혼돈은 화를 참지 못하고 날카로운 샤프펜슬로 친구를 찔러 입원시키는 사태가 벌어졌다. 이혼돈 본인도 놀란 듯 경찰서와 상담실에서 풀이 죽어 있었다. 이혼돈이 상담자와의 면담 과정 중 중얼거리듯이 한 말에서 학교폭력 그 이상의 문제를 반영하고 있음을 알 수 있었다. "엄마가 매일 매일 아빠와 싸우고 나면 울면서 한탄하는 모습이 불쌍하여 아버지가 미웠습니다!", "그런데, 엄마가 할머니에게 함부로 하는 것을 보니 엄마도 나쁘다는 생각이 치밀어 올라왔어요. 할머니의 탄식소리를 들으면 엄마도 아버지만큼 미워집니다!", "어른들이 싸우면 난 도대체 누구의 편을 들어야 하나요? 집에 있는 것이 지옥 같아요!"라고 말했다.

구조적 가족상담은 체계의 역동성을 강조하는 체계론적 관점에 기초한다. 각 가족의 고유한 상호작용 방식에서 확립된 일관성있고 반복적이며, 체계화되어 있으며 예측할 수 있는 가족의 행동양식을 '가족구조'라고 한다. 구조적 가족상담은 개인의 행동과 심리 변화는 가족구조가 변화해야만 가능하다고 주장하여, 상담의 목적을 가족구조의 재구조화에 두고 상담자의 매우 주도적이고 적극적인 개입을 강조하는 이론이다. 이 장에서는 구조적 상담을 확립한 미누친Salvador Minuchin을 중심으로 이론의 발달과정을 살펴보고, 구조적 상담이론의 주요 개념, 상담목표와 상담과정, 그리고 구조적 가족상담의 상담자 역할과 상담기법에 대하여 제시한다. 마지막으로 구조적 가족상담을 활용한 상담사례를 소개하기로 한다.

1. 발달 배경

Salvador Minuchin, MD(1921~)
www.minuchincenter.org

구조적 가족상담 이론은 아르헨티나 출생의 유태인인 미누친에 의해 확립된 이론이다. 미누친은 제2차 세계대전 때 이스라엘 군대의 내과의사로 복무하였는데, 그 과정에서 군인들의 심리적 과정에 대한 관심을 키우게 되고, 이후 정신분석 훈련을 통해 정신과 의사가 된다.

초기의 미누친은 개인의 정신역동에 가족환경이 미치는 영향력에 관심을 두었던 애커먼Nathan Ackerman의 영향을 받아서 가족환경이 개인의 내적 과정에 중요한 영향을 미친다는 기본적인 관점과 개념에 동의하였다. 그러나 미누친은 서구 중산층 가족을 중심으로 개발된 기존의 치료 기법은 빈곤한 아동과 가족을 위한 치료 방법에 적용하기 힘들다는 점을 깨닫고, 기존의 치료 기법과 다른 독자적인 치료 방법이 필요하다고 생각하였다. 이러한 관점은 미누친이 1954년부터 8년간 뉴욕 근교의 윌트위크 학교 Wiltwyck School라는 비행청소년 수용 학교 시설에서 근무하면서 더욱 확신을 가지게 된다. 특히 1965년부터 10년간 흑인 빈민굴에 소재한 '필라델피아 아동지도 클리닉 Philadelphia Child Guidance Clinic'의 소장이 되면서 빈곤가정의 아동과 그 가족들을 위한 가족상담 이론을 개발하게 된다. 미누친은 빈곤가정의 아동과 가족에게는 언어를 주로 사용하면서 지적으로 접근하는 방법들 대신에 좀 더 적극적이고 지시적 방법들이 필요한 것을 발견하게 되었다. 즉 상담자는 즉각적인 개입과 행동을 주로 요구하는 방법으로 문제에 접근해야 한다는 것이다. 또 빈곤가족의 대부분은 많은 문제를 가졌지만 이들은 어려움에서 벗어나기 위한 대안이 부족하다는 사실을 발견하였다. 게다가 빈곤가족이 가진 대부분의 문제는 복합적이기 때문에, 이들 문제 해결을 위해서는 가족의 근간이 되는 '가족구조의 변화'가 필요하다고 하였다. 미누친은 가족이 가진 기존의 고유한 양식(가족구조)에서 벗어나 새로운 구조를 만들 수 있는 기회를 제공하는 것이 가장 중요한 치료적 방법이라고 주장하였다.

미누친의 대표적인 저서는 1974년에 출판한 '가족과 가족치료Family & Family Therapy'라는 책으로, 이 책으로 구조적 가족상담 이론을 알리기 시작했고, 1981년 피시먼Charles Fishman과 공저한 '가족치료 기법Family Therapy Techniques'이 있다. 미누친은 1981년 뉴욕에 가족학연구소를 설립하여 상담과 상담자 훈련에 전념하다가, 1996년에 은퇴하였다. 미누친의 구조적 가족상담 이론의 발전에 공헌한 학자로는 정신과 의사인 피시먼과 생태적 접근방법을 추가한 사회사업 전공자인 아폰테Harry Aponte, 그리고 몬타보Braulio Montalvo, 로즈먼Bernice Roseman, 월터스Marianne Walters 등이 있다.

미누친은 가족상담 분야의 개척자는 아니지만 가족상담 분야의 발전에 매우 중요한 영향을 준 뛰어난 인물로 평가받고 있다(Nichols & Schwartz, 2008; 김영애 외 역, 2009, 재인용). 미누친은 가족구조에 대한 주요한 이론을 발전시켰을 뿐 아니라, 가족에 대한 사정과 상담을 위한 명확한 지침이 되는 여러 개념들을 발전시켰기 때문에, 많은 상담자가 이론적 우수성뿐 아니라 실용적인 면에서 선호하는 이론이다(김유숙, 2006). 미누친 상담이론은 비행청소년 가족, 거식증 환자 가족, 약물이나 알코올 의존 가족, 저소득층 가족, 소수민족 가족을 대상으로 한 치료에서 특히 효과가 있는 것으로 보고된다(Goldenberg & Goldenberg, 2000; 김득성 외 역, 2003, 재인용). 특히 구조적 가족상담 이론은 그 특성상 우리나라처럼 가족 내 권위와 위계가 강조되고 적절한 경계―중용―를 바람직하게 여기는 전통을 가지고 있으며, 가족이 기능적인지를 명확하게 사정하기를 원하면서, 치료자의 적극적 개입을 선호하는 문화권에서 성행하는 이론이다(최규련, 2010).

한편 미누친은 1962년 캘리포니아 팔로 알토Palo Alto에 있던 일단의 심리학자들과 교류를 할 당시 헤일리Jay Haley와 관계를 맺는데, 헤일리의 전략적 가족상담 모델의 개발은 미누친의 영향을 많이 받은 것으로 알려져 있다.

2. 주요 개념

일반 체계이론에 기반하고 있는 구조적 가족상담 이론에서는 개인을 사회적 존재로 이해하여 개인을 둘러싼 구조에 관심을 가진다. 가족은 각 개인의 주요한 구조이므로, 만일 가족구조가 변하면 동시에 개인의 가족에서의 지위가 변하고, 이로 인해 가족 내에서의 각 개인의 경험이 변하기 때문에 결국 개인의 변화가 나타날 수 있다고 설명한다. 체계론적 견해를 따르므로 구조적 가족상담에서는 가족도 지역사회와 같은 더 큰 구조의 영향을 받는 하위체계에 해당하므로, 가족문제를 다룰 때는 가족을 뛰어넘어 가족이 뿌리내리고 있는 더 큰 사회적 구조를 염두에 두어야 한다고 강조한다. 구조적 가족상담이 생태체계적 맥락 속에서 가족을 이해하는 데 매우 유용한 이론으로 평가받는 것(Kilpatrick & Holland, 1995; 이영분 외, 2010, 재인용)은 이같은 기본적 가정 때문이다. 이러한 기본 가정에 근거한 구조적 가족상담의 주요 개념인 가족구조, 하위체계, 경계선, 위계구조에 대하여 살펴보자.

1) 가족구조

구조는 보이지 않는 가족 내에서의 일련의 기능적 요구이고, 가족원 간에 존재하는 인간관계의 규칙이다(이영분 외, 2010). 즉 가족구조란 가족원이 상호작용하는 방식을 조직화하는 하나의 보이지 않는 기능적 요구로, 반복적이고 체계화되어 있어서 예측할 수 있는 가족의 행동 양식이다(정문자 외, 2008). 이처럼 가족구조는 추상적 개념이어서 이를 파악하기 위해서는 가족 간의 인간관계의 규칙을 관찰하여 그것에서 유추하는 것이 일반적이다. 예를 들어 가족의 상호관계 유형을 관찰하면 누가, 언제, 어떻게, 누구와, 얼마나 자주 관계를 맺는지, 그들의 관계는 얼마나 친밀한지를 관찰하면서, 또는 반대로 누가 누구와 상호관계를 하지 않는지를 관찰하면서 파악할 수 있다.

가족구조는 두 가지 체계의 구속 원리에 의해 지배된다. 첫 번째 원리는 모든 가족은 성인이 아동보다 더 큰 권위를 행사하는 위계구조를 갖는다는 점이다. 구체적으로 부모가 자녀보다 더 큰 권한을 갖는 위계구조를 확립할 때 가족 구조가 기능적인 구조를 유지할 수 있다. 또 이 원리에서 중요한 것은 권위행사가 상호적, 보완적 기능을 해야 가족이 평형을 이룬다는 점이다. 예를 들어 불같은 성질의 남편이고 아내가 좀 느긋한 성향을 가지면 오히려 상호 보완적이 되어 가족이 평형을 유지하는 구조가 된다. 두 번째 원리는 가족구조는 그 가족만의 독특한 구조를 가진다는 점이다. 가족 구조는 가족의 역사에 기반하여, 각 가족원의 역할, 규칙, 스타일을 규제한다. 이를 기반으로 가족원의 행동이 지속적이고 반복적이 되면 예측가능하며, 이러한 예측 가능성이 있을 때 기능적이라는 것이다. 예를 들면 어떤 가족은 서로 대화를 하는 것을 꺼려하여 조용한 가족 분위기가 형성되고, 이에 따라 가족원 간에 친밀감이 떨어지는 이 가족만의 독특한 상호관계 유형이 발전되는 것이다.

미누친은 가족체계가 다음과 같은 세가지 특성을 가졌으므로 이를 상담에 이용할 때 상담이 성공할 수 있다고 하였다. 첫째, 가족구조의 변형은 다른 변화를 가능하게 한다. 둘째, 가족구조는 구성원의 지지, 규율, 보살핌, 사회화에 의해 구성된 것이므로 상담자가 직접 교육하거나 사회화시키는 것이 아니고 기능을 수정하는 것이다. 셋째, 가족체계는 자체 유지 기능을 가지고 있어서, 한번 변화가 시작되면 계속적인 개입 없이도 변화를 유지하며 가족원의 경험을 끊임없이 발전시킨다. 그러므로 상담자는 보다 적극적으로 가족에 개입하여 구조를 사정하고 새로운 구조로 변화시키는 기술을 가져야 한다(이영분 외, 2010).

2) 하위체계

개인은 가족의 하위체계이다. 또 부부, 부모, 모자, 부녀, 형제처럼 두 사람의 관계도 하위체계이다. 각 개인은 가족의 다양한 하위체계에 속하는데, 각 하위체계에서 각기 다른 권력과 역할을 가지며 고유의 기능을 수행하게 된다. 예를 들어 한 남성은 남편과 아들, 아버지, 사위 등이 되어서 역할을 수행한다. 기능적인 가족은 하위체계의 각 개인이 고유의 역할과 기능을 적절하게 수행하는 가족이지만, 역기능적인 가족은 가족의 일부 혹은 전체 하위체계가 고유의 기능을 수행하지 못하는 가족이다. 미누친은 가족은 부부 두 사람이 만나 부부 하위체계를 이루면서 시작된다고 하였다. 여기에서 부모자녀 하위체계, 형제 하위체계가 파생된다.

(1) 부부 하위체계

부부 체계는 핵가족 하위체계에서 가장 핵심적인 하위체계로, 부부의 결혼으로 형성된다. 부부체계의 주요 과제는 애정과 성적 기능, 친밀감 기능, 의사소통의 기능이다. 이같은 부부체계의 기능이 잘 수행되려면 부부체계가 부부의 원가족과 독립하여 자율적으로 기능하여야 하며, 동시에 자녀들의 간섭이나 방해에서도 부부체계만의 영역을 확보할 수 있도록 보호되어야 한다. 만일 원가족과 밀착되어 있거나 원가족의 규칙을 강요하면 건강한 부부체계의 확립에 어려움이 따른다. 또, 자녀가 중심이 되는 문화에서는 부부 하위체계가 부모자녀 하위체계에 종속되므로 부부체계가 유지되기 어렵다. 이처럼 부부 하위체계가 조부모나 자녀, 외부로부터 분리되어 독립적인 체계를 확립하여 부부만의 상호보완적인 지원관계를 발달시켜야 가족의 구조가 기능적이 될 수 있다.

(2) 부모자녀 하위체계

자녀가 생기면 가족 내에 부모자녀 하위체계가 형성된다. 부모자녀 하위체계는 세대가 다른 사람으로 구성되는 것이 특징으로, 부모와 자녀로 구성된다. 아버지와 아들, 아버지와 딸, 어머니와 아들, 어머니와 딸로 구성된 체계가 있다.

이 체계가 기능을 제대로 하기 위해서는 우선 부부 하위체계가 건강하며, 자녀와 구별되는 위계구조 및 부모로서의 권위가 확립되어 있어야 한다. 핵가족 내에서 부부와 부모는 동일한 사람이지만 역할이나 임무는 다르다. 사랑과 성, 친밀감의 교류가 중요한 부부체계와 달리, 부모 하위체계의 주요 과제는 자녀양육, 지도, 통제이다. 부부체계가 성공적으로 세워졌다면 그것은 부모자녀 하위체계의 발전에도 유용하지만, 부부 하위체계가 역기능적이면 대부분 부모자녀 하위체계도 약하고 부정적일 가능성이 높다. 미누친은 가족은 동년배로 구성되는 사회가 아니기 때문에 가족이 효과적으로 기능하기 위해서는 부모와 자녀가 분화된 권위를 사용하는 것이 필요하다고 강조하였다. 즉 이상적인 가족은 민주적인 가족보다 모든 가족원이 인정하는 지도자가 확실하게 있는 가족이라고 하였다. 따라서 적절한 권위가 확립되고 경계가 분명한 체계의 형성이 관건이 된다. 만일 부모자녀 하위체계에서 권위가 확립되지 못하거나 심각한 경계의 문제가 발생하면 더 큰 문제가 발생한다. 자녀중심의 가족인 경우 부모의 부부체계는 부모자녀 하위체계에 의해 방해받게 되고, 부모의 권위는 약화되어 자녀의 자율성 발달에 문제가 생긴다. 반대로 지나치게 권위만을 강조하는 지배적 부모와 관계된 부모자녀 체계에서는 자녀가 종속적인 존재로 변하여 역시 문제가 발생한다. 따라서 부모자녀 하위체계는 자녀들의 연령이나 발달 단계에 따른 요구에 따라 협상과 재적응이 필요하다.

한편, 부모의 권위가 어느 한 자녀에게 이양하여 부모화된 자녀가 발생한 경우, 부모화된 자녀는 긍정적인 성격으로 발달하기도 하지만 성격 발달에 부정적 영향을 받을 수도 있다. 따라서 어떤 가정이라도 부모를 돕는 자녀(예를 들면 장남, 장녀 또는 한부모 가정의 어느 한 자녀 등)의 권한과 책임이 비정상적으로 커지지 않도록 부모와 자녀의 관계를 분명하게 설정하는 것이 필요하다.

(3) 형제 하위체계

이 하위체계는 동일한 세대로 구성되지만 성별, 역할별, 권력별로 자체적인 위계구조를 가진다. 형제 하위체계가 지나치게 가까우면 외부사람과의 관계 형성에 어려움이 발생할 수 있으며, 반대로 지나치게 소원한 경우 상호간의 영향력이나 유대감이 약화되어 외둥이처럼 되기 쉽다. 최근 저출산으로 인해 형제 체계를 경험하지 못하는 개인이 증가하고 있지만, 형제 체계에서 경험적으로 학습한 대인기술은 이후의 대인관계의 자산이 된다. 따라서 이상적인 부모는 형제끼리 협상할 수 있는 능력(경쟁하고, 차이점을 발굴하고, 협동하거나 연합하는 우애 등)을 기르도록 도와야 한다. 즉 형제 간에 친밀감을 높이고 상호보완적이며 지원하는 관계가 되기 위하여 갈등이나 문제를 그들 간에 자율적으로 해결할 수 있는 기회를 주면서, 공평하게 대하는 것이 필요하다.

3) 경계선

가족원 개인과 하위체계를 둘러싸는 보이지 않는 테두리를 경계선이라고 하는데, 다른 사람과 접촉하는 양과 성질을 말한다(최규련, 2010). 즉 경계선은 개인과 개인 간에, 또는 하위체계와 하위체계 간의 상호작용 과정에 누가, 어느 정도, 어떻게 관여하는지를 정하는 규칙이 된다. 따라서 경계선은 구성원 간의 친밀정도, 정보와 에너지, 자원의 교류 정도를 파악할 수 있는 단서가 되는 것으로, 이것이 바로 그 가족의 독특성이 된다.

경계선은 인간의 정체성 확립과 관련된다. 인간은 본질적으로 자율적이고 독립적이고자 하는 욕구를 가지는 한편, 타인과 친밀한 관계를 맺어서 어디에 소속되기를 바라는 욕구를 동시에 가진다. 이와 같은 개별화와 친밀감 및 소속감에 대한 두 가지 욕구의 적절한 균형과 조화는 개인이나 하위체계의 건강성과 성장에 매우 중요하다. 그러므로 경계선은 개인이나 하위체계 간의 독립과 자율성을 보호하는 기능을 하기도 하며 동시에 구성원 간의 상호교류와 친밀성을 보호하는 기능이 조화를 이루도록 되어야 한다. 이러한 상태를 구조적 가족상담에서는 명확한 경계선이라 한다(최규련, 2010).

대부분의 가족은 경직된 경계선에서부터 모호한 경계선에 이르는 연속선 상의 어느 한 지점에 위치하는데(정문자 외, 2008), 건강한 가족은 이러한 경계선이 명확clear

하지만, 역기능적인 가족은 경계선이 지나치게 경직되어rigid 있거나 또는 모호diffuse 하다. 경계선이 경직되어 있는 가족은 가족원 상호간에 지나치게 자율적이고 독립적이어서 마치 남남처럼 뿔뿔이 존재하여 가족으로서의 정서적인 따뜻함을 느끼기 어려우며, 서로 교류가 거의 없어서 문제 해결을 위한 위로나 지원을 하기 어려운 가족이다. 이러한 가족을 '유리된 가족'이라 한다. 반대로 모호한 경계선의 가족은 가족원끼리 서로 지나치게 감정적으로 얽혀 있어서 가족원 개개인의 시간이나 개인 영역이 좀처럼 허용되지 않는 가족을 말하는데, 이를 '밀착된 가족'이라 한다. 밀착된 가족은 지나치게 가족으로서의 '우리 의식'만을 강조하여서 가족원의 정체감 확립과 자율성 발달에 문제가 발생할 수 있다.

4) 위계구조

유교적 전통이 전해져 오는 우리 사회에서는 세대와 연령, 성별에 따른 엄격한 위계구조를 확립하는 것이 일반화된 것이 사실이다. 구조적 가족상담에서는 이러한 위계구조가 가족에서는 적어도 부모와 자녀 하위체계 간에 적절하게 확립되어 있어야 한다고 강조한다. 즉, 가족이 기능적이기 위해서는 부모와 자녀가 분화된 권위를 가져야 하며, 자녀의 성장과 발달에 책임을 지는 부모 하위체계가 자녀 하위체계보다 위계구조의 상위에 위치해야 한다고 강조한다. 이처럼 가족의 위계구조는 하위체계간의 경계선과 기능을 기반으로 하는 가족 내 권력(결정권자가 누구인가?)과 책임(누가 결정을 수행하는가?)의 소재와 관련이 있다.

만일 이러한 위계구조가 확립되지 않은 채 가족 상호작용이 일어나는 경우에는 가족은 역기능적이 된다. 가족의 역기능적인 하위체계 간의 역동 관계는 '제휴'로 설명할 수 있다. 부부 하위체계는 핵가족에서 가장 중요한 하위체계인데, 이 하위체계를 중심으로 하위체계 간에 생기는 제휴는 위계구조의 문제가 되며, 여기에는 동맹, 연합의 두 가지 유형이 있다. '동맹'은 두 사람이 다른 공동의 목적을 위해 제삼자와 공동전선이나 협력관계를 갖게 되는 것이다. '연합'은 두 사람이 제3의 구성원에 '대항하기 위해' 저항의 관계를 갖는 것을 말한다. 한편 '우회 연합관계'는 두 가족원 사이에 갈등이 있을 때 이를 피하기 위한 수단으로 한 사람이 다른 제삼자와 밀착된 관계를 형성하는 상황을 말한다. 예를 들어 부부갈등이 있을 때 한쪽 부모가 자녀의 한 명과 밀착 관계를 형성하여 자신의 힘없는 상태나 심리적 어려움을 달래고자 할 때 형성된다. 이와 같은 부적절한 위계구조는 가족 전체의 상호관계에 역기능적 결과를 초래하여 가족의 구조를 역기능적으로 만든다.

민주적 인간관계를 강조하는 현대사회에서 가족 내에 어떠한 위계구조가 적절한지는 가족의 상황마다 차이가 있을 수 있다. 그러나 중요한 것은 적어도 가족원끼리는 가족의 바람직한 위계구조에 대한 '합의'가 이루어져 있어야 한다. 이러한 합의가 이루어져 있지 못한 가족은 혼란과 갈등을 경험하기 때문에 가족상담에서는 이러한 위계구조에 대한 정의를 하는 것으로 개입하게 된다.

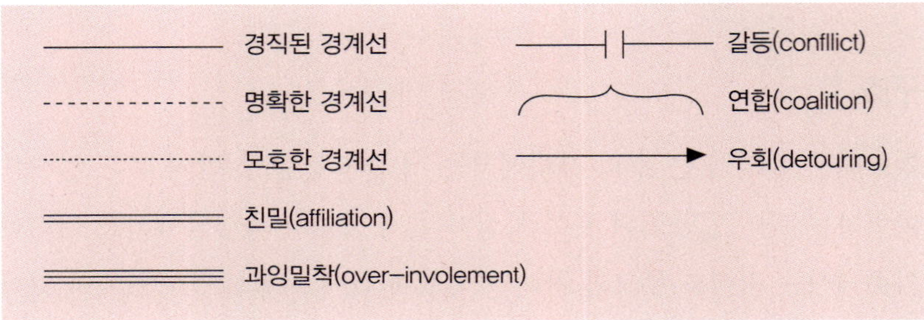

그림 5-1 가족지도에 사용되는 기호
출처: 김종옥(1990), 가족과 가족치료, p.87

3. 상담목표와 과정

1) 상담목표

구조적 가족상담에서 볼 때 개인과 가족의 문제는 역기능적 가족구조에 의해 지속되는 것이다. 따라서 상담의 목표는 현재 나타나고 있는 문제나 증상의 제거가 아니라, 가족구조를 변형시켜서 재구조화하는 데 있다. 재구조화에 대한 공통적인 목표를 구체적으로 제시하면 다음과 같다.

첫째, 효과적인 가족의 위계구조 창조이다. 분명한 지도자의 존재는 가족이 효과적으로 기능하도록 한다. 부모는 자녀와 동등한 위치에 있기보다 상위의 권위구조를 가져야 한다.

둘째, 부모 하위체계가 협력관계를 형성하도록 한다. 부모가 서로 지원하고 자녀체계에 대해 일관된 모습을 보여야, 자녀와의 관계가 건강하여 가족 상호작용이 기능적이 된다. 부모가 협력관계를 보일 때, 자녀들끼리 건강한 형제 하위체계도 형성할 수 있다.

셋째, 부모 하위체계와는 별도로 부부 하위체계가 분리되어 존재하도록 한다. 부모 하위체계는 자녀의 성장과 발달을 지원하기 위해 형성되지만, 부부 하위체계는 부부 두사람의 친밀감과 사랑을 증진시키기 위해 형성된다. 현대 핵가족에서는 부모체계와 별도로 부부의 사랑을 근간으로 하는 부부체계의 확립과 유지를 위한 독립적인 영역과 시간의 확보가 중요하다.

넷째, 경계선과 관련된 재구조화는 내담자 가족의 역기능적 특성에 따라 목표를 결정한다. 서로 경계선이 밀착되어 모호한 가족은 경계선을 강화하여 개인이나 하위체계가 분화되도록 개입한다. 반대로 경직되어 분리된 가족은 경계선을 유연하게 만들어서 가족원 간의 상호작용을 촉진시켜 가족원의 상호 보살핌과 지원을 제공할 수 있도록 개입한다.

2) 상담과정

구조적 가족상담의 과정을 도표화하면 다음의 그림 5-2와 같다.

구조적 상담과정에서는 가족사정을 위한 별도의 회기를 갖기보다는, 각 회기마다

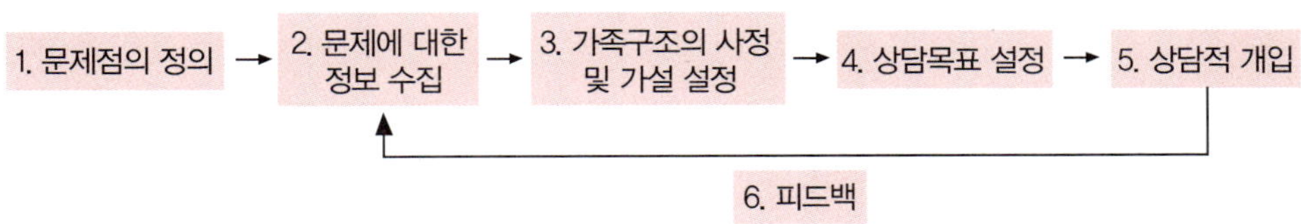

그림 5-2 구조적 가족상담의 과정
출처: 김유숙(2006), 가족상담, p.207

가족구조 사정(가설 설정)→목표 설정→상담적 개입의 과정을 반복하면서 가족구조의 변화를 시도한다(김유숙, 2006). 이 중 상담적 개입은 크게 다음의 세가지 기본 단계로 구성된다. 첫째, 상담자가 지도력을 가지고 가족에 합류하는 단계, 둘째, 가족의

밑바탕에 깔린 구조를 파악하는 단계, 셋째, 이 구조를 변화시키기 위하여 개입하는 단계(재구조화)로 이루어진다.

(1) 가족구조에 합류하는 단계

합류는 상담자가 가족과 인간적인 관여를 하는 것으로 정의된다. 즉 라포와 비슷한 개념으로, 라포가 치료적 관계의 정서적인 면을 의미한다면, 합류는 상담자의 행동을 의미하는 개념이다(김유숙, 2006). 합류단계는 가족구조의 재구조화 작업을 위해 상담자와 가족이 서로를 이해하고 적응하여 작업하기 좋은 관계를 형성하는 단계이다. 합류는 상담자가 외부인의 관점이 아닌 가족의 일원으로서 자연스럽게 가족의 상호작용과 정서체계에 적응하여, 가족의 핵심주제를 인식하고 가족의 역사, 사랑, 갈등, 아픔과 같은 정서를 가족원의 일부가 되어 느껴보는 단계이다. 상담자가 가족에 합류하려 할 때, 가족 체계 내에서 저항의 경계를 받을 것이다. 원래 가족체계는 기존의 체계를 그대로 유지하려는 항상성의 원리가 작용하여, 이를 위협하는 상담자의 개입을 당연히 꺼려한다. 그러므로 상담자는 가족원이 방어하는 자세를 누그러뜨리고 편안한 마음을 갖도록 하는 것이 중요하다. 이것은 가족원 각자에 대한 이해와 수용에 의해 이루어진다. 이해와 수용은 가족 개개인에 대해서 뿐만 아니라 가족의 구조에 대한 존중에 이르는 폭넓은 이해와 수용이어야 한다. 합류를 보다 효과적으로 시작하기 위해서는 인사를 나누고 가족의 문제에 대해 어떤 생각을 갖고 있는지 질문하면서 그들이 이야기하는 내용에 대해 반영적 경청을 하여 각 사람의 입장을 충분히 인정해 주는 것이 좋다. 이처럼 상담자가 있는 그대로의 가족을 이해하며 가족구조를 존중하고 수용하여 자연스럽게 가족에 적응하면서 가족상담의 첫 단추를 끼우는 과정을 합류 단계라고 한다.

(2) 가족구조의 확인 단계

상담자가 가족과 합류한 다음 가족의 구조를 확인하는 단계이다. 가족의 구조는 하위체계는 제대로 기능하는지, 위계구조는 어떠한지, 하위체계 간의 경계선은 어떠한지 등을 사정하고 평가하면서 파악할 수 있다.

이를 위하여 가장 먼저 가족의 일반적인 특성인 가족원의 수, 성별, 연령, 종교, 직업, 소득, 교육수준, 현재 제시된 문제, 스트레스 상황 등에 대하여 질문함으로써 기초 정보를 확인한다. 또 가족구조는 가족원 간의 상호작용 과정을 상담자가 관찰하면서 파악할 수 있으므로, 상담자는 다음과 같은 영역들에 대하여 주의를 집중해야 한다. 즉, 가족이 선호하는 상호작용 유형, 대안적인 유형, 가족체계의 동맹, 연합, 가족체계의 융통성 및 재구조화 능력, 각 가족원에 대한 가족체계의 감정 및 가족의 분리 상태, 가족환경에서 생활 지지 체계 및 스트레스의 원인 분석, 가족의 발달주기와 발달주기에 따른 발달과업의 적절한 수행 여부, 가족의 상호작용 유형을 유지하기 위해 이용되는 치료 대상자(IP)의 증상들이다. 특히 상담과정에서 상담자의 개입 없이 자발적으로 나타내는 가족의 다양한 행동과 표정, 상담시간에 자리에 앉는 위치, 그리고 누구의 말이 존중되고, 누구의 말이 중간에 잘리고 무시되는지 등과 같은 실제적인 의사소통 행동은 가족구조에 대한 정보를 얻을 수 있는 중요한 단서가 된다. 예를 들면, 아버지가 주로 말을 하지만 아버지 혼자 떨어져 앉아 있고, 어머니와 자녀들이 옹기종기 모여 앉아 있다면, 그 가족은 아버지가 권위를 가지는 위계구조이지만 아버지와 어머니의 부부체계는 경직된 경계선을 가지고 있으며, 부모 중 어머니가 자녀와 연합되어 있어 어머니와 자녀 하위체계가 모호한 경계선을 가지고 있다고 가정할 수 있다. 또 아버지가 지나치게 권위적이어서 표면적으로 아버지가 권위를 가지지만 가족에서 소외되어 있다고 가정할 수도 있다.

한편, 가족구조는 실연reenactment을 통하여 확인할 수도 있다. 실연은 상담자가 가족에게 요청하여 가족의 상호작용을 상담실에서 설명하는 대신에 행동해 보이도록 하는 것이다.

이처럼 구조적 가족상담에서는 상담자가 가족구조에 대해 사전에 가정을 하지 말고, 가족의 상호작용을 관찰하고 실연하게 하여 가족의 유형과 구조를 파악하는 것을 강조한다.

(3) 가족구조의 재구조화 단계

가족의 역기능적 구조를 변화시키는 것을 가족의 재구조화라고 하며, 여기에는 가족의 경계선 조정, 하위체계의 기능 강화, 위계구조의 확립이 포함된다(최규련, 2010). 보통 가족구조를 확인한 다음 가족을 재구조화하는 단계가 시작되지만 어떤 경우에는 2개의 단계가 동시에 진행되기도 한다. 이를 위해 상담자는 내담자 가족이 가진 문제와 증상, 가족구조에 대한 가족원의 관점과 신념체계를 흔들어 체계의 변화를 거부하며 안정성을 유지하려는 가족의 항상성에 불균형 상태를 만들고 도전하여, 가족원이 변화를 위한 동기를 갖게 하는 여러 치료 기법을 사용한다(최규련, 2010). 가족은 가족원 개인이나 가족 하위체계의 발달상의 변화로 인한 내적 스트레스와 사회·정치·경제 체계 등 가족을 둘러싼 외적 환경에서 비롯된 여러 가지 요구에 적응하기 위해 재구조화의 필요성이 항존한다. 미누친은 이러한 재구조화가 현재의 증상과 문제를 제거하기 위한 근원적인 해결책이 된다고 주장하였다.

4. 상담자 역할과 기법

1) 상담자 역할

구조적 가족상담 모델에서 상담자의 역할은 가족구조의 변형을 촉진하여 내담자와 가족을 돕는 데 있다. 상담자는 가족구조를 반영하는 가족의 상호작용과 그 유형을 관찰하며, 자신이 직접 내담자 가족체계에 적극적으로 합류하여 가족의 상호작용에 적응하기도 하지만, 새로운 가족의 상호작용 방식을 창조하기 위하여 적극적으로 가족구조에 개입하는 등, 지도자로서의 주도적인 역할을 수행한다.

구조적 가족상담 모델의 상담자는 현재의 상태를 변화시키는 데에만 관심을 두어, 과거를 조사하거나 분석하지 않는다. 즉 상담자는 과거보다는 현재에, 인간의 내면세계보다는 행동에 초점을 두어(송성자, 1989), 상담자가 개입하는 대상은 증상을 가진 개인이 아니라 현재의 가족구조이다. 상담자는 상담 장면에서 가족이 서로 지지하여 새로운 방법을 시도할 수 있도록 가족을 돕고, 가족의 시도와 성공을 인정하면서 칭찬하는 지도자의 역할을 적극적으로 수행한다(정은, 2006).

그러나 상담자가 직접 문제를 해결하는 것은 아니며, 그것은 가족원이 담당해야 할 몫이다. 상담자는 가족이 서로 지지하면서 개인의 역기능적 행동을 해결하고 성장하도록 돕는다. 즉 가족기능을 수정하도록 도와주어 궁극적으로 그들이 스스로 문제를 해결하도록 해야 한다(이영분 외, 2010). 상담자는 지도자 역할의 책임을 다하기 위하여 자기 자신과 삶, 경험의 개념화에 대한 분석과 이해를 바탕으로 상담 장면에서 자신을 활용할 수 있어야 하며, 완벽한 상담자이기 보다 숙달된 전문가가 되어야 한다(정은, 2006).

2) 상담기법

구조적 가족상담에서 활용하는 상담기법은 매우 다양한데, 여기에서는 상담자가 가족에 개입하는 3가지 단계에서 주로 활용할 수 있는 상담기법을 중심으로 소개한다. 물론 여기에서 소개한 상담기법들이 반드시 해당 단계에서만 배타적으로 활용되는 것은 절대 아니다.

(1) 합류를 위한 기법

상담자가 내담자 가족과 함께 상호작용하는 일원이 되는 과정인 합류를 촉진하기 위해 순응, 추적, 모방의 기법이 있다.

① 순응 accommodation

상담자가 가족과 합류하기 위해 자신의 행동을 가족의 상호작용에 순응시키는 것이다. 즉 상담자가 가족구조를 지각하고 분석할 때 의도적으로 가족구조를 지지해 주는 상담기법이다. 이 작업에서는 가족구조에 대한 적극적인 승인과 지지가 포함된다. 가족원의 장점과 잠재능력을 확인하여 지지하고, 필요할 경우 가족 내에서 특정 가족원의 위치를 강화하기도 한다. 만일 상담자가 어느 하나의 하위체계를 지지해 주면, 다른 체계는 이 지지에 적응하기 위해 재구조화를 하게 된다. 예로, 만일 상담자가 부모체계를 지지하면 형제체계는 재구조화에 대한 암시를 받아 자신들의 행동을 변화시키려 할 것이다.

② 추적 tracking

상담자가 가족이 지금까지 해 온 의사소통과 행동의 내용을 따르고 그것이 계속되도록 지지하여 가족이 보이는 기존의 상호작용을 거스르지 않고 들어가는 것이다. 추적을 사용하는 주된 이유는 제시된 문제의 내용에 대한 가족원의 행동, 생각, 감정 모두에 대해 처음부터 끝까지 분명하고 구체적으로 알기 위함이다(이영분 외, 2010). 이 기법은 문제 행동 혹은 제시된 문제의 전 과정을 가족원이 재경험하도록 돕는다. 상담자는 가족이 말한 내용을 명확히 하기 위하여 질문을 하거나, 찬성한다는 의견을 말하거나, 또는 단지 고개를 끄덕이거나, 눈빛으로 따라가 준다거나, "음–, 흠–", "아, 그러세요!" 등으로 이야기를 계속할 수 있도록 반응하며, 보다 내용을 분명히 하기 위한 구체적인 질문을 하며 추적한다. 추적을 위해 상담자는 어떤 행동도 새롭게 시작하지 않고 단지 따라가기만 하며, 단지 의문점을 확실히 하기 위해 질문하여 정보를 유도해 낼 뿐이다. 이 과정에서 가족원이 문제를 확인하는 경험을 갖거나, 상담자가 가족구조를 파악하는 정보를 찾을 수 있다. 예를 들어 부부싸움이 잦은 부부들의 대부분은 의외로 그들이 왜, 어떤 계기로 싸우게 되었는지 잘 기억하지 못하는 경우가 많은데, 이때 상담자가 처음부터 세부적으로 질문하여 각 단계를 추적하면, 부부싸움을 촉발시킨 원인을 부부가 깨닫게 되어 놀라는 경우가 있는데, 이것이 바로 추적의 과정이다.

③ **모방**mimesis

상담자가 내담자 가족의 언어, 비언어적 의사소통 방법과 내용을 모방하는 것이다. 예를 들어 "우리 집에도 말 안 듣는 남편이 있어요!", "맞아요! 겪어보지 않으면 모른다니까요!"라고 하는 등 공통된 경험을 강조하는 것이다. 또 유머러스한 분위기의 가족에는 유머를 사용하고, 격식을 따지는 가족에는 격식있는 말을 사용하여 언어사용의 방법을 맞추는 것도 포함된다. 또 동작, 감정의 표현, 비유적 표현을 모방하여 자연스런 합류 과정을 촉진할 수도 있다. 모방 기법을 사용하면 상담자에 대한 가족의 친근감이 높아져 합류가 촉진된다.

(2) 가족구조의 확인을 위한 기법

가족구조를 사정하거나 확인하기 위해 상담자는 다양한 상담기법을 활용할 수 있는데, 대표적인 상담기법인 가족지도와 실연의 기법을 소개한다.

① **가족지도**family map

가족지도는 하위체계 기능과 경계선, 위계구조 등을 그림으로 간단하게 나타내, 가족의 상호작용 구조를 그림으로 표현한 것이다. 상담자는 가족지도를 통해 현재의 가족구조를 쉽게 이해할 수 있으며, 상담목표를 설정하거나, 가족 상호작용 구조의 변화 과정을 사정하는 데 활용할 수 있다.

예를 들면 부부간의 갈등을 자녀에게 우회하여 부부간의 갈등이 장기화된 가족의 상담과정을 가족지도로 표현하면 다음의 그림 5-3과 같다. 이 그림에서 보듯이 부부의 갈등을 자녀에게 우회하여 표현해 온 부부는, 건강한 부부체계에서 건강한 부모체계가 담보될 수 있기 때문에 우선적으로 부부체계를 강화해 주는 것으로 상담적 개입을 하였다. 이후 회복된 부부체계를 바탕으로 명확한 부모자녀 하위체계의 경계선을 가지도록 재구조화하여 상담을 종결하는 것을 가족지도에서 확인할 수 있다.

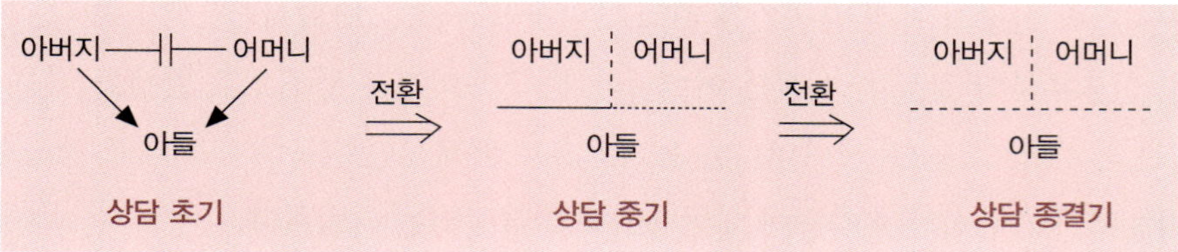

그림 5-3 부부의 갈등을 자녀에게 우회하여 갈등이 장기화된 가족상담사례
출처: 최규련(2010). 가족상담 및 치료. p.167 재구성.

② 실연reenactment

실연은 가족으로 하여금 가족원 간의 상호작용을 상담실에서 말로 설명하는 대신에 행동으로 보이도록 하는 것이다. 예를 들어, 자녀가 말대답을 하면 아버지와 어머니는 어떻게 하는지 직접 상담실에서 행동으로 하도록 하는 것이다. 이것은 언어로 문제를 설명하는 방법과 달리, 행동을 중시하는 구조적 가족상담의 독특한 상담기법이다.

실연은 보통 3가지 단계로 나누어지는데, 제 1단계는 상담자가 가족 상호작용을 관찰함으로써 어떤 역기능적인 부분에 초점을 맞출 것인지를 결정한다. 제 2단계에서는 상담자가 가정한 역기능적인 상호작용의 차단을 중심으로 가족에게 연기를 요구한다. 제 3단계에서는 가족에게 기존의 방법과는 다른 상호작용을 시도하도록 촉진하는 단계이다(김유숙, 2006).

실연 기법은 다음과 같은 이점이 있다. 우선, 상담자는 실연을 통하여 가족의 구조를 관찰하고 정보를 얻는 동시에 개입 방향에 대한 구상을 할 수 있다. 둘째, 가족은 역기능적 상호작용을 분명하게 확인하여 문제에 대한 원인을 치료대상자(IP)인 개인에서 가족구조로 옮길 수 있는 이해의 기회를 가질 수 있다. 셋째, 그 결과 가족이 서로 문제에 대해 이야기하는 것이 아니라, 실연에 의해 문제를 실제 경험하면서 각각 관여하기 때문에 구조 개선이 일어날 가능성도 높아진다.

(3) 가족구조 재구조화를 위한 기법

가족의 상호작용 유형을 변화시켜 보다 기능적으로 변화시키기 위하여 적용하는 기법으로, 체계의 재편성, 증상의 초점화, 구조의 수정 등이 있다.

① 체계의 재편성

기존의 가족 환경이 가진 가족원의 배열을 바꾸어 구조를 변화시키는 기법이다. 예를 들어, 신혼부부의 갈등이 자신의 어머니와 분리가 어려운 남편으로 발생된 경우, 상담자는 일시적으로라도 시어머니를 물리적으로 배제시킨 다음 부부체계를 안정시켜서 기능적인 가족의 상호작용이 일어나도록 변화시키는 기법이다.

② 증상의 초점화

가족이 호소하는 증상에 직접 관여하여 가족의 상호작용 유형을 변화시키는 기법으로, 가족의 상호작용을 더 이상 증상이 필요하지 않은 상태로 만드는 것을 말한다.

그 방법으로 첫째, '증상의 강조'가 있다. 일반적으로 치료대상자(IP)의 증상은 치료대상자 개인이나 가족을 힘들게 하지만, 이것으로 인한 이차적인 이득을 치료대상자 본인이나 가족이 모두 얻고 있기 때문에 가족에서 유지되어 온 것이 사실이다. 증상의 강조란 더 이상 증상에서 이차적 이득이 일어나지 못하도록 증상을 과장하는 것이다. 예를 들어 화가 나면 소리를 지르는 아들에게 더 소리를 지르라고 하는 것이다. 이같은 치료대상자(IP)의 증상은 가족에게 제거되어야 하는 증상이라는 신념을 만들었지만, 사실 이러한 믿음에서 가족의 역기능적 상호작용 유형이 발생하는 것이다. 증상은 그것이 발생한 맥락을 놓고 볼 때 오히려 정상적인 것이므로, 증상을 제거하려 하지 않고 오히려 과장하여 표현하도록 하는 개입이 바로 '증상의 강조'이다.

둘째, '증상의 축소'이다. 치료대상자(IP)가 가진 증상을 다른 문제와 비교해 다른 문제를 더욱 부각시킴으로써 상대적으로 현재의 증상을 경시하도록 만드는 것이다. 이것도 역시 치료대상자(IP) 증상 위주의 가족 상호작용 유형을 변화시키기 위한 기법이다. 예를 들어 화가 나면 소리를 지르는 아들의 문제는, 정서 표현을 전혀 안하는 것보다는 아들이 언제 화가 나는지를 알 수 있는 신호를 제시하기 때문에 더 나은 상태라고 인식하도록 해주는 것이다.

셋째, '새로운 증상으로 이행하기', 즉 '재명명'이다. 증상에 대하여 재정의를 내리는 것이다. 이것은 긍정적 의미 부여하기로 설명되기도 하는데, 증상에 대하여 새로운 이름을 붙이는 것이다. 치료대상자(IP)의 증상은 보는 각도에 따라 다양한 관점을 가지므로, 부정적인 것에서 새로운 관점을 가지는 것으로 바꾸어 의미를 부여하는 것이다. 예를 들어 늘 친구들과 돌아다니면서 놀기만 좋아하는 아들을 둔 어머니에게, "대인관계 능력이 참 좋은 아들이네요."라고 새로운 의미를 부여하는 것이다. 증상이란 나쁜 것이지만, 동시에 이차적 이득도 있다. 이와 같은 재명명은 눈에 보이지 않았던 감정의 시야를 확대해 주어, 증상을 이해시키거나 새로운 상호작용의 맥락을 창조하는 데 도움이 될 수 있다.

③ 구조의 수정

구조의 수정은 가족의 경계, 제휴, 권력 등에 직접 관여하여 가족구조를 변화시키는 방법이다.

이를 위한 기법으로는 첫째, '가족 상호작용의 분해'가 있다. 이것은 가족이 역기능적 구조를 지속하지 못하도록 고착된 상호작용을 제거하는 기법이다. 가족은 사실 치료대상자(IP)의 증상 위주로 상호작용을 하지만 이것은 사실 가족에게 스트레스를 준다. 그러나 이러한 증상 위주의 상호작용은 스트레스 수준이 낮기 때문에 여기에 고착되는 것이다. 따라서 상담자가 현재 가족에 고착된 상호작용에 스트레스를 증가시켜서 새로운 가족 상호작용에 대한 불안이나 스트레스를 상대적으로 줄이는 방법이다.

둘째, '가족 상호작용의 차단'이다. 상담자가 가족에 익숙한 상호작용 유형을 방해하는 것이다. 예를 들어 아버지와 아들의 의사소통을 중간에 계속 끼어서 대신 해석해 온 어머니에게 "잠깐만"하고 상담자가 차단한 후 아들에게 "계속하여 이야기하세요."라고 지지하여, 부자간의 접촉을 증가시켜 부자의 하위체계를 가깝게 재구조화 시켜 주는 방법이다. 또는 상담자가 가족구조에서 관찰해 온 가족원 간의 은폐된 차이점을 표현하게 하여 긴장을 고조시키면, 상대방을 이해하고 상호작용 유형에 변화를 가져오도록 할 수 있다. 예를 들면 한 가족원에게 문제에 대해 이야기하게 하고, 또 다른 가족원에게도 이야기하도록 하여, 가족의 문제에 대한 의견이 서로 다른 것을 듣도록 하는 것이다. 또 상담자가 은폐된 갈등을 조장할 수도 있으며, 상담자가 가족구조 내의 제휴나 연합에 일시적으로 합류하여 가족 내에 얼어붙은 평형상태, 즉 체계의 균형 상태를 깨뜨려서 긴장을 고조시키는 방법을 사용할 수도 있다. 이와 같은 다양한 방법으로 가족에 익숙한 상호작용에 긴장을 고조시켜, 상호작용을 방해하는 기법이 '가족 상호작용의 차단'이다.

셋째, '가족 상호작용의 강화'이다. 가족 상호작용의 여러 가지 유형 중 일부분을 강조하는 기법이다. 예를 들어 아내가 "남편의 잦은 술자리가 문제입니다." 라고 할 때, 상담자는 실제로 부부체계에 어떤 일이 있는지를 관찰하기 위하여 부부체계의 상호작용을 강화할 수 있다. "부인이 당신의 잦은 음주가 문제라는데, 그것에 대하여 어떻게 대답하시겠어요? 아내에게 이야기 해보세요." 라고 한다. 이때, 부부의 대화에서 아내가 끊임없이 잔소리를 하고 남편을 주눅들게 몰아가며, 남편은 더욱 침묵하고 위축되어 가고 있다면, 상담자는 무엇이 잘못되어 있는지를 알게 된다. 문제는 아내가 끝없는 잔소리를 하면 남편은 위축되어 술로 도망가고, 남편이 술로 도피할수록 아내가 더욱 잔소리를 하는 것이 문제이다. 따라서 상호작용 유형을 강조하여 수정하는 것이 대책이 된다. 즉 가족체계 상호작용에서 독특한 순환성circularity을 인식하도록 하고, 가족의 갈등을 직선적인 인과관계에서 순환적 인과관계로 인식하도록 하여 긍정적인 변화에 대하여 서로가 격려하는 가족 상호관계성을 강조하는 것이다.

④ 기타

가족구조 재구조화를 위하여 '강점 인식하기'와 '과제 부여'와 같은 기법들을 활용할 수도 있다.

먼저 가족이 갖고 있는 강점과 긍정적인 점을 찾아내고 활용하는 '강점 인식하기' 기법을 사용할 수 있는데, 이것은 가족의 기존 인식의 틀을 바꾸어 새로운 현실을 보게 하고 새로운 방식의 상호작용을 할 수 있게 하는 기법이다(최규련, 2010).

가족 내의 '과제 부여'는 상담자가 가족이나 어떤 특정 상호작용에 관여하는 과제를 제시하는 것이다. 가족의 재구조화에 도움이 되는 특정의 행동영역을 찾아 과제를 내주는데, 가족이 할 수 있는 것으로, 언제, 어디서, 누구와, 어떻게 상호작용해야 하는지를 구체적으로 분명히 제시한다. 이런 과제는 상담과정 중에서도 제시될 수 있지만, 주로 상담과정 이외의 시간이나 공간에서 실행하도록 요구하는 것이 일반적이다. 과제 부여는 상담자가 가족의 재구조화 진행과정에서 특정 하위체계의 기능을 개선시키고, 상호작용의 개선을 위한 기초를 다지기 위한 의도로 활용하며, 가족상담이 가족의 생활이나 삶으로 연장되도록 하는데 의미가 있다.

5. 구조적 가족상담 적용 사례: 나는 누구의 편이 되어야 하나요?

1) 내담자 기초 정보

치료대상자(IP)인 이혼돈(15세, 중 2)은 평소에는 온순하고 평범한 남학생이지만, 화가 나면 물건을 던지거나 소리를 크게 지르는 등 분노를 통제하지 못하고 과도하게 표출하는 행동특성을 보여 왔다. 지난 주 학교 교실에서 사소한 싸움인데도 분노를 조절하지 못하여 친구를 예리한 샤프펜슬로 찔러 친구가 입원하는 사태가 벌어져 의뢰되었다.

2) 내담자 주 호소 문제

이혼돈은 매일같이 싸우는 부모님을 너무 싫어한다. 부부싸움을 하면 늘 울면서 호소하는 엄마가 너무 불쌍했었는데, 그런 엄마가 할머니에게 너무 함부로 대하는 것 같아 엄마도 미워지기 시작하여 말을 하지 않고 있다. 이혼돈은 "할머니는 동생과 나를 끔찍이 아껴주시는데, 엄마와 말다툼을 하신 후에는 탄식하시면서 우리들에게 엄마 흉을 본다. 할머니가 불쌍하지만, 엄마 흉을 보는 것도 싫다. 자신이 도대체 누구의 편을 들어 주어야 할지 모르겠으며, 집에 있는 시간에는 늘 불안해서 집에 있기 싫다. 뭔가 일을 크게 저질러서 집을 떠나고 싶다." 고 말했다.

3) 내담자 가족배경

가족구성은 할머니(68세), 아버지(43세), 어머니(40세), 이혼돈(15세), 남동생(14세)으로 이루어져 있다.

할머니(68세)는 건강이 좋으며, 유산을 넉넉하게 남긴 남편으로 인해 유복자인 아들을 넉넉하게 키웠고, 개가하지 않고 아들을 의지하며 살아왔다. 교회를 다니며 기부금을 많이 내고 봉사활동도 열심히 하는 교양 있는 할머니란 평판을 듣고 있다. 유복자인 아들에 대한 정성이 지극하며, 며느리는 밉지만 손자들에 대한 사랑이 깊다.

아버지(43세)는 성격이 원만하고 업무 처리능력도 좋아 승진도 빠른 능력 있는 대기업 사원이다. 아내와 연애결혼을 했는데, 홀로 된 어머니와 아내의 고부갈등이 깊어지면서 부부싸움을 자주 해왔고, 번번이 아내 편을 드는 큰아들로 인해 큰아들과 관계가 좋지 않다.

어머니(40세)는 전업주부로 결혼 후 시어머니로부터 살림을 넘겨받았는데 형편이 넉넉하여 형편이 어려운 친정과 친구들의 부러움을 받아왔다. 시어머니와의 관계에서 남편이 편을 들어 주지 않는다는 이유로 남편과 말을 하지 않고 담을 쌓고 살고 있다. 남편에 대한 서운함을 두 아들에게 표출해 왔는데, 자신의 편이 되어주던 장남이 최근에 자신과 담을 쌓고 말을 하지 않으며 학교에서 여러 가지 말썽을 부리자 초조해 하고 있다.

남동생(중 1)은 모든 가족과 비교적 원만한 관계를 가지고 있다. 형처럼 부모의 싸움 시에 어머니 편을 들어왔지만, 최근 형처럼 할머니에 대한 어머니의 불효한 태도에 불만을 느끼면서, 형을 포함하여 아버지, 할머니, 어머니의 모든 가족원과 일정한 거리를 두고 자율적이나 유리된 섬처럼 살아가는 것 같다.

4) 상담과정

본 상담은 면접상담이며, 총 12회기로 매회 1시간 30분~2시간 가량 진행되었다. 이혼돈에 대한 개인상담에서 시작하여 부부상담과 가족원 모두를 대상으로 하는 가족상담으로 확대시킨 사례이다.

(1) 상담목표

구조적 상담의 이론에서 사례 가족이 가진 역기능적 구조에 대한 사정 결과는 다음과 같다.

첫째, 아버지는 위계상 우위에 있으나, 큰아들인 이혼돈과 아내와는 모두 단절되어 있으며, 시어머니와는 명료한 경계를 형성하고 있지 못하다.

둘째, 아버지 아래의 시어머니와 며느리가 동등한 위계구조를 가지고 있다.

셋째, 비교적 독립적인 성격의 차남과 달리 정이 많고 유약한 장남이 고부간 갈등구조에 끌려 들어가, 할머니와 이혼돈, 엄마와 이혼돈 간에 세대를 뛰어넘는 병리적인 연합 관계가 형성되어 여기에서 이혼돈의 문제행동이 나타났다.

넷째, 부부체계가 굳건하지 못하여, 부모 하위체계로서의 역할을 수행하지 못하고 있다.

이와 같은 사정 결과에 따라 수립한 상담의 목표는 다음과 같다.

첫째, 병리적인 연합관계 해소를 통한 세대 간의 명료한 위계구조를 확립한다.

둘째, 부부 하위체계 확립을 통한 부모의 하위체계를 확립한다.

(2) 회기별 상담 내용과 변화 과정

1회기~4회기(초기 단계)

우선 아버지와 합류를 하고 아버지의 권위를 존중하며, 한편으로는 고부갈등으로 어려움을 가진 아버지를 공감해 주었다. 부부 하위체계가 가까워질 수 있는 과제를 선택하도록 하였는데, 눈 마주치기, 같은 방에 있기, TV프로그램 같이 보기 등의 과제에서 할머니 방에서 지내는 시간을 줄이고 부부의 방에서 지내는 시간을 늘리도록 하는 과제를 선택하였다. 할머니에게는 교회에서 하는 노인대학 제주도 여행을 떠나시도록 하여(체계의 재편성), 그 시간에 부부만의 시간을 가지도록 유도하였다.

5회기~8회기(중기 단계)

부부체계가 회복되도록 하면서, 부부의 부모 하위체계로서의 기능을 강화하기 위하여 이혼돈의 문제행동에 대한 평상시 부모의 반응을 실연해 보도록 하였다. 또 아버지와 이혼돈의 관계를 강화하기 위하여 큰아들과 목욕하기, 큰아들의 숙제 도와주기와 같은 과제 부여를 하고, 어머니는 관찰하는 과제를 부여하여 부모 하위체계를 강화하였다. 이혼돈에게는 어머니가 아닌 아버지와 학교생활 이야기하기, 동생의 숙제 봐주기 같은 과제를 부여하면서 아버지, 동생과의 관계를 강화하였다. 할머니에게는 '며느리가 독선적이지만, 시어머니와의 동거를 거부하지 않고 살아온 이 시대에 드문 장한 며느리'로 재명명하여 미움을 줄이도록 하였고, 어머니에게는 '넉넉한 유산으로 경제적 토대를 마련해 주신 집안의 어른'으로 재명명해 주었다. 이러한 개입으로 아버지와 자녀의 관계가 강화되어 부모 하위체계가 강화되었으며, 고부간에 새로운 인식체계를 만들게 되어 위계구조를 정립하게 되었다.

9회기~12회기(종결 단계)

다시 아버지의 협력을 받아 어머니의 부모체계로서의 역할 기능을 향상시키는 것과 할머니와의 모호한 경계선을 명확하게 하는데 집중하였다. 어머니는 자녀에게 짜증이 섞인 동등한 언어로 하소연하지 않으며, 특히 자신의 정서를 자녀에게 쏟아내는 대신에 남편에게 하도록 하였다. 그리고 자녀의 문제 행동을 아버지가 있는 자리에서 협력하면서 어머니가 다루도록 하였다. 그 결과 부모 하위체계가 강화되었다. 그 결과 어머니에게 불손하던 이혼돈의 행동이 개선되기 시작하였다. 남편에게는 자신이 할머니 방에 있을 때 아내도 같이 있도록 하며, 할머니와 어머니 두 사람이 같이 있는 시간을 만들어 보도록 하는 과제를 부여하였다. 할머니에게는 이혼돈의 증상을 '증상의 축소'를 통하여 충격적으로 받아들이지 않도록 유도하되, 집안을 지켜 온 어른이라는 '강점 인식하기'를 통하여 할머니가 이혼돈의 문제 행동에 도움을 줄 수 있음을 인식시켰다. 또 할머니가 이혼돈에게 어려움을 쏟아내지 않고 교회에서 만난 친구들과 모임을 더 많이 가지는 과제를 부여하였다.

5) 상담결과

부부체계가 강화되면서, 부모체계가 강화되고, 한편으로는 가정의 위계구조가 할머니를 정점으로 재편성되어 어머니와의 위계구조가 확실해지며, 아버지와 할머니의 모호한 경계선이 명확해지고, 이혼돈과 어머니, 이혼돈과 할머니의 병리적인 연합 관계가 해소되면서 이혼돈의 문제행동은 개선되었다.

치료 전과 치료 후의 이 가족의 가족 지도는 그림 5-4와 같다.

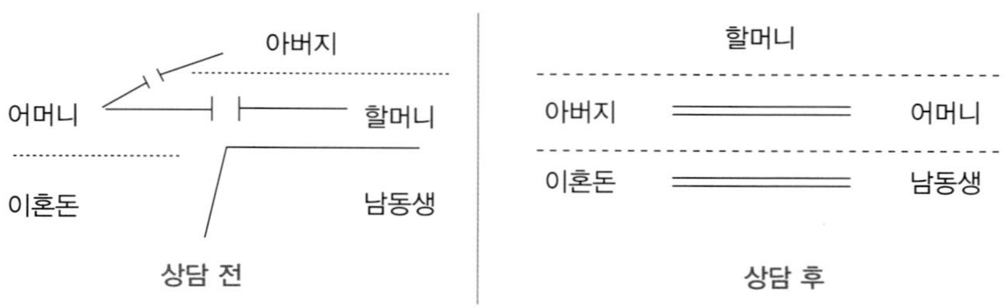

그림 5-4 상담 전과 상담 후의 가족지도

용어설명

- **가족구조**family structure : 가족원이 상호작용하는 방식이다. 반복적이며, 체계화되어 있어 가족마다 고유한 가족구조를 가지고 있으며, 따라서 가족구조는 가족의 행동방식을 예측할 수 있게 한다.
- **하위체계**subsystem : 가족을 하나의 구조로 볼 때, 가족 안에 세대, 성별, 흥미, 기능 등에 따라 형성될 수 있는 인간관계이다. 대표적인 하위체계는 부부, 부모자녀, 형제 하위체계가 있다.
- **경계선**boundary : 가족원 개인과 개인 간에, 또는 하위체계와 하위체계 간의 상호작용 과정에 나타나는 눈에 보이지 않는 테두리로 일정한 규칙을 가진다.
- **제휴**alignment : 가족의 역기능적인 하위체계 간의 관계 양식을 말하며, 여기에는 동맹, 연합의 2가지 유형이 있다.
- **동맹**alliance : 공동의 목적이나 이해를 같이 하는 두 사람이 공동의 목적을 가지고 제삼자와 협력관계를 가지는 상황을 말한다.
- **연합**coalition : 특정 가족원이 제3의 구성원에 대항하기 위해 저항의 관계를 가지는 것이다.
- **우회 연합**detouring coalition : 두 가족원이 서로 갈등이 있을 때, 이를 피하기 위한 수단으로 한 사람이 다른 제삼자와 밀착된 관계를 가지는 상황을 말한다.
- **합류**joining : 상담자가 내담자 가족의 일원으로 자연스럽게 상호작용 과정에 들어가는 것이다.
- **재구조화**restructuring : 가족의 역기능적인 구조를 변화시키는 것으로, 경계선 조정, 하위체계의 기능 강화, 위계구조의 확립이 포함된다.
- **순응**accomodation : 상담자가 가족에 합류하기 위해 자신의 행동을 가족의 상호작용에 적응시키는 것이다.
- **추적**tracking : 상담자가 가족이 지금까지 해 온 상호작용 방식이 계속 되도록 거스르지 않고 그대로 따라가는 것을 말한다.
- **재명명**relabeling : 가족이 미처 인식하지 못하였던 증상의 긍정적 측면을 찾아 재개념화하여 표현하는 방법이다.
- **모방**mimesis : 상담자가 내담자 가족의 의사소통 방식과 내용을 그대로 모방하는 것이다.
- **가족지도**family map : 가족의 상호작용 방식을 그림으로 표현한 것이다.
- **실연**reenactment : 가족의 상호작용 방식을 말 대신에 행동으로 그대로 재현해 보이는 것이다.
- **체계의 재편성**reorganization of system : 기존의 가족 환경이 가진 가족원의 배치를 바꾸어 구조를 변화시키는 기법이다.

활용자료

1. 관련 척도

가족기능을 사정하는 대표적인 모델들로 순환모델(Circumplex Model)과 시스템모델(Bearvers Systems Model), 그리고 맥매스터모델(McMaster Model)의 세 가지를 기술하면서 그 특성을 비교한 바 있다(Golenberg & Golenberg, 1990; 정수경, 1993, 재인용).

순환모델은 가족 유형을 구분하기 위한 모델로, 시스템모델은 가족능력을 평가하기 위한 모델로, 맥매스터모델은 가족의 대응기술을 사정하기 위한 모델로 분류하면서 이 가운데에 맥매스터모델이 가장 세심하게 고안된 기법이라고 하였다(정수경, 1993).

이중 국내의 임상현장에서 가장 많이 활용된 모델은 순환모델로 이 모델에 의한 FACES(Family Cohesion and Adaptability Evaluation scales)시리즈들이다. 이 측정도구는 신뢰도와 타당도가 높아서 임상현장에서 자주 사용하는 척도로, 상담자는 현재의 가족이 어떤 위치에 있는지를 규명할 때 이 척도를 활용할 수 있으며, 또는 가족이 현실가족과 이상적인 가족에 대해 각각 답하도록 하여 해당 가족이 응집력과 적응력에 대해 어떻게 인식하는지에 관심을 가져서 치료의 수단으로도 활용할 수 있다(김유숙, 2006). 올슨의 자기보고식 척도인 FACES I (1979), FACES II (1983), FACES III (1985), FACES IV (1994)의 시리즈와 올슨 등이 개발한(1984) 외부 관찰자 척도인 임상척도(Clinical Rating Scale: CRS)는 김유숙 외(2003)의 '가족평가핸드북'의 320~322쪽 및 324~326쪽을 참고하면 된다.

한편, 맥매스터모델은 캐나다의 맥매스터대학 정신과에 재직하던 엡스턴(Epstein, 1978) 등이 개발한 가족기능 진단 모델이다. 체계론을 토대로 한 이 모델은 가족이 의식주와 같은 기본적인 과업, 발달과업, 그리고 질병이나 사고와 같은 위험한 과업들의 세가지 과업에 효과적으로 대처할 수 없을 때에 임상적으로 문제가 많은 것이라고 가정한다. 따라서 가족이 이러한 과업들을 어떻게 다루는지를 평가하기 위해 가족기능의 하위차원들을 측정하는데, 문제해결, 의사소통, 역할, 정서적 반응, 정서적 관여, 행동통제가 바로 가족 기능의 하위영역에 해당한다(정수경, 1993). 엡스턴 등은 이 모델에 따라 53문항의 자기 보고식 질문지를 만들었는데, 이 척도는 6가지 하위 가족기능에 가족의 건강 및 병리상태를 총체적으로 측정하는 가족의 일반적 기능 차원을 추가하여 7가지 하위척도로 구성되어 있다. 이를 한국의 문화적 특성을 고려하여 34개의 문항으로 재구성하여 제시한 바 있다(정수경, 1993). 이 척도의 내용은 이 책의 부록을 참고하도록 한다.

CHAPTER

06 전략적 가족상담

나답답씨는 남편과 경제 갈등으로 이혼을 고려하고 있다. "한 달 생활비가 10만원이에요. 하도 뭐라 하니까 카드를 줬는데 한 15일 쓰면 카드가 막혀요. 한도액이 10만원인거죠. 더 이상은 이렇게 못살겠어요. 제가 거지도 아니고 이혼하고 싶은데, 아이가 말려요. 애를 생각하면 참고 살아야 되고 어떻게 해야 될지……."라는 부인의 호소에, 남편은 "물론 많은 돈은 아니지만, 충분히 더 아낄 수 있다고 생각해요. 아내는 마늘을 사도 마트 가서 깐 마늘을 사는데 재래시장에 가서 안 깐 마늘을 사면 더 싸게 살 수 있잖아요. 우리 어머니는 그것보다 더 적은 돈으로도 아끼며 살림하셨는데 이 사람은 너무 편하게 살려고만 해요. 땅을 파 봐요, 돈이 나오나."라고 응대하였다. 이들 부부는 상대가 문제라며 서로 비난하고 있었으며 매우 심각한 부부갈등을 보이고 있었다.

전략적 가족상담strategic family therapy은 전략(戰略)이라는 용어에서 알 수 있듯이, 각 가족이 겪고 있는 문제에 맞춰 개별적이고 구체적인 상담 전략을 세워 문제를 지속시키는 가족의 연쇄과정을 변화시키는데 초점을 두는 모델이다. 이 모델은 가족의 저항을 활용하여 가족의 문제를 해결하는 독특한 방식으로 가족상담 분야에서 1970년대 중반에서 1980년대 중반까지 인기가 높았다.

이 장에서는 헤일리Jay Haley의 전략적 가족상담을 중심으로 발달배경과 주요 개념, 상담목표와 상담과정, 그리고 상담기법 등을 살펴본 후, 위의 사례를 전략적 가족상담으로 접근해 보았다.

1. 발달 배경

Jay Haley(1923~2007)
www.wikipedia.org

전략적 가족상담의 발달 배경은 이 모델의 주요 인물들이 참여한 베이트슨Gregory Bateson의 연구팀으로부터 찾을 수 있다. 정신분열증 환자 가족의 의사소통에 관한 연구를 맡게 된 이 팀은 인류학자인 베이트슨을 주축으로 대학원에서 의사소통을 연구했던 헤일리와 정신의학자인 잭슨Donald deAvila Jackson, 인류학전공인 위클랜드John Weakland 등으로 구성되었는데, 바로 이들이 전략적 가족상담을 발전시킨 주역이다. 사이버네틱스cybernetics에 관심을 가진 베이트슨의 영향으로 이들의 연구는 정신분열증을 개인의 정신 내적 혼란보다 가족의 관계 맥락적 관점으로 보았으며 이는 가족상담 영역에서 상담자들이 가족관계를 보는 방법의 토대가 되었다.

창조적이고 관습에 얽매이지 않는 정신의학자인 에릭슨Milton Hyland Erickson의 조언은 이 연구팀에게 많은 영향을 주게 되었다. 특히 전략적 가족상담의 발전과 정립에 많은 공헌을 한 헤일리는 임상에서 내담자의 저항을 다루는데 탁월하였던 에릭슨에게 크게 매료되어 그와 지속적인 관계를 맺으며 영향을 받았다.

베이트슨의 연구팀에서 함께 작업한 이후, 헤일리는 위클랜드 등과 함께 팔로 알토Palo Alto에 있는 정신건강연구소(Mental Research Institute: MRI)에 합류하였다. 이들은 그곳 연구원들과 함께 정신분열증 환자와 그 가족에 대한 연구를 확대하여 일반 가족의 상호작용 연쇄과정에 대해 연구하였다. 그 결과, 이들은 가족의 문제가 가족이 시도하는 잘못된 해결책에 있다고 보고, 내담자의 저항을 이용하여 역설적으로 개입하는 에릭슨의 관점과 개입방법을 가족문제해결에 활용하며 전략적 가족상담의 기반을 마련하였다.

MRI에서 필라델피아의 아동지도클리닉Philadelphia Child Guidance Clinic으로 옮긴 헤일리는 미누친Salvador Minuchin과 몬탈보Braulio Montalvo와 의견을 나누며 그의 생각을 발전시켰다. 가족의 상호작용을 관계정의를 위한 권력투쟁으로 보던 헤일리는 여기에 가족구조적 관점을 추가하여 위계와 연합의 가족구조와 역기능적 행동의 연쇄과정으로 가족의 문제를 다루었다.

헤일리는 매더네스Cloe Madanes와 함께 워싱턴D.C.에 가족치료연구소Family Therapy Institute를 함께 세우고 이론을 보다 체계적으로 정리하며 상담과 전문가 양성훈련을 1990년대 초반까지 계속하였다. 이후 헤일리는 캘리포니아로 옮겨 활동하였고, 매더네스는 연구소를 계속 운영하다가 현재는 라빈스-매더네스센터The Robbins-Madanes Center for Strategic Intervention에서 훈련과 상담을 하고 있다.

헤일리와 매더네스는 모두 상담을 성공적으로 이끌기 위해서는 가족위계 개선에 초점을 둔 구조적인 변화가 있어야 한다고 믿었다. 이들은 인간 상호작용의 동기에 관심을 가졌지만, 헤일리는 주로 타인을 통제하려는 욕구에, 매더네스는 사랑하고 사랑받고자 하는 욕구에 관심을 가졌다.

이렇게 발생한 전략적 가족상담은 MRI를 중심으로 한 전략적 가족상담, 헤일리의 전략적 가족상담, 그리고 밀란Milan의 체계적 가족상담Milan systemic family therapy 등으로 발전하였다. 전략적 가족상담의 발달과정을 요약하면 그림 6-1과 같다.

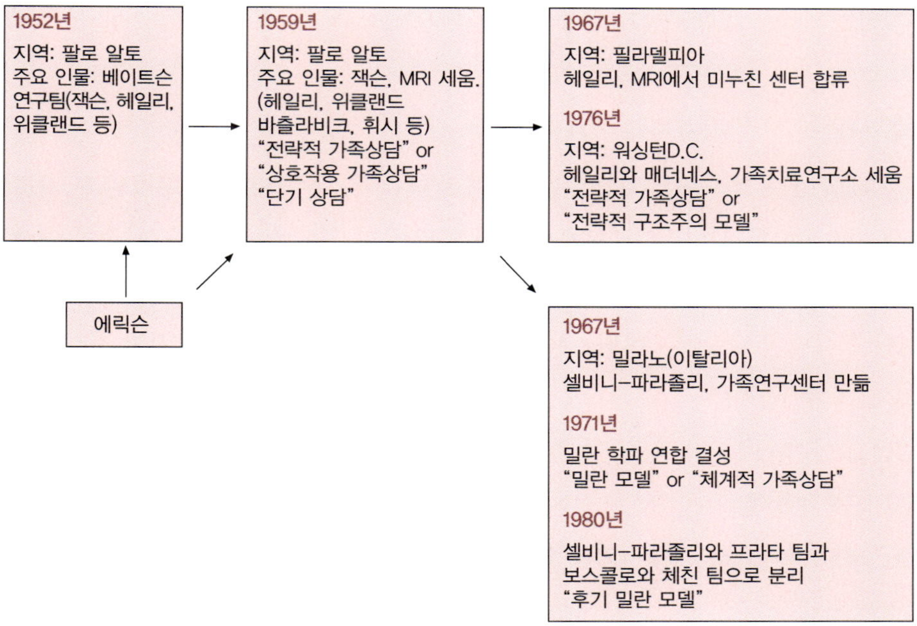

그림 6-1 전략적 가족상담 모델 발전 과정

2. 주요 개념

1) 힘power

헤일리의 전략적 가족상담은 가족관계 또는 상담자와 내담자 사이에서 나타나는 힘에 대한 관심에서 출발한다. 여기에서 힘은 다른 사람에 대한 위협과 같은 부정적인 면뿐만 아니라 다른 사람에 대한 돌봄과 같은 긍정적인 면도 포함된다. 힘은 어떻게 사용되는지에 따라 유익할 수도 있고 해로울 수도 있다.

가족이 서로를 보호하고 돕는 힘의 표현방법은 다양할 수 있다. 예를 들어 공격하는 사람에 대해 가족이 희생자와 같이 공격을 해줄 수도 있지만, 공격자의 관심을 자기에게로 돌림으로써 희생자를 도울 수도 있다. 또는 공격자의 공격보다는 희생자에게 해가 덜 되는 공격을 본인이 희생자에게 하여 공격자로부터 희생자를 보호할 수도 있다.

가족은 문제를 해결하고자 하는 의도를 가지고 힘을 사용하지만, 오히려 문제를 악화시키는 방향으로 서로에게 영향을 주게 되기도 한다.

2) 연쇄과정sequence

한 조직은 그 조직에 있는 사람들의 반복적으로 지속되는 행동으로 구성된다. 이러한 연쇄과정은 순환적으로 반복되기 때문에 일련의 단계로 이루어진다. 가족의 연쇄과정을 헤일리(1976)는 다음의 예로 설명하였다.

1단계 아버지(무능함)– 아버지는 자신의 능력에 맞게 기능하지 못하고 흥분하거나 우울하게 행동한다.

2단계 아이(버릇없는 행동)– 아이가 어머니의 통제에서 벗어나거나 문제행동이 나타나기 시작한다.

3단계 어머니(무능함)– 어머니가 아이를 효과적으로 다루지 못하게 되고 아버지가 관여하게 된다.

4단계 아버지(유능함)– 아버지가 아이를 효과적으로 다루고 자신의 무능상태에서 회복된다.

5단계 아이(예의 바르게 행동)– 아이는 침착하게 되며 적절하고 정상적인 행동을 하게 된다.

6단계 어머니(유능함)– 어머니는 아이를 보다 잘 다룰 수 있게 되고, 아버지와 자녀에게 보다 많은 것을 기대한다.

1단계 아버지(무능함)– 아버지는 자신의 능력에 맞게 기능하지 못하고 흥분하거나 우울하게 행동하며 다시 주기cycle가 시작된다.

이것을 그림으로 제시하면 아래와 같다(그림 6–2 참조).

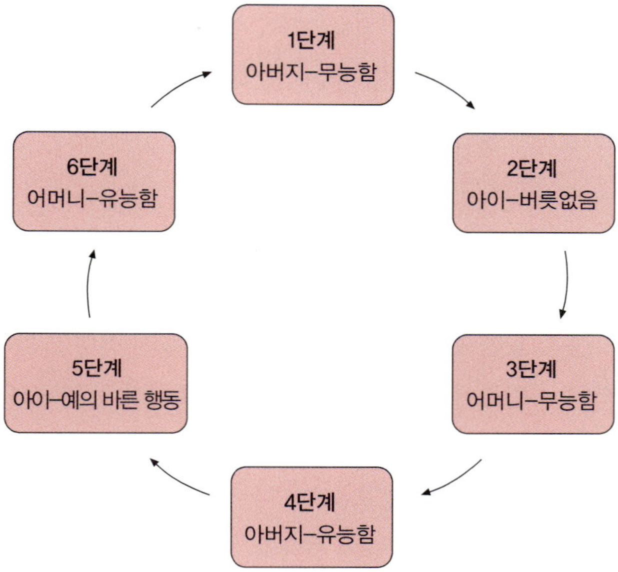

그림 6–2 연쇄과정의 예

그러므로 헤일리(1976)는 가족의 문제를 해결하기 위해서는 억압된 감정의 표출이나 과거에 대한 탐색이 아니라 연쇄과정을 변화시켜야 된다고 보고 있다. 이러한 연쇄과정의 변화는 연쇄과정의 어느 한 단계나 포함된 가족원 중 한 사람의 행동의 변화로 실현될 수 없고 가족상호작용의 변화와 그로 인한 위계구조의 변화로 이루어진다.

3) 위계hierarchy

하나의 조직이 형성되면 어떠한 조직이든지 관련된 사람들의 반복적으로 지속되는 연쇄과정에 의해 위계가 결정되는데, 가족 역시 마찬가지이다. 가족에서의 위계는 한 가족원이 다른 가족원을 지배하거나 책임지는 것 외에도 다른 가족원을 도와주고 돌보는 것 등을 통해 가족들은 힘과 책임의 영역을 나누며 위계를 가진다.

헤일리(1976)는 증상을 위계구조의 문제로 보았다. 예를 들어, 심각한 우울증을 가진 부인은 우울증에 의한 무기력으로 열등한 위치에 놓이게 되고 남편은 도움을 주는 우월한 위치에 놓이게 된다. 그러나 동시에 부인은 남편에 의해 증상이 좋아지지 않으므로 남편의 도움과 영향을 받지 않는 우월한 위치에 놓이게 되며 남편은 자신의 노력이 부인에게 도움이 안되는 무기력한 사람으로서 열등한 위치에 놓이게 되어 모순되는 위계구조를 가지게 된다. 그러므로 상담자는 가족의 증상을 없애기 위해서 이러한 모순된 위계구조를 변화시켜야 한다.

4) 은유 metaphor

사람들은 맥락에서 의미를 파악해야 되는 은유적인 의사소통 방법을 사용하기도 한다. 이러한 의사소통은 표면에 나타난 의미와는 다른 제2의 의미를 가지며 그것은 대체로 어떠한 요청이나 명령이 포함된다. 예를 들어 부인이 남편에게 “머리가 아파요.” 라고 한다면 표면적으로 부인은 몸의 상태를 말하고 있지만, 다른 한편으로 결혼생활에 대한 불만을 표현하며 어떻게 좀 해달라는 요청일 수도 있다.

매더네스(1981)는 증상을 다음과 같은 점에서 은유적이라고 하였다. 우선 증상은 내적 상태에 대한 표현이며 또 다른 사람의 내적 상태에 대한 은유일 수 있다. 예를 들어 학교에 가기 싫어하는 아이는 자신의 두려움을 표현하는 것과 동시에 어머니가 가지고 있던 두려움을 표현한 것일 수 있다. 그리고 가족에서 두 사람의 상호작용은 가족의 또 다른 두 사람의 상호작용에 대한 은유일 수 있다. 부부관계가 좋지 않은 가족에게서 아이의 문제에 대한 아버지와 아이의 상호작용은 부인과 남편의 상호작용 문제를 대치하는 것일 수 있다. 이러한 가족의 상호작용은 초점만 바뀔 뿐 가족문제 해결에는 도움이 안된다. 그러므로 전략적 가족상담은 가족에서 나타나는 은유를 이해하는 것을 중요하게 여긴다.

3. 상담목표와 과정

1) 상담목표

전략적 가족상담에서 증상은 가족의 문제를 은유적으로 표현하는 것으로 비록 바람직하지는 않으나 관련된 사람들이 시도한 해결책으로 본다(Madanes, 1981). 그러므로 전략적 가족상담의 목표는 가족관계에서 반복되는 연쇄과정의 상호작용적 은유를 변화시키고 가족의 힘을 조정하여 가족의 위계를 바로 세우는 데 있다.

예를 들어 부모는 '부모'라는 이유로 자녀보다 우월한 위치에 있으나, 부모의 어려움을 은유적으로 표현하는 자녀의 문제는 자신의 문제를 통해 부모를 보호한다는 차원에서 자녀가 부모보다 우월한 위치에 있게 된다. 따라서 상담자는 내담자가 제시한 문제를 가능한 한 구체적인 용어로 정의하되, 개인의 변화보다 먼저 가족체계의 변화에 초점을 두고 접근해야 한다. 이에 매더네스(1981)는 가족의 문제를 해결하려면 의사소통의 수준보다는 가족체계와 가족 내에 모순된 위계구조, 가족에서의 은유적 표현 그리고 현재 문제가 되고 있는 그 증상을 가족이 선택한 이유에 대해 관심가질 것을 권하였다.

그리고 헤일리(1976)는 상담자가 문제의 원인에 대해 가족과 논쟁하거나 가족의사소통을 교육시키려 하지 말고, 가족의 연쇄과정변화에 초점을 두어야 한다고 강조하였다. 그는 한 사람이 가족의 연쇄과정에 휩쓸리게 되면 자신의 감정을 표현하거나 과거를 탐색함으로써 변화가 일어나는 것이 아니라, 다른 사람들과의 상호작용행동방식의 변화를 통해 문제가 해결된다고 보았다. 그러므로 그는 전략적 가족상담의 목표를 가족의 연쇄과정의 변화로 보고 이를 위해 단계적 접근이 필요하다고 보았다.

한편, 전략적 가족상담에서는 내담자의 문제정의 시에 정신의학적이거나 심리학적 진단명을 되도록 사용하지 않는 것을 권장한다. 이러한 진단명이 개인이나 가족을 특정한 방식으로 성격을 지어서 오히려 문제를 견고하게 만들 수도 있기 때문이다. 전략적 가족상담자는 '우울증'과 같은 진단명보다 '게으름' 또는 '무책임함'과 같이 변화를 이끌어내기 쉬운 것으로 문제를 정의한다. 따라서 전략적 가족상담에서는 제시된 문제를 해결할 수 있는 방식으로 문제를 정의하고 이에 대한 구체적이고 개별적인 전략을 세워 접근할 것을 강조한다(Madanes, 1981).

2) 상담과정

헤일리(1976)는 상담과정으로 우선 현재의 문제를 유지시키는 연쇄과정을 정의하고, 상담의 목표를 구체화하며, 문제에 대한 새로운 생각으로 가족의 변화를 이끌어야 한다고 하였다. 특히 그는 가족의 변화를 이끌기 위해서 반드시 단계적 접근이 필요하다고 하였다. 부모 중 어머니가 아이와 지나치게 밀착되어 있는 경우, 가족은 부모가 서로 가까워지고 아이는 친구들과 친해지는 마지막 단계로 바로 들어갈 수 없다. 그러므로 문제를 해결하기 위해 상담은 우선 아이와 소원한 관계인 아버지와 아이의 관계를 보다 밀착시키기 위해 아이의 통제를 아버지에게 맡기고 어머니는 그들을 관찰하는 과제를 주어 아이와의 관계에서 어머니를 떨어뜨리는 것으로 시작하는 것을 단계적 접근의 예로 들 수 있다.

그리고 헤일리(1976)는 성공적인 상담을 위해 첫 상담회기의 중요성을 강조하며, 첫 회기에 되도록 문제를 가진 개인과 가족원이 모두 참석하기를 권하였다. 이는 상담자가 첫 회기가 아닌 다른 회기에서 문제와 관련된 다른 가족을 상담에 참여시키기가 현실적으로 어렵고 전체 가족을 통해 문제와 관련된 가족관계를 파악하기 위해서이다.

헤일리(1976)는 첫 회기의 과정을 다음과 같이 자세하게 설명하였다.

(1) 사회적 단계 the social stage

상담자와 상담실에 온 가족이 서로 인사를 하는 단계로, 특히 이 단계에서 상담자는 참석한 모든 가족이 참여할 수 있도록 해야 한다. 상담자는 자기소개를 간단히 하고 가족이 돌아가면서 자신의 이름 등을 이야기하게 하며 가족들이 편안할 수 있도록 돕는다. 상담자는 가족들이 상담실에 들어와 자리에 앉는 과정을 통해 중요한 가족의 정보를 얻을 수 있지만, 가족 역시 상담자가 자신을 보고 있음을 생각하고 평상시와 다르게 행동할 수 있으므로 상담자는 다른 가능성에 대한 고려를 잊지 않아야 한다. 이때 상담자가 자신이 관찰한 사실을 가족에게 알리게 되면 오히려 가족의 경계를 자극하여 상담의 방해가 될 수 있으므로 주의해야 한다.

(2) 문제 단계 the problem stage

이 단계는 본격적인 상담이 시작되는 단계로, 가족에게 문제가 무엇인지 질문한다. 상담자는 자신이 어느 정도 문제에 대해 알고 있지만, 가족의 생각을 듣고 싶다고 말함으로써 가족이 상담실에 온 이유를 이해하고 문제에 대한 자신의 입장을 말할 수 있도록 도와준다. 가족이 말하는 순서는 특별하게 정해진 것은 아니지만, 문제로 지목된 사람은 가족이 상담실에 오게 된 이유를 추궁하는 것처럼 보일 수 있으므로 마지막에 말하도록 한다. 이 단계에서 중요한 것은 문제를 구체적이고 해결 가능한 새로운 행동으로 보고 그것에 초점을 두는 것으로 그 방법은 다음과 같다.

① 문제 경청하기

상담자는 내담자가 문제를 다르게 보도록 어떠한 해석이나 비판을 하는 것이 아니라 내담자가 말하는 내용을 그대로 수용한다. 상담자는 사실과 의견에 대해서만 들으며 누가 어떻게 느끼는지에 대한 질문과 문제에 대한 조언은 삼가한다.

② 상담자의 관찰

상담자는 가족이 서로 어떻게 생각하는지, 문제에 대해 누가 책임감을 가지는지, 가족이 다른 사람의 이야기에 어떻게 반응하는지 등을 관찰하며 가족의 이야기를 듣는다.

③ 제시된 문제의 내용

상담자는 가족의 이야기를 수용하지만, 문제를 가족과 다른 시각으로 볼 수 있어야 한다. 상담자는 문제를 한 개인이 아닌 가족의 관계 안에서 생각할수록 가족의 변화를 이끌 가능성이 높아진다.

(3) 상호작용단계 the interaction stage

이 단계는 가족의 연쇄과정을 관찰하는 단계로, 상담자는 문제에 대한 가족들의 대화를 유도하며 가족상호작용을 관찰한다. 가족에게 문제상황을 재연하게 하여 가족의 문제에 대한 반응을 관찰할 수도 있으나, 이러한 접근은 상담자가 어느 정도 훈련되어 가족에게 효과적으로 지시할 수 있을 때 하는 것이 좋다.

(4) 원하는 변화 정의하기defining desired changes

가족이 상담을 통해 바라는 변화와 기대에 대해 탐색하는 단계로, 상담목표를 세우는 데 기초가 된다. 가족이 상담을 통해 원하는 변화에 대한 반응이 구체적으로 표현될 수 있게 한다.

(5) 면담 마무리ending the interview

이 단계는 상담목표를 세우고 마무리하는 단계로, 상담자는 가족의 구조에 대해 윤곽을 잡고 문제의 특성과 상담목표에 대한 가족과의 합의를 찾는다. 필요한 경우에 상담자는 가족에게 단순한 과제를 제시할 수 있는데, 과제는 가족에게 다음회기까지 상담자와의 관계를 유지하는 효과가 있다.

(6) 상담자 평가evaluating the therapist

상담자는 녹음이나 녹화 등을 통해 첫 회기를 다음과 같이 평가한다. 가족들이 상담에 대해 당황하지 않도록 면접상황의 기초를 마련했는지, 상담이 계속 진행되도록 가족을 잘 이끌었는지, 가족이 자신의 문제를 충분히 이야기할 수 있도록 도와주었는지, 가족에게 반영에서 직면까지 폭넓은 태도를 보여주었는지, 가족간에 의견이 다를 때 어느 한쪽 편을 들지는 않았는지, 가족이 의견 차이를 말하거나 진정할 수 있도록 적절하게 개입하였는지, 가족에게 변화에 대한 동기부여를 충분히 하였는지, 가족에게 긍정적인 접근을 하였는지, 상담자가 가족에게 도움이 될 수 있다는 믿음을 주었는지 등을 수퍼바이저supervisor와 함께 평가해 볼 수 있다.

4. 상담자 역할과 기법

1) 상담자 역할

헤일리(1976)는 가족에서의 위계가 상담자와의 관계에서도 나타날 수 있다고 하였다. 그는 상담이 성공적으로 이루어지기 위해서 상담자와 내담자의 관계도 변해야 한다고 보았다. 상담은 내담자가 상담자의 도움을 받아 상담자의 도움이 필요 없는 정도가 되는 것이다. 상담자가 내담자를 많이 도와줄수록 내담자는 도움이 많이 필요한 사람이 되므로 헤일리는 상담의 목표를 내담자도 상담자와 마찬가지로 도움이 필요하지 않는 동등한 위치의 관계가 되는 것이 좋다고 하였다. 그는 부모자녀의 위계가 시간이 흐르면서 자연스럽게 자녀가 부모를 돌보는 구조로 바뀌는 것처럼 상담과정에도 위계구조가 변할 수 있도록 상담자가 개입해야 한다고 보았다.

상담자가 상담하면서 지켜야 할 내용을 헤일리(1976)는 다음과 같이 제시하였다. 우선, 상담자는 문제를 축소해서는 안되는데, 이것은 어떤 문제가 사소해보여도 그 이면에 더 중대한 문제가 있을 수 있기 때문이다. 둘째, 상담은 추상적이고 모호한 것보다는 특수한 행동으로 초점을 맞추어야 한다. 부부간에 애정이 줄었다는 것보다는 퇴근했을 때 기대하는 부인의 태도에 대해 말하도록 하는 것이 그 예이다. 셋째, 내담자에게 동기를 부여하기 위한 의도나, 과거에 사용한 문제해결방법에 대해 알아보는 것 이외에 과거에 대한 탐색은 하지 않는다. 과거보다는 현재의 상황에 초점을 맞추고 가족의 위계를 변화시키는 데 초점을 두어야 한다. 넷째, 만약 젊은 상담자라면 모든 것을 다 알고 있는 것처럼 보이려고 하기보다는 내담자의 경험을 존중해주며 본인은 제삼자로서 문제에 대한 객관적인 관점을 제공해 줄 수 있다는 태도를 가지는 것이 좋다. 다섯째, 상담자는 가족이 극단적인 의사표현을 하기보다 변화와 협상이 가능한 표현을 하도록 이끌어준다. 이 외에도 헤일리는 권력투쟁에 관심을 가졌지만 연구목적에서 가족문제를 권력투쟁으로 명료화할 수 있어도, 상담에서는 권력투쟁보다 가족의 행동과 관련된 구체적인 문제로 명료화할 것을 권하였다.

매더네스(1981)는 상담자가 가족의 문제를 해결하기 위한 전략을 세우는데 고려해야 되는 사항들을 다음과 같이 정리하였다. 상담에 대한 가설을 세우기 위해서 상담자는 가족이 호소하는 문제가 언제, 어디서, 누구와 함께 있을 때 발생하며, 이때 가족은 무엇을 하고 있는지, 그 문제로 인해 누가 힘들어하는지, 아니면 문제로 인해 도움이나 보호를 받고 있는 사람은 누구이며 그 사람은 무엇으로부터 보호를 받고 있는지 등을 알아본다. 이러한 고려는 상담자가 가족의 은유를 이해하고 문제를 둘러싼 가족의 상호작용과 위계구조를 파악하여 가족이 수행할 전략을 보다 쉽게 세우는 데 도움이 된다.

2) 상담기법

(1) 지시 주기giving directives

전략적 가족상담에서 지시의 목적은 가족이 과거와 다른 행동을 통해 이전과는 다른 주관적 경험을 할 수 있도록 하기 위한 것이며 가족과 상담자의 관계를 강화시키기 위해서도 사용된다. 상담자는 지시를 선택하는 과정과 지시에 대한 가족의 반응으로 문제에 대한 보다 많은 정보를 얻을 수 있다.

지시에는 가족이 상담자가 지시한 대로 따르길 기대하며 하는 지시가 있다(Haley, 1976). 가족이 심각한 문제를 가지고 있을수록 가족이 상담자의 지시를 따르기는 어렵다. 그러므로 지시로 가족의 행동을 변화시키거나 중단시키기 위해서 상담자는 전문가로서의 권위를 가지고 가족이 지시에 따르도록 동기부여와 명확한 지시를 하는 것이 필요하다. 그리고 지시를 할 때는 가족 모두에게 역할을 부여하는데, 가족이 하나의 체계라는 것을 강조하고 가족위계구조에 혼란이 생기지 않도록 하기 위한 것이다. 상담자는 가족에게 내린 지시를 확인하는 과정에서 지시를 수행할 때 발생할 수 있는 문제점이나 어려운 점에 대한 대비를 함께 마련하여 가족이 지시를 회피하지 않도록 돕는다. 상담자는 가족에게 지시주기를 하면 반드시 그 결과에 대해 확인 작업을 해야 한다. 상담자가 지시에 대한 확인 작업을 하지 않게 되면, 상담자 스스로 본인의 지시에 대한 가치를 떨어뜨려 가족이 상담자의 지시를 더욱 따르지 않게 된다.

가족이 상담자가 지시한 내용을 그대로 따르기를 기대하며 지시를 주기 위한 과제를 검토하는 것과 가족이 상담자가 지시한 내용을 따르지 않기를 바라면서 지시하는 역설적 과제 그리고 과제를 수행하며 가족에게 바람직한 영향을 주는 은유적 과제로 지시주기를 나눌 수 있는데 다음과 같다.

① 과제 검토하기reviewing of task

상담자가 가족에게 과제를 주는 것은 쉽기 않기 때문에 많은 연습과 경험이 필요하다. 과제를 검토할 때 참고가 되는 몇 가지 지침사항은 다음과 같다(Haley, 1976).

과제는 간단하고 가족이 수행가능하게 제시되어야 한다. 가장 좋은 과제는 가족이 제시한 문제를 이용하여 가족의 구조적 변화를 이끌어내는 것이다. 어머니와 밀착된 아이가 개를 무서워하는 경우, 아버지와 아이가 함께 아이가 좋아하는 강아지를 선택하도록 하면서 가족구조에 변화를 이끄는 것을 예로 들 수 있다.

과제는 가족이 제시한 문제와 가족연쇄과정의 두 가지 측면에서 변화를 이끌 수 있는 것으로 제시한다. 예를 들어 가족이 제시한 문제가 아이의 등교거부인 경우, 상담자는 가족의 연쇄과정 행동을 살펴본다. 아이가 학교가기를 거부하면 아버지가 아이를 혼내고, 그 결과 아이가 불안이나 구토증세를 보이면 어머니는 아버지가 너무 심하다고 비난하여 아버지가 주춤하게 되고, 이에 다시 아이의 학교등교거부가 심각해지면 또 아버지가 개입되는 연쇄과정이 반복된다고 하자. 이러한 경우 상담자는 부모가 아이를 학교에 보내기 위해 시도했으나 실패한 방법들을 모두 찾고 그들이 실패한 이유를 찾는다. 단, 이때 상담자는 아이문제가 은유하고 있는 내용을 가족에게 이야기하지 않는 것이 좋다, 왜냐하면 이때는 아이가 학교에 가는데 부모가 합심할 수 있도록 하는 것이 중요하기 때문이다. 이 문제에서 상담목표는 아이를 학교에 가게 하는 것과 아이의 등교거부로 생기는 부부관계갈등을 없애는 것이다. 상담자는 가족의 연쇄과정에 세대를 구분하고 부부와 아이체계를 변화시키며 부부갈등에서 부모기능의 역할을 분화시켜 부부가 합심하여 아이를 지도할 수 있도록 도와준다.

과제를 제시할 때는 가족내 의사소통의 은유적 측면을 살펴본다. 예를 들어 내과의사로부터 신체적 질환이 없다는 진단을 받았으나, 본인은 심장기능의 이상으로 죽을까봐 두려워하는 남편의 경우에 상담자는 남편의 심장에 대한 걱정을 인정하면서 가족을 함께 고려한다. 에릭슨에 의해 발전된 이 방법은 부부간의 신뢰관계를 수립하고 남편이 은유를 포기할 수 있도록 도와준다. 즉, 부인은 남편이 심장마비로 죽을 것 같다는 호소를 할 때, 응급차를 부르거나 적합한 의학적 도움을 요청하며 동시에 장례식에 대한 정보를 알아보는 반응을 보이도록 지시한다. 이러한 부인의 반응은 남편이 신체적인 증상으로 표현하던 은유를 포기하고 보다 직선적인 의사소통을 하도록 유도하게 된다.

② **역설적 과제** paradoxical task

가족이 상담자의 지시를 따르지 않기를 기대하며, 상담자는 가족의 저항을 활용하여 문제행동을 가족이 하도록 지시하는 역설적 과제를 제시한다. 이러한 역설적 과제는 가족들이 상담자에게 도움을 요청하면서도 한편으로 상담자의 도움에 저항할 수도 있다는 생각에 근거한 것이다. 이러한 가족의 저항은 상담자의 노력을 망치게 하고 상담자가 가족을 변화시키기 위해 노력할수록 가족의 저항이 커져 결국 상담자와 가족 모두 좌절하게 된다. 특히 가족이 문제상황에서 어느 정도 안정된 상태일 때 더욱 상담자의 변화에 대한 요구에 저항하게 된다. 이렇게 가족이 저항을 할 때, 전략적 가족상담은 가족의 저항을 오히려 상담에 활용하여 가족의 변화를 이끌어 내는 방법인 역설적 과제를 고안했다.

역설적 과제를 주는 과정은 다음과 같다. 우선 상담자는 다른 지시주기와 마찬가지로 변화되어야 할 관계를 정의해야 한다. 그리고 가족의 문제를 명확하게 정의하고 목표를 분명하게 세우며 역설적 과제가 타당하게 인정 될 수 있는 논리를 제공하는 계획을 세운다. 상담자는 현재 문제에 권위를 가진 가족원(보통 부모나 배우자)에게 그의 행동이 올바르지 않았다고 말하며 역설적 과제를 준다. 역설적 과제는 문제를 강화시키거나 재발에 대한 대처가 아닌 체계적으로 실시한다. 특히 상담자에 대한 저항으로 가족에게 변화가 발생할 때, 상담자가 자신의 진정한 의도를 설명하지 않도록 주의한다. 상담자의 의도에 대한 설명이 오히려 가족의 재발을 유도할 수 있기 때문이다. 그러므로 상담자는 가족의 변화가 일어난 이유를 모르겠다는 태도를 보이는 것이 좋다. 이를 통해 가족은 자신들에게 생긴 변화가 상담자의 조작적인 방법에 의한 것이 아니라 가족 내에서 자발적으로 변한 것으로 생각하게 되어 변화를 유지하게 된다.

③ 은유적 과제metaphoric tasks · the use of analogies

관계에서의 은유는 의사소통뿐만 아니라 행동에서도 나타난다. 가족이 참석한 자리에서 상담자의 아이를 다루는 태도는 부모가 아이를 다루는 방법에 영향을 줄 수 있다. 상담자가 부모에게 직접적인 지시를 하지 않고도 상담자의 태도를 통해 부모는 상황을 악화시키지 않고도 아이를 적절하게 다루는 방법을 알게 된다.

이외에도 가족의 문제를 은유적 과제를 통해 해결할 수도 있다. 예를 들어 성문제가 있는 부부의 경우에 상담자는 성문제를 직접적으로 다루지 않고도 이들 부부의 성문제를 다룰 수 있다. 상담자는 식사하는 모습을 통해 부부의 성문제를 다뤄줄 수 있다. 상담자는 부인이 만찬을 들기 전에 전채요리를 먹으며 천천히 식사하기를 바라는데 남편은 바로 주식인 고기요리를 먹고 싶어 하는 것 같다고 하거나, 부인은 남편을 위해 준비한 요리에 대해 칭찬을 바라지만 남편이 그러한 노력을 전혀 알아주지 않는 점 등을 사용하여 부부의 문제를 비유할 수 있다. 단, 이때 상담자는 부부가 상담자의 비유를 성적인 부분과 의식적으로 연결하지 않도록 주의해야 한다.

왜냐하면 은유적 과제는 가족이 문제에 대한 부담 없이 과제를 실천한 결과가 자연스럽게 문제와 연결되기를 바라기 때문이다. 그러므로 앞의 성문제를 가진 부부의 경우에도, 성에 대한 부담 없이 부부가 식사하는 과제에 충실하다가 형성된 즐거운 분위기가 부부의 성관계까지 자연스럽게 연결되어 문제가 해결되도록 하는 것이다. 따라서 은유적 과제는 가족이 해결해야 되는 문제와 비슷하지만 실행하기 쉬운 행동을 선택하여 가족이 수행하게 함으로써 가족이 은유적 과제를 수행하면서 일어나는 행동방식의 변화를 통해 실제 해결해야 되는 행동의 변화를 이끌어 내는 것이다.

(2) 가장기법pretend techniques

가장기법은 가족의 문제행동을 상담자가 하도록 지시한다는 측면에서 역설적 과제로 볼 수 있다. 역설적 과제의 경우에 가족이 상담자의 지시에 반발하는 것을 활용하는 기법이나, 이러한 개입을 불편해 하는 상담자들이 있다. 가장기법은 바로 이러한 상담자가 가지는 불편함을 줄여주는 기법으로, 가족에게 문제상황을 지시할 때 그 문제상황인 척 하거나 괴로운 척 하도록 지시함으로써 상담자와 가족 간의 대립을 중화시켜주게 된다.

가장이라는 이유로 가족들에게 장난스러운 기분을 주지만, 가장기법은 결코 단순한 기법이 아니다. 이러한 가장기법을 실행하면서 상담자와 가족은 새로운 행동이나 대안을 이끌어 낼 수 있다.

예를 들어 아이가 어머니를 자신의 문제를 통해 보호하던 경우에 상담자가 어머니에게 아이의 도움이 필요한 척 하게 하고 아이는 어머니를 돕게 한다. 이러한 방법은 아이가 어머니를 보호하기 위해 더 이상 문제상황을 이용하지 않고도 어머니를 도울 수 있게 된다. 이렇게 아이가 어머니를 도와주는 우월한 위치는 가장이라는 재미있는 틀 안에서 일어나는 것으로, 현실이 아닌 연극의 측면에서 존재하는 위계구조이므로 현실의 위계구조의 모순은 해결된다.

(3) 시련ordeals 처방

헤일리(1984)가 에릭슨의 방법을 활용한 기법으로 내담자가 가진 문제보다 더 괴로운 것을 내담자에게 지시함으로써 내담자가 문제를 포기하도록 유도하는 것이다.

예를 들어 불면증을 호소하는 사람에게 잠이 오지 않을 때마다 일어나서 주방 바닥을 청소하게 한다든지, 옷장에 옷을 모두 꺼내 정리하도록 하게 하는 것이다.

이러한 기법을 줄 때 상담자는 내담자의 상황에 맞추어 타당한 과제를 주는 것이 중요하다. 위의 불면증 사례는 내담자가 밤에 잠을 자지 못하면서 자신의 생활이 엉망이 되었다는 호소에 근거하여 집안 청소나 정리정돈하는 것을 지시함으로써 자신의 생활개선과 문제해결이라는 두 가지 측면을 고려한 지시인 것이다.

5. 전략적 가족상담 적용 사례: 당신이 문제야!

1) 내담자 기초 정보

남편은 50세로 중소기업에 다니며 장남으로, 가부장적 사고가 강하며 학력은 대졸이다. 부인은 45세로 시간제 아르바이트를 하고 있으며 막내딸로, 자기중심적인 성향이 강하고 학력은 전문대졸이다. 이들 부부는 결혼한 지 8년이 되었고 초등학교 1학년인 딸이 하나 있다.

2) 내담자 주 호소 문제

부인은 남편이 한 달 생활비로 10만원만 주면서 가계부와 영수증을 검사하는데 도저히 이해할 수 없고, 아이가 초등학생이 되었으니 학원도 보내야 되는데 아이 공부도 봐주지 않으면서 집에서 하면 된다는 등 돈에 대한 남편의 태도를 이해할 수 없다고 하였다. 이에 남편은 본인이 생활비를 적게 주는 것은 인정하지만, 부인의 노력이 부족하다며 부인을 이해하지 못하고 있었다. 이들 부부는 서로 자신의 생각과 주장이 강하고 상대에 대해 비난과 책임을 떠넘기고 있어 부부간 의사소통이 전혀 이루어지지 않고 있었다.

3) 내담자 가족배경

남편의 여동생과 친구였던 부인은 서로 호감이 있었던 것은 아니나 두 사람 모두 늦도록 결혼을 못하고 있자 동생의 제안으로 결혼하게 되었다. 남편은 부모님과 함께 살고 싶어 하였으나, 아버님의 반대로 따로 살고 있다. 남편은 자신의 경제력을 키우기보다는 안 쓰면 돈이 모인다고 생각하며 건물을 가지고 계신 아버지의 재산을 물려받고 싶은 욕구가 강하다. 부인은 친정에서 막내였으나, 아버님이 일찍 돌아가셔 어려서부터 직장생활을 했다. 결혼해서 남편이 돈을 벌 생각을 하지 않고 의존적인 것을 보고 자신이 직장생활을 계속하면 남편이 일을 전혀 하지 않을 것 같아 임신과 동시에 퇴직하였다. 처음부터 남편은 생활비를 거의 주지 않았는데 그동안은 부인이 모아둔 비상금으로 생활하여 괜찮았지만, 4년 전부터 자신의 통장 잔고가 바닥이 나면서 갑자기 억울한 생각 등이 밀려오며 남편과 자주 다투게 되었다.

4) 상담과정

본 상담은 총 6회기로 부부가 함께한 상담회기는 각 1시간 30분씩 진행되었고 부인과 남편 각각 혼자 참석한 2~3회기는 1시간씩 진행되었다.

(1) 회기별 상담내용과 변화 과정

1회기(라포형성 및 문제탐색)
부부를 만나 서로가 생각하는 문제에 대해 알아보고 상담을 통해 기대하는 부분에 대한 탐색과 상담목표를 정하고자 하였으나, 그동안 쌓였던 분노와 상처로 자기 주장을 내세우고 상대의 얘기가 거짓이라며 흥분하여 다음 회기는 부부 각자 이야기할 시간을 갖기로 하고 회기를 마쳤다.

2회기~3회기(쌓인 감정 풀어내기)
남편은 2회기에, 부인은 3회기에 부부를 따로 만나 결혼생활에서 자신이 받은 분노와 상처에 대한 수용을 통해 감정적 이완을 도운 후, 본인이 생각하는 문제를 해결하기 위해 어떠한 노력을 하였는지 그 이전에 했던 해결책에 대해 알아보고 상담을 통해 기대하는 부분에 대한 탐색을 하였다.

4회기(목표설정 및 실천과제 부여)
부부를 함께 만나 부부의 문제를 정의하고 지금까지 시도된 해결책을 파악하였다. 4회기이지만 1회기와 같은 상담이기에 헤일리의 1회기 상담구조로 보면 다음과 같다.

- 사회적 단계　부부와 인사를 나누며 부부가 상담실에 들어와 앉는 위치와 자세를

관찰하였다. 부부는 서로 의자를 끌어 멀리 떨어져 앉으려 하고 약간 자세를 돌려 서로 시선이 마주치지 않으려 했다.

○ 문제 단계 이 부부의 경우는 남편의 협조가 더 필요한 것으로 사료되었기에 먼저 남편에게 상담을 통해 원하는 변화는 무엇인지를 묻고 부인의 이야기를 들었다. 지난 2~3회기에서 부부 각각 상대에 대한 분노를 어느 정도 풀어서인지 지난 1회기와 같이 상대의 말을 끊고 끼어드는 횟수도 많이 줄었으며 상담자의 제지로 멈출 수 있었다.

- **문제 경청하기**: 남편은 아내의 퇴직금이 꽤 되었을 텐데 4년도 되지 않아 다 썼다는 걸 보니 절약할 줄 모르는 사람이라고 생각해서 계속 가계부와 영수증을 검사하고 있었다. 아내는 늦게 결혼하여 아이를 낳았으므로 좋은 것만 해주고 싶었으나, 남편이 돈을 제대로 안 줘서 아이를 예쁘게 키우지 못한다며 많이 아쉬워했다. 그리고 남편이 생활비도 적게 주면서 가계부와 영수증을 검사할 때는 정이 다 떨어지고 자신을 못 믿는 것 같아 기분이 나쁜 상태였다. 남편은 화나면 말을 안 하여 한 달 동안 말을 안 한 적도 있고 아내는 화가 나면 막 큰소리로 욕을 하였다.
- **상담자의 관찰**: 부부 각자는 문제에 대해 말할 때보다 냉정하게 이야기하려는 경향을 보였으나 서로 상대를 문제의 원인으로 보고 있었다. 부부는 상대의 이야기에 입꼬리를 내리며 못마땅한 표정을 짓다가 도저히 못 참겠다는 식으로 끼어들기를 몇 차례 시도하였으나 상담자의 개입을 받아들여 끼어들기를 멈추었다.
- **제시된 문제의 내용**: 이들 부부는 경제적인 문제와 서로에 대한 불신 그리고 부부간에 긍정적인 경험 없이 서로 자기 주장만 하였기에 갈등이 점점 깊어져 현재는 서로 냉담한 상태로 사료된다.

○ 상호작용단계 경제적인 의견차이에 대해 서로 이야기를 해보도록 하자, 이들 부부는 서로 기다렸다는 듯이 상대를 비난하며 상대의 말에 대한 꼬투리 잡기에 급급하였다.

○ 원하는 변화 정의하기 부부가 시도한 해결책으로 남편은 되도록 부딪치지 않기 위해 말을 안 하고 방을 따로 쓴다고 하였다. 아내는 남편이 말을 안 하니까 큰소리로 싸움을 걸게 되고 남편과 사이가 안 좋으니까 시댁일에 무심하게 되었다. 그리고 남편이 말을 안 하니까 도대체 무슨 생각을 하는지 알 수 없고 이제는 아내도 지쳐서 남편에게 말을 안 하게 되었다.

원하는 변화로는 남편은 부인이 돈을 아껴 쓰면 좋겠고 욕을 안했으면 좋겠다고 하였다. 아내는 어차피 카드를 쓰니까 영수증 검사는 안했으면 좋겠으며 대화 좀 했으면 좋겠다고 하였다.

○ 면담 마무리 이러한 부부 면담을 통해, 남편과 아내 모두 상담에서 경제적인 부분을 다루는 데 합의하였다. 이들 부부의 의견을 반영하여 남편에게는 아내가 돈을 아낄 줄 모른다고 하니 아내와 같이 재래시장에 가서 장을 보면서 부인에게 돈을 아낄 수 있는 방법을 가르쳐주라고 하였다. 아내는 필요한 물건이 있으면 남편과 함께 시장에 가서 구입하여 물가에 대한 현실적인 부분을 남편이 느낄 수 있게 하자고 하였다. 남편은 아내가 필요하다고 말하는 물건은 무조건 사주기로 하고 대신 아내는 물건을 고르고 값을 흥정하는 것은 남편에게 일임하기로 조건을 달았다.

○ 상담자 평가 이번 회기에서 상담자는 혼란스러운 부부관계를 잘 이끌어 상담이 계속 진행되도록 하였고, 부부관계에서 중립을 잘 지켜 자신의 문제를 충분히 이야기하도록 하였으며 부부와 적절한 관계를 유지하였다. 부부는 상담을 통해 변화가 생길 수 있을지에 대해 반신반의 하는 태도를 보였으나, 과제수행에 대한 동기부여는 충분했던 것으로 사료된다.

5회기(과제점검 및 평가)

부부가 시장에 함께 가서 장을 보았는지를 점검하였다. 이들은 상담실에 오기 전에 시장에 한번 갔었다고 보고하였다. 그동안 부부갈등으로 함께 공유한 시간이 거의 없었던 부부는 시장에 가서 함께 물건을 사는 것이 신선하게 느껴졌다고 하였다. 부인은 남편이 자신이 말한 물건을 사주는 경험을 통해 자신이 어린아이가 된 것 같은 기분이 들어 좋았다고 하였다. 남편은 부인이 편한 것만 좋아하는 줄 알았는데, 시장에서 사온 물건을 다듬어서 음식을 만드는 것을 보니까 기분이 좋았다고 하였다. 이들 부부에게 이렇게 과제를 성공적으로 수행해온 것에 대해 칭찬하고 남편이 참 가정적인 사람이라는 것과 부인이 남편의 뜻을 따르는 현모양처인 면이 있음을 알게 되었다며 긍정적 의미부여를 해주었다. 하지만, 부인은 남편이 시간날 때까지 참기가 어려우며 남편은 부인이 시도 때도 없이 필요한 물건이 있다는 말에 화가 난다고 하였다. 따라서 이번에는 남편이 시장에 갈 수 있는 날과 시간을 먼저 이야기해주면 부인은 그날까지 필요한 물건을 정리하였다가 같이 시장에 가기로 하였다. 다음 회기는 시장을 두 번 정도 갈 수 있도록 3주 뒤에 보기로 하였다. 단, 그동안 부부갈등이 심했으므로 이렇게 너무 빠르게 변하면 부부가 준비가 안되어 부부 적응이 어려울 수 있다고 경고하고 천천히 좋아질 것을 요구하였다.

6회기(마무리)
상담실에 들어온 부부의 표정은 밝아져 있었다. 같이 장보기를 하며 부부가 서로에 대해 친밀감을 느끼게 되었다고 보고하였다. 남편은 본인이 막상 시장에 가서 물건을 사보고 나니 부인이 얼마나 힘들게 생활했는지를 알게 되었다고 하였다. 이러한 남편의 말에 아내는 눈물을 글썽거리며 내 마음을 알아주는 것 같아 고맙다고 하였다. 그리고 아내는 남편과 함께 시장을 보니까 데이트하는 기분이고 생활비 문제로 싸울 일이 없어져서 좋다고 하였다. 남편은 이제 상담을 그만두어도 될 것 같은데 다시 싸우게 될까봐 두려워 하였다. 이에 상담자는 이렇게 빨리 좋아지기 어려운데 잘 해내셨다고 칭찬해주고, 이런 경우에는 반드시 상황이 악화되는 일이 생길 것이며 이러한 재발은 부부가 가진 문제의 본질을 더 잘 이해할 수 있도록 도우므로 바람직한 일이라는 것과 가능하다면 차라리 재발을 이끌어낼 수 있으면 좋겠다고 말해 주었다. 이들 부부에게 변화를 너무 서두르지 말도록 다시 지시하고 3개월 뒤에 전화로 추후조사를 하기로 하고 종결하였다.

6) 상담결과

3개월 후 부인에게 전화를 해 본 결과, 가끔 다투기는 하지만 예전처럼 심하게 싸우지는 않으며 남편이 말을 안 하는 것과 자신이 욕하는 것이 확 줄었다고 하였다. 지금은 한 달에 2번 정도 함께 시장에 같이 가고 있고 다른 장보기는 부인 혼자 남편에게 돈을 타서 보지만 되도록 남편과 함께 시장을 가려고 필요한 물건을 계획하게 된다고 하였다.

이 부부는 경제적인 문제와 서로에 대한 불신 그리고 부부간에 긍정적인 경험 없이 서로 자기 주장만 하였다가 시장을 함께 보는 과제주기를 통해 서로의 입장을 이해하게 되고 함께 하는 활동으로 긍정적 경험을 하며 조금씩 마음의 문이 열리면서 서로에 대한 신뢰를 쌓을 수 있었다. 6회기에서 부부에게 상황이 악화되는 일이 발생할 수 있다고 이야기한 것은 이를 통해 부부가 '자발적으로 되기'라는 역설의 틀 안에서 재발이 실제로 일어나게 된다면 재발을 이끌어 낼 수 있을 만큼 통제력을 가지고 있다는 증거로 재구조화할 수 있고 재발이 안 일어난다면 부부의 문제가 해소된 것을 보여준다고 설명하여 부부를 돕기 위한 것이었다. 이들 부부는 첫 회기에 서로 대화가 안될 만큼 상처와 갈등이 심각하였지만, 전략적 가족상담을 통해 드라마틱한 변화를 이끌 수 있었다.

헤일리의 전략적 가족치료에서 중요하게 여기는 첫 회기가 사실상 4회기에 이루어지게 되었다. 물론 전략적 가족상담에서는 본 사례처럼 부인과 남편을 따로 만나는 회기를 갖지 않으나, 현실적으로는 갈등의 골이 깊은 이들 부부의 경우와 같이 상황에 따라서 내담자의 상처와 분노를 어느 정도 해소해주고 접근하는 것이 필요하다고 사료된다.

용어설명

- **힘**power : 헤일리의 전략적 가족상담은 가족관계 또는 상담자와 내담자 사이에서 나타나는 힘에 대한 관심에서 출발한다. 여기에서 힘은 다른 사람에 대한 위협과 같은 부정적인 면뿐만 아니라 다른 사람에 대한 지도와 돌봄과 같은 긍정적인 면도 포함된다.
- **연쇄 과정**sequences : 한 조직은 그 조직에 있는 사람들의 반복적인 연쇄적 행동으로 구성되며 이러한 연쇄과정을 관찰하면 그 조직의 위계구조를 볼 수 있다. 이러한 연쇄과정은 순환적으로 반복되기 때문에 일련의 단계로 이루어지며 헤일리(1976)는 가족의 문제를 해결하기 위해서는 억압된 감정의 표출이나 과거에 대한 탐색이 아닌, 연쇄과정을 변화시켜야 된다고 보았다.
- **위계**hierarchy : 한 조직의 위계는 구성원 간의 반복적으로 지속되는 연쇄과정에 의해 결정된다. 가족의 위계는 한 가족원이 다른 가족원을 지배하거나 책임지는 것 외에도 다른 가족원을 도와주고 돌보는 것 등을 통해 가족들은 모두 힘과 책임의 영역을 나누며 위계를 가진다.
- **은유**metaphor : 은유는 사람들의 의사소통에서 의사소통의 표면에 나타난 의미와 동시에 맥락적 의미에서 다른 제2의 의미를 가지는 것으로 어떠한 요청이나 명령이 포함되는 경우가 많다.
- **지시 주기**giving directives : 전략적 가족상담에서 지시는 가족이 과거와 다른 행동을 통해 이전과는 다른 주관적 경험을 하고 가족과 상담자와의 관계를 강화시키기 위해서 사용된다. 지시 주기는 가족이 상담자가 지시한 내용을 그대로 따르기를 기대하며 지시를 주기 위한 과제 검토하기와 가족이 상담자가 지시한 내용을 따르지 않기를 바라면서 지시하는 역설적 과제 그리고 과제를 수행하며 가족에게 바람직한 영향을 주는 은유적 과제로 나누어진다.
- **가장기법**pretend techniques : 가장기법은 가족의 문제행동을 상담자가 하도록 지시한다는 측면에서 역설적 과제로 볼 수 있으나, 가장기법은 가족에게 문제상황을 지시할 때 그 문제상황인 척하거나 괴로운 척하도록 지시함으로써 상담자와 가족 간의 대립을 중화시켜 주게 된다. 이러한 가장기법을 실행하면서 상담자와 가족은 새로운 행동이나 대안을 이끌어낼 수 있다.

활용자료

1. 자신의 가족에서 일어나는 연쇄과정 살펴보기

① 가족에서 반복적으로 일어나는 불편한 상황을 떠올려본다.

② 그 상황에서 일어나는 연쇄과정을 정리해본다(6단계는 고정된 것이 아님).

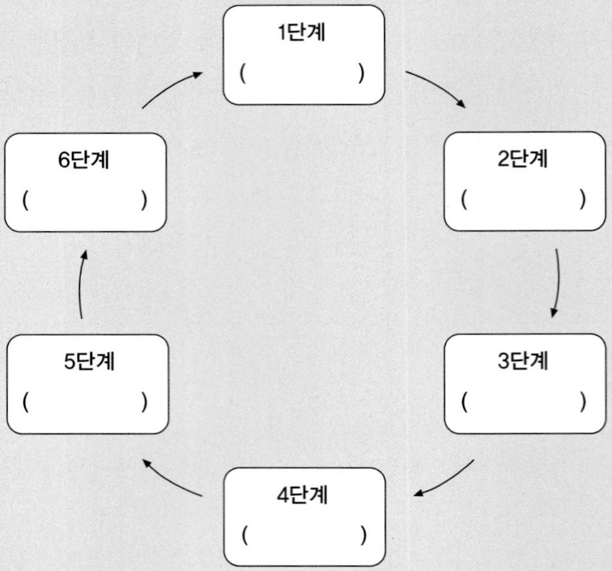

③ 이 연쇄과정을 변화시키기 위해 개입방법을 모색하고 적용한다.

④ 결과는 어떠하였는가?(만약 변화가 없다면 다른 개입방법을 모색하고 적용하기)

CHAPTER

07 해결중심 가족상담

●●● 아내 김중심씨는 "남편이 항상 술 마시고 늦게 들어오고 안 들어올 때도 있고, 아빠로서 전혀 모범적이지 않은 모습만 보여주고 있어요. 아들은 같은 남자로서 아빠를 보고 배운다는데……. 저는 직장에서 돌아와서도 아이들(11세, 7세)의 숙제를 봐 주고, 집안일 하느라 지쳐 있는데, 남편은 전혀 도움도 안 되고, 시키는 일만 짜증내면서 겨우 해주고, 가끔 애들하고 게임하면서 시시덕거리는 게 싫어요."하며 술, 늦은 귀가, 아빠 역할에 대한 불만을 털어놓았다.

남편 이해결씨는 "직장생활을 하다보면 본의 아니게 술을 많이 마실 때가 있는데, 그것을 전혀 이해 못하는 집사람이 야속하고, 아이들 앞인데도 자꾸 이것저것 시키고 소리치는 것이 못마땅해요. 집사람은 저를 항상 무시해요. 그리고 애들하고 같이 게임하는 것은 아들과 약속인데도 아내는 이것을 이상하게 보는 게 이해가 안되요."라며 억울한 마음을 토로하였다.

해결중심상담은 사람에 대한 믿음과 존중을 전제하며 접근하는 상담이다. 즉 병리적인 것에 초점을 두지 않고 삶 속에서 조금이라도 잘 해온 것을 발견하게 되면 자신이 능력 있는 사람이라는 것을 알게 되고 이를 활용하여 해결책을 도모할 수 있다고 믿으며 접근한다. 내담자의 문제 원인을 규명하기보다는 강점관점에서 내담자를 바라보며 그가 가진 자원(강점, 성공경험, 예외상황)을 활용한 문제해결에 중점을 둔다. 상담자는 내담자가 원하는 것과 지금까지 잘해온 것에 집중해서 이야기하며, 유용한 질문들을 활용하고, 내담자에게 칭찬과 과제 중심의 메시지를 전달한다. 이 장에서는 해결중심상담의 발달과정, 주요 개념, 중심가치와 철학, 상담목표, 상담자 역할 및 기법, 적용사례에 대해 서술하기로 한다.

1. 발달 배경

김인수(1923~2007)
www.sfbta.org

해결중심상담은 김인수와 쉐이저Steve de Shazer에 의해 개발되었고 1978년 미국 위스콘신주 밀워키에 단기가족치료센터Brief Family Therapy Center를 설립하면서 시작되었다. 1982년 문제중심에서 해결중심으로 상담의 초점을 전환하면서 해결중심단기치료solution-focused brief therapy가 생성되었다.

단기가족치료센터에서 쉐이저, 김인수 등의 상담자들은 전통적 치료 접근과 달리 효과적이고도 효율적인 방법을 찾고자 하였다. 즉 문제를 호소하며 상담자에게 오는 내담자를 만족시키면서도 문제의 해결책을 단기에 모색하는 방법을 찾는 데 심혈을 기울였다. 그들은 학계에 있는 연구자들이 아니라 임상 현장에서 일하는 실천가 집단이었기 때문에 문제를 해결하는 데 무엇이 효과가 있을지에 대해 상담현장에서 실험해보기 시작했다(김윤주 외 역, 2011).

해결중심상담은 귀납적으로 발전되었다. 즉 어느 특정한 이론으로부터 시작한 것이 아니며, 단순히 무엇이 효과가 있었고 무엇이 효과가 없었는지를 다양한 상담현장에서의 구체적 사례를 통해 확인하였다. 결국에는 성공적인 사례를 모아서 해결중심상담으로 발전하게 되었다.

해결중심상담 형성에 영향을 미친 배경은 에릭슨Milton Hyland Erickson, MRI단기치료모델, 사회구성주의적 관점이며, 현재 우리나라에서는 한국단기가족치료연구소와 솔루션센터를 통해 발전하고 있다.

1) 에릭슨Milton Hyland Erickson

에릭슨(1901~1980)은 자신이 병상에 있을 때 개발해낸 방법을 내담자 변화에 적용하였다. 즉 그는 열 일곱 살 무렵에 전신이 마비된 상황에서 움직이기를 간절하고 강하게 소망하면 아주 미세하나마 근육을 움직이게 한다는 것을 알아챘다. 이 경험을 근거로 하여 자신의 생존을 위해 개발해 낸 기술들을 내담자 변화에 활용했다. 또한 에릭슨은 치료적 의사소통에 대해 강조했다. 즉 치료적 의사소통이란 현재 내담자가 가지는 신념, 행동, 동기, 증상에 대해 지금 어떻게 표현하는지와 같은 실질적인 패턴에 초점을 두는 것이다.

에릭슨은 이론이 정형화되어 있지는 않지만, 그의 논문이나 제자들과의 대화에 나타난 주요 개념은 세 가지이다. 첫째, 내담자 준거틀에 맞추어 창의적으로 상담하는 것, 둘째, 작은 행동의 변화를 가져오기 위하여 내담자 행동이나 동기 이해를 통한 협력 체계를 구축하는 것, 셋째, 내담자의 강점과 자원을 활용하는 것이다(이윤주 · 양정국, 2007). 에릭슨의 세 가지 개념이 해결중심상담 발전에 기초가 되었다.

2) MRI의 단기치료모델

정신건강연구소(Mental Research Institute: MRI)에서는 사람들이 살아가는데 지장을 주는 문제 자체보다는 그 문제를 해결하는 데 도움되는 것이 무엇인지에 많은 관심을 가졌다. 또한 이들은 언어가 내담자에게 도움이 되는 변화를 만들어내는 핵심적인 역할을 하는 것을 관찰하였다. 예를 들어 내담자가 '발표하기를 어려워하는' 상황에 있다고 하자. 이 상황에서 내담자가 '나는 말을 잘 조리 있게 못한다' 라는 문제중심적 언어를 사용할 경우, 실제로 이 내담자는 문제가 그대로 표출되는 상황—말을 잘 못하고, 발표하기 힘들어하는—이 된다. 그러나 내담자가 똑같은 상황에서 '나는 생각이 깊고, 신중한 편이다' 라고 해결중심적 언어를 사용하면, 이 내담자는 그다지 문제되지 않는 상태—신중하게 생각한 뒤에 말하는—가 된다.

MRI는 내담자가 호소하는 문제가 아닌 해결에 초점을 두었다. 이처럼 문제 자체보다는 해결에 관심을 두며 상담과정에서 사용하는 언어 초점에 변화를 시도하는 MRI 원리는 해결중심상담에 중요한 기초가 되었다.

3) 사회구성주의 접근

사회구성주의에서는 현실이란 개인에 의해 사회적 · 심리적으로 구성된 것이라고 주장한다. 개인은 타인과 상호작용하고 삶을 관찰하면서 새로운 의미를 구성하고 이를 발달시킨다. 또한 개인은 의미 구성 과정에서 일어나는 변화에 근거하여 무엇이 실체인지에 대한 사고구조를 형성한다(이영분 외, 2008).

사회구성주의에서는 객관과 주관을 나누지 않았고, 사물 자체는 객관적으로 존재하는 것이 아니라 사람들의 주관적 경험에 의해 만들어진다고 보았다. 따라서 실재(實在)는 내담자의 구성에 의한 것이므로, 상담자는 내담자를 둘러싼 상황이 객관적인 실재(實在)라고 가정하지 않는다. 오히려 상담자는 내담자를 둘러싼 상황에 대해 내담자가 주관적으로 인식하는 것이 실재(實在)라고 받아들인다. 이처럼 현실에 대한 보편적인 진리는 존재하지 않으며 실재는 사회적으로 구성되고 조직된다고 보는 사회구성주의 원리는 해결중심상담에 많은 영향을 미쳤다.

4) 한국단기가족치료연구소와 솔루션센터

우리나라에서는 많은 연구, 실천과 상담을 통해 해결중심상담이 발전해왔다. 이는 '한국단기가족치료연구소' 와 '솔루션센터' 를 통해 확인할 수 있다.

1987년 김인수와 쉐이저가 우리나라에서 처음으로 특강한 것이 계기가 되어, 그 후 매년 단기가족치료에 대한 교육과 훈련을 실시하였다. 1996년에는 '단기가족치료센터 한국지부' 를 설립하였다. 2002년에 '한국단기가족치료연구소' 로 개명하여 한국적이며 통합적인 단기가족치료 접근법을 연구하고 발전시켜나가면서 교육과 훈련프로그램을 실시하고 있다.

또한 '솔루션센터' 는 2002년에 해결중심의 정신을 보다 더 실천하고자 하는 이들이 모여 미국단기가족치료센터의 한국지부로 독립하였다. 2007년 각 현장에서 해결중심 접근을 실천해온 이들이 모여 실천가 중심의 모임인 '해결중심네트워크' 를 만들었다. 이들은 매년 창립을 기념하여 해결중심 워크숍과 실천가 컨퍼런스'[3]를 진행함으로써 해결중심접근을 발전시켜나가고 있다.

---

3) 김인수선생 서거 1주년인 2008년부터 시작하여 매년 컨퍼런스를 진행하고 있고 2012년에는 '제5회 해결중심실천가 컨퍼런스' 를 개최하였다.

2. 주요 개념

해결중심상담은 내담자의 문제 원인을 규명하기보다는 내담자가 가진 자원(강점, 성공경험, 예외상황)을 활용하면서 문제해결방법에 중점을 둔다. 해결중심상담을 잘 이해할 수 있는 기본원리와 철학은 다음과 같다.

1) 기본원리

(1) 내담자의 강점과 능력에 초점을 두고 상담에 활용하기

'인간은 누구나 장점이 있다' 라는 전제하에 이 원리는 시작한다. 내담자의 문제 상황을 해결하기 위해 누구나 갖고 있는 성공경험, 기술, 지식, 사회적 관계망을 찾으려고 집중하고, 문제증상과 좌절경험까지도 강점과 능력으로 상담에서 활용한다. 즉, 고민스러워하고 난관이라고 생각하는 문제에서 내담자가 무엇을 잘못했던 것인지를 찾아내 그것을 고치려고 하는 것보다, 오히려 잘 지냈던 상황이나 잘 대처했었던 경험을 발견하여 활용하는 것이다.

(2) 내담자가 원하는 것에 초점 두기

'인간은 자신의 문제에 대해 가장 많이 알고 있다' 라는 가정에서 이 원리는 출발한다. 내담자는 문제 상황이긴 하지만, 궁극적으로 자신이 원하는 삶에 대해 알고 있고, 이에 도달하기 위해 무수히 많은 방법을 생각하고 시도한 경험이 있다. 그러므로 '원하는 것'에 초점을 두어, 기존에 그 '원하는 것'을 성취한 '성공경험'을 발견해보면서 문제해결을 향해 나가는 것이다.

(3) 상담자는 내담자의 협력자로서 활동하기

'인간은 누구나 평등하다' 라는 전제하에 이 원리는 시작한다. 협력collaboration은 특정한 목적을 달성하기 위하여 서로 힘을 합하여 돕는 것을 의미한다. 이는 상하관계가 아닌 동등한 입장에서의 관계이다.

내담자는 전문가인 상담자에 의존하여 따라가야 하는 존재가 아니다. 내담자는 자기 자신의 삶에 대한 전문가이고, 상담자는 상담전문가로서 동등한 관계에서의 상호 협력자이다. 이는 한명의 발레리노와 또 한명의 발레리나가 호흡을 맞춘 2인무(파드되; Pas de Deux)처럼, 상담자와 내담자가 공동의 목적 달성을 위해 문제해결적 대화를 상호 협력하여 주고받는 것을 의미한다.

(4) 지속적으로 변화하는 내담자

'인간의 삶 속에서 변화는 불가피하다', '세상은 아주 조금씩이라도 언제나 변하고 있다' 라는 전제와 맥락을 같이 한다. 어떤 날도 다음 날과 똑같을 수는 없다. 그러므로 오늘의 우리는 어제의 우리와 똑같은 사람이 아니다.

내담자의 아주 작은 노력도 변화의 물꼬가 될 수 있다. 조타실에서 배의 선장이 방향조절 키를 오른쪽으로 1도 움직였을 경우, 그 당시에는 아주 작은 시도이지만 궁극에는 오른쪽 어딘가로 목적지가 달라질 수 있는 큰 변화를 가져온다. 옛글에 不積跬步 無以至千里(부적규보 무이지천리)라는 순자(荀子)의 말이 있다. 이는 천릿길도 한걸음부터 시작해야 도달할 수 있다는 것이다. 이처럼 내담자의 작은 변화는 큰 변화의 모체가 되며 해결을 위한 출발이 된다.

(5) 과거보다는 현재와 미래에 관심두기

'인간은 누구나 과거와 똑같은 미래를 살고자 하지 않는다.' 라는 전제에서 시작한다. 과거에 관심을 두지 않는다는 것은 과거의 삶에 대해 무시하는 것이 아니라, 과거 실패의 원인을 파악하거나 문제 진단에 관심을 덜 기울인다는 것이다. 오히려 과거에서의 성공경험과 예외상황, 대처방법을 탐색하여 현재와 미래에서 어떤 식으로 삶에 적응해서 살아 가는지에 초점을 둔다.

2) 가치와 철학

해결중심상담은 기존의 다양한 상담에서 문제중심적 접근을 한 것과 다른 관점을 갖는다. '문제'보다는 '해결'에 중점을 두는 해결중심상담의 근간이 되는 중심 가치와 철학은 다음과 같다.

(1) 중심가치

해결중심상담의 중심가치는 믿음faith이다. 믿음faith은 내담자에 대한 무조건적인 인정과 수용을 의미한다. 눈에 보이는 증거(예: 공부를 잘한다. 좋은 직장을 다닌다)를 보고 그 사람의 장래가 밝다고 믿어주는 것이 아니다. 비록 외면적인 증거가 안 보일지라도 상담자는 '내담자는 잘되고 싶어 한다', '내담자는 예전의 성공경험이 있다' 등의 신념을 가지고 있다. 상담자가 가진 내담자에 대한 이 믿음을 내담자가 알 수 있도록 하는 과정이 해결중심적 대화이고 해결중심적 상담이다. 해결중심상담에서 중심가치로 갖고 있는 내담자에 대한 믿음faith은 다음과 같다.

- 대부분의 사람들은 무척 힘든 상황 속에서도 자신이 할 수 있는 최선을 다한다.
- 대부분의 사람들은 자신이 생각해 낸 아이디어를 소중하게 생각한다.
- 대부분의 사람들은 도덕적이고, 예의바르며, 공손하고, 솔직한 사람이 되기를 원한다.
- 대부분의 사람들은 자신의 삶이 지금보다 나아지길 원한다.
- 대부분의 사람들은 다른 사람과 잘 지내길 원한다.
- 대부분의 사람들은 집단에 소속되고 구성원들로부터 인정받기를 원한다.
- 대부분의 사람들은 자신의 삶뿐 아니라 자신이 사랑하고 소중하게 생각하는 사람의 삶이 나아질 수 있기를 바란다.
- 대부분의 사람들은 자신에게 중요한 사람을 보살펴주고 싶어하며 그들로부터 보살핌을 받고 싶어한다.
- 대부분의 사람들은 세상에 긍정적인 영향을 미치고 긍정적인 유산을 남기고 싶어 한다.

(2) 중심철학

① 내담자가 문제 삼지 않으면 상담자가 먼저 고치려 하지 않는다.

해결중심상담에서 가장 중요한 부분은 무엇이 효과가 있는지 알아내는 것이다. 그러므로 내담자가 문제라고 호소하지 않는 것에 대해서는 전혀 문제삼지 않는다. 예를 들어 아내 김중심씨는 남편 이해결씨가 술을 너무 많이 마시고 외박도 자주 한다고 불만을 토로하지만, 남편 이해결씨 입장에서는 자신의 술문제는 그다지 큰 문제가 아니고 어쩌다 한번 술 마시다가 늦어져 외박하는 것일 뿐이며 아들과는 사이가 원만하기 때문에 좋은 아빠 역할을 하고 있다고 생각한다. 이때 상담자는 이해결씨에게 '술을 얼마나 자주 마시느냐' 혹은 '어디서 잤는지 모르고 잠들어 집에 안 들어온 적이 몇 번이냐' 식으로 문제에 초점을 두어 질문하지 않는다. 상담자가 보기에 알코올이 문제 발단이 될 수도 있다고 생각되거나 아내의 호소문제가 사실로 여겨지더라도, 남편이 자신의 술문제를 스스로 문제로 생각하여 해결하고 싶다고 얘기하지 않기 때문에 이를 고치려 하지 않는다. 대신에 상담자는 남편 이해결씨에게 '좋은 아빠 역할을 하신다고 하셨는데, 아이들이 우리 아빠의 어떤 부분을 보고 좋은 아빠라고 생각할까요?' 라고 질문하여 효과 있는 부분을 찾고자 노력하는 것이다.

② 만일 어떤 것이 효과가 있었다면 그것을 더 많이 시도한다.

효과 있는 방법이란 모든 내담자에게 동일하게 적용되는 것이 아니고 각 내담자에게 고유한 것이다. 확실하게 구별되는 큰 효과만이 아니라 아주 작은 변화이지만 내담자에게 효과가 있었다면 그 효과를 의미 있는 것으로 본다. 내담자에게 한 번이라도 효과가 있었던 것이면 그것을 좀 더 많이 반복해 볼 수 있는 방법을 찾는 것이다. 예를 들어 이해결씨는 아이들과 위스포츠 게임[4] 하기로 약속한 날은 꼭 지키려고 한다. 아내는 어른이 게임하면서 시시덕거리고 웃는다며 오히려 냉소적이었지만, 이해결씨는 일찍 퇴근하려고 노력했고, 그 노력으로 좋은 아빠 역할에 효과가 있었다.

이것은 내담자가 아빠 역할을 잘한다고 얘기했지만 무엇을 구체적으로 잘하고 있는지 스스로도 인식하지 못했을 수도 있는데 이를 통해 내담자가 강점을 발견할 수 있게 된다. 이렇듯 아빠 역할에 대한 아주 작은 강점 발견이 자신감으로 이어져서 아내 김중심씨가 남편 이해결씨에게 바라는 점인 아빠 역할 좀 제대로 했으면 좋겠다는 궁극적인 목표가 달성되어질 수도 있다.

③ 만일 어떤 것이 효과가 없다면 반복하지 말고 다른 것을 시도한다.

해결중심상담은 문제의 내용보다는 문제에 대한 어떤 해결방법이 있으며 어떻게 새로운 행동유형을 만들어 낼 수 있는지에 초점을 둔다(김유숙, 2008). 과거에서부터 지

---

4) 위스포츠(Wii Sports)는 닌텐도 게임의 한 종류임.

금까지의 과정에서 문제상황을 만들어낸 잘못한 방법이나 문제에 전혀 관심과 초점을 두지 않는다. 예를 들어 밤늦도록 남편이 안 들어오면 전화해서 빨리 오라고 하고 핸드폰 문자 보내는 등의 방법을 사용해왔지만, 이러한 방법들이 전혀 효과가 없었다. 이때 내담자에게 다시는 그 방법을 사용하지 말고 다른 방법을 시도하자고 한다. 그러면 상당수의 내담자들은 "별의별 방법을 다 써 봤는데 뭐 다른 게 있겠어요?"라고 반문하기도 한다. 상담자는 내담자가 지금까지 사용해왔던 무수한 방법들을 존중해주면서 기존 방법에 대해 호기심을 갖고 질문한다. 내담자가 원하는 것을 달성하는 데에 실패했고 효과가 없었던 방법이지만 그 방법을 통해 아내가 남편과 잘 지내려고 노력한 흔적이기 때문에 충분히 존중할 만한 가치가 있다. 내담자가 기존 방법을 열거하면서 스스로 그다지 많은 방법을 시도한 것이 아니었다고 인식하기도 하고 새로운 시도를 해보고자 하는 마음이 생겨나기도 한다. 기존 방법 중에 조금 변형하여 약간 다른 새로운 시도를 해볼 수 있는 아이디어를 얻기도 한다.

3. 상담목표와 과정

1) 상담목표

해결중심상담에서 목표설정은 자동차 운전시 종착지점을 정하는 것에 비유할 수 있다. 운전석에 내담자가 앉고 조수석에 상담자가 앉아 가이드 역할을 한다. 상담자가 운전석에 앉아 조수석의 내담자에게 목표지점을 물어서 달려간다고 하면 조수석에 앉은 사람은 운전자가 선택하는 길에 의지하여 언제나 주도적이지 않으며 이끌려가는 모습이다. 그러나 아무리 운전이 서투르고 익숙하지 않는 길이라도 운전자는 그 운전에 책임감을 갖고 있으므로 내담자가 운전석에 앉게 되면 자신의 삶에 주체적이고 책임감 있는 역할을 하게 된다.

해결중심상담에서는 상담자가 진단과 가설에 근거하여 상담의 목표를 단독으로 정하지 않고 협력관계를 구축하고 있는 내담자가 원하는 방향으로 목표를 설정한다. 보다 구체적인 목표설정에 도움이 되는 질문과 좋은 목표를 만들어내는 요건은 다음과 같다.

(1) 목표형성에 도움이 되는 질문

해결중심상담에서는 주요 상담기법이라고 할 수 있는 유용한 질문인 '기적질문', '척도질문', '관계성 질문', '예외질문' 등을 활용하여 목표설정을 한다. 이 질문의 구체적 내용에 대해서는 '유용한 질문'을 다루는 부분에서 자세히 설명하기로 하고, 다만 여기서는 상담자가 '관계성 질문'으로 목표에 접근하는 예를 살펴본다.

- 이해결씨 생각에 아내는 당신이 왜 여기에 와야 한다고 하는 것 같아요?
- 아내는 당신이 무엇을 다르게 해야 한다고 생각하시나요?
- 아내에게 당신이 여기에 오지 않아도 된다는 것을 아주 조금이라도 알게 하는데 무엇이 도움이 될까요?

또한 매우 광범위하게 사용하는 '척도질문'을 통해 목표설정에 도움을 얻기도 한다. 이에 대한 대화 예는 다음과 같다.

- 김중심씨가 고민하고 걱정하는 모든 문제가 해결되었을 때를 10점이라고 하고 문제가 많아서 무척 힘든 때를 1점이라고 한다면 지금은 어디쯤인가요?
- 본인이 원하는 점수는 몇 점인가요?
- 원하는 점수인 7점이 된다면, 무엇을 보고 '아 이제 7점이구나' 라고 알 수 있을까요?

(2) 좋은 목표 만들어내는 데 도움이 되는 요건

① 내담자에게 중요한 것을 목표로 정한다.

'내담자에게 중요한 것이어야 한다'가 좋은 상담목표를 만드는 데에 핵심 요건이다. '내담자에게 필요하거나 도움이 되는 것이어야 한다'가 아니라 '내담자가 중요하다고 생각하는 그 무엇이어야 한다'는 의미이다. 목표를 명료화하기 위해 다음과 같이 상담자는 질문할 수 있다.

- 오늘 이 시간에 무엇을 얘기하면, 특별히 시간 내서 여기 오신 것이 김중심씨에게 도움이 되었다고 할 수 있을까요?
- 오늘 여기서 우리가 대화를 나누고 나서 가장 이루어졌으면 하고 바라는 것은 무엇인가요?

② 목표는 원하는 행동의 종결이 아니며 새로운 행동의 시작으로 표현되어야 한다.

상담의 목표를 모든 문제가 해결된 최종 종착지로 정하지 않고, 그 종착지를 위한 시작으로 목표를 정한다. 내담자가 '그림을 잘 그리고 싶다' 라는 목표가 있을 경우 멋진 작품을 완성한 상태를 목표로 설정하는 것이 아니다. 오히려 '그림 배우기 과정을 등록한다', '그림도구를 준비한다' 와 같은 작은 행동을 목표로 설정한다. 이 작은 행동 변화로 그림에 관심을 갖기 시작하다보면 언젠가 잘 그려진 작품을 완성할 수도 있게 된다. 작은 눈뭉치는 언덕 아래로 굴러 내려가면서 관성이 붙기 때문에 점점 더 빨라지고 커다란 눈덩이가 된다. 변화는 작은 부분one small step에서 만들어지고 그 파급효과는 자연스럽게 삶의 다른 영역으로 퍼져 나가게 된다.

이에 대한 예로써 내담자에게 다음과 같이 척도질문을 활용할 수 있다.

- 목표 달성에 다가가기 위해서 지금 1점 정도 올리려면, 이해결씨는 어떤 시도를 할 수 있겠어요?
- 1점 정도 목표에 가까워지기 위한 첫 신호로서 지금 당장 해볼 수 있는 것에는 뭐가 있을까요?

③ 내담자의 생활에서 성취가능한 것이어야 한다.

내담자가 삶 속에서 현실적이고 성취가능한 것이나 스스로 통제가능한 변화를 지향하는 목표를 설정할 수 있도록 상담자는 돕는다.

- 당신의 아내가 정말 '믿을만 하고 좋은 아빠' 라는 것을 알게 되고 당신을 믿는다면 아내는 무엇을 보고 알아차렸을까요?
- 당신이 좋은 아빠 역할을 하고 있다는 것을 아내가 알고 인정한다면, 알고 있고 인정하고 있다는 것을 당신에게 어떻게 보여줄 수 있을까요?

그러나 간혹 내담자는 비현실적이거나 통제할 수 없는 변화를 원하는 경우도 있다. 상담자는 내담자에게 충분히 공감해주면서 현실적인 목표로 수정해 갈 수 있도록 도와준다. 예를 들어 내담자가 "차라리 애를 낳지 말걸 그랬어요. 그러면 이혼이라도 하죠." 라고 얘기하면 상담자는 "애를 낳기 전으로 돌아가면 뭐가 지금과 달라질까요?"라고 다시 질문한다. 이어서 내담자는 "애들이 있으니까 집안일도 너무 많고 지금 제가 애들한테 잘하는 것인지도 모르겠고 아무튼 지금 너무 힘들어요." 라고 현실적인 속마음을 이야기한다. 그러면 상담자는 "애들한테 잘하고 싶고 힘든 집안일도 좀 수월해졌으면 좋겠다는 것이네요." 라고 요약해준다. 이런 형태의 대화를 통해 김중심씨가 현재 통제할 수 없는 과거의 것－애 안 낳기－을 얘기할 때 현재 실천가능한 목표－집안일, 애들에게 잘하기－를 설정할 수 있도록 도와준다.

④ 목표는 구체적이고 명확하며 행동할 수 있는 것이어야 한다.

내담자가 추상적인 목표를 얘기하면 상담자는 실제 관찰 가능한 구체적인 행동으로 바꾸어 목표를 정하도록 돕는다. 애매모호하게 목표를 설정하면 상담자와 내담자의 면담과정이 제대로 이루어지고 있는지 파악하기 어렵다. 추상적이거나 내담자들 각자가 생각하는 의미가 서로 다를 수 있는 목표를 정하면 상담은 필요 이상으로 길어질 가능성도 많다.

내담자가 이야기한 존중, 믿음과 같은 추상적인 것을 행동으로 구체화하여 목표설정을 한 경우의 예는 다음과 같다.

- 아내가 당신을 존중하고 믿어주었으면 좋겠다는 말씀이신데, 아내의 어떤 행동을 보면 그것을 알 수 있을까요?
- 아내가 당신을 가장으로서 믿어주고 있다는 것을 알게 되었을 때, 당신은 보통 때 하지 않은 어떤 행동을 하게 될까요?

⑤ 목표는 문제를 없애는 것 대신에 해야 하는 것에 관한 긍정적인 목표를 유도한다.

많은 내담자들이 상담 후에 무엇이 달라졌으면 좋겠느냐는 질문에 "(우리 부부가) 그만 싸웠으면 좋겠어요.", "(엄마가) 화를 좀 안냈으면 좋겠어요." 라고 얘기하는 경우가 있다. 이때 상담자는 '대신에' 라는 언어를 사용하여서 긍정적인 목표로 유도한다. 내담자가 문제 행동이라고 생각하는 상황을 멈추게 하거나 그만두게 하는 것이 목적이 아니라 그 문제행동을 하지 않는 예외적인 상황을 찾는 것이 바람직한 목표이기 때문이다.

- 대신에, 두 분이 지내시는데 어떻게 달라지길 바라시나요?
- 애들한테 화를 내는 대신에, 또 어떻게 하실 수 있나요?

⑥ 목표수행은 힘든 일이라고 인식한다.

실제로 지금까지와는 다른 어떤 것을 시도하고 노력하여 성취해낸다는 것은 어려운 일이다. 그러므로 내담자에게 이 목표 달성은 '힘든 일'이라는 것을 인식시킨다.

- 이해결씨는 아내의 집안일에 대한 부탁을 들어주는 것, 그것은 쉽지 않은데 어떻게 하셨어요?
- 요즘 세상에 맞벌이하는 아내를 생각해서 애들과 놀아주는 것 쉽지 않아요.

이렇듯 상담자는 내담자가 이뤄왔던 예외상황과 성공경험이 쉽지 않은 일이었고, 앞으로 나아가고자 하는 목표들이 어렵다는 것을 존중해준다. '어렵고 힘든 일'이라고 했던 그 무엇(목표)을 이뤄냈을 때 내담자는 성취감을 느낄 수 있고, 이 성취감으로 좀 더 크거나 다른 시도를 해볼 수 있게 된다. 설혹 내담자가 성취 못했을 때에도 좌절하지 않고 '뭐 그것이 그리 쉽나?' 하면서 안위할 수 있는 효과도 있다.

2) 상담과정

해결중심상담에서 1회기 상담시간이 60분이라면 먼저 45분 정도를 할애하여 상담자와 내담자는 해결중심적 대화를 나눈다. 그 후 내담자는 5~10분 정도 휴식 시간을 갖고 그 때 상담자는 상담실 밖으로 나와서 관찰팀과 회의 시간을 가진다. 내담자에게 잠시 대기실에서 기다려 주시라고 양해를 구하는 방법도 쓸 수 있다. 관찰팀과 함께 상담자는 내담자에게 전해줄 메시지를 작성한다. 관찰팀이 없는 경우에도 상담자는 면접 진행과정을 객관적으로 정리해보면서 혼자서라도 메시지를 작성한다. 끝으로 5~10분 정도 상담자가 작성한 메시지를 내담자에게 읽어주고 그 메시지 원고를 내담자에게 직접 건네준다.

해결중심상담은 일반적인 다른 모델과는 달리 단기로 진행된다. 5~6회기 정도에 상담을 마치기도 하고, 가끔은 1회기만으로 상담을 종결하기도 한다. 상담과정은 매회 다음과 같은 유사한 순서로 진행된다.

첫 회기 상담에서는 다른 상담과 마찬가지로 상담구조화(비밀보장 · 상담시간 · 비용에 대한 안내, 녹음 · 녹화 동의) 시간을 가지고, 해결중심상담의 독특한 과정인 관찰팀, 휴식시간, 메시지 전달에 대해 설명한다. 본격적인 상담에서는 해결중심적 대화를 활용하여 내담자의 강점과 자원을 파악하기 위해 노력한다. 또한 예외적 상황, 해결을 위해 시도한 노력, 대처방법, 성공경험 등을 탐색하면서 내담자에게 도움이 되는 상담목표를 만들어가고 이를 중심으로 상담을 진행한다.

세상의 여타 많은 만남에서도 첫 만남이 중요하듯이, 상담자와 내담자로서 첫 만남은 무척 중요한 순간이다. 이 첫 만남에서 상담자는 '사람에 대한 믿음'을 근간으로 하고 있는 해결중심상담의 기본원리와 철학이 녹아있는 대화를 이끌어간다.

첫 회기 이후의 상담에서는 지난 상담 이후에 내담자에게 긍정적인 변화가 있었음을 전제하고 "무엇이 나아졌습니까?"라고 질문한다. 상담자는 이 질문을 통해 내담자가 경험한 긍정적인 변화를 확인하고 격려하면서 상담을 진행해 간다.

상담자가 이렇게 단정적으로 '나아진 것'에 대해 바로 탐색할 수 있는 것은 인간의 삶이 365일 동안 아무런 변화 없이 그대로 머물러 있을 수 없다는 해결중심상담의 기본원리가 있기 때문이다. '지난 상담 이후에 어떤 것이 좀 나아졌습니까?', '그동안 어떤 변화가 있었나요?'라고 직접적으로 질문하면서 상담을 진행하다보면 내담자는 자동적으로 자신에게 생긴 변화들을 얘기하고 있고, 자신의 강점을 부각시키게 된다. 그러나 간혹 '나아진 것이 없다'거나 '더 나빠졌다'고 이야기하는 내담자도 있다. 이 때 상담자는 "나아진 것이 없는 상황 속에서 견뎌 오실(버틸) 수 있는 힘은 어디서 생겨났나요?"와 같은 대처질문을 응용해서 해결중심적 상담을 진행한다.

4. 상담자 역할과 기법

1) 상담자 역할

해결중심상담에서 정형화된 상담자 역할에 대해 제시된 것은 많지 않다. 다만 많은 해결중심상담 관련 연구와 자료들을 통해서 볼 때 상담자는 내담자에 대해 '알지 못함not-knowing'의 자세를 가지고 진정성 있는 호기심으로 관찰하는 역할을 하면서, 내담자가 잘 해온 것을 칭찬해주며, 다양한 현장에서 해결중심상담을 실천하는 코치라고 할 수 있다.

(1) 알지 못함(not-knowing)의 자세

기존의 상담자와는 달리 내담자에 대해 잘 안다는 전제에서 상담을 시작하지 않는다. 상담과정에서 일어나는 언어적 사건인 해결중심적 대화를 통해 지금과는 다른 실재를 만들어 낸다. 해결중심적 대화는 상담자가 '알지 못함'의 자세를 가지면 가능해진다.

'알지 못함not-knowing의 자세'란 내담자의 이야기에 대해 순수한 호기심을 가지고 그것에 대해 좀 더 알고 싶다는 욕구를 내담자에게 전하는 태도를 의미한다. 이는 상담자의 경험이나 지식에 의해 이해되거나 제약받는 것이 아니라 내담자와 함께 문제에 대한 이야기를 통해 이해와 발견을 모색해가는 과정이다. 상담자는 내담자의 이야기를 통해 언제나 배우려는 자세를 가진다. 상담자의 이해 범주에는 한계가 있다는 것을 시인하고 내담자에게서 배우려는 것이다(김유숙, 2008).

(2) 관찰자

일반적인 다른 상담모델에서 상담자는 전문가로서 내담자 문제를 평가, 분석, 진단한다. 그러나 해결중심상담에서 상담자는 내담자의 자원을 찾기 위해 있는 그대로의 상황을 관조하며 관찰한다는 의미에서 관찰자이다.

상담자는 내담자의 문제 행동의 원인을 찾아내서 분석하고 진단하는 역할을 하지 않는다. 내담자의 문제행동 원인이 과거의 어떤 것에서 기인했다는 것을 정확히 알아냈다고 해서 그 원인을 제거할 수 없는 경우도 많고 문제의 원인에 따른 정확한 해결책을 제시하는 것도 어려우므로 그 해결책이 반드시 효과가 있는 것도 아니다.

상담자는 내담자의 삶 속에서 이미 잘 해왔던 것이나 겉으로 보이지 않지만 내재되어 있는 것을 보려고 노력한다. 내담자는 언제나 그 문제 속에서만 살지 않으며 항상 정해진 순서대로만 살아가고 있는 것이 아니다. 그러므로 내담자로 하여금 자신의 삶에 관심을 가지며 예외적인 상황을 관찰하게끔 유도해간다. 내담자가 자신의 삶을 관찰함으로써 이미 잘해오고 있는 것을 발견하는 것은 내담자에게 큰 힘이 되며 변화의 작은 시작이 된다.

(3) 칭찬가

해결중심상담의 독특한 점은 매 상담시간마다 후반부에 '메시지'를 전달하는 순서가 있다는 것이다. 이 메시지의 내용이 칭찬과 과제 부여 등으로 구성되어, 상담자는 내담자를 칭찬하는 역할을 하게 된다. 상담과정에서 예외상황을 묻고 대처질문을 하고 성공경험을 나누며 내담자에게 직접적 · 간접적으로 칭찬을 계속하고 있다.

- 상담을 예약하고 나서 이렇게 상담실에 찾아오기까지 힘든 발걸음을 하셨는데, 그 동안 달라진 것이 무엇인가요?

위의 대화에서처럼 첫 질문에서도 칭찬이 간접적으로 사용된다. '힘든 발걸음'인데도 불구하고 상담실에 왔다는 것을 간접적으로 칭찬해주고 있다.

내담자에 대한 칭찬은 내담자의 실패나 문제행동을 눈감아주고 넘어가는 것과는 다르다. 이것은 내담자가 생각하고 있는 세상에 대한 관점을 믿어주고 인정하며 내담자의 이야기를 전적으로 수용해주면서 내담자가 실패와 문제를 인정할 때 느끼는 아픔에 같이 공감해주는 것을 의미한다. 또한 상담자는 내담자를 존경스러워하는 태도와 내담자의 말을 경청하는 기법을 잘 훈련받은 자로서 내담자를 수용적이고 긍정적인 태도로 칭찬한다. 내담자는 칭찬에 대한 신뢰감을 갖게 되므로 상담자가 진정성을 가지고 신중하며 정직하게 칭찬해야 한다(가족치료연구모임 역, 1995).

(4) 실천가

상담자의 역할로서 '실천가'를 언급하는 이유는 이 해결중심접근이 매우 다양한 현장에서 사용되고 있기 때문이다. 해결중심접근의 실천가들이 시험불안 감소, 학업적 효능감과 학습태도, 자아탄력성 증진을 위해 초등학교에서의 활용사례를 연구하였다(김성섭, 2011; 김승미, 2011; 서보업, 2011). 또한 여고생의 자아존중감과 대인관계를 위해 고등학교에서 활용한 실천 연구도 있다(최은선, 2011).

또한 한부모가족희망센터에서 한부모가족 대상의 사례관리, 학교폭력예방교육 차원에서 위스타트 학교사회복지실의 프로그램, 한국백혈병소아암협회에서 소아암 환자 가족과 함께하는 치유여행, 정신장애인 종합훈련시설의 직원의 협력적 관계구축 등의 프로그램에서 직접적으로 해결중심접근을 실천하는 모습을 접할 수 있다(이승현, 2008; 박윤정, 2012; 차준 · 최인숙, 2012; 김수연, 2012).

(5) 코치

『Brief Coaching for lasting Solutions』라는 해결중심관련 책에서 코치coach라는 용어

를 언급하였기에 해결중심접근에서 상담자 역할로서 코치를 활용한다. 내담자를 그들 삶의 전문가로 인정하고 상담자가 그들과 협력적 관계를 맺는다는 점에서 적극적으로 코치와 상담자를 동일 용어로 사용할 수 있다.

코칭이란 내담자가 자신이 추구하는 것을 찾아 나가는 데에는 긍정적으로 시작할 수 있도록 코치가 도와주는 것이다. 코칭은 내담자를 지지하기 위해 코치와 함께 나누는 특별한 대화를 통해 이루어진다. 또한 코칭의 중요한 특징은 내담자가 이미 갖고 있었던 기술이나 생각, 그 외 많은 능력 등을 활용한다는 점이다. 해결중심 상담자는 내담자를 유능하고 기략이 풍부하고 자신의 삶에 대한 전문가라고 본다. 그렇기 때문에 코치 역할을 하는 상담자는 이미 내담자에게 존재하는 자원들을 토대로 하여 해결책을 모색하며 상담한다.

2) 상담자-내담자 관계

해결중심상담에서 상담자와 내담자 간의 관계 유형은 고객형, 불평형, 방문형으로 구분된다. 이 세 유형은 내담자와 상담자 사이에 일어나는 상호작용의 본질적 맥락의 구분이다. 즉 고객형, 불평형, 방문형이라는 것은 내담자 만의 개인적 특성을 의미하는 것이 아니라 상담자와 내담자 간에 상담과정에서 나타나는 관계의 형태를 말한다.

방문형 관계는 내담자가 타인의 강권이나 외부의 명령에 의해 상담실에 오게 된 경우에 주로 나타난다. 이때 내담자는 문제를 인식하고 있지도 않고, 문제해결에 대한 필요성도 느끼지 않으며, 다른 사람에게 문제가 있다고 생각한다. 방문형 관계라고 판단되면, 상담자는 내담자가 상담받아야 할 문제가 없는 것 같다고 하는 데에 충분히 동의해주고, 대신에 내담자가 다루고 싶어하는 주제를 기꺼이 도와주려는 태도를 취한다. 다음과 같은 질문을 통해 상담을 진행해갈 수 있다.

- 아내가 이혼한다고 협박하면서 상담을 가라고 해서 오늘 오셨는데, 아내는 당신이 상담을 받아야 할 이유가 뭐라고 생각하고 있는 것 같아요?
- 어쩔 수 없이 오게 되었더라도, 여기 상담실에 온 시간과 에너지가 아깝지 않으려면 무엇이 좀 달라지면 그럴 수 있을까요?

불평형 관계는 내담자가 문제가 있다는 것은 인정하지만 이 문제해결을 위해 어떤 노력도 하려는 의지가 약할 때 나타난다. 내담자는 해결의 실마리가 자기에게 있지 않고, 실제로 문제해결이 되려면 남편, 자녀, 친구, 동료와 같은 타인이 변해야만 한다고 여긴다. 상담자가 문제해결을 위한 적극적인 과제를 제시하더라도 내담자는 불평으로 무시할 수 있다. 그러므로 상담자는 문제상황 호소와 불평 가운데서 찾을 수 있는 예외상황을 탐색하거나, 수많은 불평거리가 해결된 후의 상황을 상상하는 것으로 목표설정을 위한 질문을 시도해봄으로써 내담자 자신이 해볼 수 있는 최소한의 과제를 공동으로 합의하여 제시한다.

- 남편이 술 마시는 것 때문에 아내 분은 힘들다고 하셨는데, 혹시 365일 중 힘들지 않았던 적이 있다면 언제였나요?
- 남편 때문에 못 살겠다고 하셨는데, 이 모든 것이 잘 해결된다고 하면 남편은 지금과 무엇이 다를까요? 당신은 또한 무엇이 지금과 다를까요?

고객형 관계는 내담자가 문제 인식도 하고 있고 문제 해결을 위해서는 어떤 일이든지 적극적으로 하려는 의도가 있을 때 가능하다. 이러한 경우 내담자는 상담을 통해 무엇을 이루고 싶은지에 대해 생각해보았고, 이를 이루기 위해 자신의 노력이 필요하다는 것도 알고 있다. 그러므로 내담자는 문제해결을 위해 상담자가 제시한 권고사항이나 과제를 적극적으로 수행한다.

해결중심상담에서 내담자와 상담자가 맺는 세 가지 유형의 관계는 역동적이고 유동적이다. 상담과정 중에 방문형이나 불평형의 내담자가 고객형으로 바뀔 수 있다. 그러므로 상담자는 관찰자로서 그 변화를 민감하게 파악하고, 관계유형에 맞추어 협력하며 상담을 진행한다.

3) 상담기법

해결중심상담에서 상담자는 내담자가 해결방안을 찾도록 질문한다. 또한 내담자가 과거의 성공경험을 토대로 자신의 강점과 자원을 확인하도록 한다. 상담자는 내담자가 성취했거나 성공하고 있는 것을 상담과정에서 확인하게 하는 질문을 한다. 다음은 해결중심상담에서 활용하는 '유용한 질문'과 '메시지 전달방법'이다.

(1) 유용한 질문

① 면접 전 변화에 대한 질문

내담자는 지속적으로 변하는 존재이다. 이에 근거하여 상담을 예약하고 나서 현재 상담에 오기까지 달라진 변화에 대해 질문한다.

- 예약하고 기다렸다가 상담에 오게 되셨는데, 그 사이에 달라진 것이 무엇인가요?
- 상담예약 후 현재 여기에 오시기까지 그동안 어떤 것이 변화되었나요?

이 질문을 하면 대부분의 가족은 다급함과 불안이 감소되었거나 문제에 대해 생각해보고 노력을 해본 경험을 이야기한다. 이처럼 상담 전에 도움이 되는 방향으로 긍정적인 변화가 시작되는 경우 상담자는 그들의 자발적인 해결노력과 능력을 인정하고 강화하여 가족이 미처 지각하지 못한 자원과 해결방안을 찾아내는 데 활용하도록 격려한다(최규련, 2010).

② 기적질문

기적질문은 상담실에 오는 대부분의 사람들에게 매우 색다른 경험이 된다. 내담자가 일반적으로 문제에 압도당하는 상황에 있거나 현실이 너무 힘들어서 삶의 무게를 무겁게 느끼고 있는 경우에, 그 문제로부터 벗어나 해결책을 생각해볼 수 있도록 돕거나 미래에 대한 그림을 자유롭게 상상해보며 좋은 목표를 만들어 가는데 도움이 되는 질문이다. 상담자는 내담자에게 기적질문을 하기에 앞서 '제가 이상한 질문을 하나 해도 될까요?'라고 질문을 던져 내담자에게 동의를 구하고 나서 다음과 같은 예시문을 응용하여 기적질문을 한다.

- 이해결씨, 당신이 오늘 여기 와서 상담을 하고 나서 집으로 가시면 식사를 하고 주무시겠죠. 밤에 주무시는 동안 기적이 일어났습니다. 이 기적으로 당신이 지금 힘들고 어려워하는 모든 것들이 다 해결되었습니다. 하지만 주무시는 동안 기적이 일어났기 때문에 당신은 기적이 일어난 것을 모르지요. 아침이 되어 당신이 무엇을 보면 '아, 밤 사이에 기적이 일어났구나.' 하고 알 수 있을까요?

상담자는 내담자에게 '기적이 일어났습니다.'라고 단정적으로 이야기를 한다. 이 질문을 던진 후 내담자가 하는 이야기를 통해 내담자가 원하는 해결책을 들을 수 있으므로 좋은 목표를 만들어가는 데 유용한 질문이다. 기적질문 후에 계속해서 다음과 같은 추가질문을 하여 내담자에 대해 알아갈 수 있다.

- 당신은 무엇을 통해 달라진 것을 알아차리게 될까요?
- 또 그 외에 어떤 것이 있을까요?
- 기적이 일어난 것을 당신 외에 또 누가 알아차리게 될까요?
- 그 사람은 당신에 대해 어떤 점이 달라졌다고 할까요?
- 그 사람은 어떻게 다르게 할까요? 또 무엇을 다르게 할까요?

③ 예외를 찾는 질문

모든 문제들에는 예외가 있기 마련이다. 예외란 현재 나타난 문제가 발생할 수도 있었는데 어떤 까닭에서인지 그렇지 않았던 시간이나 상황들을 의미한다. 오래 지속되는 아주 심각한 문제일지라도 조금 덜 심하거나 대처하기가 조금 나은 순간들이 있기도 하고, 모든 문제가 1년 365일 24시간 동안 항상 같을 수는 없기 때문이다(유재성 · 장은진 역, 2009). 한 두 번의 예외를 찾아 계속 강조하면서 내담자의 성공을 확대하고 강화한다. 예외가 자주 반복되었고 자세히 드러난 경우 내담자의 성공은 더욱 현실화된다(가족치료연구모임, 1995).

문제행동은 대부분의 사람들 삶에서 익숙한 패턴으로 반복되기 때문에 이를 하지 않게 하거나 없애는 것은 어렵다. 또한 증상으로 표현된 문제행동의 이면에는 내담자 자신에게 긍정적 의도가 있을 수 있다(설기문, 2000). 그러므로 내담자가 의식하지 않았던 예외상황을 찾아 이를 늘려주고 유지시킬 수 있도록 격려하는 것이다. 예외상황을 찾는 데 도움이 되는 질문은 다음과 같다.

- 조금이라도 나아졌을 때는 언제입니까?
- 조금이라도 나아졌을 때는 무엇이 달랐나요?
- 어떻게 그런 일이 일어날 수 있었나요?

④ 척도질문

척도질문은 내담자로 하여금 자신의 문제 심각성 정도, 해결의지, 정서적 상태 등에 대해 평가해보게 할 수 있는 질문이다. 내담자가 스스로의 문제에 대해 주관적으로 척도화 해보는 것은 EFTEmotional Freedom Techniques[5)]에서 사용하는 주관적 진단 척도(subjective unit of diagnosis: SUD)와 비슷하다. 예를 들어 '문제가 아주 심각한 때를 10점이라고 하고, 문제가 모두 해결된 상황을 1점이라고 할 때, 이해결씨는 현재 몇 점인가요?'라고 하여 주관적으로 자신의 문제를 척도화하게 한다.

척도의 범위는 1~10, 0~10, −5~+5 등 다양한 예를 사용할 수도 있다. 1점에서 10점이라는 숫자는 절대적인 점수는 아니므로 점수의 높고 낮음은 전혀 중요하지 않다. 그러므로 1~10점 범위로 척도질문을 했을 때 A 내담자는 3점이라고 하고, B 내담자는 6점이라고 하면 B가 A보다 훨씬 좋은 상황이라고 단언할 수는 없다. 오히려 내담자와의 대화를 통해 어떻게 해서 내담자가 '3점' 이라고 한 것인지, '3점' 이라는 것을 본인이 알 수 있는 증거는 무엇인지 등에 대해 알아가는 것이 중요하다. 이처럼 내담자만이 주관적으로 경험한 삶을 숫자 위에 올려놓음으로써 상담자와 객관적인 이야기를 충분히 나눠 볼 수 있는 질문의 활용 예는 다음과 같다.

- 모든 문제가 다 해결된 상태를 10점, 전혀 아닐 때가 1점이라고 한다면 지금은 몇 점입니까?
- 무엇을 보면 그 점수라는 것을 알 수 있나요?
- 몇 점이 되기를 바라시나요?
- 원하는 그 점수가 되면 지금과 어떻게 다른가요?
- 원하는 그 점수와 현재의 점수 간에 차이가 나는데, 1점 정도 올라가는데 얼마나 시간이 걸릴까요?
- 무엇을 보면 1점 정도 올랐다는 것을 알 수 있나요?
- 1점 정도 올라가는 데 무엇이 도움이 될까요?

척도질문을 통해 좋은 목표를 만들어가고, 아주 조금씩의 변화one small step를 구체적이고 명확한 언어로 표현할 수 있다. 내담자가 이루어낸 변화를 자신이 척도로 나타냄으로써 자신이 어디까지 왔고, 목표에 도달하기까지는 얼마나 더 가야 하는지를

5) EFT(Emotional Freedom Techniques: 정서적 자유 기법)는 미국의 크레이그(Gary Craig)가 1990년대 초에 개발한 심리치료기법이다. EFT의 핵심은 몸의 특정 경락을 순서대로 두드리면 각종 심리적 고통이 사라진다는 원리를 가지고 있다. 또한 EFT는 모든 고통은 결국 부정적 정서의 결과이기 때문에 부정적 정서로부터 자유를 얻는 것이 곧 고통으로부터 벗어나는 것이라는 점에 초점을 두고 있다(www.emofree.com).

스스로 알 수 있다. 이는 내담자가 존중받고 있고 내담자 중심의 상담이라는 것을 느끼게 해주므로 상담 참여도를 높이는 효과도 있다.

⑤ 대처질문

대처질문은 내담자가 힘들고 어렵거나 혹은 불가능해 보이는 상황에서 어떻게 견디어 왔는지, 더 나빠지지 않게 한 것이 무엇이었는지를 탐색하는 것이다. 이 질문을 통해 내담자는 자신이 잘 지내왔다는 위안을 얻을 수 있고, 대처기술을 이미 가지고 있었다는 것을 인식하게 된다. 또한 상담자는 내담자의 힘을 발견하고, 진심으로 내담자를 존경하고 지지해 줄 수 있다. 내담자의 자원과 강점을 찾는 대처질문 활용 예는 다음과 같다.

- 그렇게 많은 어려움 속에서도 어떻게 그렇게 할 수 있었나요?
- 어떻게 그런 상황에서도 견디어 오셨나요?
- 당신이 견디는데 무엇이 도움이 되었나요?
- 그만큼 힘드시군요. 1점을 줄 정도로 힘드신데, 어떻게 견뎌오셨어요? 그렇게 견뎌 오실 수 있는 힘은 어디서 오나요?

⑥ 관계성 질문

내담자를 둘러싼 중요한 관계들을 통해 배우게 되는 질문이다. 인간은 상호작용하는 관계들로부터 자유로울 수 없고 누구든지 그 관계 속에서 영향을 주고받는다.

관계성 질문을 통해 자신의 행동이나 관점 뿐 아니라 자신에 대한 다른 사람의 관점이나 행동에 대해 주의를 기울이게 되어 문제해결을 위한 잠재적 자원을 더 많이 활용하고 가족 내 상호작용과 변화 가능성을 파악할 수 있다(최규련, 2010). 관계성 질문의 예는 다음과 같다.

- 이해결씨, 만약 아내 김중심씨가 그것을 알게 된다면 어떻게 다르게 대할까요?
- 아내에게 물어보면 당신이 1점 정도 올라가는 데 무엇이 도움이 된다고 이야기할까요?
- 남편에게 물어보면 당신이 어떻게 해서 그렇게 할 수 있었다고 말씀하실까요?
- 이해결씨는 큰 아들과의 관계를 7점이라고 했는데, 오늘 여기 안 왔지만 큰아들은 몇 점이라고 얘기할까요? 무엇을 보고 그렇게 얘기할까요?

(2) 메시지 주기

해결중심상담에서는 각 회기 마무리 부분에서 내담자에게 피드백을 해주는데 이를 '메시지'라고 한다. 메시지는 칭찬하기, 연결하기, 과제부여하기로 구성된다. 각 회기별로 상담을 마무리할 때 내담자에게 먼저 다음과 같이 양해를 구하는 것으로 '메시지'를 시작한다.

- 오늘 제가 두 분과 나눈 얘기를 중심으로 우리 상담팀과 회의시간을 가진 후 두 분께 '메시지'를 전달하도록 하겠습니다.
- 오늘 제가 두 분과 나눈 얘기를 잠시 쉬면서 생각을 정리한 후에 와서, 두 분께 '메시지'를 전달하도록 하겠습니다.

메시지를 '말'로만 하는 것보다 '글'과 함께 하는 것이 더욱 효과적이다. '글'메시지는 내담자를 지지하고 격려하는 압축적 강화물로써 효과가 지속된다. 또한 상담자가 자신들에 대해서 회의를 하고 와서 '내용'을 전달하는 것이므로 기대감을 갖고 받아들인다. 메시지는 상담자가 내담자와 대화를 나누는 동안 들었던 내담자의 성공경험을 모두 열거하는 '칭찬하기'로 시작한다. 내담자는 이 칭찬을 들으면서 고개를 끄덕이거나 맞장구를 치며 추가설명을 하기도 한다. 자신이 잘못 살고 있다거나 문제라고 생각했던 내담자의 경우에 자신이 두려워했던 것보다 훨씬 더 잘하고 있다는 이야기를 듣고서 안도의 눈물을 흘리기도 한다.

메시지의 두 번째 단계는 내담자가 이미 하고 있는 일을 계속하도록 지지하고 격려하는 마음에서 그렇게 하는 것이 좋은 이유를 이야기해주는 '연결문' 제시 단계이다. 그 후 세 번째로는 내담자가 지금껏 사용한 효과 있는 방법을 계속하라고 하거나, 효과가 있다는 것을 보여주는 또 다른 예시들을 찾아보도록 하는 '과제제안'의 단계이다. 메시지의 예시는 다음과 같다.

- 상담팀과 두 분 가족을 위해 회의를 하고 왔는데요. 회의결과를 말씀드릴게요. 이해결씨, 김중심씨와 오늘 상담을 하면서 두 분 다 가족을 지키려고 하고, 서로 신뢰하고 있다는 것을 느낄 수 있었습니다. 무엇보다도 아빠로서 아이들 놀이 상대가 되어주려고 하고, 바쁜 회사 일을 하다가도 그 약속을 지키기 위해 일찍 퇴근하는 모습이 인상적이었습니다. 아내 분도 직장과 집 사이의 일 속에서 남

편을 위해 식사를 꼭 준비하는 것을 보니 남편을 섬기고 있으며 존중하고 있다는 생각이 듭니다. 저희에게는 참으로 대단한 성실성이 보입니다. 당신들은 이미 좋은 아빠 역할하는 방법을 알고 있고, 아내로서 남편을 존중하는 방향으로 나아가고 있습니다. → 칭찬

이렇듯 가족 내에 약속을 지키고 존중하는 것을 구체적으로 보여주는 것은 두 분이 원하는 목표인 좋은 아빠 역할하기, 아내가 남편을 존중하는 가정 만들기에 점점 더 가까이 가는 길입니다. 그래서 오늘 두 분께 과제를 드리려고 하는데요. → 연결문

이해결씨는 아빠 역할에서 그 외에 또 무엇을 하고 있었는지 찾아보시고, 이에 대해 아내 분은 관찰해보시는 것입니다. 더불어 남편이 아빠 역할 하는 것을 보게 되면 구체적으로 격려해주시는 것이 과제입니다. 다음 시간에 이에 대한 이야기를 해 보도록 해요. 오늘 여기까지 와서 많은 이야기들을 해주셨는데 감사드리고 고맙습니다. → 과제부여

5. 해결중심 가족상담 적용 사례: 남편 역할을 기대하는 아내, 아내에게 존중받고 싶은 남편

1) 내담자 기초 정보

이해결(남편)은 45세, 김중심(아내)은 42세로, 아들 둘을 키우는 맞벌이 부부이다.

2) 내담자 주 호소 문제

남편은 아내의 잔소리가 심하고, 이것저것 간섭하고 시키는 것이 싫다. 아내가 짜증내면서 소리 지르는 습관이 있어서 집이 편하지 않으며 술은 자주 마시지 않고 한 달에 한 번 정도 많이 마시는데 아내는 형님과 연관 지으면서 예민하게 반응한다고 말하였다.

아내는 남편의 늦은 귀가와 술 마시고 가끔씩 안 들어오는 경우에 대한 불만을 호소하였다. 아들이 뭘 보고 배울지 걱정이며 시아주버님이 간이 안 좋아져서 고생하는데 남편도 알코올중독인 것처럼 보인다고 얘기하였다.

3) 내담자 가족배경

이해결(아빠)은 안경을 쓰고 마른 편의 체형이며 항상 깔끔하게 정장차림으로 상담실에 온다. 원가족으로 형과 여동생이 한 명씩 있는데, 형이 간암으로 고생하고 있다.

김중심(엄마)은 날씬하고 키가 큰 체형이며 깔끔하게 집안정리를 잘한다. 친정 근처에 살고 있는데, 바로 아래 동생이 이혼하면서 같은 동네로 와서 살게 되었다. 자녀 양육에 친정어머니의 도움을 많이 받았었는데 조카(5세)를 돌보게 되면서 지금은 친정어머니 도움을 덜 받게 된 상황이다. 아들 2명(11세, 7세)이 있다.

4) 상담과정

(1) 상담개요

술문제와 늦은 귀가에 불만이 많고 아빠 역할을 해주지 않은 것 때문에 남편을 신뢰하지 못하는 김중심(아내)과 애들 앞에서도 아내가 큰소리로 자신에게 야단치듯 지시하여 자신을 무시한다고 생각하는 이해결(남편)과 함께 상담을 진행한 사례이다. 면접상담으로 회기당 60분씩 3회기를 실시하였다.

(2) 회기별 상담 내용과 변화 과정

회기	주요 내용
1	상담구조화, 면접 전 질문, 남편의 술 문제 등 내담자가 호소하는 상황에 대한 경청, 상담을 통해 해결하고 싶어하는 바에 대한 이야기(목표설정을 위한 질문, 척도질문)
2	강점관점에서 상담 후 변화에 대한 질문하기, 기적질문을 활용한 실천가능한 목표 다가가기, 부부가 서로 조금이라도 만족스러워하고 문제가 일어나지 않은 예외적인 상황에 대해서 탐색하여 이를 강화함
3	상담 후 변화에 대한 질문, 예외상황에서 부부관계 사이에 효과 있었던 방법에 대한 실천적 사례 찾음

1회기(상담목표 설정)

1회기 상담에서는 내담자 부부가 문제 중심으로 상대를 비난하거나 “항상 이 사람은 이래요.” 하면서 변화가능성을 닫는 대화 패턴으로 흐르지 않도록 해결중심적 대화를 이끌면서 상담을 진행하였다. 먼저 면접 전 질문과 좋은 목표 형성을 위한 요건을 갖춘 질문들로 시작하였다.

상담자 상담을 예약하고 기다렸다가 상담에 오게 되셨는데, 그 사이에 달라진 것이 무엇인가요?

남편 위기는 넘겼어요. 제가 술 마시고 기억이 끊겨서 다음 날 집에 들어갔을 때 이 사람이 이혼하자고 했는데, 상담을 예약하고 나서 시간을 벌었으니까요.

상담자 상담 예약과 위기 넘긴 것이 무슨 관련이 있다는 거죠?

아내 술 때문에 항상 이런 문제가 벌어지는데, 상담을 간다고 한 것은 자신의 문제를 인정한 것이니까요. 좀 이제 고치겠죠.

남편 그것은 아니고요, 우리 둘이서 얘기하는 것보다는 상담을 받게 되면 이 사람도 절 이해하게 될 테니까요.

상담자 두 분 다 상담에 대해서 좋은 기대감을 가지고 지난 시간을 보내셨군요. 좋은 기대감을 가진 채 생활하는 동안 뭐가 달라졌을까요?

아내 제가 하고 싶은 말이 많았는데 참았죠, 일단.

상담자 참는 노력을 하신 거네요. 아내 분이 이렇게 참고 계셨다는 것을 아셨어요?

남편 알았죠. 그래서 저도 조심하고 그랬어요.

상담자 와, 놀랍네요. 상담에 대한 기대감을 갖고, 아내 분은 참는 노력을 하셨으며, 남편 분은 그걸 아시고 조심하려고 했다는 것이 인상적이네요.

이상은 면접 전 질문으로 상담을 시작한 예시문이다.

위의 흐름을 이어서 목표설정을 위해 다음과 같이 질문을 하였다.

상담자 두 분 다 상담에 대한 기대감이 있으신데, 상담을 통해서 만약 고민스러워하는 모든 문제가 해결되었을 때를 10점이라고 하고 문제가 아주 심각하고 힘들 때를 1점이라고 한다면 지금은 어디쯤인가요?

아내 한 4점이요.

남편 저는 5점이요.

상담자 그럼 원하는 점수는 몇 점인가요?

아내 7점만 되도 좋겠어요.

남편 저도 7점이요.

상담자 상담을 한 후 기대한 것처럼 7점이 되었다면, 무엇을 보고, '아 우리가 7점이구나' 라고 알 수 있을까요?

아내 남편이 술을 안 마시고 집에 일찍 일찍 들어오면요.

상담자 남편이 술을 안 마시고 일찍 들어오면 아내 분께서는 지금과 뭐가 다를까요?

아내 저녁 차려서 애들이랑 같이 먹겠죠. 애들한테 소리도 안 지르고.

상담자 아내 분이 소리도 안 지르고 저녁밥을 같이 먹는다면 남편 분은 무엇을 다르게 할 것 같으세요?

남편 애들 숙제를 봐주겠죠. 수학이나 그런거.

상담자 두 분이 바라는 목표는 저녁에 식사를 하고, 애들 공부 봐주는 모습으로 그려지네요. 그렇지만 이렇게 갑자기 7점으로 바로 바뀌는 것은 정말 어려운 일이잖아요. 그럼 만약 1점 정도 좋아지는 상황이 만들기 위해 두 분이 노력을 하신다면, 어떤 노력을 해 보실 수 있겠어요?

아내 아마 제가 반찬을 미리 사놓거나 준비해놓았다가 쉽게 저녁을 준비해서 먹으면 일이 줄어들겠죠. 그러면 덜 피곤하니까 소리를 안 지르게 되겠죠.

남편 맞아요. 이 사람은 몸이 피곤하면 짜증을 내고 애들한테도 너무 심하게 소리를 지르곤 해요. 근데 그 소리가 다 저한테 하는 소리 같아요. 저도 1점 정도 노력은 해볼 수 있을 것 같네요. 이 사람이 퇴근하고 집안일을 혼자 다 하는 것은 힘드니까 한 번씩 외식하자고 하겠죠.

이 부부의 목표는 거창하게 '술을 안 마신다'거나 '좋은 아빠 역할을 하겠다'가 아닌 단란하게 저녁 식사하는 집안의 모습이라는 것을 확인하게 되었다. 척도질문에 이어 구체적인 1점 올라간 상황에 대한 질문을 통해 성취가능한 행동 목표에 합의하게 되었다. 더불어 1회기 메시지는 다음과 같이 전달했다.

상담자 오늘 처음 만남이었는데, 두 분께서 솔직하게 이야기를 해주셔서 감사하고요. 상담에 오시기 전부터 상담에 대한 기대감을 갖고, 아내 분은 참는 노력을 하셨고, 남편 분은 그걸 아시고 조심하려고 했다는 것이 인상적이었습니다. 이런 노력을 칭찬하고 싶습니다. 또한 상담목표를 만들면서 두 분의 꿈인 단란한 저녁식사를 통해 좋은 가정을 만들어가고자 하는 궁극적으로 같은 목적을 가지고 계신 것을 발견할 수 있었습니다. 그 좋은 가정의 모습을 지키기 위해서 힘들어도 참고 저녁을 준비한 아내의 성실함을 많이 칭찬하고 싶어요. 또한 남편 분은 아내를 위해 외식하자고 얘기해보겠다는 식의 구체적인 방법을 생각해낸 것 또한 칭찬해드리고 싶습니다. → 칭찬하기

오늘 여기에서 보여주신 가정을 지키고자 한 마음과 그에 대한 실천 노력이 비록 지금은 작은 눈덩이에 불과하지만 이 눈덩이는 점점 커지고 가속도가 붙어서 두 분이 원하는 목표 지점을 향해 전속력으로 날아가게 된답니다. 그래서 오늘 두 분께 과제를 하나 드리려고 해요. → 연결문

남편 분은 아내가 퇴근 후에 저녁을 준비해서 같이 먹을 때, 아내가 가정을 지키기 위한 최선의 노력이므로 이를 관찰하고 나서 고마움을 표현해주시는 것이 과제입니다. 그리고 아내 분은 지금처럼 계속 하시면서 남편의 달라진 모습을 보면서 자신의 느낌이 어떤지 생각해보고 오세요. → 과제제시

2회기~3회기(예외탐색과 기적질문)

2회기부터의 상담에서는 해결중심의 유용한 질문을 중심으로 상담을 진행하였다. 강점 관점에서 지난 1회기 상담 후 변화가 있었던 점에 대해 질문하고, 기적질문을 활용한 실천가능한 목표에 다가갈 수 있는 방법에 대해 대화를 나누었다. 또한 부부가 조금이라도 서로 만족스러워하고 문제가 일어나지 않는 상황에 대해서 탐색하기로 하였다. 먼저 기적질문을 활용한 예시는 다음과 같다.

상담자 이해결씨, 오늘 당신이 여기 와서 상담을 하고 나서 집으로 가시면 식사를 하고 주무시겠죠. 밤에 주무시는 동안 기적이 일어났습니다. 이 기적에 의해 당신이 지금 힘들고 어려워하는 모든 것들이 다 해결되었습니다. 하지만 당신이 주무시는 동안 기적이 일어났기 때문에 기적이 일어난 것을 모르지요. 아침이 되어 당신이 무엇을 보면 '아, 밤 사이에 기적이 일어났구나' 하고 알 수 있을까요?

남편 아내가 소리를 안 지르는 것이요. 다정하게 아침을 시작하는 것이요.

상담자 다정하다는 것이 뭐죠?

남편 옛날처럼 이 사람이 "여보 식사시간"이라고 부드럽게 말하는 것이요.

상담자 남편 분은 또 무엇이 달라진 것을 알아차리게 될까요?

남편 저도 아내의 아침 준비를 도와주고 있겠죠.

상담자 아침 준비를 도와준다는 게 뭐죠?

남편 아파트 쓰레기 분리수거하는 요일이 따로 있는데, 제가 출근할 때 종이류 같은 것은 아내가 시키지 않아도 미리 가지고 내려가겠죠.

상담자 아내는 당신의 그 행동에 대해 뭐라고 할까요?

남편 놀라겠죠. 항상 시켜야 했는데, 그래도 아내가 할 일이 줄어드니까 좋아하겠죠.

상담자 또 뭐가 다를까요?

남편 아침을 상쾌하게 시작하니까 저도 회사 가는 게 기분 좋고, 저녁에도 일부러 늦게까지 일 미뤘다가 집에 늦게 들어오고 하지 않겠죠.

예외질문을 활용한 예시는 다음과 같다. 위의 기적질문에서 내담자가 "예전처럼 이 사람이 '여보 식사시간'이라고 말하는 것이요."라고 했을 때, 곧바로 예외상황을 다음의 예시처럼 탐색하기도 하였다.

남편 예전처럼 이 사람이 '여보 식사시간'이라고 말하는 것이요.

상담자 재미있네요. 예전에 다정했던 이야기를 좀 더 해주시겠어요. 그게 언제죠?

남편 이 사람이 큰애를 낳기 전에는 다정하게 얘기했어요. 지금처럼 소리 지르지 않았어요.

상담자 아내 분이 그 때는 어떻게 그럴 수 있었을까요?

남편 모르겠어요. 사람이 요새는 변했어요. 쉽게 화내고 소리 지르죠. 근데 그 때는 지금처럼 일이 많지 않았으니까요.

상담자 아내 분의 일이 많지 않아서 다정했다는 이야기네요. 그럼 아내 분이 일이 많지 않을 때는 또 언제였나요?

남편 이 사람이 둘째 낳고 1년 휴직하고 있을 때요.

상담자 최근에는 또 언제 아내 분이 다정했었나요?

남편 지난 번에 처제 애들이 왔을 때요.

상담자 그때 남편 분은 뭐가 달랐나요?

남편 글쎄요, 혼자 사는 처제가 조카를 데리고 놀러 왔을 때 우리 애들이랑 그 녀석이랑 같이 목욕탕에 갔다 왔네요.

상담자 남자 애들 셋을 데리고 목욕탕에 다녀오기가 쉽지 않았을 텐데요. 그 때 아내 분이 고마움을 다정함으로 표현하셨나 보네요.

5) 상담결과

이 사례는 남편의 음주 습관과 아내의 소리 지르는 문제를 호소하면서 상담에 오게 되었다. 호소하는 문제 자체보다 이 부부가 좋은 가정을 이루면서 잘 살고 싶어 하는 긍정적인 욕구에 초점을 두어서 상담목표를 설정하였다. 아내가 힘들어하는 집안일을 남편이 도와줄 때 고마움을 표시하는 것, 아이들과의 약속을 지키기 위해 술 약속을 포기하고 집에 와서 게임하는 남편의 모습을 지지해주는 것, 남편은 아내의 집안일 중 분리수거 도와주기와 애들 수학 공부 지도해주기 등 구체적이고 행동으로 성취할 수 있는 목표를 세웠다. 지금껏 잘해온 것들, 효과가 있던 것들, 이들 부부의 강점과 자원 찾기 등으로 진행한 3회기 상담을 통해 이 부부의 목표들이 달성된 것을 확인하고 종결하였다. 남편의 귀가 시간이 빨라져서 궁극적으로 음주 습관(술 마시고 집에 안 들어오기)도 빈도에서 변화가 오기 시작했고, 아내가 집안일에 덜 지치니까 소리 지르면서 화내며 남편을 무시하는 것 같은 문제도 해결되기 시작하였다.

용어설명

- **해결중심적 대화**solution talk : 내담자가 자신의 생활에서 달라지기를 원하는 것과 내담자가 원하는 것, 그러한 일이 일어났을 때에 대한 예외적 상황 탐색 등에 대해 이야기하는 과정이다.
- **기적질문**miracle question : 내담자에게 문제로부터 벗어나 해결책을 생각해볼 수 있도록 돕거나 미래에 해결된 그림을 자유롭게 상상해보며 좋은 목표를 만들어 가는데 도움이 되는 질문으로, 예를 들면 "오늘 밤에 주무시는 동안 기적이 일어났습니다. 아침이 되어 일어나서 당신이 무엇을 보면 '아, 밤 사이에 기적이 일어났구나' 하고 알 수 있을까요?"와 같은 것이다.
- **예외 질문**exception question : 문제상황에 있는 내담자라도 모든 문제들에는 예외가 있기 마련이므로, 내담자가 의식하지 않고 있었던 예외상황이나 행동을 찾아 확장시켜주고 유지시킬 수 있도록 격려하는 질문으로, 예를 들면 "조금이라도 나아졌을 때는 언제입니까?"와 같은 것이다.
- **척도질문**scaling question : 척도질문은 내담자가 주체적으로 자신의 문제 심각성 정도, 해결의지, 정서적 상태 등에 대해 평가해보게 할 수 있는 질문으로, 예를 들면 "모든 문제가 다 해결된 상태를 10점, 전혀 아닐 때가 1점이라고 한다면 지금은 몇 점입니까?" 와 같은 것이다.
- **대처질문**coping question : 대처질문은 내담자가 힘들고 어렵거나 혹은 불가능해 보이는 상황에서 어떻게 견디어 왔는지, 더 나빠지지 않게 한 것이 무엇이었는지를 탐색하는 질문이다. 예를 들면 "그렇게 많은 어려움 속에서도 어떻게 그렇게 할 수 있었나요?"와 같은 것이다.
- **관계성 질문**relationship question : 내담자를 둘러싼 중요한 관계들을 통해 배우게 되는 질문이다. 예를 들면 "남편에게 물어보면 당신이 어떻게 해서 그렇게 할 수 있었다고 말씀하실까요?"와 같은 것이다.
- **메시지**message : 각 회기 마무리 부분에서 내담자에게 하는 피드백으로, 칭찬하기, 연결하기, 과제부여하기로 구성된다.

활용자료

1) 해결중심접근을 활용하여 상담을 진행할 때 다음과 같은 '질문지'를 견본으로 활용할 수 있다.

자녀·친구·가족이 문제를 호소할 때 유용한 질문지
1) 당신의 자녀가 할 수 있는 것과 좋은 능력을 보여주는 것들을 모두 적어 주십시오. (예: 포용력, 인내심, 끈기, 학교와 관련된 능력들, 운동, 창의력, 그 외에 떠오르는 것들)
2) 위에 적은 것들 중 자녀가 규칙적으로 보여주는 것은 무엇입니까?
3) 다음의 환경들 중 가장 변화시키기 쉬운 것은? ① 자녀가 변화시킬 수 있는 상황과 환경 ② 변화시키기 위해 당신이 영향을 줄 수 있는 상황과 환경 ③ 선생님과 학교가 변화시킬 수 있는 상황과 환경
4) 언제 그리고 어떻게 자녀가 문제해결을 위해 도움을 요청합니까?
6) 당신의 자녀는 기쁘고 행복할 때 어떻게 표현합니까?
7) 현재 자녀를 가장 괴롭히는 것이 무엇이라고 생각합니까?
8) 자녀와 대화가 잘 이루어지고 있다고 상상해 보십시오. 무엇이 가장 도움이 되었다고 생각합니까?
9) 자녀의 문제가 조금이라도 덜한 상황을 묘사해 주십시오.
학교·직업
1) 언제 그리고 어떻게 자녀가 학교생활을 잘합니까?
2) 언제 그리고 어떻게 자녀의 학교성적이 향상됩니까?
3) 자녀가 독립적으로 하는 숙제나 집안일에는 어떤 것들이 있습니까?
4) 자녀가 해야 할 필요가 있는 것들을 하게 하는 데 가장 도움이 되는 것은 무엇이라고 생각합니까?

출처: 유재성, 장은진 역(2008), 아동과 청소년을 위한 해결중심상담, pp.372-373

2) '목표 협상시 유용한 질문목록'은 『해결중심적 단기가족치료(가족치료연구모임, 1995)』 92쪽을 참고할 수 있다.

CHAPTER

08 이야기 가족상담

●●● 특성화 고등학교 1학년에 다니는 김열망이 결석을 자주 하자 담임선생님이 어머니 송걱정씨에게 전화를 하였다. 비로소 딸의 결석을 알게 된 어머니의 의뢰로 상담을 받게 되었다. 평소에 딸이 반항적이어서 감당이 잘 안 되고 모녀간에 갈등이 많았다. 열망이는 "제가 하고 싶은 아르바이트, 남자친구 사귀는 것, 친구들과 며칠 놀러가는 것조차 어머니가 다 반대해서 너무 싫어요."라며 불만을 털어놓기 시작했다. 송걱정씨는 "딸이 공부에 전념했으면 하는데, 학교도 자주 빠지고 성적도 하위권이라서, 자퇴하지 않고 1학년을 무사히 마칠 지 걱정이에요. 아르바이트나 남자친구 사귀는 것에 몰두하는 것이 신경이 쓰이고 불안한데, 열망이는 불만이 있으면 아버지에게는 말을 못하고 무서워하면서도 나에게는 욕을 하고 자기 하고 싶은 대로 하기 때문에 힘이 들어요."라며 딸을 키우며 힘든 마음과 무기력함을 호소하였다.

이야기 가족상담은 상담자의 가치관이나 틀보다는 내담자의 관점과 삶을 그대로 수용하고 인정하는 데서 시작한다. 내담자들은 자기 삶의 이야기에 대한 주제가 있고 그에 대한 해석을 가지고 있다. 상담자는 내담자가 자신의 과거와 현재 문제를 이야기하는 외재화대화를 통해, 주 호소문제를 찾게 해준다. 이야기 가족상담의 핵심은 내담자의 삶에서 문제중심의 이야기를 새로운 삶의 이야기인 독특한 결과로 만들어 낸다는 점이다. 또한 상담과정에서 시간적으로는 과거-현재-미래를 연결할 수 있고, 상담자와 내담자가 협력하여 내담자 삶의 변화를 도출하는 점에서 매우 유용한 상담이다.

이야기 가족상담의 대표적인 인물인 화이트Michael White를 중심으로 발달 배경, 철학과 신념, 기본가정, 핵심개념, 상담목표, 상담자 역할 및 기법 등을 살펴보고, 이야기 가족상담을 활용한 상담사례를 소개하고자 한다.

1. 발달 배경

Michael White(1948~2008)
en.wikipedia.org

이야기 가족상담은 포스트모더니즘[6]의 사회구성주의적인 시각에 근거하기 때문에 상담자의 가치관이나 시각으로 평가하지 않고, 내담자가 자신의 경험들을 스스로 해석하고 의미있는 새로운 이야기를 쓸 수 있도록 해준다. 최근에 상담장면에서 이야기 가족상담을 적용한 가족상담이 오스트레일리아, 뉴질랜드를 비롯하여 전 세계적으로 확대되고 있다. 이러한 현상은 탈근대사회에서 내담자들의 다양한 삶의 경험을 이해하고 수용해주는 측면에서 공감을 끌어내고 있다. 이야기 가족상담에서는 내담자 자신과 주변사람들의 다양한 관점과 해석을 통해 문제를 유지하는 틈새와 해결의 실마리를 찾아간다.

이야기 가족상담은 1980년대 이후 오스트레일리아 덜위치Dulwich센터의 화이트와 뉴질랜드의 엡스턴David Epston에 의해 부각되기 시작했다. 대표적인 학자인 화이트는 남오스트레일리아 애들레이드Adelaide에서 1948년에 출생하여 2008년에 사망할 때까지 사회복지실천가와 가족상담가로서 열정적인 삶을 살았다. 화이트는 기계설비일에 종사하다가, 1979년 남오스트레일리아 대학교에서 사회복지실천을 전공하면서 사회사업가가 되었다. 그 이후 애들레이드 아동병원에서 정신보건사회복지사로 근무했는데, 입원환자들에 대한 전통적인 상담접근법의 단점을 인식하면서, 새로운 상담개입에 대해 관심을 갖게 되었다.

6) 포스트모더니즘(postmodernism): 객관적 지식과 절대적 진실이 가능하다는 모더니즘의 신념에 대비되는 개념으로 절대적으로 옳은 기준은 없다고 인식하며, 사실(facts)은 관점(perspectives)으로 대체됨.

이때부터 베이트슨Gregory Bateson의 인지적인 사고와 프랑스의 사회철학자인 푸코Michel Foucault의 저서를 탐독하고 많은 영향을 받게 되는데, 특히 사회의 규범이나 주류의 지배적인 이야기가 사람들에게 영향을 주게 되며, 여기에서 소외되는 계층이나 사람들이 있다고 보았다. 따라서 화이트는 이러한 지배적인 신념체계에서 사람을 해방시킨다는 것에 착안하여 외재화대화기법을 개발했다(김유숙, 2002). 또한 문학, 인류학, 철학 등의 지식과 사회구성주의 원리를 수용하여 내담자의 이야기를 재해석하는 이야기 가족상담의 토대를 만들었다. 덜위치센터에서 생애의 마지막을 보내며 이야기 가족상담을 적용한 가족상담과 저작활동을 했다. 대표저서로는 『Maps of Narraive Practice』(2007), 『Narrative Means to Therapeutic』(1990) 등이 있다.

2. 주요 개념

1) 철학과 신념

이야기 가족상담은 포스트모더니즘과 사회구성주의적 관점의 철학을 가지고 있다. 포스트모더니즘 관점은 절대적인 가치나 지식을 인정하지 않으며, 상담자의 지식이나 이론으로 내담자의 이야기를 평가하지 않는다. 상담자가 내담자보다 높은 권력을 갖지 않으며 내담자와의 관계는 평등하다. 따라서 상담자는 상담과정에서 내담자에 대해 '알지 못하는 자세not knowing posture'를 가지고, 내담자가 자신의 삶에서 최종적인 책임자이며 권위자임을 인정한다.

사회구성주의적 관점에서 각자 삶의 이야기는 가치관, 신념, 사회, 문화, 관습, 언어 등으로 해석하고 규정하게 된다. 따라서 현상이나 상황자체보다는 개인과 사회가 만들어가는 해석이 중요하다.

2) 기본가정

(1) 개인의 삶은 언어를 통해 이야기로 구성·창출

개인의 삶은 언어를 통해 이야기로 만들어지게 되는데, 그것은 그 사회나 문화에서 인정하는 방식으로 해석될 수 있다. 반면에 그 시대나 문화에서 통용되는 방식과 다르게 해석될 때, 이방인으로서 소외를 경험할 수 있으며 독특한 사람으로 평가되기도 한다. 따라서 이야기는 개인 삶의 질과 관련이 있을 뿐만 아니라 다른 사람과의 관계성에도 영향을 미친다.

(2) 이야기에 대한 해석과 반응의 중요성

개인이 말하는 내용에 대한 사실여부도 중요하지만, 이야기에 대한 해석과 그에 대한 반응이 더 중요하다. 다양한 내용contents의 이야기라도 어떤 한 주제나 몇 가지의 주제로 축약되는 경우가 많다. 그것은 자신이 지향하는 사고와 행동이며, 끊임없이 자신의 삶에 대한 해석과정을 거치게 된다. 한 개인의 이야기는 그 사람이 살아가는 방식이나 가치관을 보여줄 뿐만 아니라 이야기를 전달하는 사람의 언어나 태도 등의 비언어적 특징까지도 결합하여 다른 형태로 전달될 수 있다. 따라서 이야기의 사실여부로 논쟁하기 보다는 이야기의 주제나 해석방법을 통해, 자신이 알고 있는 영역과 아직 발견하지 못한 영역 및 의미들을 발견하고 시행하도록 지지하면서 촉진하여 이야기를 재해석 할 수 있도록 하는 것이 중요하다.

(3) 문제나 증상을 나타내는 사람과 문제 분리하기

어떤 사람이 문제나 증상을 보일 때, 문제아나 비정상적인 사람으로 취급하여 인격까지 문제로 삼는 경우가 많다. 그러나 이야기 가족상담에서는 문제는 해결해야 될 것으로 보지만, 인격으로서의 정체성은 인정해준다. 화이트는 문제와 정체성을 분리시키기 위해 은유나 의인화를 사용하였다.

3) 핵심개념

(1) 사회규범에서 규정한 이야기와 자기정체성

사람들은 자신이 힘들게 느끼고 있는 문제에 대해 이야기하면서 사회의 규범이나 가치에 의해 규정된 해석으로 자신의 정체성까지 문제가 있는 사람으로 생각하는 경우가 많다.

화이트는 문제를 사람들 속에 내재화시켜 문제와 정체성을 일치시키는 것에 이의를 제기하며, 문제가 있는 사람을 문제아, 장애인, 비정상인으로 낙인이나 평가하는 것에 대해 비판하였다. 내담자에게 나타나는 문제나 증상과 정체성을 분리시키면 본래의 긍정적인 정체성이 회복되며, 새로운 삶의 이야기를 쓸 수 있게 된다는 것이다.

화이트는 푸코(1965, 1973)가 제시한 '분할행위dividing practices', '대상화행위objectification', '정상성 판단normalizing'을 토대로 문제와 자기정체성을 분리하는 것에 대해 문제제기하였다[7](이선혜 · 정슬기 · 허남순 역, 2010).

(2) 대안적 이야기

문제의 상황이나 영향력을 받지 않은 예외상황을 대안적 이야기라고 한다. 사람들에게 대안적 이야기는 자신에게 지배적인 삶의 이야기가 아니기 때문에 의미있는 해석을 하지 않고 그동안 무시되어 왔던 이야기들이다. 따라서 문제중심의 지배적인 삶의 이야기가 아닌 예외적 사건이나 상황들을 찾아내는 것이 그동안 믿어온 가치와 이야기의 해석을 재조정하는 데 중요한 역할을 한다.

(3) 지배적인 이야기의 재저작

사람들은 각자 삶의 이야기 주제와 구성의 지배적인 이야기가 있다. 즉 삶의 이야기가 부정적인 빈약한 서술이든지 긍정적이고 희망적인 풍부한 서술이든지 사람마다 생각과 행동에 영향을 주는 지배적인 이야기들이 있다. 이야기의 재저작은 내담자의 빈약한 삶의 이야기 서술을 풍부하게 전환시켜주어 희망을 갖게 해준다. 이야기의 재저작에는 자기개념self-esteem과 같은 개인의 정체성영역과 긍정적인 방향으로 행동이 변화하는 행동영역이 모두 해당된다.

화이트는 상담에서 이야기의 재저작 중요성을 역설하였다. 부르너(Jerome Bruner, 1986)가 '내러티브 은유'라는 연구에서 이야기의 은유를 통해 자신의 이야기를 재저작해 나간다는 것에서 영감을 받아 이 개념을 만들게 되었다(이선혜 외, 2010). 즉, 문

---

7) 분할행위 : 노숙자, 빈곤자, 정신질환자, 신체질환자로 대상을 분할하여 일반인과 분리.
대상화행위 : 장애 부위를 범주화하여(예: 시각장애인, 소아마비, 정신지체 등) 인간의 몸을 대상화하는 행위.
정상성 판단 : 인간행위와 사고를 전문분야에서 구성된 인간 삶의 규범에 비추어 정상과 비정상으로 이분화.

학작품에는 장애물이나 곤경이 나오게 되는데, 변화의 가능성이 전제되어 있기 때문에 독자가 재저작 할 수 있고, 독자의 상상이 발휘될 수 있기 때문이다.

3. 상담목표와 과정

1) 상담목표

이야기 가족상담의 목표는 내담자가 현재 문제라고 생각하는 것들을 이야기하게 하여 문제에 대한 탐색과 영향력을 보게 하는 것이 중요하다. 문제해결의 경험들을 이야기하여 문제와 분리된 새로운 정체성과 행동을 할 수 있도록 새로운 이야기를 만들어 나가게 한다.

이야기 가족상담의 상담과정에서 초기작업은 사회, 문화, 관습 등에 의해 구성된 보편적인 신념이나 가치관에 의해 평가되는 내담자의 문제에 의문을 제기하는데서 시작한다. 따라서 내담자가 자기 삶의 이야기를 타인의 시각에서 문제로 평가하고 규정짓던 것에서 벗어나 내담자가 삶의 주체가 되게 한다. 즉 사회의 통념에 입각해 자신의 삶을 해석하는 빈약한 이야기를 해체시키고, 자신이 주체가 되어 풍성한 새로운 이야기로 재저작하도록 하는 과정이다.

2) 상담과정

상담과정은 외재화대화를 통해 내담자의 문제 탐색과 영향력을 평가한 후에 문제의 예외상황이나 해결의 실마리를 찾는 독특한 결과를 통해 새로운 대안적 이야기를 재저작해나가는 것이다. 재저작과정에서 과거-현재-미래의 시간경과를 따라가며 질문하게 되는데, 정체성영역과 행동영역을 오가는 대화를 한다. 또한 회원재구성대화를 통해 내담자의 정체성에 긍정적인 의미를 부여해준다. 마지막으로 인정예식과 외부증인을 통해 내담자 변화를 사회적으로 공인하는 순서로 이루어지는 것이 보편적이다. 그러나 상담회기 진행과정에서 기법의 사용은 융통적으로 순서를 바꾸어 할 수 있다.

상담목표 달성과정에서 상담자는 내담자의 수준에 따라 디딤돌역할을 해주는 비계설정대화를 활용한다. 내담자가 문제의 예외상황과 문제해결의 독특한 결과를 찾아내는 하위단계에서 시작하여, 구체적인 예외적인 사건들을 연결시키는 중간단계, 최종적으로 행동으로 옮기는 상위단계까지 가도록 하여, 새로운 삶의 이야기를 재저작하는 것을 구체화시킨다.

4. 상담자 역할과 기법

1) 상담자 역할

상담자는 내담자 개인의 문제와 정체성을 분리시키고, 타인의 시각에서 문제시 하는 것에 대해 다시 내담자가 주체가 되어 재검토하는 해체작업을 하도록 돕는다. 즉 문제와 사람을 동일시하지 않도록 하여 긍정적인 개인과 가족의 정체성을 찾도록 한다. 이때 상담자와 내담자의 관계는 협력적 관계이며, 상담자는 자신의 관점이나 지식으로 내담자를 평가하지 않는다. 문제와 정체성의 해체를 위해 외재화대화를 사용한다. 이때 은유나 의인화작업으로 행동의 조망과 정체성의 조망을 분리함으로써 내담자 삶에 관한 이야기의 재저작을 돕는다(김유숙, 2002).

상담자는 내담자의 빈약한 서술[8]에 도전하여, 문제에 대한 새로운 관점과 의미를 부여하기 위해 내담자가 문제의 예외상황과 독특한 결과를 찾도록 촉진질문을 해준다. 독특한 결과의 발견을 통해 내담자가 긍정적인 방향으로 삶을 재저작해 나가도록 한다. 상담과정에서 상담자는 입장지도statement of position map를 사용하여 단계별로 질문기법을 사용한다(White, 2004).

2) 상담기법

(1) 외재화대화externalising conversations

외재화대화기법은 내담자가 자신이 겪고 있는 어려움과 문제를 충분히 표현하고 정

8) 빈약한 서술(thin description) : 문제자체에 집중하며, 사회의 규범이나 중요한 타인의 시각으로 해석하고 판단해서 자신을 문제가 있는 사람으로 낙인하며, 단점과 열등한 부분으로 자신의 정체성과 행동을 서술하는 것.

의할 수 있게 한다. 외재화대화를 통해 상담자에게 자신의 힘든 마음과 부정적인 감정을 표출한다. 이를 통해 내담자는 문제로부터 압도당하지 않고 편안한 마음을 얻게 된다. 문제와 정체성을 분리함으로써 문제에 대한 책임감을 갖는다. 또한 내담자가 경험한 문제를 자신의 언어와 이야기를 통해 정의하는 풍부한 서술은 내담자 자신이 주체가 되어 문제해결을 할 수 있다는 자신감을 갖게 한다.

외재화 대상은 다음과 같이 네 가지로 분류된다(고미영, 2002).

- 생각과 감정(걱정, 우울, 의심, 두려움, 질투 등)
- 개인, 가족 간의 관계(거리감, 비난, 말다툼, 싸움 등)
- 사회문화적 관계 상황이나 관습(남성 우월주의, 성차별, 가부장제도, 여성비하, 아동경시, 이성애 지배, 인종차별주의, 경제적 합리주의 등)
- 비유 (원한의 골, 장벽, 안개 속, 벼랑 끝 등)

외재화할 문제를 찾기 위해 "무엇이 달라지기를 원하나요?", "무엇이 당신을 힘들게 합니까?" 등과 같은 질문을 한다. 외재화과정에서 내담자가 사용한 단어를 그대로 사용하거나 은유나 의인화기법을 사용한 이름붙이기naming를 하여 문제를 객관화하고 정의한다. 이름붙이기naming를 할 때, 그림이나 피규어figure를 사용하는 것도 유용하다. 또한 내담자가 어려워하면 몇 가지 예를 들어 주기도 한다. 이름은 2~3개가 되기도 하고 상담과정에서 바뀔 수도 있다.

문제를 정의한 후에는 문제의 영향력을 탐색하고 평가한다. 마지막으로 내담자가 정의하고 평가한 문제가 실제로 문제가 되는지에 대한 정당화 질문을 하여 객관화시킨다. 그림 8-1은 외재화대화 입장지도로, 내담자 자신의 입장을 진술하는 데 유용한 지도이다(White, 2004).

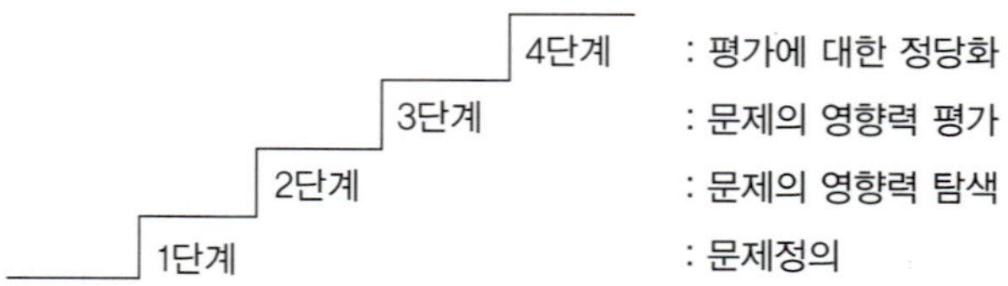

그림 8-1 외재화대화 입장지도

(2) 독특한 결과대화conversations that highlight unique-outcomes

독특한 결과대화기법은 삶을 건강하고 풍요롭게 하는 방치된 이야기를 찾아내는 데 유용하다. 즉 독특한 결과대화는 내담자가 현재 해결하지 못하는 문제에 압도되어 해결될 수 없다는 무기력감, 단점만을 보는 빈약한 서술 대신에, 문제는 해결될 수 있다는 자신감, 장점 등의 긍정적인 내용으로 풍부한 서술을 가능하게 하여 내담자 자신이 원하는 삶의 이야기를 저작하게 된다. 따라서 내담자는 과거에 매어 있던 상처나 문제로부터 자유롭게 되어 현재와 미래를 자신이 원하는 대로 삶을 살게 되며, 잃어버렸던 희망을 찾게 된다. 독특한 결과대화에서는 예외적인 사건을 본인들이 중요하게 받아들일 수 있도록 질문하는 것이 중요하다(김유숙, 2002).

독특한 결과를 찾기 위해 "그와 같은 힘든 일이 발생하지 않은 때도 있습니까?", "이와 같은 새로운 사실을 통해 무엇을 원하고 있다는 것을 알 수 있을까요?", "그것을 좋아하는 것은 어떤 성격을 말해주고 있습니까?" 등과 같은 질문을 하여 내담자가 자신도 알지 못했던 새로운 모습과 행동 및 바람을 발견하게 한다. 독특한 결과 발견하기 과정에서 내담자가 사용한 단어를 그대로 사용하거나 은유나 의인화기법을 사용한 이름붙이기naming를 하여 문제를 객관화하고 정의한다. 독특한 결과 발견하기를 정의한 후에는 독특한 결과의 영향력을 탐색하고 평가한다.

그림 8-2는 독특한 결과대화의 입장지도이다(White, 2004).

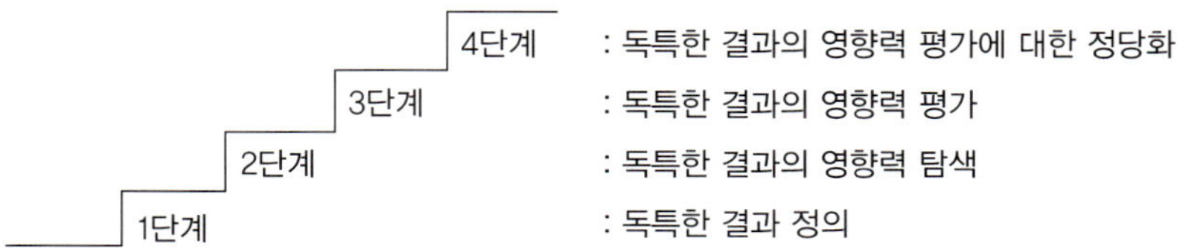

그림 8-2 독특한 결과대화 입장지도

(3) 재저작대화re-authoring conversations

재저작대화에서는 행위영역과 정체성 영역의 질문으로 이루어진다. 행위영역은 사건, 상황, 순서, 시간, 줄거리로 구성되며, 정체성 영역은 지향상태, 가치, 내면상태,

깨달음, 교훈, 지식으로 구성된다[9](이선혜 외, 2010).

① 행위영역의 질문

이 질문기법은 내담자의 행위에서 독특한 결과를 밝혀내기 위해 사건이나 일의 줄거리를 듣기 위한 질문이며 다음과 같다.

- "그것을 어떻게 처음 배우게 됐습니까?"
- "그것은 어떻게 진행됐나요?"
- "그 당시 어떤 일들이 있었는지 말해줄 수 있습니까?"
- "최근에도 그와 비슷한 일들이 있었습니까?"

행위영역의 질문은 과거, 현재, 미래의 시제에 모두 사용된다. 어느 특정하고 독특한 결과의 세부사항 뿐만 아니라, 그 독특한 결과와 연결될 수 있는 다른 행동과 사건들까지 포함한다. 독특한 결과의 '역사'를 만드는 작업이다.

② 정체성영역의 질문

이 질문기법은 내담자 정체성에서 독특한 결과의 의미를 도출해내기 위한 질문으로, 내담자의 이야기들을 경청하고 반영해주어 내담자가 그 일이나 사건에 대해 어떤 생각과 태도를 가지게 되었는지 발견하게 한다. 또한 그 일을 통해 알게 된 지식을 통해 현재와 미래의 삶을 예측할 수 있는 질문기법이다.

독특한 결과에 대해 의미를 도출하기 위해 촉진하는 질문은 다음과 같다.

- "이 일에서 새롭게 발견한 것이 당신의 삶에 어떤 의미가 있을까요?"
- "이 일을 통해 당신이 중요하게 여기는 가치는 무엇입니까?"
- "새롭게 발견한 이것이 당신 인생의 목표에 어떤 도움을 주나요?"

---

9) 내면상태 : 인간의 능동성이나 다양성보다는 개인을 소외시키는 경향과 자제, 자립, 자기실현을 중시함.
지향상태 : 행동하는 주체로서 개인 혹은 타인이 함께 삶의 의미와 곤경을 적극 중재하고 협상함.

(4) 회원재구성대화re-membering conversations

내담자와의 관계에서 중요한 역할을 해준 사람을 의식 속에서 찾아내어 내담자의 정체성에 긍정적인 의미를 부여해주는 기법이다. 회원은 과거-현재-미래에서 모두 찾아 낼 수 있으며, 내담자 삶의 이야기를 재구성하는데 회원들의 이야기가 유용하다(White, 2004). 내담자가 기억해낸 회원들은 내담자의 현재와 미래의 삶에서 지지체계로서의 기능을 발휘할 수 있다. 따라서 회원재구성 대화는 새로운 대안적 이야기를 재저작하는 데 도움을 준다.

회원재구성은 내담자가 원하는 사람들로 구성된다. 내담자에게 영향을 준 가족, 동료 뿐 아니라 책이나 영화 · 음악 · 미술계의 인물, 애완동물, 인형, 캐릭터상품 등 모두 가능하며 현존하는 인물뿐 아니라 죽은 사람도 가능하다. 회원재구성의 초대는 상담자가 강요하지 않으며 내담자가 회원으로 초대하고 싶지 않은 사람들은 제외시킨다.

회원재구성대화 질문에 대한 예시는 다음과 같다.

- "할머니가 부모님과 달리 당신을 특별히 예뻐한 이유가 무엇일까요?"
- "아버지가 살아서 다시 돌아온다면, 당신에게 어떤 말씀을 하실까요?"
- "현재 당신의 삶에 가장 중요한 사람은 누구인가요?"
- "딸은 당신의 어떤 면이 좋다고 말할까요?"
- "당신의 삶이 변화한 것을 가장 먼저 누가 알았나요?"
- "당신의 친구는 과거에 당신의 어떤 모습을 보고 현재 당신의 성공을 예측했을까요?"
- "아내는 당신을 만나서 아내 인생이 어떻게 달라졌다고 말할까요?"

그림 8-3은 회원재구성대화re-membering conversations의 입장지도이다(White, 2004).

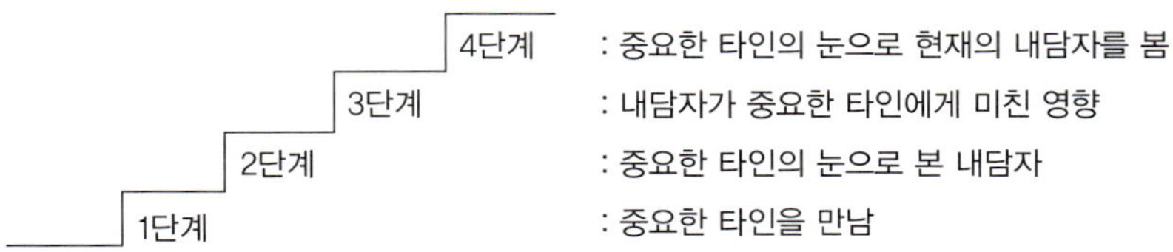

그림 8-3 회원재구성대화 입장지도

(5) 인정예식과 외부증인definitional ceremony and outsider-witness responses

인정예식이란 내담자 정체성이 새롭게 재정의된 것을 공적이고 사회적으로 알리는 것을 말한다(White, 2004). 인정예식은 가족, 친구, 친척, 전문가집단인 반영팀reflex team, 외부 증인 집단outsider-witness group 등이 참여한다.

외부증인은 내담자의 문제를 비슷하게 경험했거나 공감하고 함께 나누고자 하는 사람들이다. 인정예식은 1단계에서 내담자는 자기 삶의 이야기를 청중에게 말하고, 2단계에서 외부증인이 내담자에 대한 느낌을 다시 말한다. 3단계에서 내담자는 외부증인의 이야기를 듣고 자신의 느낌이나 생각을 다시 말하면, 4단계에서 외부증인이나 다른 외부증인집단에서 다시 이야기하는 형식으로 진행된다. 그림 8-4는 외부증인의 입장지도이다(White, 2004).

외부증인 질문의 4단계는 외부증인이 내담자의 이야기를 듣고 다시 말하기에 사용되며, 이에 대한 내용을 표 8-1에 재구성하였다(White, 2004).

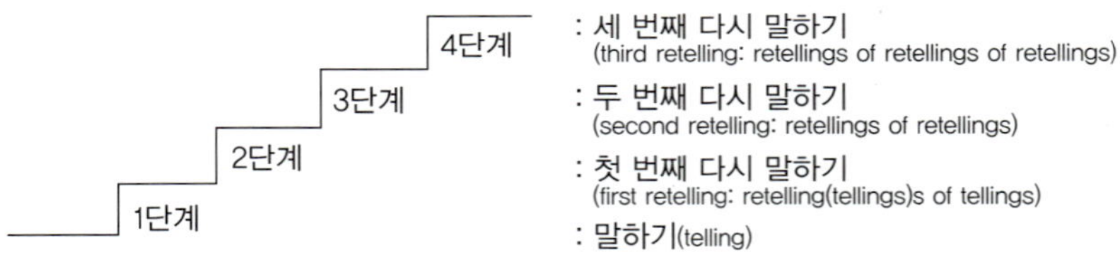

그림 8-4 외부증인 입장지도

(6) 비계설정대화scaffolding conversations

비계설정 대화기법은 내담자가 자신이 알고 있는 영역에서 거리를 두고 생각할 수 있도록 상담자가 촉진질문을 해주면 내담자가 독특한 결과를 찾아내서 삶과 연결시켜 생각하고 행동의 변화까지 도출해나갈 수 있도록 한다. 비고츠키Lev Vygotsky는 건축학 용어인 '비계설정scaffolding'을 사용하여 학습발달연구를 했는데, 혼자 풀 수 있는 영역과 타인의 도움을 받아 풀 수 있는 영역의 차이를 '근접발달영역[10]the zone of proximal

10) 근접발달영역: 비고츠키(Lev Vygotsky)가 만든 인지발달개념으로, 혼자서 해결할 수 있는 실제적 발달수준과 유능한 타인의 도움만을 받아 해결하는 잠재적 발달수준영역 사이를 근접발달영역이라고 함.

표 8-1 외부증인 질문 4단계

단계	명칭		내용	질문
1단계	표현의 식별 (identifying the expression)	표현 (expression)	삶의 이야기를 듣고 관심이 가거나 끌릴 때 인정예식에 참여하여 표현한다.	"내담자 삶의 이야기를 듣고 특별하게 느끼거나 끌린 점은 무엇인가요?"
2단계	이미지의 묘사 (describing the image)	이미지, 은유, 상징(image, metaphor, specular)	삶의 이야기를 듣고 떠오른 상징에서 그 사람의 목적, 가치, 신념, 희망, 꿈, 헌신을 찾아본다.	"내담자 삶의 이야기에서 어떤 이미지(image)가 떠오릅니까?"
3단계	반응의 형상화 (embodying responses)	공명 (resonance)	삶의 이야기를 들으면서 어떤 표현과 상징에서 관심이 집중되었으며, 구체적으로 자신의 어떤 경험이 생각났는지 떠올려 본다.	"내담자 삶의 이야기를 들으면서 구체적으로 자신의 어떤 경험이 떠오릅니까?"
4단계	전환의 인정 (acknowledging transport)	카타르시스 (katharsis)	삶의 이야기에 대한 반응으로 자신을 증인으로 이동시키면서 달라진 것이 있는지 생각한다.	"내담자 삶의 이야기를 들으면서 새롭게 느낀 생각이나 가치관이 있습니까?"

development'라고 했다. 화이트는 이 개념을 사용하여 상담에 적용하였다. 즉 현재 잘 알고 있는 친숙한 이야기는 내담자의 실제적인 발달 수준이며, 잠재적 발달 수준의 이야기를 찾아내도록 상담자가 디딤돌과 같은 역할을 해주는 기법이다(고미영, 2010).

비계설정대화는 내담자 수준에 맞게 하위수준인 1단계에서 가장 높은 단계인 5단계까지 단계별로 질문을 한다. 단계는 1~5단계로 순서대로 이어지기보다는 내담자의 수준에 따라 높은 단계에 갔다가 다시 낮은 단계로 내려오기도 하면서 재순환하게 된다.

비계설정대화의 단계별 질문은 다음과 같다(이선혜 외, 2010).

① 1단계(하위단계): 내담자에게 흔히 일어나지 않거나 별 관심을 두지 않았던 사건에 의미를 부여하도록 내담자를 촉진하는 질문을 한다.

② 2단계(중간단계): 예외적인 구체적 사건들을 연결시킴으로써 사건 간 유대와 관계가 수립되도록 촉진한다.

③ 3단계(중간상위단계): 연결고리에 대한 반영 및 평가를 하여 내담자가 깨닫고 배우게 한다.

④ 4단계(상위단계): 이전 단계에서 깨달은 점이나 배운 것을 토대로 인간의 삶과 정체성에 대한 개념을 형성하도록 내담자를 촉진한다.

⑤ 5단계(최상위단계): 제안된 행동의 성과에 대해 예측해보게 하며, 계획 및 실행단계에까지 갈수 있도록 내담자를 촉진한다.

그림 8-5는 비계설정대화 입장지도이다.

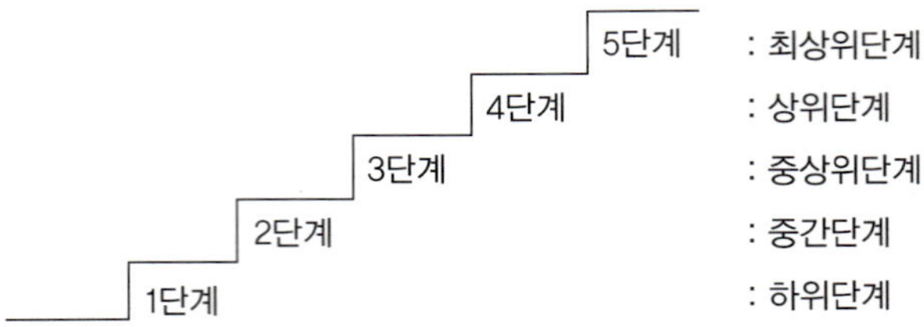

그림 8-5 비계설정대화 입장지도

5. 이야기 가족상담의 적용 사례: 딸의 학교생활이 걱정이에요

1) 내담자 기초 정보

송걱정씨는 43세로 회사원으로 일하고 있으며 학력은 대졸이다. 딸인 김열망은 17세로, 특성화고등학교 1학년에 재학 중이다.

2) 내담자 주 호소 문제

딸 열망이는 어머니가 자기가 하고 싶은 일들(아르바이트, 남자친구 사귀는 것, 친구들과 며칠 놀러가는 것 등)을 매사에 반대하고 제재하는 것이 싫다.

어머니는 딸이 공부에 전념했으면 하는데, 학교도 자주 빠지고 성적도 하위권이라, 자퇴하지 않고 1학년을 무사히 마칠 지 걱정이다. 아르바이트나 남자친구 사귀는 것에 몰두하는 것이 신경이 쓰이고 불안하다. 불만이 있으면 어머니에게 말을 함부로 하는 것이 속상하다.

3) 내담자 가족배경

아버지(46세)는 사업가이며 최종 학력은 대졸이다. 딸(열망)에게 제재를 많이 하며, 언성을 높이는 경우가 많다. 부부갈등이 많으며, 아내나 자녀들에게 말을 함부로 하는 편이다.

남동생(15세)은 중학교 2학년으로 열망이와 남동생의 관계는 아주 나쁘지는 않지만, 가끔 싸우며, 열망이는 엄마가 남동생만 예뻐한다며 불만이 많다.

4) 상담과정

자기가 하고 싶은 것은 반대만 하고 잔소리를 하는 어머니와의 갈등을 호소하는 딸과 학교생활에는 소홀하고 다른 것에만 관심이 있는 딸이 고등학교 1학년을 잘 마칠수 있을지에 대한 불안과 딸의 행동에 제재를 가하면 자신에게 말을 함부로 하는 것으로 인해 속상하다는 어머니를 대상으로 하여 이야기 가족상담의 외재화대화 기법과 독특한 결과 질문, 회원재구성의 기법을 사용하여 개입한 사례이다. 면접상담으로 총 7회기를 실시하였으며, 축어록은 문제의 영향력과 문제와 갈등의 지배적인 이야기에서 분리시키는 데 역점을 둔 1회기 중에 가족정보파악과 인사말 부분은 중략하고 실제적인 상담개입부분을 제시하였다.

(1) 회기별 상담 내용과 변화 과정

1회기(외재화대화를 사용하여 이름붙이기와 영향력 등을 파악하며 목표설정)

문제를 외재화하면서 열망이는 자기가 하고 싶은 것들을 대부분 반대하는 어머니에 대한 불만이 많았으며, 어머니는 열망이의 학교생활에 대한 불안과 걱정으로 딸을 제재했던 것들이 표출되었다. 입장지도를 사용하여 외재화대화를 실시한 것을 그림 8-6에 제시하였다. 어머니는 열망이가 학교 시험은 꼭 보고 있고, 자신에게 대들고 힘들게 하지만, 모녀간에 비밀은 없다고 하였다. 열망이가 자퇴는 하지 않고 졸업을 하겠다는 의지가 있어서 최소한 출석일수를 채우고 있고, 어머니와 대화가 안 통하지만, 아버지보다는 자기 말을 들어주는 편이라고 하였다. 어머니는 열망이가 이성교제를 하는 것에 대한 두려움이 있어 이성교제를 무조건 반대하고 야단치면 딸은 가출하는 것이 반복되면서 모녀간에 갈등이 고조된 상태에 있었다. 상담자는 열망이가 어머

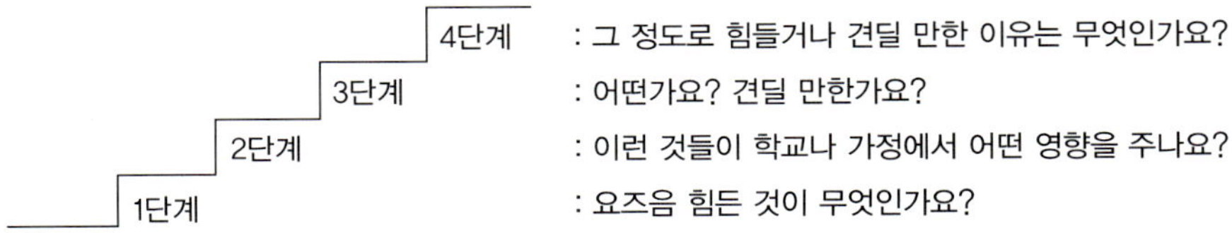

그림 8-6 외재화대화 입장지도

니와는 대화가 되는 편이라고 한 것이 문제해결의 실마리가 될 수 있을 것이라 생각하여, 어머니에게 열망이의 남자친구를 초대하여 대화를 시도해 보라는 과제를 내주었다. 표 8-2에 외재화대화 부분 발췌를 제시하였다.

표 8-2 1회기 외재화대화 부분 발췌

단계	내용
1단계	"요즈음 힘든 것이 무엇인가요?" 라는 질문을 하였다. 딸: 제가 하고 싶은 아르바이트, 남자친구 사귀는 것, 친구들과 며칠 놀러가는 것조차 어머니가 다 반대해서 너무 싫어요. 어머니: 열망이가 공부에 전념했으면 하는데, 학교도 자주 빠지고 성적도 하위권이라, 자퇴하지 않고 1학년을 무사히 마칠지 걱정이에요.
2단계	"이런 것들이 학교나 가정에서 어떤 영향을 주나요?" 딸: 어머니가 내가 하고 싶은 것을 다 반대하니까 학교 가기가 더 싫고 집에서도 어머니한테 대들게 돼요. 어머니: 학교는 제대로 안 가고, 열망이는 불만이 있으면 아버지에게는 말을 못하고 무서워하면서도 나에게는 욕을 해요.
3단계	"어떤가요? 견딜 만한가요?" 딸: 짜증이 나요. 계속 그러면 가출할 거예요. 어머니: 힘이 들고 내가 감당할 수 없을 것 같아 자신이 없어요.
4단계	"그 정도로 힘들거나 견딜 만한 이유는 무엇인가요?" 딸: 남자친구 사귀는 것이나 친구들도 못 만나게 하니까 답답해서 가출하고 싶은 거예요. 그래도 학교는 자퇴 안 할 거예요. 출석일수는 다 계산하고 다녀요. 그래도 아버지보다는 어머니가 내 말을 들어주는 편이에요. 어머니: 친구 만나고 남자친구 만나면서 놀다가 결석도 자주 하고, 나한테 욕까지 하니까 감당하기가 힘든 거예요. 열망이가 그래도 시험(중간고사나 기말고사)은 빠뜨리지 않고 보니까 다행이에요.

2회기(외재화대화를 통한 상담목표설정에 맞는 개입)

열망이가 1회기에 진술한 문제해결의 실마리인 풍부한 이야기 서술을 토대로 상담목표 설정에 맞는 개입을 하였다. 어머니는 열망이의 남자친구를 집으로 두 번 초대하여 밥도 먹고 대화하는 시도가 있었다. 그 과정에서 남자친구가 학교성적이 최하위권이지만, 정직하고 외모도 준수하며 형이 명문대를 다니는데, 동생을 신경쓰고 있다는 점, 맞벌이 때문에 부모가 밤늦게 들어가 열망이가 외로운데 잘해주는 점, 열망이가 어머니에게 거짓말하는 것이나 말 함부로 하는 것에 대해서도 고치라고 말해주는 점 때문에 어머니의 불안도가 많이 낮아져서 잔소리가 줄어들었다. 또한 어머니의 불안감때문에 딸과 남자친구를 떨어뜨려 놓으려 하자 열망이가 반항을 하고 어머니와 갈등이 있었던 것도 현저히 줄어들었다.

1학년 학기말이라 학교 수업일수에 대한 질문을 열망이에게 하자 친구들도 자기를 왕따시키는 것 같고, 아르바이트하느라 학교를 빠져서, 자퇴도 생각하고 전학도 생각했다고 하였다. 상담자가 지금은 어떠냐고 질문을 하자 다른 학교에 전학가려고 알아보니 지금 다니는 학교보다 규율이 더 엄격하며, 지금 다니는 학교에 친구들 중 몇 명은 싫지만, 대부분의 애들이 잘해주고 담임선생님도 잘해줘서 그냥 학교를 다니기로 마음을 굳혔다고 한다. 어머니가 딸이 학교 다니는 것이 걱정이라고 해서 다루었는데, 열망이는 그 부분은 걱정하지 않아도 된다고 했다.

3회기(외재화대화를 통해 미해결된 문제 및 잘 해결하고 있는 독특한 결과 탐색)

열망이는 어머니가 자신이 원하는 액수만큼 용돈을 주지 않을 때나 친구들과 놀러가려고 할 때 못 가게 하면 어머니에게 욕을 하는 행동에 대해서 계속 입장지도를 따라가며 외재화대화를 통해 이름붙이기와 영향력 등을 파악했고, 독특한 결과를 탐색했다. 어머니는 열망이가 한 달에 용돈을 30만원을 쓰는데, 계속 더 달라고 하여 '하마' 같다고 이름붙이기를 하였다. 열망이는 용돈으로 차비나 친구를 만날 때도 쓰고 간식, 옷, 액세서리를 사기도 한다며 많지 않다고 했다. 적정선을 찾는 대화를 시도했다. 그러나 열망이가 자신이 원하는 대로 어머니가 해주지 않으면 욕을 하는 부분에 대해 자신이 성질이 급하고 화가 나서라고 했다. '성난 코뿔소'라고 이름을 붙이고 '코뿔소'로 어머니를 순간적으로 들이 받지만, '코뿔소'는 다시 얌전해진다고 했다. 그 이유는 어머니가 고생해서 일하고 아버지보다는 그래도 자신의 마음을 알아주기 때문이라고 했으며,

어머니는 이 회기에서 딸이 비밀 얘기도 자기에게는 하는 편이고, 대화가 될 때도 있다고 했다. 상담에 아버지는 참석하지 않지만, 부부싸움이 줄어들었고 열망이를 때리는 것을 삼가고 있다. 딸에게 문자메시지도 보내고, 어머니에게도 열망이는 신경써주라고 말한다고 했다. 열망이는 학교를 잘 다니고 있고, 수업일수가 조금 모자라는데 담임선생님이 배려해주어서 무사히 1학년을 마칠 수 있을 것 같다고 말했다.

4회기(문제해결에 대한 독특한 결과 탐색)

3회기 때 외재화대화에서 나온 '코뿔소' 가 나타날 때가 언제냐고 열망이에게 물으니 어머니와 아버지가 싸울 때, 학교가기 싫을 때는 '코뿔소' 가 더 사나워져서 막말도 하고 학교도 안가기도 하며, 용돈도 더 달라고 떼를 쓰는 때도 있다고 했다.

어머니는 아버지가 다혈질이고 자신도 다툴 때는 애들이 있어도 소리 지르며 싸워서 미안하다고 했다. 열망이는 요즈음 조심하고 있는 중인데 언제 또 터질지 모른다고 했다. 어머니와 아버지가 싸울 때 '코뿔소' 가 나타나지 않을 때도 있는지에 대한 독특한 결과를 탐색하였다. '어머니, 아버지가 저러다가 이혼하면 어쩌나?' 하는 생각에 걱정도 되고 더 화가 나지만 '그것도 어머니, 아버지 인생이지 내가 어쩌겠냐?' 생각하면서 방에서 상관하지 않고 잘 때, 아버지한테는 말 못하고 어머니한테만 성질내다보면 어머니가 불쌍하게 느껴질 때, 남자친구를 만날 때나 교회 갈 때, 고모네 사촌들과 만날 때 스트레스가 풀리면서 '코뿔소' 가 사라진다고 한다. 지지해주면서 '코뿔소' 가 심하게 사납지 않을 때도 있냐며 독특한 결과에 대한 확장질문을 하자, 학교가기 싫어서 가끔 빠지기도 하지만, 중간고사나 기말고사 같은 시험은 꼭 보고 출석일수는 채운다고 했다. 그 이유는 그것마저 안하면 안 될 것 같다고 말했으며 어머니도 그 부분은 인정했다.

5~6회기(회원재구성대화를 통해 주변의 지지자원 탐색)

열망이의 남자친구나 고모네 사촌들은 "부모님이 보지 못했던 어떤 모습들을 보아서 잘해주는지? 교회는 어떤 것들을 주는지?" 등의 질문을 통해 회원재구성대화를 시도했다. 열망이는 자신의 성질이 급한 것을 남자친구나 고모네 사촌들도 다 알고 있으며 힘들다고 말한다고 했다. 그리고 부모님은 열망이가 못생기고 뚱뚱하다고 그러는데, 남자친구나 사촌들은 열망이가 애교가 많고 귀엽게 생겼다고 말해준다고 했다. 교회에 가면 하나님은 자기 마음을 다 알아주는 것 같고, 교회 아이들도 잘해준다고 좋아했다. 열망이에게 부모님을 대할 때와 다른 독특한 결과가 있는지 묻자, 생각해 보니 우리 식구가 아니니까 싸워도 자신이 먼저 사과하는 게 다른 것 같다고 했다. 부모님한테는 짜증을 많이 내는데, 밖에 나가면 싫어도 겉으로는 표현을 하지 않고 그냥 웃으니까 사람들이 좋아하는 것 같다고 말했다.

어머니는 딸을 혼자 키우는 것이 힘들었는데 주변에 열망이를 도와주는 사람들이 많다는 것과 열망이에게 칭찬하기보다는 말을 안 듣는 아이로 대하고 야단만 친 것에 대해 새롭게 변화의 다짐을 했다. 열망이는 예전에는 어머니에게 화나면 문자메시지가 와도 답변을 안 하고 무시했는데, 지금은 어머니가 미안하다는 문자메시지를 보내면 '응'이라고 한마디라도 답변을 한다. 열망이는 어머니와 아버지가 싸우는 것을 보면 '나는 왜 이런 집에 사나?' 하는 생각에 더 화가 났는데, 어머니와 아버지 때문에 자신이 불행해질 필요가 없다는 생각이 든다고 했다.

7회기(외재화대화를 통해 목표설정의 달성과정 파악과 독특한 결과 확장해나가기)

열망이에게 외재화대화를 통해 목표설정의 달성과정을 파악하자, 어머니와 아버지가 싸우는 집 분위기 때문에 자신이 불행해질 필요가 없다고 했다. 그러면 어떻게 살고 싶으냐는 질문에 자기는 행복하게 살고 싶다고 했으며 행복이라는 단어를 가지고 독특한 결과를 계속 확장시켜나갔다. 열망이는 어린 시절 어머니, 아버지가 안 싸울 때, 가족들이 바닷가, 차밭에 놀러갔을 때, 학교에서 자신을 왕따 시킨 애들도 있지만, 대부분의 애들이 잘해줄 때, 담임선생님이 아버지보다도 더 자상한 것, 남자친구를 만날 때 등을 말했다. 어머니는 열망이와 같이 외식이라도 더 자주해야겠다고 하였다. 상담자가 "앞으로 열망이가 행복하게 사는 것은 뭘까?"라는 질문을 하자 열망이는 어머니한테는 대학을 안 갈 거라고 말했지만, 자신이 지금 컴퓨터를 잘하고 자격증도 있으며 디자인학과에 다니고 있으니까 그 계통으로 최소한 전문대는 가서 직업을 가진 다음 돈도 많이 벌고 사랑하는 사람과 결혼해서 행복하게 사는 것이 꿈이라고 했다. 수업일수가 모자라 1학년에 자퇴할까봐 걱정했던 어머니 생각과 달리 무사히 1학년을 마친 것을 칭찬하고 열망이가 원하는 것을 이루기 위해 남은 학년도 잘 마치도록 지금 학교생활과 디자인 공부를 계속 잘 하도록 상담자가 격려했다. 어머니는 그동안 부부갈등이 깊었으며 그것 때문에 딸에게 미안하다고 하고 걱정과 달리 열망이는 잘 해나가고 있는 것 같아 조금 안심이 되며 지금처럼 대화로 문제를 풀어나가겠다고 했다. 부부문제는 따로 앞으로 상담을 받기를 권유했다.

(2) 1회기 상담 축어록

상담자 어머니는 무엇이 달라지면 문제가 해결되었다고 할 것 같으세요?(외재화대화- 문제정의)

어머니 열망이가 아무리 전문계 고등학교라지만, 고1인데 공부는 안하고 아르바이트하겠다고 하고, 남자친구도 너무 자주 만나 걱정이에요.

상담자 어머니는 열망이가 공부보다 다른데 신경 쓰는 것 같아 걱정이 되시는 군요.

딸 어머니는 내가 하고 싶은 거는 하라고 하는 게 없어요. 아르바이트도 못하게 하고, 석민(열망이의 남자친구)이도 못 만나게 하고 잔소리만 해요.

어머니 아르바이트도 꾸준히 하면 누가 뭐래? 마음 안 맞으면 한 달 만에도 싸우고 나오잖아. 석민이도 너무 자주 만나고 용돈도 적다고 나한테 욕하고 나가버려서 너무 힘들어요.

상담자 요즘 열망이와의 관계에서 많이 힘든 것 같네요. 어머니가 힘들어하는 그것을 한 마디로 하면 뭐라고 할 수 있을까요? 이름을 한 번 붙여보시겠어요?[외재화대화- 문제에 '이름붙이기(naming)'를 하여 구체적인 어려움을 탐색하게 함]

어머니 한마디로 말하면 까만 먹구름요. 곧 천둥번개가 치고 소나기가 내릴 것 같아 너무 불안해요. 열망이가 나중에 뭐가 될까 걱정도 되고, 저는 그래도 참는 편이지만, 아이 아버지는 정말 무섭거든요.

상담자 열망이는 어머니 말을 들으니까 어떤 것 같아?

딸 어머니는 저를 안 믿어요. 때리지는 않지만 잔소리가 정말 싫어요. 내 말을 무조건 무시하니까 나중에 욕까지 하게 되고 그러고 나면 얼굴보기가 민망해요. 아버지는 더 싫어요. 욕하고 때리고, 아버지가 집에 있을 때는 집에서 나와요. 이 집에서 내가 뭔지 모르겠어요.

상담자 열망이의 마음을 한 마디로 표현하면 뭐라고 할 수 있을까?

딸 (고개 숙이고 잠시 생각하더니) 너무 화가 나요. 집에 들어가기도 싫고.

상담자 이름을 붙여본다면 어떻게 하고 싶어?[외재화대화- 문제에 '이름붙이기(naming)'를 하여 구체적인 어려움을 탐색하게 함]

딸 아버지는 무식, 어머니는 잔소리꾼이요. 아버지는 화나면 무식하게 때리고, 말도 안 통하고, 어머니는 그래도 좀 낫죠. 잔소리만 안하면 좋겠어요. 내가 하는 것을 무조건 반대 안 하면 좋겠어요.

상담자 어머니가 열망이를 믿어주지 않고 잔소리하는 것이 싫고 무조건 반대하는 것이 싫단 말이지? 열망이는 그것이 왜 그렇게 싫은 걸까?

딸 내가 어린애도 아니고 이제 고1이잖아요. 내 일은 내가 알아서 한다고요.

어머니 뭘 알아서 해? 학교도 많이 빠져서 자퇴할까봐 얼마나 걱정했는데, 고등학교도 졸업 못하는 줄 알고.

상담자 열망이가 자기 일은 알아서 한다고 했는데, 그동안 어떻게 해왔는지 말해 줄 수 있어?(독특한 결과 탐색)

딸 중학교 때까지 개근했고, 어머니말대로 남자친구도 안 사귀고, 공부도 아주 못하지는 않았어요.

상담자 그랬구나. 지금은 어떤 것 같아?

딸 지금은 고 1이니까 내가 하고 싶은 일을 하고 싶어요. 독립적으로요. 그리고 최소한으로 제가 지키려는 게 있어요.

상담자 아, 그러니까 열망이는 중학교 때까지는 어머니말대로 했지만, 고 1이니까 스스로 독립적이 되고 싶고, 최소한 지키려는 것도 정해놨다는 것이지?(독특한 결과를 발견한 것에 대한 지지)

딸 최소한 고등학교는 졸업할 거예요. 석민이하고 선을 정해놨어요. 뽀뽀 이상은 안 할거에요. 어머니는 내가 임신이나 할까봐 생리일까지 체크하고 정말 자존심이 상해요. 요즘 석민이 따라서 교회도 나가고 정말 건전하게 사귄단 말이에요. 저도 그렇게 함부로 사는 거 싫어해요. 그런 애들도 싫어하고요.

상담자 열망이는 나름대로 선을 정하고 최소한 그것은 지키면서 사는구나. 어머니는 열망이의 말을 들으니 어떠신가요?(독특한 결과를 발견한 것에 대한 지지)

어머니 열망이가 고등학생이 되고 너무 달라져서 제가 예민하고 불안한 것도 있지만, 얘 때문에 제가 너무 힘이 들어요. 그러다보니 안 좋은 소리가 오고 가고, 아버지는 다혈질이라서 더 심했는데 남자친구는 집에 한번 놀러오라고 해야겠어요.

5) 상담결과

어머니의 열망이에 대한 걱정과 불안(학교자퇴, 딸의 남자친구)이 많이 감소되어 어머니의 잔소리가 줄었다. 열망이가 어머니에게 욕이나 함부로 말하는 것이 감소하면서 모녀간에 관계개선이 되었다. 아버지는 상담에 참석하지 않았지만, 부부싸움이 줄어들면서 딸을 때리고 위협하는 행동도 감소하였다.

열망이는 고등학교 1학년을 무사히 마쳤고, 독립심과 책임감을 가지고 자기 인생을 설계하겠다는 의지를 보였다.

용어설명

- **외재화대화**externalising conversations : 내담자가 자신이 겪고 있는 어려움과 문제를 충분히 표현하여 자신의 힘든 마음과 부정적인 감정의 표출 및 문제의 영향력을 파악할 수 있게 한다.
- **독특한 결과대화**conversations that highlight unique-outcomes : 내담자가 현재 해결하지 못하는 문제에 압도되어 문제가 해결될 수 없다는 무기력감, 단점만을 보는 빈약한 서술대신에, 문제는 해결될 수 있다는 자신감, 장점 등의 긍정적인 내용으로 풍부한 서술을 가능하게 하여 내담자 자신이 원하는 삶의 이야기를 재저작하는 데 기초가 된다.
- **비계설정대화**scaffolding conversations : 내담자가 자신이 알고 있는 영역에서 거리를 두고 새롭게 경험하거나 의미부여할 수 있는 예외상황과 독특한 결과들을 생각할 수 있도록 상담자가 촉진질문을 해주는 것을 말한다. 'Scaffolding'을 '거푸집'으로 번역하기도 하나, 내담자가 수행할 수 있는 보다 높은 근접발달영역으로 진행하는 과정에서 내담자가 독특한 결과를 삶과 연결시키는 데에 상담자는 발판의 역할을 하는 협력자와 촉진자의 역할이 중요하므로 '비계설정'으로 설명한다.

활용자료

1. ‘외재화대화 입장지도’(대학생 실습자료)

가족상담 강의시간에 ‘외재화대화 입장지도’실습을 2개 대학교 60여명의 대학생을 대상으로 실시하였다. 그림 8-7과 같이 외재화대화 입장지도에 따라, 1단계 질문인 “요즈음 당신을 힘들게 하는 것이 무엇입니까?” 그리고 “그것에 이름(naming)을 붙여보세요.” 식으로 진행하여 2, 3, 4단계의 질문을 하였다.

그 결과 대학생들은 외모, 과제, 시험, 진로, 스펙 쌓기, 군대, 아르바이트, 이성교제, 게으름, 외로움 등에 대한 고민이나 어려움을 호소했으며, 학생들은 서로 비슷한 고민에 공감하는 분위기였다. 여기에서는 표 8-3과 같이 외재화대화 입장지도의 1단계 질문에 대한 대답에 이름붙이기(naming)한 것을 제시하였다.

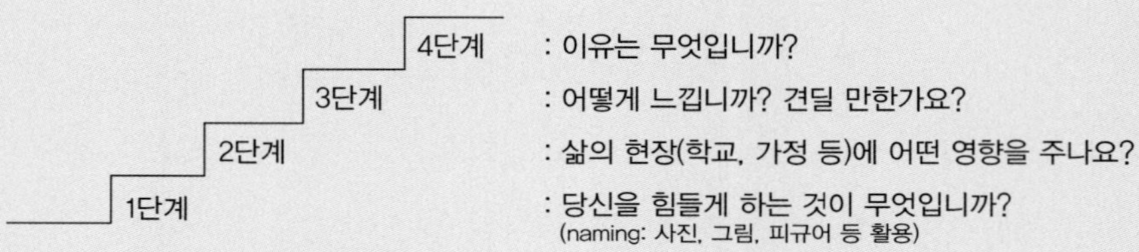

그림 8-7 외재화대화 입장지도

표 8-3 외재화대화 입장지도 이름붙이기 사례

이름붙이기(naming)	의 미
돼지, 딱풀	뱃살 때문에 고민임
진드기, 추격자, 악마, 폭풍	과제, 발표, 시험, 실습에 대한 부담, 압박감
나 홀로 집	심심, 외롭고, 무기력해짐, 밥 챙겨먹지 않음
백마 탄 왕자	이상과 현실의 괴리 크고, 스펙을 높여야 하는데, 진로에 대한 확신도 없음
눈물 맺힌 시름	매일 답답함, 죄책감
배터리 없는 로봇, 못된 곰, 굼벵이	학교 지각, 의욕 없음, 잠, 허약한 체력, 게으름
벌레	군대에 가기 싫음
OMR카드	아르바이트(과외 등)를 가야하는데 가기 싫음(피할 수 없고, 수정도 못함)
총 맞은 것처럼	이성친구와 헤어져서 마음이 아픔

2. 회원재구성대화 입장지도(부부들의 회원재구성대화 프로그램)

건강가정지원센터에서 의사소통이 잘 안 되는 부부 네 커플 대상으로 집단프로그램을 실시하였다. 총 4회기를 실시하였으며, 1회기와 4회기에 부부에게 지지자원의 탐색에 대한 회원재구성 작업을 하였다. 매체를 사용하여 색상지 위에 지점토로 부부 공동작업을 하였다(각자의 생각을 표출하도록 부부는 서로 침묵하는 가운데 공동작업을 실시하라고 지시함). 작업 후에 그림 8-8, 표 8-4와 같이 '회원재구성대화 입장지도' 1~4단계 질문을 통해 부부들이 각자의 이야기로 표현하였다.

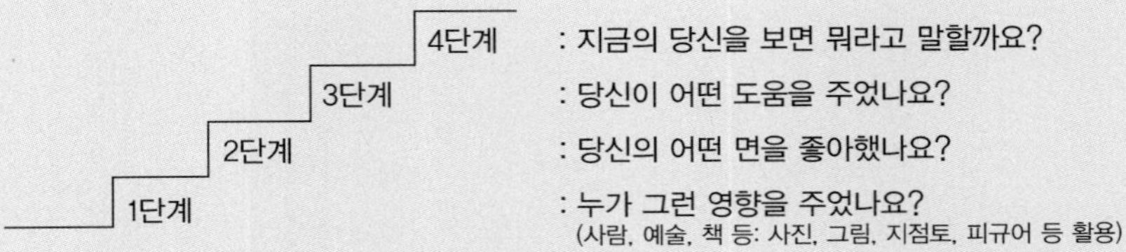

그림 8-8 회원재구성대화 입장지도 실습자료

그 결과 1회기(before) 때 부부는 표정과 관계가 경직되어 따로따로인 듯한 모습을 보였고, 배우자를 지지자가 아니라 힘들게 하는 사람으로 인식하였다. 마지막 회기인 4회기(after) 때는 부부들의 모습이 밝고 친밀한 모습으로 변하였으며, 서로에게 가장 큰 지지자임을 말로 표현하였다. 그림 8-9의 부부공동작업에서도 1회기보다 4회기가 서로 배려와 협동하는 모습을 보이며, 각 커플이 한 팀임을 보여주는 통합되고 좀 더 풍부한 그림의 형태가 표출되었다.

표 8-4 부부들의 회원재구성대화 각 단계 예시

단 계	내 용
1단계	"누가 당신에게 많은 영향을 주었습니까?" 라는 질문을 하였다. 네 커플 모두 "남편(아내), 가족" 이라고 대답했다.
2단계	"남편(아내, 가족)은 당신의 어떤 면을 좋아하나요?" 각 커플들 간에 좋아하는 면을 나누었다.
3단계	"당신은 남편(아내, 가족)에게 어떤 도움을 주었습니까?" 각 커플들 간에 도움을 준 이야기들을 구체적으로 말하였다.
4단계	"지금의 당신을 남편(아내, 가족)은 무엇이라 말할까요?" 가족 안에서의 자신의 역할 및 자신과 부부의 마음을 아는 계기가 되었다고 하였다.

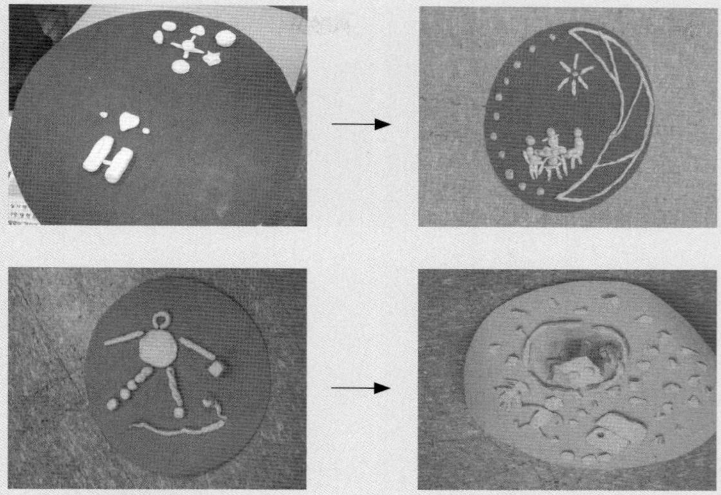

before(1회기) after(4회기)

그림 8-9 부부 공동작업 예시

CHAPTER

09 통합적 가족상담

●●● 과열이는 "나는 친구들을 때리는 게 즐거워요. 어렸을 때부터 칼이 좋았어요. 그래서 자주 칼을 긁는 습관이 있어요. 누군가 시비를 걸면 확 해대고 싶어요. 나는 항상 어둡고 지쳐있어요. 그냥 숨이 막히고 답답해서 몰래 담배를 피워요. 학교를 다닐 수도, 안 다닐 수도 없어요. 아빠가 죽어도 학교는 다녀야 한다고 하는데 학교에만 가면 미치겠어요. 가서 엎드리고 있어요. 아무래도 부모님이 언젠가 이혼할 것 같아서 늘 불안했어요."라고 호소하고 있다.

내담자는 상담에 의뢰하기 열흘 전쯤 재학 중인 고등학교 현관문 유리창을 오른손 주먹으로 내리쳐 문이 내려앉는 소동을 일으켰으며, 이로 인해 오른손이 많이 찢어졌고 팔에 상처가 심해 1주일 간 병원에 입원하기도 하였다. 그 후 학교의 지시로 분노와 친구폭력문제로 상담에 임하게 되었다.

초기 가족치료의 선구자들이 체계론적으로 가족상담에 대한 인식과 발달을 도모하였다면 포스트모더니즘 이후의 사회구성주의에 입각한 가족상담은 새로운 패러다임과 세계관으로 그 지평을 넓히면서 각광을 받았다. 그러나 최근에는 초기와 후기의 가족상담 이론 및 기법에 근거한 통합적 접근방법으로 새롭게 전환되고 있는 추세이다. 통합적 가족상담이란 가족상담 개입의 유용성과 효과의 극대화를 위해 목적에 맞도록 여러 이론들을 통합하여 새로운 가족상담 모델로서의 고유성과 전문성을 확보한 다차원적인 모델을 말한다.

이 장에서는 통합적 가족상담의 발달 배경과 통합적 가족상담의 개발을 위한 다양한 접근 방법 등에 대하여 살펴보고 통합적 가족상담 모델의 하나인 구조·경험적 가족상담의 모델을 소개하고 그에 따른 가족상담사례를 제시하고자 한다.

1. 발달 배경

가족상담은 1940년대 초에 시작하여 약 40여 년간 전통적인 가족상담 모델들을 발달시켜왔다. 그 이후 1980년대 포스트모더니즘 사고가 확산되면서 새로운 방향으로 전환, 후기 모델로 불리는 해결중심모델과 이야기치료 등으로 발전되었다. 그런데 최근의 가족상담은 체계론적인 세계관과 사회 구성주의 관점 등을 뛰어 넘어선 통합적인 시각이 요구되고 있다. 이는 가족상담이 '이것과 저것 모두both-and'의 시각에서 '서로가 서로를 살리면서 더불어 살아가다'라는 의미를 가진 상생의 상담으로 변화되면서 나타난 새로운 추세이다(정혜정, 2004). 이러한 현상은 가족상담을 하는 사람들이 가족이란 보다 복잡한 영역이라는 것을 더 많이 인식하게 되며, 인간 역시 다차원적인 맥락에서 사고하고, 느끼고, 행동하는 복합적인 존재로 받아들여지면서 어떤 한 개의 단일이론이 모든 사례에 임상적인 효과를 보이거나 보편적으로 적용될 수 없다는 인식이 확대되었기 때문이다(Minuchin, Nichols & Lee, 2007). 이러한 견해는 이제 가족상담에서 어떤 하나의 접근법이 임상적으로 효과적이라거나 모든 인간행동과 가족을 설명해주는 단 하나의 진실이라는 가정을 내세우기 어려워진 것을 의미한다.

그러나 우리 사회에서는 통합이라는 용어가 부정적인 의미를 함축하고 있는 듯하다. 통합은 전문성이 떨어지거나, 단순히 이런저런 이론을 절충한 혼합적인 것에 그치기 때문에 매력적이지 않은 이론으로 느껴질 수 있다는 것이다(Nichols, Schwartz, 2001). 이런 선입견은 통합의 고유성과 전문성을 인정하기 어렵다는 생각에서 비롯될 수도 있으나 이제 통합의 의미를 새롭게 할 필요가 있다. 왜냐하면 '통합'의 사전적 의미는 '여러 요소들이 조직되어 하나의 전체를 이룬다'로, 곧 '하나로 어우러지다'라는 말이기 때문이다. 이는 개별화된 각각의 여러 요소들이 하나로 이루어지듯 조화를 이루어 균형 상태에 이른다는 의미로, 개별화나 분화를 넘어선 개념으로 보인다(Nichols & Schwartz, 2001; 정석환 역, 2002, 재인용). 그러므로 통합적 가족상담이란 인간의 사고와 행동의 영역이 상당히 넓다고 보고 가족 심리의 근간이 되는 가족체계에 대해 보다 확장된 영역으로 구조화하는 상담이라고 말할 수 있다.

이처럼 통합적 가족상담모델은 다차원적이고 다기능적이다. 구조적 가족상담의 대가인 미누친Salvador Minuchin은 말년에 이렇게 말하고 있다. "상담은 진실에 관한 것이 아니라 선택에 관한 것이다. 모든 상담자들은 나아갈 방향 안에서 언어를 채택하고, 은유를 선택하고, 의미들을 할당하고, 변화를 추구하는 등 여러 선택들을 한다." 어느 한 상담모델이 명확성을 보증할지도 모르지만, 심리치료는 은유적 의사소통에 상당히 의존하고 종종 그로 인해 혼란, 모순, 상충되는 생각들, 오해, 심지어는 충돌을 가져올 수도 있으므로 상담현장에서는 치료가 다양한 수준에서 일어나야 한다(Minuchin, 2007)고 하며 많은 이론에 대하여 차용이 무의식적으로 일어날 수밖에 없다는 것을 겸손히 인정하고 있다. 이와 같이 통합적 접근의 목적은 가족상담에서 유용성과 효과를 극대화하기 위한 것이다. 효과적인 통합적 접근은 분명한 방향을 가지고 있기 때문에 독자적이며 고유한 모델이라고 할 수 있다.

통합적 가족상담은 우선 통합이라는 용어의 영역과 의미에 따라 아주 다양한 접근들이 가능하므로 발달과정을 살펴보는 것은 무리가 있다. 따라서 많은 이론에서 파생된 통합적 가족상담 모델의 발달사를 축약하여 설명할 수는 없고 그간의 조류를 다음의 세 가지 유형으로 분류하여 설명하고자 한다(Nichols & Schwartz, 2001).

첫째, 다른 모델과 방법들을 자유롭게 수용하는 절충주의이다. 가족상담자가 상담을 할 때 이런저런 이론을 혼합하여 언제든지 선회가 가능하도록 자유롭게 상담기법들을 수용하는 방법이다. 물론, 상담자가 임상적 기준과 중심을 갖고 있다는 전제 하에 절충할 수 있어야 한다. 이 때 절충에 대한 시각은 부정적인 관점과 긍정적인 관점으로 나눌 수 있다. 즉, 상담에 숙련되지 못한 자가 상담할 때 어려움이 있어서 이것저것 사용하는 의미의 혼합적 · 무질서의 개념으로, 부족하고 결함이 있는 상담적 태도라고 지적하는 경우와 이와 반대로, 절충을 긍정적 · 수용적 의미로 받아들여 그 절충 개념 자체로 충분히 인정하고 보편적 · 총괄적으로 보는 관점이 있다.

둘째, 선택적 차용의 모델이다. 가족상담자가 어떤 한 모델을 선호하여 견고하게 사용하면서도 보완적인 측면으로 다른 모델의 기법을 빌려와 부분들을 차용하여 통합하는 모델이다. 이들은 자신이 선호하는 주 모델로 시작하여 차용한 부분으로 적용하고 수정 · 확장시켜 자신의 분야를 더욱 견고히 하는 유형이다. 광의의 의미로 보면 대부분의 전문 임상가들 역시 한 개의 단일이론에 근거하기 보다는 무의식적으로 다른 좋은 모델의 원리나 기법을 차용해오고 있다는 의미와도 상통한다. 이런 점에서 숙련된 상담자들 역시 순수주의자는 거의 없다고 보며, 처음에는 한 모델로 시작하지만, 이후 그것을 수정하고 확장시켜 자신의 견고한 사상과 기법으로 결합시키는 경향이라고 할 수 있다. 예를 들면 카터Betty Carter는 원래 보웬Murray Bowen의 모델로 훈련을 받았고 그 이론에 근거를 두었으면서도 여성주의 이론을 보완하고 확장시켜 적용하였으며 이를 통해 자신과 그 분야에 두각을 나타내고 있다.

셋째, 특수하게 고안된 모델이다. 이 모델은 또 세 가지 유형으로 분류될 수 있다. 하나는, 가족상담의 효과를 극대화하고자 전통적인 가족상담 이론 중 두 가지 다른 접근법을 동등하게 결합시켜 구성한 모델이다. 이들은 분명한 의도와 범주를 가지고 두 이론의 특징을 결합하여 초점을 흐리지 않고 치료의 지평을 넓히는 데 목적이 있다. 여기에는 이야기 해결모델, 통합적 부부치료, 구조주의와 전략주의 상담모델, 전략적 치료와 행동치료, 정신역동과 체계경험주의와 체계치료법 등 무수한 모델들이 있다.

다음 유형은, 가족상담이론들을 아우르고 포용하는 포괄적인 통합모델로 고안된 모델이 있다. 이들은 전통적인 가족상담의 선구자들이 한 부분만을 집중적으로 탐색했다고 생각하고 현존하는 가족상담 모델을 보완하기 위하여 새로운 모델을 창안하는 유형이다. 이 유형은 각 이론가들의 편향된 관점이라고 여겨지는 것들을 한데 묶어 좀 더 넓은 차원의 융합을 시도하며 포괄성을 향상시키고자 하였다. 그만큼 인간과 가족은 복합적이고 다차원적이라고 전제한 것이다. 보웬의 세대간 불안과 전수·분화의 개념, 미누친의 가족구조, 사티어Virginia Satir의 경험과 감정, 헤일리Jay Haley의 위계 및 전략의 초점에 좀 더 넓은 차원의 관점들을 융합하고자 하는 모델이다. 이에 해당하는 모델로는 구조 초월적 모델과 통합적 문제중심 상담모델 등 무수한 모델들이 있다.

다른 또 하나의 유형은, 일반적인 가족들보다는 특별한 임상문제를 다루기 위해 특수한 목적을 가진 통합모델들이다. 즉, 심각한 증상이나 어려움을 극복하기 위해 새롭게 창조된 모델들이다. 이러한 문제들은 단일 접근으로는 부족하다고 보고 특수한 임상적인 필요를 위해 새로운 접근법으로 대상과 문제 및 맥락에 따라 구성되는 특징이 있다. 가정폭력, 성폭력, 공동체 가족상담, 근친상간, 청소년문제, 정신분열, 섭식장애, 이혼, 감옥, 알코올 및 각종 중독 등의 특수목적과 그룹을 대상으로 만든 치료모델 등이 다. 이들은 체계이론, 정신분석, 행동주의, 신경생물학, 여성주의, 구성주의, 이야기치료의 측면들을 임상문제에 초점을 두고 통합하여 치료적인 효과를 내고 있다.

이와 같이 다양하고 무수한 통합모델 중에서 특수하게 고안된 모델로 포괄적인 유형의 통합 형태를 가진 두 가지 모델을 간략하게 소개하면 다음과 같다.

하나는, 구조초월주의 모델을 눈여겨 볼 수 있다. 이 모델은 브라운린Douglas Breunlin, 슈워츠Richarad Schwartz, 카러Betty Mac Kune-Karrer 등 세 명의 가족상담자에 의해 고안되었다. 이들은 가족상담자들이 서로 경쟁적인 학파의 이론을 적용할 때 발생하는 제한점을 발견하고, 일반인들을 혼란스럽게 하는 개개 학파를 넘어서서 각 학파가 어떻게 인간 경험의 주요 영역을 설명하고 있는지를 본 후 6개의 주요 분야를 선택하여 총합하였다. 이 개념 영역은 심리내적과정, 가족구조, 가족발달, 가족 상호작용의 연쇄과정, 문화, 성이다. 통합의 목적은 내담자를 위해 초월적인 원칙에 입각하여 서로 연결한 다음 치료의 극대화를 이루고자 함이다. 이들은 구조개념과 초월원리에 기반을 두면서도 주요 통합개념의 렌즈를 가지고 인간의 속박된 감정, 얽힌 관계, 압박이 되고 있는 상황문제들을 가족상담사와 함께 잘 풀어갈 수 있는 보다 넓은 길을 제시하고 있다. 따라서 구조초월주의 통합모델은 가족치료의 정통모델을 고집하는 많은 상담자들에게 벽을 넘어선 개념들을 통합하여 관점 확대와 도전을 갖게 만든 모델로 알려져 있다.

또 다른 하나는 1980년대 초에 슈워츠와 그의 동료들에 의해 개발된 내적 가족 체계(IFS) 모델이다. 이 모델은 현존하는 학파들이 한계에 부딪치면서 생겨났으며, 가족상담만으로는 충분하지 않다고 생각되는 환자를 상담하면서 발달했다. 내적인 작용의 부분들에 대한 확장개념으로 가족의 범주를 넘어서는 '체계'에 대한 생각을 심리내적 과정의 영역과 더 넓게는 문화적 · 정치적 문제로까지 넓힌 것이다. 통합의 의미로는 구조주의, 전략적, 경험주의, 심리역동, 보웬학파의 특징들을 가지고 공통적인 요소를 가지고 내적인 부분에 접근하고자 하였다. 예를 들면 '이상식욕 항진' 내담자 자신의 내부의 '소리' 또는 '부분들'이 내면에서 어떻게 순차적으로 상호작용하고 있는지를 발견하고 어떻게 움직이고 있는지를 관찰하여 그 상호작용패턴을 추적하였다. 이 모델은 내면의 부분 부분들을 내적인 인격체로 보면서 가족체계적인 원칙들과 방법들을 적용하는 것이 특징이다. 내적 부분요소들에게 보호와 관리의 역할자인 경영인, 벽장 깊숙이 문을 잠가놓고 있는 유배자, 그 중 하나가 음식, 알코올 등으로 다시금 상처를 내고 흠집을 내고자 할 때 유배자로부터 나오는 감정의 불을 끄기 위해서 행동을 취하는 소방관을 상징하여 상호작용적으로 그 중심에 있는 자기self를 회복하도록 하였다. 내적인 부분은 프로이트Sigmund Freud의 원초아, 자아, 초자아를 시작으로 대상관계의 내적 대상들, 보웬의 진짜 자기true self, 사티어의 부분들의 잔치the part's party 등 한 인격이 세분된다는 관찰은 새로운 것은 아니지만 슈워츠가 가족상담사로서 이 부분들이 내적체계 안에서 어떻게 상호작용하는지에 관심을 두었다는 점이 색다르다(Nichols, Schwartz, 2004).

2. 통합적 가족상담자의 태도

통합적 가족상담을 시도하고자 할 때는 상담자로서 유념해야 할 것들이 있다.

첫째, 통합적 가족상담을 하는 상담자는 가족상담모델들에 대하여 전문적인 훈련을 받고 임상경험이 풍부해야 하며 자신의 치료적 강점과 약점에 대한 자기 인식이 분명해야 한다. 또한 각 모델에 대한 숙련된 지식과 경험뿐만 아니라 통합하는 방식이나 원리에 대해 숙달해야 하는 것이 매우 중요하다.

둘째, 선택적 차용의 경우, 한 가지 모델에 견고한 기반을 가져야 하며 상담자가 선택한 접근법은 자신의 인간관, 신념과 가치관, 방법론과 일치하는 것이 유용하다. 다른 모델에서 빌려올 때 자신이 사용하고 있는 기본모델에 맞는 기법을 차용하면 더욱 효과적이고 유용할 것이다. 특수하게 고안된 통합모델을 개발할 경우에도 역시 기본모델들에 대하여 확고하게 이론적 배경과 임상적인 기술을 충분히 익힌 상담자가 통합을 시도할 때에 그 고유성과 전문성이 타당하게 전달되리라고 본다.

셋째, 통합적 가족상담자가 되기 위해서는 우선 자기 자신의 발달사나 사고방식, 성격 및 생활태도를 잘 파악하여 자신에게 잘 맞는 이론과 모델을 먼저 선택하기를 권한다. 그 후 그 이론에 맞춰 집중적으로 정통적인 훈련을 받고 그에 따른 임상 경험을 많이 쌓는 것이 중요하다. 자기에게 맞는 이론과 모델을 정말로 발견하게 된다면 가족상담의 진입과 그 과정은 설렘과 흥분으로 가득 차게 될 것이다.

따라서 상담자가 선택한 좋은 이론과 접근법이란 무엇보다 자기 자신에게 맞는 것이 중요하다. 자신의 인간관, 정신세계의 지향점과 관련된 신념 및 가치들로 일관성이 있으며 스스로 경험하는 방식이어야 자신에게 적합한 이론이라고 할 수 있다. 이것은 상담자가 사람들을 어떻게 바라보고 이해하며 무엇을 어떻게 하고 싶은지에 대한 관점의 원리라고 말할 수 있다. 일단 자기 자신에게 맞는 이론을 발견하면 이것을 숙지하여 강점과 취약점 및 한계 등을 알고 있어야 한다. 모든 것을 설명할 수 있는 이론은 없다. 대부분의 숙달된 임상가들은 하나의 견고한 사상과 기법들을 결합시켜 결국 선택적 차용을 하고 있다고 여겨진다.

상담적 변화는 궁극적으로 상담을 의뢰한 내담자 가족의 책임이고 선택이다. 그러나 상담자는 변화를 이끌어내는 특별한 환경을 만들 책임이 있다. 현재 문제에 빠져 도움이 필요한 가족에게 신뢰와 애정 및 지지와 보살핌을 적절히 하여 그들의 문제가 오히려 새로운 기회가 되도록 그 과정을 바르게 도울 수 있어야 한다. 그러기 위해서 상담자는 내담자 가족과 잘 합류하여 유대감을 형성하고 그들과 함께 합의된 변화목표를 이루기 위해 참여자, 협력자, 관찰자, 촉진자, 양육자로서의 역할을 유연하게 해야 한다. 이를 위해 상담자는 지지, 질문, 도전, 자극 등을 통하여 가족들을 변화에 이르게 하고 새로운 경험이 되도록 안내해야 한다.

특별하게도 통합적 가족상담자는 보다 확장된 접근을 하는 것이기 때문에 좀 더 많은 것이 요구된다. 가족상담자는 가족의 제휴된 삼각구도를 해체하는 것과 경계선 작업, 연쇄적인 가족상호작용의 변화, 힘의 분배와 바람직한 위계구조 세우기, 과거 경험의 탐색과 그 영향 다루기, 억압된 감정의 표출과 새로운 반응방식의 훈련 등의 변화를 일으키기 위한 전문성을 갖고 있을 뿐 아니라 심리내적인 문제, 가족, 공동체, 문화와 같은 다양한 수준의 현상과 다양한 치료적 개입에 대해 배우고 이해하여 내담자를 도울 수 있어야 한다. 또한 상담자는 뭔가 작동이 되지 않을 때와 선회가 필요한 때를 파악하고 대처해야 하기 때문에 강한 직관력을 가져야만 한다. 이것은 경험을 통해서만 획득되는 것이므로 충분한 슈퍼비전 아래 세련된 임상능력을 키워야 한다.

3. 통합적 가족상담의 예: 구조 · 경험적 가족상담

이 장에서는 앞에서 기술한 통합을 위한 여러 접근 방법 중에서 구조적 가족상담과 경험적 가족상담에 의거한 통합의 방법을 적용한 구조 · 경험적 가족상담모델을 제시하고자 한다.

이 모델은 특수하게 고안된 모델로서 가족상담의 효과를 극대화하고자 전통적인 가족상담 이론 중 두 가지 다른 접근법을 동등하게 결합시켜 구성한 모델이다.

1) 인간 · 가족론에 대한 관점

구조 · 경험적 상담은 구조적 경험주의 철학에 근거하여 개발된 것으로, 가족상담의 효과를 이끌어 내고자 구조적 가족상담과 경험적 가족상담의 두가지 이론을 통합하여 임상적 성과의 지평을 넓히고자 하였다. 구조적 가족상담 이론은 일반체계론에 근거하여 가족구조 전반에 걸친 방대한 영역을 넘나들고 경험적 가족치료 역시 인간의 심리내면을 경험하는 것에 초점을 두는 정신역동, 대상관계, 내담자 중심이론, 게슈탈트 등 이론 전반에 걸쳐 있는 맥락이다. 따라서 두 이론 중심으로 동등하게 통합을 하였으나 인간과 가족의 만남을 보다 효과적으로 하기 위해 포괄적으로도 사용할 수도 있는 가족상담모델이라고도 할 수 있다. 이 구조 · 경험적 가족상담 모델에서 가정하고 있는 인간과 가족에 대한 관점은 다음과 같다.

① 인간은 개별적인 존재로, 자율적으로 기능하며 살 때에 건강하고 아름답다.

그러기 위해서 먼저 자신이 누구인지를 분명하게 인식하는 것이 중요하다. 그 과정에서 있는 그대로의 자기를 만나 자신의 가치를 깨닫고 자기답게 살아 갈 때 활력을 갖게 된다. 그 활력은 관계 안에서 서로 주고받고 싶은 사랑의 관계로 나타난다. 건강한 사람은 자신에게 초점을 두고 정신적으로 잘 조직되어 있으며 타인과의 관계에 흔들리지 않고 자신을 줄 수 있으므로 진정한 친밀감을 형성하여 바람직한 사랑을 할 수 있다. 그러므로 인간은 자신이 누구인지를 먼저 제대로 인식하고 자신의 중심에서 스스로의 가치를 깨닫고 자신을 있는 그대로 수용할 수 있을 때에 그 반영으로 타인과의 관계에서도 바른 이해와 사랑을 할 수 있다.

② 가족구조가 가족기능의 방향성을 결정한다.

가족원 각자가 어떤 위치에 서 있는지, 어디를 바라보고 있는지, 거리를 어떻게 유지하고 있는지, 심리적 울타리의 개폐는 어떠한지 등이 가족의 역동을 구성한다. 가족의 역동 중에서도 우선 가족의 핵심체계인 부부가 어떻게 자리하고 있으며 자녀들과의 자리매김을 어떻게 하고 있는지에 따라 일정한 흐름이 형성되는데, 이것은 반복적으로 강화되어 일정한 상호작용 형태를 갖게 된다. 그 상호작용은 기쁨과 활력을 생성하는 선순환의 회로로 가거나 파괴적인 구조인 단절과 원망의 역순환을 가는 것으로 구분된다. 이것은 미누친(Munichin, 1974)이 가족구조가 변화하면 가족원의 행동과 내면의 심리과정이 변한다고 말한 것과 일치한다.

③ 인간과 가족은 내적 · 외적 자극에 의해 경험하는 존재이다.
그 경험은 각자의 심리구조인 감정, 신념, 동기, 행동에 영향을 미치고 이것은 또 개인과 가족 및 사회 등 전방위적으로 영향을 주고받는 순환구조를 형성한다. 이 구조는 반복되면서 어떤 흐름을 만드는데 이것이 역동이다. 역동은 의심과 걱정, 불안, 두려움, 좌절, 무기력을 가져오는 부정적인 흐름이 되기도 하고 기쁨, 평화, 생명력을 고양시키는 흐름을 만들기도 한다.

④ 개인 및 가족에게 발달주기가 있다.
개인과 가족은 모두 발달을 하면서 역사를 만들어간다. 그 과정에서 발달과제가 주어지며 현재의 발달은 과거에 학습한 경험에 영향을 받고 있다. 개인과 가족에게는 과거, 현재, 미래가 있는데 현재의 상태는 미래를 예측할 수 있게 한다. 미래에 꿈과 희망이 있는 가운데 현재를 활력 있게 충실히 살아가는 것이 삶의 방향성이다.

2) 기본적인 가정

① 모든 생명체는 자리가 있다.
② 마음과 몸은 하나이다.
③ 인간은 희망, 소망, 꿈, 가치, 의미가 부여될 때 활력을 가질 수 있다.
④ 모든 인간은 믿는 대로 살고 있다. 무의식적인 신념을 흔들어 재구성한다.
⑤ 가족구조가 변하면 그 구성원의 역할과 심리적인 현상이 변한다.

3) 핵심 용어

(1) 가족구조

가족원의 위치이자 상호작용하는 방식이다. 관계 맥락에서 역동을 자아내는 구조이며 그 흐름에 의해 다시 영향을 받는 체계이다.

(2) 자율성

한 개인은 유기체적으로 환경과 상호작용할 뿐 아니라 스스로 움직일 수 있으며 자기 생성적이다. 생명체는 자기 재생적이고 자기 조직하는 전체다. 스스로 선택할 수 있으며 그 선택과 결정에 책임감을 갖게 된다. 자기를 잘 조절할 수 있는 객체로서의 명확성이 있을 때 진정한 사랑을 주고받을 수 있다.

(3) 경계선

모든 생명체는 고유의 가장자리가 있다. 울타리 혹은 테두리라고도 한다. 이것은 스스로 작용하면서 무엇이 내 것이고 내 것이 아닌지, 무엇을 허용하고 허용하지 않을 것인지, 그리고 무엇을 선택하고 무엇을 선택하지 않을 지를 지각하게 해준다. 생명체는 가장 편안한 거리에서 안도감을 갖는다.

(4) 위계구조

가족원 간에 놓여진 위치이며 권위구조와 질서가 존재하는 관계맥락이다. 구성원 간에는 위치와 자리에 힘이 형성되며, 힘의 역동에 따라 역할이 정해지는 구조를 말한다. 부부사이의 남녀의 위치, 그리고 부모자녀관계에서 부모자리와 자녀의 위치는 모두 사랑의 권위로서의 바람직한 자리가 있다.

(5) 동등성

인간에게는 위계질서가 있으나, 한 인간의 개별성은 동등하게 존중되어야 한다는 존엄성에 근거하는 개념이다. 어떤 한 인간이 다른 인간을 지배하거나 통제할 수 없는 것으로, 관계 간의 힘의 균형을 의미한다. 의사소통의 양, 관계 간의 결정력, 상대방에 대한 태도 등이 동등성에서 나타난다. 힘이 지배와 통제 · 조정하는 의도로 사용할 때 역기능적으로 치닫게 된다. 그러나 그 반대로 지지와 협력 등 대상을 믿어주는 기저에서 출발한 존중은 순기능적인 바른 힘으로 작용한다. 그것이 사랑이고 활력이 된다.

(6) 신념

무엇을 어떻게 믿는 바가, 어떻게 살게 될 것인지를 결정한다. 한 사람이 세상을 어떻게 바라보고 인식하고 있는 지는 그 사람의 가치관에서 비롯된다. 가치관이란 어린 시절부터 개인이 경험한 자신의 가족문화, 가족의식, 가족규칙 등의 개인적 경험의 맥락에서 형성된 생각과 신념들을 의미한다. 개인이 내적으로 경험한 사건이나 상황이 결핍과 상실 등의 상처에서 비롯되었다면 두려움에 근거한 무의식적 신념을 갖게 될 것이다. 불안의 기저에서 형성된 생각들은 걱정과 염려, 의심에 휩싸이게 한다. 그 흐름으로 가면서 자신이 두려워하고 걱정했던 현실을 만들어 내곤 한다. 그러므로 내면 깊은 곳에 자리하고 있는 생각과 믿음들을 자각하여 흔들어 보고, 새로운 신념으로 재구성하는 것이 중요하다.

(7) 자기Self

자신에게 속하는 의식적 · 무의식적인 내적 인상 또는 이미지, 그림이라고 할 수 있다. 흔히 사람들은 사회적 기준과 부모님의 기대에 의한 역할과 행동중심으로 살아오기 때문에, 자기Self는 스스로 '자기'라고 알고 있던 부분과는 상치된다. 자기self란 숨기고 싶은 나의 부분으로, 보고 싶지 않아서 밀쳐둔 나의 부분들이라고 정의할 수 있다. 울부짖는 나, 초라한 나, 외로운 나, 벌벌 떨고 있는 나 등이다. 그런 자신을 있는 그대로 받아주고 다독이며 나 자신과 친밀하게 지내게 될 때 다른 이타의 것에 지나친 제휴나 삼각관계들을 맺지 않고 살아간다. 자기self 자체의 힘은 강력한 존재의 힘이 된다.

(8) 반응방식(의사소통유형)

내적 · 외적 자극을 받을 때 반응하는 심리적인 패턴으로 의사소통유형이라고도 하고 대처방식 혹은 반응구조라고도 한다. 이것은 대인관계유형이 되며 인간관계의 상호작용패턴이 된다. 이 패턴은 기능적인 유형과 역기능적인 유형으로 구분되는데 역기능적인 반응패턴은 상대방을 괴롭히지 않는 것이 좋고 스스로 문제를 만들 필요가 없다는 전제하에 다툼과 갈등을 회피하기 위해 무시하고 억압하고 부인하는 반응방식이다. 이런 현상은 표면적이고 형식적인 관계유지를 가져온다. 이런 교류가 반복되면 매우 부정적이고 고정적인 패턴의 관계가 형성된다. 이런 반응방식을 하는 사람은 진정한 의미의 친밀감의 교류가 어렵다. 따라서 기능적인 반응방식인 있는 그대로를 표현하는 전달방식을 습득하는 것이 중요하다.

(9) 발달주기

사람과 가족은 태어나면서 죽을 때까지 시간의 역사를 가진다. 그 과정 안에서 변하고 성장하며 발달한다. 그런 단계에서 성취해야 할 발달의 주요과업이 있다. 발달주기는 결혼전기, 결혼적응기, 자녀 출산 및 신생아기, 자녀 영유아 및 아동기, 자녀청소년기, 자녀독립기, 부부 노년기 등으로 나눠지며 학자마다 구분을 달리 하지만, 상담자는 사람과 가족에게는 발달주기가 있다고 인식하는 것이 매우 중요하다.

4) 상담목표와 과정

(1) 상담목표

가족 구조를 위계적으로 바르게 재구조화하고 가족원을 각자 자율적이고 바른 선택을 할 수 있는 일치적인 존재들로 세운다.

(2) 상담사정

① 가족 문제 사정 후 가족구조 확인하기

이 가족이 상담실에 가져온 문제가 무엇인지, 그들이 왜 이 상담소를 찾게 되었는지, 이 문제가 발생한지는 얼마나 되었는지, 어떤 계기로 그 문제가 악화되었는지, 이 가족의 구조와 권력은 어떠한지 등의 질문을 통해 구성원들의 반응과 태도들로부터 나타난 문제를 확인하고 이 가족이 처한 가족생활주기를 확인하여 그들이 주 호소 문제로 겪고 있는 스트레스를 이해한다.

② 목표설정의 중요성

가족원의 문제를 구체적으로 진술하여 함께 상담목표를 세부적으로 결정하는 단계로서 이 가족이 가진 문제를 해결하거나 서로가 함께 문제들을 해결하도록 시도하는 방법을 포함한다. 이 과정에서 문제에 대한 이야기가 상담목표로 전환되며 그동안 시도된 방법과 앞으로 어떻게 문제를 해결해야 하는지에 대해 기능적이고 효과적인 방법들을 스스로 찾아갈 수 있도록 사정한다.

③ 의사소통 및 피드백 등 가족의 상호작용패턴 발견하기

가족원의 반응방식을 살펴본다. 이것은 문제해결에 영향을 미치는 가족들의 역효과적인 의사소통의 흐름이다. 이 의사소통유형들은 대부분 불일치적이며 방어적인 자기중심적인 형태로 모순을 가져오며, 상대방을 조정하기 위한 숨은 의도가 있을 가능성이 높다. 이러한 의사소통 패턴은 가족 간의 오래 지속된 관계패턴으로, 관계 간에 악순환을 자아내며 불화를 더 지속시키고 강화하는 부정적이며 파괴적인 역순환의 회로를 만들어 내므로, 상담자가 이를 발견해내는 것이 아주 중요하다.

④ 가족과 개인의 구조적인 역동을 관찰하고 파악하기

구조적인 문제는 가족을 바르게 세워가는 데 가장 초석이 된다고 본다. 특히 부부하위체계의 위계와 질서가 바르게 서 있지 않으면 자녀 문제와 상황을 잘 다룰 수 있는 행정적인 하위체계로써 기능이 약화된다. 만일 부모 가운데 한 사람이 자녀를 훈육하고자 할 때 한 사람은 특별취급을 하기 때문에 구조적인 연합이 효과적인 문제해결을 방해하는 것이다. 구조적인 역동의 핵심은 상담자가 반드시 가족의 구조에 관심을 가지고 관찰해야 하는데, 삼각관계의 열쇠가 되는 부모와 자녀들 사이의 제휴(연합, 동맹) 그리고 경계선들을 세대 간에 어떻게 주고받고 유지하는지에 대한 흐름을 볼 수 있어야 한다.

⑤ 경험적인 내적 구조 파악– 과거 감정 및 신념층, 핵심욕구 등을 사정하기

가족을 구성하고 있는 각 개인들은 각자의 내면화된 심리적 현상들이 있다. 개인심리적 현상들이 내면에서도 각기 상호작용을 하고 있고 그것은 가족관계의 구조 안에서도 서로 작용한다. 따라서 개인심리 안에서 작용하고 있는 잠재된 요인들이라고 할 수 있는 무의식적인 경험과 욕구 및 기대들을 발견하고 심도 깊게 다루어야 한다. 즉, 자기형성의 과정을 이해하는 발달 단계를 살펴봄으로써 가족규칙이라고도 하는 무의식적인 신념 층들을 이해하고 이것이 어떻게 문제와 괴로움을 만들고 있는지에 대해 작업을 한다. 대개 구조적인 문제들은 신념체계에 의해서 유지된다. 이러한 신념들이 의사소통 패턴이 되며 개인의 신념체계들을 더 강화시키며 악순환을 이루어간

다. 따라서 감정에 압도당하는 순환들을 멈출 수 있게 하는 것이 중요하다. 이때에 감정을 느끼지 않기 위해 감정의 작용을 배제하거나 차단하는 구성원이 있다면 그 감정 회피의 기제를 살펴보기도 하고 자신의 내부에서 어떻게 책임을 전가시키고 있는 지에 대해서도 추적한다.

⑥ 부모의 원가족을 사정하여 과거의 영향 파악하기

무의식적 신념체계들은 내담자 원가족의 중요한 관계와 결부되어 있다. 분노, 의사소통, 재정, 결혼생활, 대인관계, 성, 사회생활에 대한 전반적인 신념들은 일반적으로 어린 시절의 경험으로부터 습득된다. 그러므로 상담자는 내담자 가족의 갖가지 가족 규칙과 가족기대들의 영향을 파악하고 그와 관련된 오래된 가족사건과 주요상처들을 의도적으로 들을 수 있다. 그 과정에서 형성된 가족원의 부정적이고 파괴적인 행동패턴을 짐작하는 것이 필요하다.

(3) 상담과정

통합적인 상담자는 전체적인 시각을 가지고 내담자가족의 문제와 해결 그리고 앞으로 드러날 것에 대하여 조망하며 내담자 가족과 합의하여 상담을 통해 어느 수준까지 변화를 일으키고 싶은지에 대해서 예측하고 결정한다. 이를 위하여 시작과 중간, 종결부분까지 의도적으로 선택하고 그들이 그 문제를 잘 다룰 수 있게 초점을 잘 맞추도록 배려한다.

① 시작단계– 친화단계

가족과의 만남, 문제 사정, 문제의 재구성, 변화의 목표설정, 가족의 체계 및 맥락 안에서 돌출적인 행동을 살펴보는 체계적 조망과 견해가 요구된다. 여기서는 분명하고 구체적이며 행동적인 표현들로 문제를 정의하는 것이 중요하다.

② 중간단계– 재구성단계

문제해결을 위한 과업, 계속적인 사정, 의사소통의 문제들, 구조적인 문제들과 해석, 가족의 신념 및 가족규칙들에 대한 도전과 변경, 원가족의 문제들에 대한 과제, 개인적인 발달상의 미해결문제를 다루는 과업이 포함되어 진행된다. 여기서 혼란과 어려움이 뒤따르기도 한다. 내담자 가족은 변하고 싶지만 자신이 익숙한 상황이나 습관으로 다시 돌아가려는 힘에 의해 상담자와 대치상황이 되기도 한다. 이 과정이 상담자의 능력이 발휘되는 시기로 그 역동에 맞는 도전과 함께 각종 치료의 기법들을 가지고 그들의 저항이 선회하도록 돕는 능력이 필요하다.

③ 종결단계– 연습단계

내담자 가족이 선택했던 목표에 대한 점검, 효과의 지속성 확인, 삶의 문제들에 압도당하면 언제든지 위기상황이 다시 올 수 있다고 교육한다. 통합적인 생각을 가진 상담자들은 현재 나타나는 문제가 표면적으로 변화를 일으켜 좋은 상황을 만들었다고 해도 심층적인 구조와 관련된 잠재된 여러 가족심리적인 문제가 앞으로도 계속 드러날 수 있음을 인식하고 어떤 단계에서 종결할 것인지에 대해 내담자와 상호 합의할 수 있어야 한다.

4. 상담자 역할과 기법

1) 상담자 역할

(1) 전체론적으로 사고하고 전망하고, 접근하기

체계적 사고는 거의 모든 결혼과 가족상담의 주류로 특성화된 개념이다. 순환적 · 회귀적이라는 단어는 관계의 상호작용 패턴이 피드백망의 반응 체계를 형성한다는 의미로 사용된다. 즉 A는 B에 영향을 주고, B 역시 A와 C 등에 영향을 준다(Goldenberg & Goldenberg, 1985)는 것으로, 각 개인의 행동은 다른 사람의 기능과 그들이 형성하고 있는 관계에 영향을 준다(young, 1992)는 역동을 말한다. 이것은 각자의 신념, 행동, 감정 모든 것이 문제를 일으키는 상호작용 요인이 된다. 그러므로 가족을 다룰 때 가족상담자는 가족을 유기체로 보고 전체적인 관점으로 사정하여 치료계획을 세우고 과정을 진행하되 이 모든 과정이 순환적이고 회귀적임을 인식한다.

(2) 순환적 질문

순환적 질문은 순환적 사고로부터 나온 질문이다. 치료자는 “싸움이 어떻게 시작되었죠?”(선형적 질문) 대신에 “부부싸움이 당신 가족에게 어떤 영향을 미칩니까?” 와 같이 상호적 인과관계를 상기시키는 질문을 한다. 순환적 질문의 개념은 관계치료에 폭넓게 사용되고 있다. 보웬의 과정적 질문, 해결중심의 유용한 질문, 이야기 치료의 대화를 위한 다각적인 질문들을 통하여 상호과정상 주고받는 영향과 결과를 자각하게 하고 상호반응에 기여하고 있는 부분이 어떻게 문제를 야기시키고 악화시키고 있는지를 알게 하는 것이 중요하다. 상담자는 내담자 가족의 문제의 영향을 다룰 수 있도록 '질문하기'를 잘 하는 것이 중요하다.

(3) 내담자 가족과의 친화력 있는 관계형성

상담자는 상담실을 안전, 신뢰가 느껴지는 특별한 공간으로 만드는 것이 중요하다. 왜냐하면 가족상담자는 좋은 상담을 통해 내담자를 독립된 개인으로 확립하고 인간관계의 가장 근간이 되는 가족원과의 관계를 재조직하는 데 목적을 두고 있기 때문이다. 이를 위하여 상담자는 가족원과 바람직한 경계설정을 하고 긍정적이면서도 강력한 정서적 결합을 맺어 치료적인 체계를 형성해야 한다. 이 과정에서 상담자는 자신을 활용하여 상담과정을 촉진하고 상담자 자신의 모든 측면을 사용하여 상담활동을 하게 된다. 상담자는 참으로 내담자 가족에게 지대한 영향을 미치고 있다. 즉, 상담자 자신이 가장 영향력 있는 상담적 도구이다.

(4) 자기 선택과 방향성 결정

인간은 자신이 결정하고 선택한 것에 관심과 책임을 갖게 된다. 또한 자신이 어디를 가야할 지에 대한 방향성을 찾게 되면 그 지향점에 대하여 한발을 내딛게 된다. 그러면서도 인간은 위기상황과 문제에 압도될 수 있다. 상담실에 온 가족은 문제에 정체되어 복잡함과 어려움 그리고 힘겨움을 호소한다. 앞이 막막하고 무기력해서 현재의 문제들에 휩쓸려 희망이 보이지 않는다. 가족상담자는 내담자 가족이 상담실에 온 날부터 그들의 경험 속에서 문제를 뚫고 나올 수 있다는 희망이 마음속에서부터 일어나도록 해야 한다. 희망은 치료의 중요한 요소이다. 그러므로 가족상담자는 가족의 문제이야기들을 듣고 흐름을 달리 해주면서 함께 치료목표를 세우며 해결해가는 과정을 통해 현실적인 관점을 개발하고 새로운 방향성을 확고히 하도록 안내해야 한다.

(5) 가족원의 감정, 관점, 행동 및 그 가족의 체계변화

다세대가족치료, 경험주의, 구조 전략주의 치료, 행동주의 치료, 해결중심치료, 이야기치료 모두 정서적인 변화와 지각의 변화로 인해 긍정적인 감정이 되어 행동의 변화까지 나타나는 것을 상담의 변화과정이라 한다. 더 깊은 변화는 가족의 체계변화의 위계질서, 권력의 분배와 의사소통 유형의 변화 등 가족의 보이지 않는 규칙과 역동의 변화에 있다. 따라서 상담자는 가족원의 감정의 완화 및 해소, 생각과 관점의 확장과 전환, 행동의 변화들에 대해 잘 관찰하도록 안내하는 것이 좋다. 특히 작은 변화를 눈여겨보고 인식하고 그것에 대해 인정을 할 수 있도록 상담실에서 경험하게 하는 것이 필요하다. 왜냐하면 작은 것을 인정하는 것이 자기인정과 타인인정에 이르게 되며 이것이 관계 변화를 가져오기 때문이다.

2) 상담기법

(1) 합류

합류는 모든 상담자들이 내담자 가족과 만나는 시점의 친화단계이다. 내담자 가족은 안전함과 신뢰, 공감, 희망을 갖는 중요한 시작점이 된다. 따라서 상담자는 안정심리로 그 가족문제의 핵심주제를 잘 인식하기 위해 주의를 집중하며 그 가족의 역사 문화, 가치, 사랑, 갈등, 상처, 아픔, 두려움과 같은 정서를 느끼고 그 가족원의 일부가 되어 함께 문제를 풀어가는 자세와 태도를 가져야 한다. 마음의 연결이 아주 중요하다.

(2) 가족구조 확인

다양한 상담적 도구(가족 인형과 각종 시각적인 도구)를 통해 현재의 가족구조를 그려보게 하거나 도구를 활용하여 놓아보게 한다. 현재 상태에 대해 주의를 기울여 도구를 놓아보게 할 때 가족의 하위체계들의 위치, 거리, 시선을 의식하고, 그들의 경계와 권력 그리고 가족역할들이 잘 나타나 가족역동을 추측할 수 있게 된다. 가족들이 어떻게 상호작용하는지, 경계선은 어떠한지, 그들의 감정은 어떤 상태이고, 무엇을 하고 싶은지에 대해서 세부적인 질문을 하도록 한다. 이를 통해 현재 가족이 불안정하여 역기능적으로 치닫고 있는 것을 자각하게 하고, 가족의 현재 증상의 정도를 인식하게 하는 것이 중요하다. 그런 이후 상담자는 내담자에게 가장 바람직한 가족을 구성하거나 놓아보게 하여 희망을 발견케 하는 것이 좋다.

(3) 내적 경험 하기

경험적 가족상담에서 사용할 수 있는 각종 기법을 활용할 수 있다. 원가족 가계도, 대처방식, 심리내적인 빙산 모델, 가족조각, 심상기법 등 시각화를 위한 기법 등이 있다. 내적 경험을 위한 가족상담의 소개는 이 책의 경험적 가족상담의 부분을 참조하면 좋다.

(4) 재구조화

구조적 가족상담에서는 가족의 악화되는 문제와 증상들은 반복되는 상호작용의 연쇄과정에서 비롯되고 있다고 전제한다. 따라서 구조적인 문제를 새롭게 형성하기 위해서는 경계선 작업과 권력의 분배와 조정, 역할의 변경 및 수정을 통하여 가족상호작용을 새롭게 한다. 그 외에도 가족을 재구조화하기 위해 가족규칙을 완화시키기도 한다. 즉 뿌리 깊은 무의식적인 신념들을 발견하여 유연하게 이끄는 것이 중요하기 때문이다. 구조주의자인 미누친과 경험주의 가족상담자인 사티어는 세대 간에 전수되는 가족규칙을 검토하고 유연하게 완화시키는 작업을 매우 중요하게 다루었다.

(5) 실연

상담자는 가족에게 설명대신에 실제로 재연해 보도록 하여 상호작용 유형을 직접 관찰하고 경험할 수 있도록 돕는다. 이 방법은 대부분 가족구조의 확인 단계에서 사용되거나 가족관계의 패턴을 수정하는 데에 사용된다.

(6) 강도 높이기

상담자는 가족 안에서 이미 유형화되어 있는 교류를 불안정하게 만들기 위해서 감정의 강도에 영향을 미치도록 조작하는 기법이다. 이미 확립된 구조가 붕괴되어야 새로운 구조가 나타날 수 있기 때문에 상담자가 역기능체계를 흔들기 위해 던지는 자극이나 도전을 주는 방법이다. 숙련된 상담자들이 할 수 있는 고도의 기술이다.

(7) 모방

새로운 가족구조, 새로운 내적경험들을 하려면 먼저 새로운 행동을 한 번 시도해보는 것이 좋다. 오직 변화에는 모험과 용기가 필요하다. 따라서 모방기법에 의해 상담자는 상담실에서 이러한 것들을 직접 경험할 수 있게 모방을 해보도록 안내한다.

3) 상담모형

구조 · 경험적 가족상담모형은 '사람의 몸과 마음은 하나이다' 라는 개념 하에 상담모형을 사람의 몸으로 메타포하였다. 즉, 머리(우리 몸의 종합 통제기관), 어깨(반응방식), 양팔(몸을 가지고 일을 하는 오른손, 왼손의 기능), 양발(두발로 서 있음), 가슴(현재 감

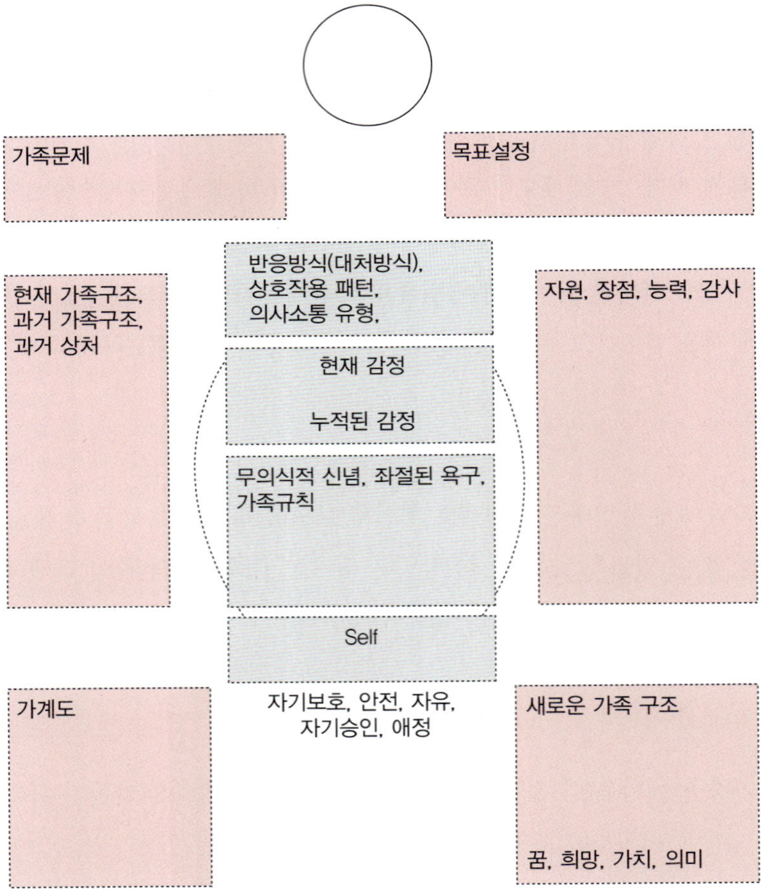

그림 9-1 상담모형

정과 누적된 감정), 배꼽주변(생명력이 있는 열망 · 욕구자리, 활력의 생산지이나 욕구좌절과 결핍 혹은 상실) 등으로 내재된 가족규칙들이 자리 한 곳에 뿌리 깊이 박혀 있어 고통을 만들어 내는 신념들이 있음을 가정한다. 자기Self는 배꼽 밑에 있는 생식기 주변의 모습이다. 의식하기 힘들어 잠재워 둔 상처받은 자기 모습으로, 여린 자기부분으로 일컬어진다. 그러나 상처받은 자기 모습을 만나서 그대로 수용해주면 자기 스스로에 대해 보호와 자유로움, 애정과 관심을 가지고 자기 승인의 삶을 살 수 있게 된다. 그렇게 되면 자연스럽게 타인을 위한 봉사와 기여의 이타적인 자세와 태도의 삶으로 전환된다.

5. 통합적 가족상담 적용 사례: 엄마가 나 붙잡고 자주 울었어요

1) 내담자 기초정보

내담자(김과열)는 19세로, 고등학교 2학년이다. 아버지(김마초)는 47세로, 운수업체의 사장이며 어머니(예쁜맘)는 41세이다. 부모님의 학력은 대졸이며 초등학교 5학년인 남동생(김막내)이 있다.

2) 내담자 주 호소 문제

과열이는 학교에서 분노를 주체하지 못해 몰래 아이들을 심하게 때리고 협박하여 다른 아이들을 불안하게 했다. 과열이는 분노와 우울을 반복하여 학교에서 특히 힘이 들고, 숨이 막히며 갑자기 무기력해지면서 때로는 사람을 때리고 죽이고 싶을 정도의 격한 충동이 일어 너무 힘이 든다고 호소했다.

3) 내담자 가족배경

과열이는 운수사업하는 아빠와 헌신적인 엄마의 장남으로 태어났으며 7살 아래의 남동생이 있다. 또한 자수성가한 조부모가 계시고, 할아버지의 주도 아래 과열이의 아버지는 할아버지의 사업을 이어가고 있다. 과열이의 엄마는 할머니(시어머니) 앞에서 꼼짝도 못하다가 최근에 좀 달라졌다고 한다. 예쁜맘은 막내딸로, 친정어머니가 일곱 명의 자녀를 길러내면서 부모에게 효를 다해 효부상을 받은 적이 있다. 과열이의 친가는 대대로 가부장적 대가족으로서 여자들은 남자 앞에서 어떤 말도 해서는 안 되며, 명절이 되면 모든 가족들이 모여 며칠씩 함께 보내곤 한다. 과열이는 조부모의 기대가 큰 장손이며, 가족 전체가 돈독한 신앙생활을 하고 있다. 이 가족의 규칙은 "남자는 말수가 적고 남자답게 리더십이 있어야 하며 윗사람의 말은 무조건 들어야 한다.", "남자는 남자다워야 한다." 등으로 나타났다.

4) 상담목표

- 가족구조를 재조직한다. 현재 내담자의 증상은 가족의 역기능적 체제를 반영하는 현상이므로 상호작용체계를 수정하여 그 증상을 완화시킨다. 가족역할, 가족규칙을 유연하게 하고 서로 부부간 및 부모자식 간에 정서적인 지지를 직접 받을 수 있도록 한다.
- 경계선을 명료하게 한다.
- 내담자의 분노를 완화한다.
- 내담자가 갖고 있는 아빠에 대한 믿음에 도전한다(아빠에 대한 이상화가 많다).

5) 상담과정

본 상담은 가족상담 13회기를 1시간 30분씩, 개인상담은 27회로 1시간씩 진행하였다.상담 진행과정은 다음과 같다. 처음부터 가족은 본 상담자가 계속 상담을 하였고 10월 이후에는 청소년 상담자가 개별적인 상담을 주로 하였다. 따라서 본 사례는 본 상담자가 직접 상담한 13회기를 작성하였다.

(1) 회기별 상담전체 요약

회	상담일시	참여대상	주요 상담 내용	주요 적용이론 및 상담기법
1	2009년 8월 13일	엄마와 내담자	연결, 접촉, 신뢰형성, 상담목표 설정	구조적 모델로 합류하고 문제인식과 방향성 제시, 가족인형으로 가족구조 진단
2	2009년 8월 26일	엄마와 내담자	가족정보탐색, 상담계약 분노 완화 작업	상호작용, 관계패턴
3	2009년 9월 2일	엄마와 아들	부부 하위체계 진단, 내담자의 감정정화	추적(tracking), 부부관계역동
4	2009년 9월 4일	엄마와 내담자	아빠와의 관계탐색, 부모화	내면탐색, 아빠와의 관계
5	2009년 9월 8일	내담자	어린 시절의 가족관계 탐색, 감정치료	어린 시절의 사건에 대한 심상치료
6	2009년 9월 10일	내담자	감정완화작업	응시기법
7	2009년 9월 14일	엄마와 내담자	치료의 방향성 재설정	
8	2009년 9월 22일	엄마와 내담자	강도 높은 스트레스를 가중	집중기법, 아빠참여 자극 및 도전
9	2009년 9월 29일	엄마와 내담자	아버지에 대한 패턴자각 우울, 분노가 그 패턴에서 기인된 것을 자각, 책임	구조주의 및 경험주의기법
10	2009년 10월 6일	엄마와 내담자, 아버지	가족재구조화, 상호작용패턴 변화	재구성기법, 집중기법, 따라가기
11	2010년 3월 19일	아버지, 엄마	가족재구성, 부부치료	방향성 설정, 자기 믿음 도전
12	2010년 4월 9일	아버지, 엄마, 내담자	가족재구성, 부부치료	구조적 측면에서의 과거, 충격적 상황 추적(tracking), 흉내내기
13	2010년 4월 30일	아버지, 엄마, 내담자, 동생	새로운 가족구조, 가족회의 연습, 확인	실연

* 객관적 진단검사 MMPI-2

(2) 회기별 상담 내용과 변화 과정

1회기(관계맺기, 가족구조 진단)

상담자는 상담동의서와 개인의 프로파일을 적고 내담자와 라포를 형성하기 위해 치료자를 소개한 후, 내담자의 치료에 대한 동기파악과 문제의 호소 그리고 가족정보를 파악하였다. 무엇보다도 가족과 함께 잘 합류하면서 가족상담의 목표를 합의하여 정하였다.

상담내용으로 현 가족의 상태를 파악하기 위해 수집한 정보는 다음과 같다. 내담자의 어머니는 "가족치료 1년간 공부한 후 문제가 없었어요. 친구 같은 아들이고 그동안 잘 지냈어요. 자식들이 있어 행복하게 살았는데 애가 갑자기 이렇게 이상하게 되었어요." 라고 말했으며 과열이는 "아빠를 존경하고 좋아해요. 그러나 아버지가 무서워요. 나는 중 · 고등학교에서 가장 힘이 있는 사람이었어요. 엄마가 어렸을 때 나를 붙잡고 자주 울었어요. 항상 슬펐어요. 나 때문인 것 같았어요. 지치고 속상하고 분해요. 그냥 죽을 것 같이 숨이 막혀요." 라고 말했다. 과열이는 너무 내면이 옥죄어 있으며 병원에 입원해 있을 때 할머니가 엄마에게 하는 것을 보고 "확 질러대고 싶었다." 고 한다. 과열이는 "가끔 죽고 싶다." 고 하였다. 상담자는 내담자 가족과 치료적인 관계로 잘 합류하여 비교적 관계맺기가 잘 형성되었다. 그러면서 현재 이 가족의 구조를 가족인형을 가지고 진단하였다. 엄격한 가족체계와 가족규칙이 많은 가족구조에서 내담자 증상이 나타난 것으로 진단하였다. 그러나 상담자는 그 다음 주가 휴가기간이라서 치료방향을 제시하면서 가능하면 내담자의 증상이 심하니 폭발위험과 고통이 커질 것에 대비해 근처 병원의 약물치료를 권고하였다.

2회기(분노완화작업 시도)

무엇을 먼저 다루고 싶은지에 대한 질문을 하자 과열이가 마음속의 분노를 주체하지 못하겠다고 하면서 분노를 다루고 싶다고 하였다. 처음에 내담자에 대한 이해를 돕기 위해 자신에 대해 어떻게 생각하고 있는지, 주변 친구들이 어떻게 생각하고 있는지, 아빠와의 관계와 동생과의 관계성에 대해 질문하면서 차츰 내면으로 들어갔다.

과열이는 "나는 칼이 좋고 칼로 긁는다. 어릴 적 엄마가 나를 붙들고 매일 울었다. 나는 혼돈이다. 멍하다. 누군가 시비 걸면 확 해대고 싶다. 항상 어둡고 지쳐 있다. 그냥 숨이 막히고 답답하다. 앉아있을 수가 없다. 나는 학교에서도 짱이다. 나는 보이지 않는 곳에서 표정으로 아이들을 단번에 내 편으로 만들고 종으로 그냥 부릴 수 있다. 그러나 학교에 앉아 있으면 토할 것 같다. 숨이 차올라서 엎어져 있다. 누구 한 사람을 죽이고 피를 보고 싶다."고 하였다. 상담자가 예상했던 것보다 분노의 강도가 컸다. 내담자의 분노완화를 위해 공감을 충분히 해주었다. 내담자는 엄마에 대해 걸으로 좋아하고 친하다고 하면서도 자신의 속 얘기는 전혀 하지 않고 얘기도 못한다고 하였다. 엄마의 보호자로 살고 있는 점이 관찰되었다.

3회기(내담자의 감정정화, 부부 하위체계 파악)

엄마와 아들을 함께 상담하면서 그 가족의 부부하위체계를 파악하였다. 예쁜맘은 자기 부부는 "무늬만 있는 관계"라고 하였다. 남편은 거의 매일 새벽 2~3시경에 술을 먹고 들어오지만 자신은 괜찮다고 하였다. 오히려 그게 편하다고 하고 자기만 건들지 않으면 된다고 하였다. 그러나 큰아이 문제가 터져 혼자서 감당할 수 없어 남편에게 도움을 청하게 되었는데 그 과정에서 자신은 더 상처를 받았고 아들도 더 나빠진다고 하였다. 예쁜맘은 아들이 잠깐 자리를 비우게 해달라고 하고 아들이 없는데서 아이들만 크고 나면 이 집에서 나가 혼자서 살기 위해 오랫동안 아무도 모르게 준비하고 있는 상태라고 말했다. 매일매일 아이들이 클 때까지 계산하며 버틴다고 하였다.

과열이는 "사막 한 가운데 뚝 떨어져있는 것 같은, 멍한 생각으로 꽉 막혀 있다.", "마음속이 물안개처럼 희미하고 그 속에 괴물과 마귀가 들어 있다."고 생각했으며 "나는 잔인한 것을 좋아한다. 보통 때에 베란다에 나가 음악을 들으며 담배를 핀다. 잘 때 귀신이 나타나서 공포에 시달린다. 땀이 나고 가위에 눌리며 너무나 무섭다. 피가 흥건한 가운데에서 허우적거리고 있는데 사람들이 비웃고 있는 것 같아 나만 희롱당하는 느낌이다." 고 말했다. 사실은 학교에 가는 게 별로인데 아빠, 엄마가 졸업은 해야 한다고 해서 억지로 다닌다고도 했다. 과열이는 세상에 태어나 자신의 속마음을 처음 말하고 나니 속이 좀 나아진다고 했다.

어머니는 남편에 대해 이미 체념하고 포기한 관계라고 하였다. 남편의 술과 늦은 귀가 그리고 여자문제로 오랜 기간 가슴앓이를 하다가 아주 오래 전에 마음을 닫아버린 구조이다. 이 부부는 폐쇄체계에 경직된 상태로 굳어진 부부 하위체계였고 그래서 과열이가 엄마와 제휴를 하고 있음이 여실히 드러났다.

4회기(과거 가족구조 안에서 원가족 경험 다루기)

여전히 내담자는 자신의 감정을 다루어 달라고 하였다. 따라서 "현재의 감정과 유사한 감정을 느꼈던 적이 있었던가?" 에 대한 질문을 함으로써 어린 시절 부모와의 관계를 탐색하였다. 아버지와 연결된 부분인 엄마 대신 아빠에게 잘하여 아빠를 화나지 않게 해야 한다는 무의식적 자기기대를 파악하게 되었다. 그 내용은 다음과 같다. "나는 부모님이 이혼할까봐 늘 초조했다. 부모님이 갈라서는 것을 막고 싶었다. 그래서 공부를 잘해야 한다고 생각했다. 아버지가 '과열이는 별로구나' 라고 생각하면 자신이 싫어졌고 늘 죄송했다. 그 전까지는 공부를 잘하는 편이었는데 중학교 2학년 때부터 성적이 낮아지고 모든 과목이 싫어지면서 공부에 자신감이 아주 없어졌다. 공부를 안 해서 초조하고 걱정이 많다. 아버지에게 좌절감을 준 것이 가장 힘들다. 내 속은 진흙탕이다. 나라도 정신 차리고 싶은데……. 아빠를 실망시킨 것에 대해 마음이 아프다. 아빠에게는 어떤 말도 할 수가 없다. 아빠는 이 세상에서 가장 멋있는 분이다. 진짜 단점이 한 개도 안 보인다. 나도 아빠처럼 되고 싶다." 라고 말했다. 과열이는 자기가 잘하면 부모님이 헤어지지 않을 것이라고 생각하면서 살아왔다. "내가 잘하면 아빠가 엄마에게 화내지 않고 엄마도 울지 않고 살 것"이라고 생각했다. 어머니를 지키는 보호자로 살아왔음을 다시 한번 확인하였다. 따라서 아빠는 이상화되어 미워할 수 없고 다른 대상에게 화를 내고 있는 것으로 여겨졌다. "자괴감 · 황폐함 · 초토화된 텅 빈 마음— 팔각형, 진회색, 딱딱한 진흙" 으로 내면의 자기 상태를 표현하였고, 상담자는 과열이에게 그 상태를 지그시 응시하면서 충분히 느끼게 하니 "유리구슬처럼 살며시 행복이 찾아든다." 고 하였다. 한참 후에 자기화 단계로 뿌리내리는 작업을 가졌다.

5회기(과거의 깊은 상처 다루기)

상담자는 자기 인정self-validation이 중요하다고 말하면서 변화된 부분에 대해서 질문하였더니 다음과 같이 답하였다. "마음이 확실히 편안해져서 국어시간에 필기를 할 수 있었다. 의욕이 살아나서 학교에서 잘 지낸 편이나 상담오기 이틀 전쯤에 또 답답해졌다." 고 말했다. 또한 "화가 확실히 줄어드니까 우울이 오는 것 같다. 나는 우울이 버릇처럼 있었다." 고 말했다.

우연히 자신에 대한 이야기를 하다가 어릴 적 자기의 내면을 보게 되었다. 상담자가 "가장 슬프고 마음 아픈 것은 언제였는가?" 라고 질문하여 탐색하였다. 내담자는 7~8세 무렵에 방의 불을 끄고 문틈사이로 떨면서 밖에 무슨 일이 일어나고 있는지를 살핀다. "무섭고 떨리고 속상하고, 엄마와 아빠가 싸우는 것을 보고 있어요. 엄마가 어떻게 될까봐 걱정이고 엄마가 불쌍해요. 엄마가 죽을지도 몰라요. 엄마를 어떻게 하지?" 라고 말했다.

내담자는 고통스러워하며 신체화 증상, 땀이 나고 화나고 슬퍼서 얼굴이 하얗게 되었다. 그래도 "울면 안돼." 라고 하며 온몸을 떨었다. 치료모멘텀이라고 여겨 내담자를 내면으로 들어가게 하는 심상치료를 하였다. 그냥 따라갔다. 과열이가 너무 깊이 들어가 상담자는 순간 당황하기도 하였다. 심상에서 나타난 어린아이를 만나주고 충분히 머무르게 한 뒤 그때에 간절히 원했던 것이 무엇인지를 묻자 "밥상에서 식구들이 함께 밥 먹는 것"이라고 해서 심상에서의 '가족재구성' 을 하도록 하였다.

6회기(과거경험 재경험)

어머니가 응급상담을 절실하게 원하여 이틀 만에 급하게 응하게 되었다. 과열이는 심상치료 이후 이튿날 집에서 그 장면이 똑같이 나타났다고 보고하였다. 아빠와 엄마가 거실에서 큰 소리를 지르며 부부싸움을 한 것이다. 내담자는 과거 상황과 같은 일이 벌어져서 크게 충격을 받았고 아팠으며 지금은 죽을 것 같이 괴롭다고 호소하였다. 계단에 올라오면서 한사람을 죽이고 싶은 생각이 들 정도라고 하였다. 과열이는 "숨을 쉴 수가 없어요. 죽여 버리고 싶어요. 힘이 없고 방을 어른거렸다. 슬퍼서 울었어요. 생각할 힘도 없고 잠을 너무 잤어요. 잠들고만 싶었어요. 숨 쉬고 싶었어요. 죽을 것 같이 고통스러워요. 동생이 어떻게 생각할까 눈치도 보았어요. 모든 감정들이 다 올라왔어요. 답답해 죽을 것 같았어요. 그날 밤 피가 보고 싶었어요. 선생님 18세인 저에게 너무 잔인하신 것 아니에요? 목에 누가 올라 와 있는 것처럼 무섭고 괴로워요. 어지러워요. 몸이 너무 저리고 맘이 너무 아파요." 라고 했다. 감정이 치료되는 과정이라고 생각하고 함께 그대로 받아주고 기다려주는holding 시간이었다. 충분히 감정을 보듬어주면서 함께 해주었다. 감정이 의미하는 것, 감정의 강도와 크기와 모양을 느끼게 해주었다. 이 후에도 응시기법을 통해 자신의 감정을 바라보는 작업을 하도록 가르쳐 주었다.

7회기(가족상담의 방향 재설정)

상담자는 현재 내담자의 감정상태를 점검하여 어느 정도 안정을 찾았으므로 병원 약물 처방을 거듭 권하였으나 가족상담을 공부한 예쁜맘이 계속해서 이곳에서 상담을 받겠다고 하였다. 현재 가족과 과거 가족구조를 파악하고 그 가족들의 상호작용 패턴과 가족규칙을 관찰하였다. 과열이는 "자폐증 같은 증상이 없어졌다. 생각이 좀 돌아와서 일주일을 편하게 지냈다. 그런데 어제부터 다시 갑갑했다. 특히 학교에 가서 더 답답하다. 앞으로 어떻게 할 것인지……. 아빠에게 미안하다." 라고 말하며 "학교에 가면 증상이 더 심하게 되는데 아빠는 무조건 그래도 학교에 다니면서 심리치료를 받으라고 하여 엄마와 마찰이 일어났다."라고 했다. 상담자가 이제 엄마처럼 아빠에게 자신의 의견을 아주 조금씩이라도 시도해보자고 하자 "아빠가 무섭다." 고 하며 강하게 부정했다. 예쁜맘은 "남편이 어제 술 먹고 늦게 들어와 정말 싫었다. 여자도 만나는 것 같다. 그런데 큰아들이 이 지경이니 신경을 쓰고 싶지도 않고 쓸 시간도 없다."고 말했다. 이 가족은 "학교만큼은 어떻게 되더라도 보내어 적응하면서 살아야지, 학생은 학교를 가야 한다." 라는 강한 생각을 갖고 있다. 상담자는 직감적으로 학교문제가 관건이라는 생각을 하였다. 또한 이 가족은 굳어진 가족구조를 변경하고 싶어 하지 않는 것으로 보인다. 예쁜맘은 가족상담을 받고 싶다고 말하지만 자신과 아들만 오고 싶어 하면서 "남편은 모두가 벌벌 떠는 사람이며 절대 올 수 있는 사람이 못되며 안 올 것" 이라고 단정 짓는다. 상담자는 과거 익숙한 구조에서 빠져나오지 않으려는 것에 대하여 어떻게 해야 할지 결정해야 하는 시기라고 생각하였다.

8회기(강도 높은 스트레스로 도전, 규칙 흔들기)

과열이는 전문가가 사용할 만한 용어들을 가끔 사용한다. "변화의 속도감이 느껴진다. 분노에 대해서 느낌은 비슷하나 올라오는 시간이 길어지고 화를 냈다가도 회수하는 시간 등이 정말 많이 줄었다. 겉은 많이 좋아졌고 진짜 속까지는 25% 줄어든 것 같다. 학교에서 국어 필기, 음악, 체육시간 등 관심이 있는 시간에 함께 어울릴 수 있었다." 라고 말하고, 어울릴 때 "인기가 좋고 신이자 왕 같은 느낌이 든다. 아직도 학교에 가면 마음이 힘든데, 엄마나 아빠는 그래도 참고 학교에 가야 한다는 쪽으로 결론이 나는 것 같아요." 라고 했다.

"엄마와 아빠의 대화 내용을 들으면 메스껍다. 헛구역질, 목에서부터 장까지 극으로 치닫는다. 목에 뭐가 크게 걸린다." 는 것을 나타내 줌으로써 과열이의 증상이 부모와 관련이 있음을 드러내어 주었다. 예쁜맘은 "아이가 없는 데서 말했으면 좋겠다." 고 하여 상담자가 남편에게 그렇게 말해보라고 하자 "결혼 이후 아이가 6~7살 무렵에 남편이 술 먹고 들어와서 뭐라고 했더니 머리를 패대기를 치고 목을 졸라서 실신상태로 병원에서 며칠을 입원한 적이 있다." 고 말했으며 "그 뒤로 무서워서 남편에게는 어떤 말도 토를 달수가 없다." 라고 하면서 비밀이라고 하였다. 과열이는

"내 생각은 안 바뀐다. 내가 진짜로 원하는 것을 찾을 수 없어 아빠와 얘기를 못할 것 같다. 우리 엄마도 아빠를 거슬리게 할 수 있는 말을 못한다. 우리는 아빠 앞에서 절대 말하지 않고 가만히 있다. 나는 아빠에게 진짜 말은 할 수가 없다."고 했다. 상담자는 과열이가 기억하는 어릴적 상처 경험과 어머니가 겪었던 사건의 고통이 일치함을 확인하였다.

내담자의 변화인정과 강점을 확대하면서 힘이 생겨난 내담자가 집중기법을 통해 '본인이 절대 아빠에게 어떤 말도 할 수가 없다' 라는 신념과 규칙에 대해 직면하였다. 엄마와 아들인 내담자는 이제 마음의 여유가 조금 생겨서 감정에 휘둘리지 않고 일상생활을 할 수 있다. 무엇보다도 아버지를 상담에 이끌어 오는 것이 중요하다고 여겨 더 구체적으로 집중하고 그 믿음들에 도전한 회기였다. 그래서 이번 시간에는 내담자의 '아빠는 상담실에 절대 오지 않는다' 는 굳어진 생각, 즉 아버지의 상담 참여에 대한 신념을 흔들어 놓았다. 상담자가 강도를 높여 내담자에게 재도전하였다.

9회기(대처방식인 반응구조에 대한 인식의 전환)

상담자는 내담자의 반응의 회로 즉 심리현상의 구조에 대하여 탐색하였다. 부모 양쪽에 대해 과열이가 심적 부담감이 크다는 현실을 받아들이도록 하였다. 경계선 구분 작업을 하였다. 과열이는 "엄마는 정신이 부화가 걸린 사람, 엄마를 보면 화가 나면서도 엄마가 그나마도 중심을 잡은 것이 감사하다."고 했으며 이중적인 자신의 감정을 정직하게 표현하였다.

"부모님이 저에게 집중하는 것이 불편해요. 속상해요.", "아버지는 동상, 돌이다. 어느 누구의 이야기도 듣지 않는다. 혼자서 생각하고 혼자서 결정짓는다. 근데 내가 하나 다른 것을 발견했다. 동생은 아빠에게 다르게 대한다. 동생은 아빠와 맞대응을 해서 신기하다. 있는 그대로 말하고 행동하는 동생에게 충격을 느꼈다. 10살난 동생은 그렇게 하는데 나는 같은 상황에서 그럴 때 메스껍다. 극으로 상상하는 경향이 있다. 부담스럽고 불편하고 머리 아프고 뒷목이 쑤셔온다. 그러면서 기운이 없고 힘들어진다.", "나는 무력하다. 헛구역질, 특히 엄마와 아빠가 대화하는 것을 보면 목이 쑤신다. 할 줄 아는 게 없다는 생각, 자포자기, 우울감 등이 상황에다 맞추려하는 내 자신에게서 오고 있네요……."라고 말했다. 상담자는 과열이의 통찰이 고마웠으며 그 통찰의 말이 상담자의 가슴을 울렸다.

질문기법으로 같은 상황에서 반응하는 자신과 동생의 반응 구조를 탐색하였다. 자신의 대처방식으로 자신이 스스로 겪고 있는 감정을 양산한다는 회로를 깨닫게 되었다. 즉 내담자가 똑같은 자극에서 자신과 동생이 다르게 반응한다는 자각을 하게 된 것이다. 내담자가 심층적인 자신의 무의식적 반응방식과 그 패턴이 어떻게 만들어 지는지에 대한 통찰이 컸던 시간이었다. 자신의 느낌을 스스로 만들고 있다는 것을 깨닫게 되었다. 상담자로서 이번 상담이 의미가 커서 시원하고 흐뭇한 시간이었다.

10회기(가족의 의사소통 실연, 가족규칙의 완화)

아버지와 첫 만남을 갖게 된 회기였다. 가족구조의 재구조화를 시도하였고 가족 규칙의 완화와 상호작용패턴의 변화를 시도하였다. 아버지는 "과열이는 내 어릴 적 모습하고 똑같다. 이렇게 잘 생긴 것 자체만으로도 나는 좋은데 답답하다. 내가 말이 없는 편이다."라고 말했다. 과열이는 "아빠가 그렇게 말해주니 진짜 다 광고하고 싶을 만큼 좋아요. 사실은 내가 꿈을 못 찾아서 죄송해요. 그것이 스스로 용납이 되지 않아요. 아버지가 여기 와서 이렇게 말씀해 주셔서 감사해요. 아버지가 오지 않을 것 같아 밤새 기도했어요. 사실 아빠가 화내고 엄마는 쩔쩔매고 이상하게 끝낼 줄 알았는데……."라고 말했다.

상담이 끝날 무렵에 아버지는 "처음에 아들과 긴장상태였으나 무난하게 소통을 한 것 같아요. 이제 아들과 남자끼리 대화하고 싶어요."라고 말했다.

예쁜맘은 "무슨 말을 해야 할지…" 하며 울고 있다. "아들이 너무 불쌍해서, 복합적인 감정이에요……." 아버지는 긴장과 경직의 태도를 보였다. 거의 말을 하지 않고 눈을 부릅뜨고 상담자도 바라보지 않고 앉아 있어 내면적 접촉을 하기가 힘들었다. 상담자가 평소에도 말수가 별로 없으신지를 물어보면서 주로 아빠와 접촉을 시도하였다. 아버지가 자신은 시간이 없어 오기가 힘들고 아들이 많이 좋아졌으니 학교로 보내는 쪽으로 하려고 한다는 의도를 보였다. 차차 의논해서 결정하자고 하였다. 아들은 아직 아무 말도 하지 못하고 있고 어머니는 상담자를 바라보고만 있으므로 상담자로서 도전하는 말을 하였다. "과열이가 아버지와 연결된 부분이 많아 아버지가 상담에 계속해서 오시지 않는다면 이 상담을 지속하기가 어렵다."고 했다. 아버지는 고개를 숙이고 듣고만 있다. 상담자로서 에너지가 많이 들어 힘들었으나, 처음으로 아버지를 만나 이 가족의 상호작용을 통해 가족규칙을 다소 완화하고 새로운 상호작용을 할 수 있게 한 것에 의미를 크게 두었다.

가족상담의 정체기 · 심층적인 부분이 드러난 과정들

그 후 본 상담자는 이 가족이 자신들의 오래된 역기능적 상호작용을 변화시키지 않으려고 한다는 것을 알게 되었다. 내담자의 상태가 호전되자 안심이 되어 그 선에서 멈추고려는 의도가 보였다. 내담자의 엄마와 상담자 사이에 약간의 긴장이 생겼다. 아버지가 더 이상 오지 않을 것 같다고 전해왔다. 여러 이유로 내담자를 청소년 상담자인 부소장께 의뢰하였다.

6개월 이후에 내담자는 학교를 어영부영 다니다가 친구와의 사이에서 다시 분노가 일고 지난번과 유사한 행동이 표출되어 온 식구가 크게 놀라게 되었다.

부모상담은 거절한 채 다급하게 상담을 의뢰하자 상담자는 더 이상 상담할 수가 없으며 내담자의 화가 다시 치밀어 사람을 다치게 할 수도 있으므로 안전한 곳에서 당분간 치료를 받도록 병원치료를 권고하였다.

그 후 한 달간 병원에 입원하여 치료를 받게 되었고 퇴원 이후에 본 연구소에서 개인 상담이 다시 재개하였다. 이 과정에서 아들과 함께 온 어머니가 상담자에게 남편 휴대전화에서 여자이름이 나와서 어처구니가 없다며 어떻게 해야 할지 자문을 구하였다. 즉 남편의 외도가 발각되어 부인이 난리를 몇 번 치렀으며 지금까지 중에 최대 위기가 왔다고 하면서 아들에게도 모두 다 밝혔다고 전하였다. 그 후 아버지가 가족상담을 하겠다고 허락했다. 상담자가 사례를 작성하여 연구에 도움을 줄 수 있겠냐고 제의하였고 승낙하여 본 사례를 작성하게 되었다.

11회기(가족규칙의 완화 및 새로운 가족구조를 형성– 부부체계 점검, 재조직)

이번 회기는 남편이 상담을 거부하였다가 새로운 가족문제–남편의 외도사실–이 대두되어 아버지와 다시 만날 수 있게 되었다. 아내는 이제 마음이 더 닫혀져서 남편을 강렬하게 거부하고 있으면서도 어떻게 해야 할지 결정하지 못하여 상담에 이끌고 온 상황이라고 하였다.

상담자 몇 달 만에 만났는데 그동안 어떻게 달라졌는지…….

아들 이제 화도 안 나고 긍정적인 마음이 많이 되었고 아빠랑 운동도 하고 얘기도 하고.

어머니 아빠와 아들이 앉아 있는 것을 보면 친구 같아요. 아직 깊은 이야기를 다 하지는 못하지만 저렇게 둘이 나란히 앉아 있는 것을 보면 이제, 제가 한발 물러서도 되겠구나 생각이 들어요.

상담자 어떻게 아내가 보는 것처럼 달라질 수 있었는지요?

아버지 어제 집사람하고도 이야기 했는데 내가 알고 있는 것은 옛날 구식이고 아들이랑 집사람이 하는 것은 새 방식이니까 그대로 해보려고 하고 있어요. 옛날 우리들은 어른이 하라고 하면 해야만 하는 식이었는데 지금은 서로 이야기하고 요즘은 다르잖아요. 집사람이 아들이 학교에 가면 답답해하고 더 나빠진다고 하여 그렇게 하는 것이 좋다고 여겨서 그대로 했어요. 나는 '학교는 가라'고 하고 싶었는데 그냥 놔뒀어요.

상담자 아버지로서 고등학교는 반드시 마쳐야 한다고 굳건하게 주장하셨다가 어떻게 입장을 바꾸게 되셨는지요?

아버지 아내 말도 일리가 있다는 생각이 드니까 아내의 의견을 따르게 되네요. 그것은 예전에는 방관자로서 집사람이 하는 것을 바라보며 뒤에서 지시하고 못마땅한 부분만 이야기하면서, 칭찬이나 그런 것은 안하는 것이 낫다고 생각했지요. 그러나 지금은 한 발짝 다가가서 이야기도 하려고 하지요. 들어보면 나보다 나은 데가 많은 것 같아요.
제가 지금 와보니 집사람이 내가 방관자로 있을 때 너무나 심적 부담이 컸더라고요. 제가 요새는 아들에게 오히려 배우는 것이 많아요. 얘가 엄마에게 한 발짝 더 다가서라고 하더군요. 노력이 필요하다고요. 그렇구나 싶어 그대로 하고 있습니다.

아들 아빠와 심리적으로 거리가 아직도 많이 있어요.

상담자 (아들에게 가족인형조각을 통해 현재 가족구조를 놓아보도록 하였다).

아들 살짝 금이 간 것 같은 느낌, 예전에는 절벽이었는데 이제는 식구들이 각자 흙을 퍼서 메우게 되면 될 것 같은 그래도 불안 불안해요. 두 분이서 데이트 좀 했으면 좋겠어요.

아들 둘이서 잘 지내는 것은 우리 빼고 우리와 떨어져서 부모님만 재미있게 보내는 것을 말하는 건데요.

아버지 하나 더 배우게 되네요. 저는 식구라면 다 같이 나가 식사도 하고 의례 그렇게 생각했는데 아들이 말하니까 시도해 보아야겠어요.

부부상담

상담자는 "지금 기분이 어떠세요?"로 질문을 하였고 아내는 "막 거부감이 들어요. 오늘도 제가 정말 오지 않으려고 했거든요. 이성적으로는 지금 저렇게 변한 것이 대단하다고 생각을 하지만 밑바닥 제 마음에서는 시리고 외로움이 많아서 도저히 저 사람을 받아들일 수가 없어요.", "애아빠로, 인간으로 그저 지금까지의 남편으로는 받아들일 수가 있어요. 그러나 남자로 여겨 몸을 주고받고 하는 것들에 대해서는 전혀 받아들일 수가 없어요. 제가 아주 오래전에 딱 마음이 닫혀서 이런 얘기조차 싫어요."라고 대답하였다. 남편은 "내가 끝까지 잘 해야겠구나. 하다보면 되겠지."라는 생각을 하게 되었다. 아내는 이어서 전해준다. "엊그제는 손을 잡아주더라고요. 잡는 그 손이 싫지 않은 느낌이 들었는데 이상했어요. 그래서 조금 뒤에 내가 살짝 뺐어요.", "근데 사실은 내가 이미 오래 전에 저 사람을 내쳤어요. 그래야만 저 사람이 무슨 일을 저지르면 어쩌면 저 사람이 외도를 해야 내가 빨리 정리할 수 있을 것 같았어요. 제가 외도를 하게 한 거나 같아요."라고 말했다. 상담이 끝나고 내담자의 엄마가 나와서 상담자에게 한 번만 안아달라고 하였으며, 안겨서 한참을 울었다. 내담자의 엄마에게 부부상담 회기를 우선 3~4번 정도라도 잡아보자고 제안하자 고개를 끄덕였다. 남편은 아내와 의논해서 결정하겠다고 했고 아내는 속에서는 거부한다고 하면서도 한참을 생각하다가 아이를 위해서 그렇게 해보겠다고 하였다.

상담자는 아내의 마음이 굳어지고 닫혀진지 오래되어 피부접촉조차 허용할 수 없는 것을 재확인하였다. 아내의 마음이 닫혀서 몸이 거부하는 닫힌 체계여서 관계를 살려내는 것이 쉽지는 않지만 희망을 가져 본다.

12회기(과거 부부관계에서 빚어진 묵은 상처 경험 다루기)

내담자가 여섯 살 때 충격적인 사건을 보고 공포와 상처로 자리하게 했던 부부싸움에 대한 사건을 지금 여기로 가져와서 아내의 한이 앙금처럼 남아 있는 부분을 다루었다. 과거문제를 구조 · 경험적으로 접근하여 묵은 상처를 치료하는 회기였다. 상담기법으로는 모방과 추적을 많이 사용하였다. 아내의 고착된 정서치료(엄마의 절규)를 하였고 아버지는 자신이 아내에게 집안의 모든 것을 매사 책임전가 한 부분에 대해서 진심으로 사과를 하였다. 그리고 속에서부터 올라온 말로 아내를 인정해주는 말을 하여 아내의 묵은 상처가 아무는 시간을 가졌다. 아내는 크게 절규하며 울부짖었고 상담자는 부부와 합류하여 양측을 오가며 공감하면서 모방과 추적을 하여 주었다. 예쁜 맘은 "나는 한번을 안겨도 이게 사랑이구나. 느낄 수만 있다고 하면 좋을 것 같아요. 한 번도 마음으로 '사랑을 주는구나', 이렇게 느낀 적은 단 한 번도 없어요. 이 사람은 줬는지도 몰라요. 저는 느껴보지 못했어요. 그런 적이 없었기 때문에 산다고 해도 전혀 감흥이 없을 것 같아요. 평생 한번만이라도 찐하게 살아보고 싶은데(울음) 그게 제일 숙제에요. 억장이 무너져서 아직은 용서가 안 되고 이 사람 성향이 있잖아요. 타고났던, 길러졌던 내가 잘 바꿔 놓는다고 해도 그런 성향이 있어서 희망이 없어요." 라고 말했다. 사례로 허락해주었다고 해도 사적인 깊은 부분에 해당하는 말들이많아서 내담자를 보호하고자 생략한다. 다만 가족규칙에 의해 말수가 적고 자기표현이 없었던 남편이 그동안의 변화를 통해 자기표현을 한 것들에 대해서 기술하고자 한다(문장마다 각기 다른 맥락에서 표현한 말들이다).

남편 이제야 안거야. 그런 것도 몰랐지. 나를 돌아봤을 때는 다 대부분 회피한 거구나. 책임지려고 하지 않았다는 것이 느껴져. 용서해줘.
당신은 굉장히 마음이 따뜻한 사람이잖아. 근데 나 때문에 당신 마음이 변한 게 내 마음이 더 안 좋아.
내가 잘해보려고 노력하는 거 당신도 알잖아.
어떻게 표현해야 될지를 모르겠어.
내 마음에서는 당신에 대한 보상을 정말로 하고 싶은 거고…… .
당신 없으면 내가 안 되잖아. 그건 알고 있지?
그런 잘못을 한 적도 있지만, 내 마음에서는 당신을 사랑하고 있고…… .
당신이 나에게 무슨 말을 해도 나는 그걸 다 들어줄 마음의 준비도 다 되어 있어.
여자로서 당신보다 나은 사람은 없지.
내가 당신 상처가 아물도록 사랑할 거고, 당신 생각을 적극적으로 밀어 줄게.

아내 많이 걸었던 것 같아요. 너무 진짜 대견하고, 나한테 감사하다고, 우리를 고치게 돼서 감사하다고, 정말 진심으로 내가 나에게 그렇게 얘기하네요. 선생님 감사합니다.

13회기(새롭게 세운 가족 구조에서의 연습)

전체 가족과 함께 상담을 하였다. 가족이 어떻게 속마음을 표현하고 받아주는지 실연을 하며 익혔고 새로운 가족구조 형성으로 가족의 의식과 문화를 어떻게 가꾸어 갈지에 대해 연습하고 상담 마무리를 하였다. 새롭게 달라진 아버지가 구심점을 가지고 '김스 패밀리'를 어떻게 가꾸어 갈지에 대한 방향성과 방법을 상담자가 모델링을 하고 그가 모방하게 하여 실제로 해보게 하고 그 기쁨을 온 가족이 경험하도록 하였다. 우선 처음에 무엇보다도 아버지가 그동안 갖고 있었던 파워를 가족원에게 동등하게 나누어 주고 힘으로 누르지 않겠다는 것을 선언하게 하였다. 이제부터 정중하지만 의사표현을 일치적으로 하여 안전하고 재미있는 행복을 만드는 가정을 꾸리겠다고 언급하였다. 서로 귀담아 듣고 어떻게 합의를 보는 것인지에 대해 직접 경험하도록 하였다. 가족회의는 짧고 재미있고 의미가 있어야 한다. 쑥스럽고 어색해도 새로 바꾼 이 가족의 터전에서 모두 신이 나고 기뻐하였다. 사티어는 익숙한 것이 문제와 증상을 만든다고 하였으니 익숙한 패턴을 끊고 새로운 것을 시도하여 연습하는 것은 변화를 자리잡게 하는 방법이자 과정이다.

6) 상담결과

대체로 상담목표는 이루어졌다. 내담자가 처음부터 내면을 다루기를 원하였고 대부분 내적인 경험상담을 통하여 분노나 우울 수준이 완화되었으며 삶의 의욕과 기쁨을 찾게 되었다(객관화된 검사 확인). 과열이는 지금 학교를 중퇴하고 플루트를 공부하는데, 중국에 진출하기 위해 특별지도를 받으면서 힘차게 살고 있다. 아빠와 골프도 함께 하고 아빠에게 바른 말도 할 정도로 자기표현을 할 수 있게 되어 가족이 많이 편안해졌다. 1년이 지나 추후 확인을 해본 결과 아내의 말이 "지금 남편이 술을 완전히 끊지 못해서 그렇지 잘 지내고 있다."고 하였다.

이 상담은 상담과정에서 아버지의 외도가 가시적으로 드러나게 되어 새로운 국면을 맞게 되었고 그 기회를 삼아 부부 하위체계를 흔들어 재조직하였던 것이 좋은 성과가되었다고 짐작한다. 결국 장남의 일로 아버지가 일과 술, 여자로 제휴를 맺고 살던 구조에서 이제 자신의 아내를 바라보며 진실한 관계맺기를 하고자 시도하게 되었고 아내는 아들만을 바라보고 살던 구조에서 남편을 바라보는 구조로 변화되었다. 부부가 상호 받아주는 과정을 상담자의 도움을 받아 재경험을 하였고 그 간 맞물려서 악화되었던 악순환의 사슬을 끊어 내고 새로운 사랑의 질서의 순환에 들어오게 되었다. 부부가 각자 의구심이 들면서도 상호 조심스럽게 다시 마음과 몸으로 서로를 받아들이고 새롭게 부부관계를 설정하여 소통하며 애정을 살려 가는 것을 지켜보는 것은, 상담자만이 갖는 재창조의 특별한 기쁨이고 전율이다.

상담자는 첫 회기에 과열이와 어머니를 만난 후 내담자의 문제인 학교 폭력과 분노가 가족구조에서 비롯된 증상이었고 특히 만성적인 부부갈등에서 악화되고 있었다고 가정하였다. 따라서 가족구조에 초점을 맞추고 과거 가족구조와 현재 가족구조를 의식하고 상담기법으로는 경험적인 방법을 많이 사용하였다.

이번 상담의 성과는 내담자 어머니의 절실한 열망과 부모를 지키고자 하는 아들의 간절함으로 이루어졌다고 보고 있으며 건강한 가족이 삶에서 가장 중요하다고 여기는 상담자의 가치관에서 비롯한 믿음들이 함께 어우러져 좋은 결실을 맺게 되었다고 평가한다.

용어설명

- **통합**intergration : 여러 요소들이 하나로 어우러져 전체적으로 조화와 균형을 이룬 상태이다.
- **동등성**equivalence: 어떤 한 인간이 다른 인간을 지배나 통제할 수 없는 것으로 관계 간의 힘의 균형을 의미한다. 의사소통의 양, 관계 간의 결정력, 상대방에 대한 나의 태도 등이 동등성에서 나타난다.
- **신념**belief: 무엇을 어떻게 믿는 바가 어떻게 살게 될 것인지를 결정한다. 한 사람이 세상을 어떻게 바라보고 인식하고 있는지는 그 사람의 가치관에서 비롯된다. 그 가치관은 어린 시절에서부터 그 사람의 가족문화, 가족의식, 가족규칙 등 그가 경험한 맥락에서의 생각과 신념들로 형성된다.
- **자기**self : 자신에게 속하는 의식적 · 무의식적인 내적 인상 또는 이미지 그림이라고 볼 수 있다. 흔히 사람이 사회적 기준과 부모님의 기대에 의해 역할과 행동중심으로 살아오면서 '자기'라고 알고 있던 부분과는 상치된다. 따라서 개인 밑바닥에 숨겨진 부분들인 진짜 자기를 하나하나 만나고 보듬어주는 과정이 요구된다.
- **반응방식**way of response: 외적 · 내적 자극을 받을 때 반응하는 심리적인 패턴으로 의사소통 유형이라고도 하고 대처방식, 혹은 반응 패턴이라고도 한다. 이것은 대인관계유형이 되며 인간관계의 상호작용유형이 된다.

1) 구조 · 경험적 상담은 1단계 호소문제를 드러내기, 2단계 문제를 지속시키는 상호작용 부각하기, 3단계 구조적으로 초점을 맞추어 과거를 탐색하기, 4단계 재경험하기, 5단계 재구조화하기로 구성된다.

상담 전

상담 후

그림 9-2 상담 전후의 가족구조

출처: (사)아하가족성장연구소

2) 개인 심리현상을 파악하기 위해 표준화된 다면적인성검사(MMPI-2)를 실시하여 심리문제의 변화를 척도하였다.

* MMPI-2: 개인의 성격패턴과 심리적 장애를 평가하는 검사지임[(주)마음과 사랑]

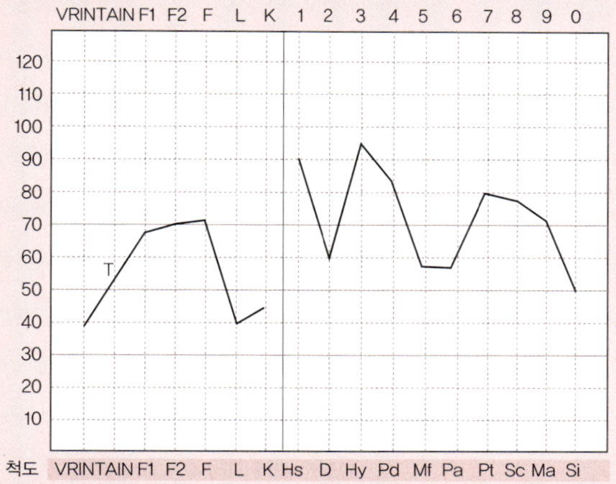

척도	VRIN	TRIN	F1	F2	F	L	K	Hs	D	Hy	Pd	Mf	Pa	Pt	Sc	Ma	Si
원점수	2	10	9	14	23	1	10	27	28	41	36	23	16	40	49	31	29
T 점수	37	53T	67	70	71	39	44	91	58	95	84	57	57	80	78	72	49

사전 1차 검사(2000년 11월 20일)

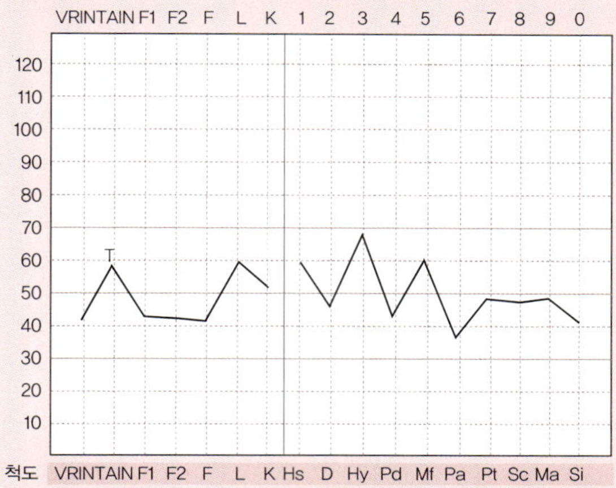

척도	VRIN	TRIN	F1	F2	F	L	K	Hs	D	Hy	Pd	Mf	Pa	Pt	Sc	Ma	Si
원점수	3	11	2	3	5	6	13	15	21	32	17	24	7	20	21	22	23
T 점수	41	58T	42	42	41	59	51	60	45	68	42	60	36	48	47	48	41

사후 2차 검사(2010년 4월 16일)

그림 9-3 MMPI-2 사전 · 사후검사 비교

출처: (사)아하가족성장연구소

가족문제

- 과열이의 분노, 우울, 폭력
- 과열이의 학교생활 부적응 (구토 증상, 어지러움, 숨 막힘)
- 부모의 (숨겨진) 만성적인 갈등과 정서적 단절 현상
- 과열이의 부모화 현상

목표설정

- 분노 완화
- 자기 세움(심리적인 울타리)
- 가족규칙 완화
- 새로운 상호작용 및 새로운 가족 구조 형성

현재 가족구조
과거 가족구조,
과거 상처

- 효자 집안 구조
  조부모에게 과열이의 부모는 절대 순종함.
  상호작용: 수직적, 일방적, 남성우월사상, 규칙 많고 엄격함
- 결혼 6년, 자녀 아동기에 트라우마(심각한 부부 싸움) (맏아들이 몰래 다 보았음. 공포가 각인되고 그 이후 어머니의 보호자로 살았다고 보아짐)

  가부장적, 억압가족 구조

대처방식, 상호작용 패턴

- 속마음을 전혀 표현하지 못함
- 일방적이고 표면적인 대화만 가능, 회피, 억압

현재 감정

- 과열이: 답답함, 숨 막힘, 분노, 무기력, 슬픔
- 어머니: 절망감, 원망, 충격
- 아버지: 놀람, 걱정, 경직

신념, 좌절된 욕구

과열이: 나 때문에 부모님이 힘들다. 엄마가 죽을 수도 있다. 내가 잘 해야 아빠가 엄마를 때리지 않는다. 나는 이럴 수도 저럴 수도 없다. 나는 힘이 없다. 아빠한테 잘 해야 한다.

Self

바들바들 떨고 있음, 공포, 두려움, 진땀나고 무서워 움츠린 나

자기보호, 자유, 자기승인, 애정

자원, 장점, 능력

- 문학적 재능
- 따뜻함
- 부모에 대한 충성심
- 정열, 열심
- 의리
- 중학교 때 전교 성적이 아주 좋음
- 피아노, 기타 잘 침
- 운동을 좋아함
- 모든 친구들이 리더로 따름(짱으로 통함)
- 사려 깊음
- 각자는 가족애가 큰 편임
- 엄마가 매우 열성적임
- 상담에 대한 이해와 신뢰가 있음

가족 구조

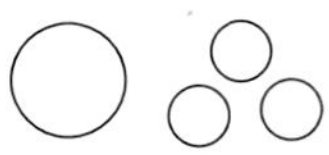

- 아버지 소외, 일방적 교류
- 어머니가 두 아들과 밀착함 특히 큰 아들과 제휴함
- 부모 사이에서 아들이 엄마를 위해 아버지를 기쁘게 하는 역할을 맡음

  위계, 경계, 권력, 가족규칙이 결함이 있는 구조

새로운 가족 구조

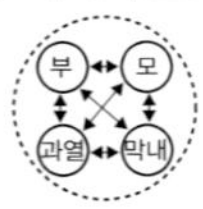

- 주고받는 정서적 교류를 할 수 있는 안전하고 쉼이 있는 기능적인 가족구조
- 순기능 가족 구조
  부모가 자기 자리에 우뚝 바르게 서서 사랑의 질서로 양육함. 개방적인 합의, 존중이 이루어짐

그림 9-4 상담모형 예시

PART 3

가족상담 응용 모델

CHAPTER

10 행동주의 가족상담

자녀와의 갈등을 호소하며 면접 상담을 원하여 상담실에 오게 되었다. 아내 이답답씨는 "큰딸이 21살인데, 말 안들을 거면 내 눈앞에서 사라져서 나가 살았으면 좋겠어요. 아니 나가서 없어졌으면 좋겠어요. 결혼을 왜 했는지 모르겠어요. 그냥 이혼하고 혼자 살았으면 좋겠어요. 나만 생각하면서요. 남편의 잔소리도 듣기 싫어요. 어쩜 남편은 말을 시작하면 이렇게 해라 저렇게 해라 자기 생각만 늘어놓는 시간이 너무 길어요. 집에 들어가면 너무 답답해요. 밖에서 사람들과는 그냥 어느 정도만 관계하면 되는데 가정은 달라요. 답답해요. 내가 왜 결혼을 했는지 모르겠어요."라며 딸과 남편에 대해 불만을 털어 놓았다.

행동주의 가족상담은 바람직하지 않고 부정적인 행동을 소거하며 긍정적 행동을 늘리는 것으로, 가족원의 행동에 긍정적인 변화를 가져오고자 하는 이론이다. 행동주의 가족상담자는 부부나 부모자녀의 상호작용 변화에 역점을 둔다.

최근에는 행동주의 가족상담에 인지적인 면을 추가하여 인지행동적 가족상담으로 변하고 있는 추세이나 본 장에서는 가족상담에서 행동주의 이론을 어떻게 활용하는지를 소개하는 데에 목적을 두고, 행동주의 이론의 발달 배경, 주요 개념, 상담의 목표 및 과정과 기법 등을 살펴본 후, 행동주의 상담을 가족에게 적용한 상담사례를 기술하고자 한다.

1. 발달 배경

Gerald Patterson(1926~)

www.oslc.org/
Oregon Social Learning Center

행동주의 가족상담에 가장 큰 영향을 끼친 것은 스키너 Burrhus Frederic Skinner의 조작적 조건화이다. 조작적이란 용어는 자발적인 행동 반응들을 가리키는 말로, 비자발적 반사행동과는 반대되는 말이다. 조작반응의 빈도는 그 결과에 의해 결정된다. 긍정적으로 강화된 반응들은 보다 빈번하게 발생할 것이며, 처벌받거나 무시된 반응들은 소멸될 것이다. 조작적 조건 형성을 시도하는 사람은 목표 행동을 주의 깊게 관찰한 후 그 빈도와 비율을 수량화한다(김영애 외 역, 2009).

초기행동주의 가족상담은 부모로 하여금 자녀의 행동을 조작적 조건형성을 이용하여 효과적으로 통제하도록 훈련시켰다. 즉 부모나 배우자들에게 부적절한 행동은 무시하고 적절한 행동에는 보상을 주도록 훈련시킨 것이다.

행동주의 가족상담자가 가족으로 관심의 대상을 옮기게 된 것은 티보와 켈리(Thibaut & Kelley)의 사회교환이론의 영향이 크다(최규련, 2010). 사회교환이론은 인간관계에서 보상을 최대화, 비용을 최소화하려 하는데, 이러한 이론은 부부간의 상호관계성을 이해하는데 도움을 준다. 즉, 만족하지 못하는 결혼생활은 자신이 받고 있는 보상이 자신이 지불한 비용보다 적다고 생각할 때 비롯된다.

행동주의 가족상담은 행동주의 개인상담에서 시작되어 가족역동에 대한 이해가 깊어지며 개인의 행동수정이 아니라 가족상담으로 발전하여 가족이 직면하는 문제에 행동치료의 이론과 실제적 기법을 적용한 것이라 볼 수 있다.

행동주의 가족상담을 주도한 사람은 심리학자 패터슨Gerald Patterson, 심리치료자 리버만Robert Liberman, 사회사업가 스튜어트Richard Stuart이다. 이들은 1970년대에 들어와서 행동주의 가족상담을 주로 부모훈련, 부모상담, 성상담에서 발전시켰다.

패터슨은 심각한 행동 상의 문제를 가진 아동의 가족에게도 행동주의 가족상담을 실시하였으며 공격적인 아동에 관한 연구와 치료를 토대로 행동주의 부모훈련 영역을 개발하는 데 공헌하였다. 그리고 부부관계 연구팀을 이끌면서 부부의 상호작용에 사회교환이론을 적용한 많은 연구업적을 남겼다. 부부생활에 불화가 생기는 것은 두 사람이 상대에게 긍정적인 만족을 주는 것과 같은 보상행동이 충분치 않았기 때문이라고 생각하여 상담에서는 이러한 긍정적 행동을 증가시키도록 설정하였다. 리버만은 우울, 참기 힘든 두통, 부적응, 부부의 불화를 겪는 성인 환자의 가족문제에 조작적 조건화를 적용하며 증상에 관심을 집중시켜 증상을 무시하면 사라질 것이라는 소거방식을 적용하였다. 사회사업가 스튜어트는 한 가족원의 바람직하지 않은 행동을 수정할 수 있는 방법에 초점을 맞추기보다는 오히려 긍정적인 행동변화를 극대화 시킬 수 있는 방법에 초점을 맞추는 것인 유관계약 접근법을 개발하였다. 최근에는 조건화의 모델과 인지적 이론 간의 교류가 시작되면서 행동주의 상담자들이 내담자의 태도, 사고, 감정과 같은 다양한 내적 과정의 역할을 고려하기 시작하였다. 이는 행동주의 가족상담에 인지적인 면을 추가하여 인지행동적 가족상담Cognitive-Behavioral Family Therapy으로 변화하고 있는 추세이다.

2. 주요 개념

행동주의 가족상담의 주요 개념들을 살펴보면 다음과 같다.

1) 고전적 조건화

파블로프Ivan Petrovich Pavlov의 고전적 조건화는 주어진 자극에 대해 수동적 조건반사가 형성되는 과정이다. 이 반응은 개의 타액분비를 지표로 일정한 소리를 들리게 한 후, 먹이를 주는 것으로 소리와 먹이관계를 이용해 소리만으로 타액분비를 일으키는 현상이다. 처음 개는 소리에 대해 별다른 반응이 없지만, 먹이 주는 것을 계속하면, 개는 소리를 특정한 자극, 즉, 먹이를 획득할 수 있는 신호라고 인식하게 되어, 소리만 들려줘도 타액분비가 일어나게 된다. 이것을 조건반사라고 하고, 여기서 소리를 조건자극이라 한다.

2) 조작적 조건화

스키너의 조작적 조건화는 어떤 반응에 대해 선택적으로 보상하여 그 반응이 일어날 확률을 증가시키거나 감소시키는 방법을 말한다. 이것은 때때로 특수 학습상자에 장착되어 있는 지렛대를 닫거나 누르게 하여 그에 대한 보수로 먹이를 얻게 할 경우, 이런 행동을 지속적으로 반복해서 조작하는 것이다. 여기서 선택적 보상이란 강화와 벌을 의미한다. 조작적 조건화는 작동적 조건화라고도 한다.

3) 강화

강화에는 정적강화와 부적강화가 있다. 정적강화와 부적강화는 모두 행동의 발생빈도를 증가시킨다는 점에서는 같으나 정적강화는 바람직한 행동을 하면 원하는 것을 얻게 되는 것이고, 부적강화는 바람직한 행동을 하면 원하지 않는 것을 피할 수 있다는 점이 다르다.

(1) 정적강화positive reinforcement

어떤 바람직한 행동을 했을 때 좋아하는 것(지지나 보상)을 주어 바람직한 행동의 빈도나 강도를 증가시키는 것을 정적강화라고 한다.

(2) 부적강화negative reinforcement

어떤 반응 또는 행동에 대하여 주어지던 자극(주로 혐오하는 상황이나 사물)을 제거함으로써 바람직한 행동의 빈도나 강도를 증가시키는 것을 부적강화라고 한다.

표 10-1 강화의 종류

유형	의미	강화물
물질적 강화	바람직한 행동에 대해 물질적인 것을 제공하여 그 행동을 습관화하는 것	· 좋아하는 음식(과자, 사탕 등) · 장난감
사회적 강화	바람직한 행동에 대해 칭찬 및 애정표현 등을 사회적 보상으로 그 행동을 습관화하는 것	· 칭찬 · 안아 주기 · 미소 지어 주기
간접적 강화	바람직한 행동에 대해 화폐기능을 지닌 간접보상으로 그 행동을 습관화하는 것	· 스티커 · 토큰 · 동전
활동적 강화	바람직한 행동에 대해 아동이 좋아하는 활동을 할 수 있게 허용하는 보상으로 그 행동을 습관화하는 것	· 게임하기 · 영화보기

출처: 이순형 외(2010). 부모교육. p.250

4) 벌 punishment

혐오자극을 제시하거나 유쾌한 보상을 제거하여 특정 행동을 한 후에 그 행동이 다시 일어날 가능성을 감소시키는 자극이다. 예를 들어 인사를 잘한 아동에게 스티커를 주고 지속적으로 인사를 잘할 수 있도록 하는 것이 정적강화의 방법이며, 인사를 잘한 아동에게 화장실 청소를 면제해 주고 인사를 잘 할 수 있도록 하는 것은 부적강화이다. 그리고 인사를 안 한 아동에게 화장실 청소를 시켜서 이후에 인사를 잘 할 수 있도록 하는 것은 벌이다.

5) 행동형성 behavior shaping

행동형성은 이미 일어나고 있는 행동 중 목표로 삼고 있는 바람직한 행동에 가까운 것을 찾아내는데서 시작된다. 목표하는 행동을 학습할 수 있도록 기대에 부응하는 행동에 대해 강화를 하여 행동을 점차 만든다. 즉 먼저 어떤 복잡한 행동을 여러 개의 하부구조로 나눈 다음 이러한 하부 행위가 보상과 벌의 체제를 사용하여 결과적으로 하나의 바람직한 행동을 유발시키는 것으로 조형이라고도 한다.

6) 모델링 modeling

모델의 행동을 관찰하고 유사한 상황에서 모델과 비슷하게 행동하는 것이다. 모델은 바람직한 행동을 하는 가족원이나 상담자가 될 수 있다.

7) 자극통제 stimulus control

어떤 행동은 그 자체는 문제가 되지 않지만 어떤 시간과 장소, 상황에 따라서 부적절한 경우가 있다. 예를 들면 운동장에서는 큰 소리로 말해도 되지만 실내에서는 큰 소리로 말하게 되면 문제의 행동이 된다. 이것은 반응의 문제가 아니라 자극통제의 문제이다.

8) 소멸 extinction

강화물이 더 이상 나오지 않게 될 때 행동의 빈도가 감소하는 현상으로 일단 학습된 행동도 그 행동에 대한 강화가 지속적으로 이루어지지 않는다면 점차 소멸된다는 원리에 근거한 것이다. 이전에 강화 받던 행동에 대해 강화를 중단하는 방법으로 소거라고도 한다.

9) 타임아웃time out

일종의 처벌로 어떤 행동을 감소시키기 위하여 자녀들을 구석에 앉아있게 하거나 각자의 방으로 보내는 것을 말한다.

10) 체계적 둔감법

특정한 상황이나 상상에 의하여 조건형성된 공포 및 불안 반응을 극복하도록 할 때 이용된다. 내담자로 하여금 이완을 한 상태에서 불안 강도가 낮은 것에서부터 시작해 점차 불안 강도가 높은 자극이나 상황을 상상하도록 한다. 결국은 가장 심하게 불안을 유발하는 상황을 아무런 불안감 없이 머릿속으로 그려보고 경험할 수 있게 하는 방법이다.

11) 자기주장훈련

주장행동을 할 수 있는 능력을 증가시키는 상담기법이다. 특히 대인관계에서 오는 불안을 제거하는 데 효과가 있다. 자기주장훈련의 목표는 내담자로 하여금 광범위한 대인관계를 위해 필요한 기술과 태도를 갖추게 하는 데 있다.

3. 상담목표와 과정

1) 상담목표

행동주의 가족상담은 상담을 통해 긍정적 행동 변화를 형성하여 보상을 주는 상호작용의 비율을 증가시키고 강압과 혐오 통제의 비율은 감소시키면서 효과적인 의사소통과 문제해결 기술의 학습에 두고 있다. 한마디로 상담의 목표는 현재의 증상을 완화시키기 위한 특별한 행동유형을 수정하는 것이다.

행동유형을 수정한다는 것은 바람직하지 않는 행동을 제거하거나 가족에 의하여 확인된 긍정적 행동을 증가시키는 것이다. 행동주의 가족상담은 증상을 완화시키기도 하며, 가족에게 기술을 가르치기도 하고 이해력을 증진시키고자 노력한다. 특히 효과적인 의사소통과 문제해결 능력을 학습시키는 것을 또 다른 목표로 설정한다.

2) 상담과정

행동주의 가족상담의 전략은 가족이 어떻게 기능하느냐의 문제보다는 어떻게 하면 행동의 변화를 초래할 수 있는지에 대한 방법에 보다 많은 관심을 두었다. 행동주의 상담의 핵심적 전제는 행동이란 결과에 의해 유지된다는 것으로, 어떤 새로운 행동의 결과에 대하여 많은 보상이 주어지지 않으면 행동의 변화는 지속되지 않을 것이다. 따라서 상담자는 다음의 사항들을 중심으로 진행하여야 할 것이다(최규련, 2010).

- 부모나 배우자들에게 긍정적인 행동을 가속화하여 그들의 만족이 증대되도록 돕는다.
- 바람직한 문제해결기술과 대인관계기술을 학습하도록 돕는다.
- 목표행동을 구체적으로 설정하고 행동이 일어나는 조건과 보상기준을 정하며 어떤 상황에서 목표행동을 할지에 대해 구체적으로 명시한다.
- 바람직한 행동변화를 다양한 기법을 활용하여 개입한 후 평가 기준을 정하고 행동변화를 평가하여 과학적이고 실증적인 결과를 제시한다.

4. 상담자 역할과 기법

1) 상담자 역할

행동주의 가족상담에서 상담자는 문제행동을 지배하는 상황을 사정하기 위해 우선 가족의 행동유형에 관심을 가지고 결과에 의해 얻어진 자료를 기초로 하여 행동을 분석하고 어떤 행동을 변화시킬 것인지에 대한 계획을 세운다. 계획을 세운 후 가족의 특성에 맞는 상담기법을 적용하여 적극적으로 개입을 한다.

2) 상담기법

행동주의 부모교육과 행동주의 부부상담의 상담기법은 다음과 같다.

(1) 행동주의 부모교육

부모교육과정은 포괄적인 평가절차로 시작되며 사정에는 변화된 행동의 빈도뿐만 아니라 그것에 선행하거나 뒤따르는 사건을 정의하고 관찰하며 기록하는 과정이 수반된다. 평가가 완료되면 상담자는 어떤 행동이 증가되고 감소해야 할지를 결정한다. 바람직한 행동이 증가하도록 심리적 또는 사회적인 다양한 강화요인이 사용되며 이러한 강화요인은 아동의 특성에 따라 효과가 다양하다.

행동주의 가족상담의 상담자들은 행동주의 기법을 바탕으로 부모교육의 프로그램들을 다양하게 고안하여 부모는 자녀교육 시에 야뇨증, 숙제, 배변훈련, 공포 등에 적용시키는 법을 배우게 되며 부모교육에서는 6가지 범주에 걸친 자녀의 행동문제가 적용되고 있다(Graziano, 1977; 김규수 · 오현숙, 2010, 재인용)

① 신체적 증상(발작, 섭식장애, 배변훈련)
② 복합적 증후군(뇌 손상, 정신지체, 정신이상)
③ 부정적이고 공적격인 행동(과행동 성향, 싸움, 신체적 · 언어적 학대)
④ 두려움과 공포증(학교공포증, 큰 소리에 대한 두려움)
⑤ 언어장애(선택적 무언증)
⑥ 가정에서의 일상 행동 문제(침실 정리, 지속적 칭얼거림, 옷 입기)

부모를 상담의 대상으로 하는 행동주의 가족상담은 어떤 의미에서 교육자의 입장에서 치료에 임하게 되는 경향이 많다. 왜냐하면 부모는 어떤 형태라도 상담에 교육이 포함되길 기대하고 있기 때문이다. 특히 행동주의 부모교육의 경우에는 그와 같은 경향이 더욱 강하다. 행동주의 부모교육은 여러 가지 어려움을 겪는 아동을 다루고 있으므로 다양한 기법들이 사용되고 있다. 그 중에서 조작적 조건화는 가장 널리 사용되는 접근방법이다. 조작적 조건화에는 다음과 같은 기법들이 있다(이영실 외, 2010).

① 행동형성shaping

바라는 목표에 점진적으로 접근하는 방법이다. 추구하는 목표를 작은 단계로 나누어서 각 단계 내에서 강화하여 그를 통한 점진적인 변화를 시도하는 것이다. 즉 바람직한 행동에 한 번에 도달하기 어려울 때에는 점진적인 접근 원리를 통해 단계적으로 바람직한 행동을 형성하도록 하는 것이다. 행동형성 기법에서 중요한 것은 최종 목표로 하는 바람직한 행동에 대해서만 강화를 제공하는 것이 아니라, 단계적으로 나타나는 유사한 행동에 대해서도 즉각적으로 강화를 해 주어야 한다는 점이다. 유사한 행동에 대한 이러한 강화는 바로 다음 단계에서 나타나는 행동에 대한 선행자극이 되어 바람직한 행동의 유발을 촉진하는 데 크게 기여하기 때문이다.

예를 들어 자녀가 자신의 방을 깨끗이 청소하길 원하는 부모는 처음에는 바닥에 있는 책을 책꽂이에 정리하는 것에 대해 보상하고, 그 후에는 침대정리를 하는 것에 보상하며 마지막에는 책상 위를 정리했을 때 보상한다. 또 TV시청시간을 줄이는 목표를 가진 자녀에게 TV를 못 보게 하는 것은 무리이므로 3시간, 2시간, 1시간씩 작은 단위로 나누어 점진적으로 감소될 수 있도록 강화를 제공하는 것이다.

② 토큰강화법

강화는 특정 반응을 증가시키거나 감소시키기 위해 계획된 행동 또는 사건이다. 강화가 일관될수록 행동도 더욱 빨리 형성된다.

토큰강화법는 바람직한 행동을 할 때마다 매번 즉각적으로 행동을 강화해야 하는 불편함을 덜기 위한 기법으로, 행동주의 부모교육에서는 많이 사용된다.

예를 들어 아동들의 바람직한 행동에 대해 일정 점수나 토큰 등의 보상을 주고 반대의 경우에는 점수나 토큰을 회수한다. 아동의 점수나 토큰이 일정한 수준에 도달하면 원하는 것을 얻게 되는 기법이다.

③ 유관계약

자녀와 부모사이에 이루어지는 계약으로, 자녀가 긍정적인 변화를 보인다면 그 변화 후에 부모가 어떤 확실한 변화를 조성하겠다고 약속하는 것이다. 이 방법은 다양한 자녀 문제에 광범위하게 적용될 수 있을 만큼 효과적인 것으로 알려져 있다.

상담자는 계약에 이르도록 가족원을 돕기 위하여 다음의 세가지 사항을 설계하고 촉진시키며 강화한다(김규수 · 오현숙, 2010).

첫째, 내용과 감정을 분명하게 의사소통할 것

둘째, 요구할 것이 있을 때는 분명하게 표현할 것

셋째, 협상, 즉 가족원은 무언가를 양보하는 것에 대한 대가로 다른 무언가를 얻게 된다.

④ 타임아웃

부적절한 행동의 결과로 정적강화를 받을 기회를 잃어버리는 것을 의미한다. 즉 어떤 행동을 감소시키기 위한 기법으로, 이것은 아동이 바람직하지 않은 행동을 할 경우에 아동을 무시하거나 고립시키는 것을 의미한다. 타임아웃을 사용할 때는 현재 상황이 격리되는 것을 싫어할 만큼 즐거운 상황이어야 하고, 격리되는 곳에는 아동이 좋아할 만한 장난감이나 물건을 두지 말아야 하며, 격리되는 동안 행동도 엄격하게 통제되어야 한다. 또한 아동의 연령에 따라 타임아웃 시간도 고려해야 한다. 격리 시간은 짧게는 30초에서 길게는 5~10분 정도로, 10분 이상이 되면 타임아웃의 효력을 상실하게 된다.

표 10-2 타임아웃의 올바른 방법

단계	방법
1. 규칙에 대해 설명하기	타임아웃은 잘못된 행동을 고치기 위해서 사용하는 것임을 알려주고 어떤 규칙을 따라야 하는지 설명한다.
2. 잘못된 행동 후 즉시 타임아웃 장소로 보내기	잘못된 행동의 결과로 타임아웃이라는 벌을 받는다고 연결시킬 수 있게, 즉시 타임아웃 장소로 바로 옮긴다.
3. 정해진 시간만큼 타임아웃 실시하기	연령에 맞게 타임아웃을 실시하되, 타임아웃의 시작과 끝을 알 수 있도록 휴대용 타이머를 이용해 일정 시간이 지나면 소리가 울리게 한다.
4. 끝난 후 자신의 잘못 돌아보기	타임아웃 벌을 받게 된 이유를 말해 보게 함으로써, 잘못된 행동으로 인해 타임아웃을 하게 되었다고 깨닫게 한다.

출처: 이순형 외(2010). 부모교육. p.254

⑤ 프리맥Premack 원리

바람직한 행동을 증가시키기 위해 이 원리가 적용된다. 프리맥의 원리는 발생빈도가 높은 행동이 발생빈도가 낮은 행동을 위한 강화물로 사용되는 원리이다.

예를 들어 컴퓨터게임을 좋아하는 아이에게 일정한 양의 수학문제를 풀게 한 뒤에 컴퓨터게임을 하도록 허락하는 것이다. 이렇게 되면 컴퓨터게임은 수학문제를 풀게 하기 위한 강화물로써 작용하게 되는 것이다. 그러나 컴퓨터게임을 먼저 한 뒤 수학공부를 시키면 효과가 없다. 프리맥 원리의 강화물은 어떤 긍정적 행동을 한 뒤에 제공해야 빠른 효과를 얻을 수 있다. 또 야구를 좋아하는 아동에게 숙제를 마쳐야 야구놀이를 할 수 있다고 말한다. 이 원리가 효과적이기 위해서는 강화물은 아동에게 매우 인기 있는 것이어야 한다.

(2) 행동주의 부부상담

정교하고 구조화된 사정으로 시작한다. 일반적으로 면담 이전에 임상적 상태, 특별한 표적행동에 대한 사정, 그리고 표준적인 부부관계를 사정하는 질문이 포함된 구조화된 사정단계를 거친다.

행동주의 부부상담에서 잘 기능하지 못하는 부부관계는 부부간에 교환되는 긍정적 강화의 비율이 낮기 때문이라고 본다. 따라서 주요한 상담전략은 부정적 통제비율을 감소시키는 한편, 긍정적 통제를 증가시키는 것이다. 또한 의사소통을 증진시키는 것으로 이를 통하여 부부의 문제해결능력을 촉진시켜 준다.

문제가 있는 결혼생활을 다루는 행동주의 접근법을 요약하여 다섯 가지의 개입전략목록을 만들었다(Stuart, 1969; 김유숙, 2007, 재인용).

첫째 부부는 상대방을 막연하고 비판적인 불평을 통해 묘사하기보다는 분명하고 행동주의적인 묘사를 이용하여 표현하는 것을 배운다.

둘째, 부부는 '나는 남편과 덜 싸우면 좋겠다'와 같은 부정적 언어대신에 '우리 부부는 서로 보다 잘 이해할 수 있었으면 좋겠다'와 같이 긍정적인 언어를 강조하는 새로운 행동주의적 교환절차를 배운다.

셋째, 부부는 의사소통을 개선하도록 도움을 받는다.

넷째, 부부는 권력을 공유하며 함께 의사결정을 하는 명백하고 효과적인 방법을 사용할수 있도록 격려한다.

다섯째, 부부는 상담에서 얻은 이익을 유지하고 확대시키는 수단으로서 미래의 문제를 해결하기 위한 전략을 배운다.

행동주의 부부상담의 중요 기법은 다음과 같다.

① 자기주장훈련

부부관계 또는 대인관계에서의 불안을 주장행동을 통해 상호 저지함으로써 불안을 줄이는 데 사용되는 훈련이다. 초기에는 주로 불안의 제거에 중점을 두었으나 최근에는 권리에 중점을 두어 상대방의 권리를 침해하거나 상대방을 불쾌하게 하지 않는 범위에서 자신의 권리, 욕구, 의견, 생각, 느낌 등 자신이 나타내고자 하는 바를 있는 그대도 상대방에게 표현하고 있다.

② 긍정적 행동의 교환

부부가 서로 바라는 행동의 빈도를 증가시키는 방법이다. 웨이스 등Weiss et al은 부부들에게 '사랑의 날'을 정하고 그 날에는 각자 배우자에게 만족스런 행동을 두 배로 행하도록 하였다. 스튜어트(1976)는 '돌보는 날'을 정하고 그 날에는 한 배우자가 가능한 많은 방법으로 다른 배우자를 보살피게 하였다(김영애 외 역, 2009).

③ 의사소통

부부 사이에서 자신이 원하는 것을 다른 배우자가 알아차리기를 기대하기보다는 그것을 요청하는 방법을 배우도록 격려한다. 이 방법은 교환협정과정에서 부부가 지나치게 대립되거나 복잡한 문제를 다룰 때 사용된다.

④ 문제해결 훈련

단순한 문제보다는 갈등적인 문제를 다루기 위해 사용된다. 성공적인 문제해결의 열쇠는 배우자 간의 서로 협동적인 상황을 만들어 내는 것이다. 문제에 대하여 정확하게 정의한 후 타협을 한다. 문제를 정의할 때, 긍정적인 말로 시작하는 것이 효과적이다.

⑤ 유관계약

변화를 일으키는 배우자에 대하여 어떤 다른 변화를 약속하는 것이다. 부부간의 유관계약에는 상응계약과 좋은 믿음계약이 있다(김정택, 2004).

상응계약은 상대방이 무엇을 하느냐에 따라 자신이 할 것을 정하는 계약이다. 이 계약을 시행할 때의 어려움은 계약을 지키는 상대방 배우자에 따라 여러 가지 다른 행동이 발생한다는 점이다. 좋은 믿음계약은 각 배우자는 상대방 배우자가 행하기로 한 부분에 따라 생활을 하는지에 상관없이 각자 계약된 행동을 해야 한다. 특별히 정한 행동을 행한 배우자는 미리 준비된 보상을 받게 된다.

⑥ 체계적 둔감법

공포나 불안을 극복하기 위한 이완훈련이다. 이 방법은 이완을 한 후 불안을 일으키는 장면을 상상하는 것이다. 낮은 장면에서부터 시작하여 높은 장면으로 올라가면서 실시한다.

⑦ 포화

정적자극이라도 계속적으로 주어져 포화상태에 이르게 되면, 그것은 정적강화자극의 기능을 상실하고 오히려 반대의 효과를 나타내는 원리이다.

예를 들어 컴퓨터 게임을 너무 좋아하는 배우자에게 컴퓨터게임만 계속 하게 하면 다시는 게임을 보기도 싫어하게 된다는 것이다.

⑧ 혐오기법

일시적으로 만족을 주거나 장기적으로 보면 바람직하지 못한 행동에 대하여 혐오자극을 제시함으로써 부적응 행동을 하지 않도록 하는 방법이다. 예를 들어 담배를 많이 피우는 사람에게 폐에 구멍 뚫린 사진을 보여 주어 담배를 끊도록 하는 것이다. 또는 도박을 하는 남편의 경우 도박 중독으로 인해 자기를 잘 아는 사람들로부터 비난받거나 경제적인 궁핍, 건강 악화, 생활의 무절제 등으로 고통받는 상황을 상상하도록 해보는 것이다. 이렇게 담배와 도박과 혐오적인 결과를 연합해서 상상하게 하여 담배를 끊게 하거나 도박을 중지하고 생활의 변화를 갖도록 하는 것이다. 이 기술은 알코올 중독, 마약중독, 도박, 흡연, 폭력 등의 문제가 있는 사람에게 효과가 있는 것으로 널리 알려져 있으나 논쟁의 여지도 많다. 왜냐하면 행동주의 상담에서는 기본적으로 처벌이나 부정적 결과보다 보상을 적용한 기법이 선호되기 때문이다(노안영, 2009).

5. 가족상담에서의 행동주의 적용

1) 이론적 적용

행동주의 가족상담은 행동주의 이론으로 이루어진 것으로, 가족이 직면하는 복잡한 문제에 행동주의 이론을 적용한 것이다.

이러한 행동주의 가족상담을 적용하는 방법은 다음과 같다.

첫째, 초기 접촉단계로 내담자와 상호 신뢰관계를 형성한다.

둘째, 사정단계로 내담자의 현재 상태를 조명하기 위해 과거 사건들에 대한 정보를 수집하며 내담자를 이해한다.

셋째, 개입단계로 내담자의 가족에 대한 대처 능력을 증가시키고 갈등을 감소시키는 방향으로 이루어지도록 바람직한 행동변화에 영향을 주기 위해 다양한 치료 기법을 활용한다.

넷째, 평가단계로 긍정적인 변화를 일반화시키고 내담자에게 긍정적인 방향을 제시해 준다.

2) 상담사례: 혼자 살고 싶어요

(1) 내담자 기본정보

아내 이답답씨는 45세의 기혼여성으로, 50세 남편과의 사이에 아르바이트하는 딸(20), 고등학교 2학년 아들을 두고 있다. 결혼하기 전부터 다니던 직장에서 사무직으로 일하고 있다. 성격이 조용한 편이며 결혼한 후 책임을 져야 하는 모든 일들에 대해 힘들고 귀찮아하고 있다. 자녀들이 바람직하지 않는 행동(큰딸의 담배를 피우고 집에 늦게 들어오는 행동이나 둘째 아들의 인터넷 중독)도 자신이 아이들을 잘 키우지 못해서 생겨난 일인 것 같아 상담을 받게 되었다.

(2) 내담자 주 호소 문제

처음에 아내 이답답씨가 전화로 자녀와의 갈등을 호소하며 상담신청을 하여 면접상담을 실시하게 되었다.

아내의 주 호소 문제는 다음과 같다.

첫째, 딸이 담배를 피우고 늦게 들어오는 모습이 마음에 안 든다.

둘째, 딸이 친구를 잘 사귀지 못하고 속상해 하는 모습을 보면 화가 난다.

셋째, 남편의 잔소리가 너무 싫다.

넷째, 내가 잘못 살아온 것도 없는데 왜 자녀들이 다 공부도 하지 않고 담배를 피우고 하는지 모르겠다.

다섯째, 집에 들어가려고 하면 가슴이 답답하다.

(3) 내담자 가족배경

남편은 평범한 회사원이다. 항상 똑같은 시간에 귀가하며 정리정돈이 잘 되어 있기를 바라고 행동이 항상 반듯하다. 아내의 불만 있는 모습들을 이해할 수 없고 아내가 화날 때 내뱉는 심한 말들에 상처를 받는다.

아내는 결혼 전부터 다닌 직장을 지금까지 잘 다니고 있다. 집에만 들어가면 모든 일들이 힘들어서 쉬고 싶고 짜증이 난다. 남편의 잔소리, 자녀들의 행동 등이 마음에 들지 않고 현재의 자신에게 일어나는 일들 중 특히 첫째 딸의 행동들, 둘째 아들이 공부 안하는 것 등 때문에 모든 일상생활을 힘들어한다.

호소 문제를 종합해보면 자신과 다른 자녀들의 생활태도에 힘들어하며, 자녀들에게 투자할 가치가 있는지에 대한 의구심을 가지고 있다. 그러나 혹시 부모의 가정교육이 잘못되어 자녀들이 안 좋은 모습을 보이는 것 같아 부모교육 등을 참여하며 변화를 위해 애쓰고 있다.

(4) 상담과정

① 상담개요

상담회기는 총 8회기로, 1회기에는 신뢰관계를 형성하였고 2회기에는 아내가 가지고 있는 과거 경험에 대한 정보를 중심으로 내담자를 이해하였으며 3회기에는 자기주장훈련을 통하여 자신의 이야기를 가족에게 하도록 하였다. 4회기에는 딸의 이야기 경청 및 토큰강화법을 적용하였으며 5회기에는 행동에 대한 평가를 하였고 6회기에는 행동적 기법을 사용하여 적절한 행동을 가르치고 행동을 변화시키고자 하였다. 7회기에는 상담에 대한 평가를 하며 사용한 기법들이 내담자 가족을 도왔는지 살펴보았다. 8회기에는 추수상담으로 전화 통화를 하였다. 상담목표는 내담자의 행동변화에 초점을 두었으며 회기별 상담내용을 요약하면 다음과 같다.

② 회기별 상담 내용과 변화 과정

1회기(신뢰관계 형성)

마른체형에 뭔가 불만이 있는 듯한 얼굴로 상담실로 들어와 자녀의 이야기를 하며 얼마나 힘든지에 대해서 호소하였다. 남편은 전형적인 가부장적인 사람으로 한번 말을 시작하면 가족들이 모두 힘들어 할 정도로 길게 설교를 한다고 하였다. 집에 들어와서 집안이 지저분하면 바로 남편이 청소와 부엌일을 하며 일을 하고 난 후에는 가족들이 들어오면 잔소리가 시작된다고 한다. 하지만 남편은 자기 일에는 충실한 사람이라고 했다. 상담자는 내담자의 이야기를 들어주고 공감해주며 신뢰관계를 형성하였다.

2회기(내담자의 원가족 관계 파악)

내담자의 어린 시절 이야기를 하며 과거의 경험에 대하여 털어놓았다. 혼자서 모든 일을 결정하고 처리하는 딸, 알아서 잘하는 그런 딸이었다. 어머니는 자신에게 관심이 없었고 내담자는 아버지의 칭찬 한마디를 듣기 위하여 열심히 살았다. 부모님께서는 거의 매일 싸우셔서 그런 모습이 보기 싫어 고등학교 때 시내로 나가 독립을 하였다고 한다. 과제로 내담자가 가장 힘든 것이 무엇인지 생각해보도록 하였다.

3회기(자기주장훈련)

내담자가 과제를 해보았다고 하며 딸이 담배를 피우는 행동때문에 가장 힘들다고 하였다. 자신은 모범적이었는데 담배를 피우는 딸은 모범적이지 않게 보인다고 하며 눈물을 흘렸다. 내담자의 마음을 충분히 공감해 준 후 내담자와 자기주장훈련을 연습해 보는 시간을 갖았다.

내담자의 성격이 내성적이라서 자신의 생각을 정확하게 표현하는 것을 어려워하였다. 그래서 큰 딸의 담배 피우는 행동에 대해 내담자의 생각을 표현하는 것을 연습하였다. 내담자가 엄마로서 담배를 피우는 행동으로 인하여 드는 생각과 느낌, 소망 등을 딸에게 표현하도록 하였다. 담배를 피우고 냄새가 나는 상태로 집에 들어왔을 때의 내담자의 생각, 담배를 피우므로 걱정되는 부분 등 차분하게 표현하도록 해보았다. 아울러 늦게 귀가하는 행동에 대해서도 연습을 하였다. 딸이 늦게 귀가할 때의 모습을 보며 드는 생각과 느낌, 소망 등을 표현하는 것으로 해보았다.

내담자는 상담을 통하여 딸에게 했던 심한 말들로 인해 얼마나 상처를 받았을지를 알게 되어 너무도 미안하다고 하였다. 하지만 평상시에는 말을 안하고 피하다가 너무 화가 나면 막 쏟아 붓는 식의 의사소통을 한 것 같아 딸에게 미안하고 딸도 아르바이트하며 힘들 텐데 그런 면을 한 번도 살펴주지 못한 것 같다고 하였다. 상담이 끝나갈 무렵 다음 시간에는 딸에게 어머니를 도와주기 위해 상담에 올 수 있는지를 내담자가 요청해보도록 말씀드렸다.

4회기(토큰강화법 적용)

내담자는 딸에게 담배에 관해서 자기의 생각을 표현하여 딸이 담배에 대해 많은 생각을 하는 계기가 되었다며 딸과 함께 상담에 왔다.

딸에게 상담실에 함께 와준 것에 대해 칭찬을 하였다. 딸은 자기표현을 잘 하는 편이어서 이 때문에 내담자가 딸에게 자기표현을 하기가 힘들었던 것으로 보이기도 하였다. 상담이 끝나기 전에 딸이 담배를 피우는 것 때문에 엄마가 매우 힘들다고 말하고 담배를 끊는 것은 어떠냐고 질문하였다. 딸 역시 끊고는 싶은데 잘 안된다고 하였다. 내담자와 딸에게 토큰강화법에 대해서 이야기하며 딸이 가장 원하는 것은 무엇인지 물어보았다. 메이크업을 배우고 싶다고 주저하지 않고 바로 대답하였다. 상담자는 그들에게 담배를 줄이는 것을 강화하기 위해 점수를 주어 일정 점수에 도달하면 메이크업 교육을 지원해주는 것이 어떻겠느냐고 묻자 두 사람 모두 좋아했다. 내담자와 딸은 한주동안 금연을 지키면 10점을 주고 200점이 되면 메이크업 교육을 지원해주는 것에 대해 동의하였다. 담배를 끊는 일은 힘든 일인데 흔쾌히 응한 것에 칭찬해드리며 상담을 마무리하였다.

5회기(내담자의 행동에 대한 평가)

내담자에게 전 시간에 딸이 담배를 끊기로 약속한 것이 잘 지켜지고 있는지 물어보았다. 메이크업을 배우고 싶은 마음이 절실한지 약속을 잘 지켜주며 줄이고 있다고 하였다. 전에는 옆에 가면 담배 냄새가 너무 나서 역겨웠는데 그 정도는 아니라고 하였다. 내담자와 딸 모두 열심히 행동으로 옮기는 것을 칭찬해드리며 5회기에는 내담자의 행동에 대한 평가를 해보기로 하였다.

내담자가 가족원들의 행동을 살펴보며 칭찬을 해준 적이 있는지 생각해보는 시간을 가졌다. 남편의 행동, 딸의 행동, 아들의 행동에 대해 칭찬을 해준 적이 언제인지 생각이 안 날 정도라고 하였다. 내담자의 남편은 딴 짓 한번 안하고 항상 일찍 들어와서 아이들과 밥 먹고 아침 일찍 일어나 둘째 아들과 수영장에서 수영을 함께 하며 다시 집으로 와서 아침을 먹고 출근한다. 정말 부지런한 남편과 아들인데 그런 생각을 못했다고 하였다. 딸도 대학에 진학하지 않았지만 아르바이트로 자신의 용돈은 자기가 벌어서 쓰고 있고 늦게 자고 늦게 일어나도 아르바이트를 열심히 하고 있는 것도 고마운 일인데 그렇게 생각해 본 적이 없었다고 하였다. 과제로 딸을 하루에 한 번씩 칭찬하고, 딸의 장점에 대해서 10가지 이상을 적어오도록 하였다.

6회기(행동적 기법 사용)

딸의 장점을 10가지 이상 써온 것(항상 당당하다. 자신의 표현을 잘한다. 관심 있는 영역이 많다. 사람들과 금방 친해진다. 엄마를 도와 설거지를 해준다. 날씬하다. 동생에게 화를 안 낸다. 책을 좋아한다. 남들보다 미적 감각이 있다. 과거에 발레를 잘했다. 아는 노래가 많다. 아르바이트를 잘 찾고 열심히 한다)을 읽어보는 시간을 가졌다. 그러면서 내담자는 딸의 장점이 많은 것을 느꼈다. 항상 안 좋은 면만 봤는데 쓰면서 이렇게 많은지 새롭게 알았다고 하였다.

5회기에 행동에 대한 사정을 해본 것을 토대로 내담자의 행동의 변화를 갖도록 하는 시간을 가졌다. 남편에게 칭찬을 해드린 적이 있는지 물었더니 퇴근해서 들어가 보니 남편이 아이들과 밥을 먹고 설거지를 하였다며 항상 있는 일인데 상담을 하고 나니 남편이 한 일이 새롭게 보였다고 하였다. 아침에 출근을 하는데 딸이 아침에 먹은 설거지를 하는 것을 보았는데 '그래, 엄마가 출근한다고 설거지를 해주니 고맙구나' 하는 생각이 들었다고 하였다. 자기 표현과 감정표현이 안 되는 내담자에게 표현하는 방법을 연습하게 하였다. "우리 딸이 설거지를 해주니 엄마가 너무 고맙다. 아침에 설거지를 하고 출근을 하게 되면 항상 서둘러서 나가게 되어 힘들었는데 이렇게 설거지를 해주니 엄마가 편하고 여유가 생겨 너무 고마워." 라고 표현하며 딸을 안아주는 연습을 하였다.

7회기(행동 평가 및 종결)

지금까지의 상담을 평가해보는 시간을 가졌다. 회기별 정리를 하며 내담자 자신의 변화에 대해서 물어보았다. 가족원은 모두 변한 것이 하나도 없지만 내담자 자신의 행동이 변한 것 같다고 하였다. 내담자는 어제 딸이 일찍 들어와서 안아주며 "일찍 들어 왔네." 라고 하였다. 내담자의 이 행동으로 인해 딸이 살짝 마음을 여는 것 같아 기분이 좋다고 하였다. 앞으로는 남편에게도 고마움을 표시해보겠다고 하였다. 내담자가 생각을 바꾸니 가족원이 변하는 것 같고 스스로 칭찬에 너무 인색한 사람이었던 것 같다고 하였다. 현재 내담자의 상태에 대해서 상담자가 질문을 하니 자신 안에 문제가 있었던 것 같고 상담을 받지 않고도 내담자가 스스로 행동의 변화를 가져보겠다고 하여 종결하였다.

8회기(추수상담)

한달 후 전화를 하여 그동안 내담자의 상황을 물으니 가끔씩 문제가 생겨서 힘든 적이 있었지만 아직은 남편과 딸에게 감사한 마음도 있고 딸이 열심히 담배를 끊으려고 노력하고 있어 마음이 놓인다고 하였다. 또한 남편도 역시 그대로 내담자 옆자리를 묵묵히 지켜주고 있다고 하였다.

(5) 상담결과

본 상담사례의 내담자는 자신의 틀 안에서 벗어나지 못하며 가족들을 이해하기 보다는 회피해 버리고 화가 많이 나면 심한 말을 하여 딸에게 상처를 주는 어머니였다. 또한 자신의 생각을 표현하지 못하는 엄마이자 아내였다.

행동주의 상담기법 중 자기주장훈련과 행동기법으로, 긍정적인 딸의 모습을 찾아보며 내담자 자신이 보지 못한 면을 발견하고 표현하여 상담효과가 나타났다.

용어설명

- **조작적 조건화**operant conditioning : 어떤 반응에 대해 선택적으로 보상(강화와 벌)하여 그 반응이 일어날 확률을 증가시키거나 감소시키는 방법을 말한다.
- **선택적 무언증**selective mutism : 어떤 사람에게는 기꺼이 말을 하면서, 일반 사회적 상황에서는 계속 말하기를 거부하는 소아 정신장애의 일종이다.
- **주장행동**assertive behavior : 자기의 이익대로 행동하고, 부당한 불안을 느끼지 않으면서 자기를 내세우며, 편안하게 자기의 솔직한 감정을 표현하고 타인의 권리를 방해함 없이 자기의 권리를 행사하는 행동을 말한다.
- **섭식장애**eating disorder : 섭식장애는 대표적으로 두 가지 질환, 거식증과 폭식증이 있다. 거식증은 체중감소를 특징으로 하는데, 살찌는 것에 대한 걱정과 공포를 가지고 있고 자신이 비만이 아닌데도 비만이라는 왜곡된 생각을 가지고 있다. 그래서 체중을 줄이기 위해 식사를 제한하거나 먹고 나서 인위적으로 토하는 등의 행동을 하게 된다. 폭식증은 단순히 일시적인 과식이나 식탐이 아니라 음식에 대한 자제력을 잃고 비상식적으로 많은 양의 음식을 미친 듯이 먹어 대며, 폭식 후에는 의도적으로 구토와 설사를 일으킨다. 거식증과 폭식증의 증상이 복합적으로 나타나는 경우도 있고, 질병의 전체 증상이 아닌 일부 증상만을 보이는 경우도 있다.

활용자료

1) 행동수정 원리를 적용하여 아동의 행동을 관리하는 데는 다음과 같은 행동수정 단계를 활용할 수 있다.

단계	방법	비고
1. 목표행동의 설정과 관찰	· 자녀의 행동 관찰, 행동 발생 상황을 파악 · 자녀의 행동 빈도와 환경 관찰	· 관찰과 분석이 이루어져야 수정해야 할 행동을 선별하여 자녀 행동 수정의 목표 행동이 설정될 수 있다.
2. 행동 기록	· 행동수정을 하고자 하는 목표행동을 객관적이고 정확하게 기록	· 목표행동의 빈도, 지속성, 특성 등
3. 행동분석	· 관찰된 자녀의 행동을 분석하는 것	· 행동을 유발시키는 선행자극과 행동을 증감시키는 강화의 역할을 하는 후속자극이 무엇인지 찾아내는 과정
4. 강화와 벌	· 자녀의 행동을 증감시키는 후속자극, 행동조성과 모방학습은 새로운 행동을 학습하도록 하는 선행자극한다.	· 강화와 벌을 통해서 행동을 수정하여 행동조성과 모방학습 등이 이루어지도록 한다.

출처: 이숙 외, 부모교육, pp.211-213 재구성.

CHAPTER

11 교류분석 적용 가족상담

●●● 아들이 부모에게 상담을 권유하여 부부가 아들과 함께 상담실에 왔다.
남편 김가장씨는 "은퇴를 예정하고 가정을 가까이 하려고 집에 일찍 들어오는데, 이 사람(아내)은 왜 일찍 들어오느냐는 눈치에요. 저녁식사시간 맞추어 왔는데, 밥도 안 먹고 왔냐고 귀찮아하고요. 그 뿐인 줄 아세요? 출퇴근길에 애들이 인사도 안 해요. 더 기분 나쁜 것은 그러는 아이들을 엄마라는 사람은 보고만 있고, 야단도 안칩니다. 그래도 되는 겁니까? 내가 왜 이런 대접을 받아야 합니까? 차라리 이혼할까 생각도 해봤는데, 내가 등골 휘게 번 돈을 아내에게 분할해줘야 한다니 그게 싫어서도 이혼은 못하겠습니다." 라고 말했다.
남편이 문제를 호소하는 동안 아내 이회피씨는 남편을 가끔 째려보거나, "누군 뭐 할 말 없나." "자업자득이지." 등의 혼잣말을 한다.

국제교류분석협회(International Transactional Analysis Association: ITAA)에서는 '교류분석(Transactional Analysis: TA)은 성격이론이며, 개인의 성장과 변화를 위한 체계적인 심리치료' (Stewart & Joines, 1996)라고 정의한다. 다시 말하면 교류분석은 성격의 형성과정과 성격이 행동으로 표현되는 과정을 자아상태로 설명하는 성격이론이며, 일상생활문제부터 심각한 심리적 장애까지를 치료할 수 있는 방법을 제공하는 심리치료이론이다. 교류분석은 개인, 집단, 부부, 가족을 대상으로 하는 상담에 적용될 수 있으며, 임상장면 만이 아니라 교육적 상황에도 적용될 수 있다.

이 장에서는 가족상담에서 교류분석을 어떻게 적용할 수 있는지를 소개하는 데에 목적을 두고, 교류분석의 발달 배경, 주요 개념, 상담의 목표 및 과정과 기법 등을 살펴본 후, 가족상담사례를 기술하고자 한다.

1. 발달 배경

Eric Berne(1910~1970)
www.wikipedia.org

교류분석의 창시자는 번(Eric Berne, 1910~1970)이다. 번은 1910년 캐나다에서 태어났으며, 맥길대학McGill University에서 의학박사학위를 받은 후, 미국으로 이주하여 정신과 레지던트과정을 거쳐 정신과병원에 근무하였다. 정신분석가로서의 훈련을 받았지만, 정신분석에 대한 비판도 하면서 대안적인 심리치료이론을 개발하였다. 교류분석에 관한 최초의 저서인 『Transactional Analysis in Psychotherapy』를 1961년에 출간하였으며, 1964년에는『Games People Play』라는 저서를 발간하여 교류분석에 대한 관심을 최고조에 달하게 하였다. 이 외에도 번은 여러 권의 저서와 수많은 논문을 발표하였고 교류분석세미나를 열정적으로 개최하였다. 번 이론의 주요내용은 자아상태, 교류패턴, 인생각본, 게임이다. 그런데 번의 이론은 제대로 알려지지 않은 경향이 있다. 예를 들면, 자아상태는 지나치게 단순화된 자아구조모델로 보급되어 완전하게 설명되지 못하였으며, 번이 의도적으로 사용한 일상적인 용어(부모, 성인, 아동이라는 자아상태)에 담겨있는 학문적 의미가 전달되지 못한 경향이 있다. 또한 번은 1970년, 60세 되던 해에 갑작스럽게 사망하여 자신의 이론을 완성하지 못했을 수도 있다. 이러한 이유들로 인하여 번의 교류분석이론은 평가절하되었다(박현주 역, 2009).

번의 사망 후, 교류분석가들은 번의 이론에 기초하여 자신들의 이론과 기법들을 개발하였으며, 세계 각 지역에서 교류분석협회가 활발하게 운영되고 있다. 오늘날 교류분석은 세 학파 즉 고전학파, 재결정학파, 카섹시스학파로 구분된다(Stewart & Joines, 1996).

고전학파는 세 학파 중에서 번의 이론에 가장 가까우며, 주요 인물로는 스타이너Claude Steiner, 듀세이Jack Dusay, 카프만Stephen Karpman 등이 있다. 고전학파의 주요 접근방법은 이고그램egogram 등의 분석모델을 활용하여 내담자로 하여금 그 문제가 어떻게 야기되었는지를 이해하게 한 후, 문제되는 과거의 상태에서 벗어나 자율적인 행동을 할 수 있게 한다.

재결정학파는 굴딩Robert Goulding과 굴딩Mary Goulding에 의하여 시작되었으며, 교류분석의 사고 및 행동적 변화 기법과 게슈탈트의 정서적 치료 기법을 결합한 방법을 주로 적용한다. 잘못된 초기결정은 사고보다는 감정에 의하여 이루어지기 때문에 초기결정에서 벗어나기 위해서는 초기결정 때의 감정을 만나고, 그 감정을 노출한 후, 합리적인 사고에 의하여 새로운 결정을 하고 자율적인 행동을 할 수 있도록 한다.

카섹시스Cathexis[11]학파는 쉬프Jacqui Lee Schiff와 쉬프Morris Schiff에 의하여 시작되었는데, 주요 접근방법은 재양육reparenting이다. 재양육이란 초기아동기로 돌아가 잘못된 부모자아상태의 강한 에너지를 분산decathexis시킨 후 긍정적이고 일관성 있는 부모자아상태의 에너지를 투입하여 자기성장을 도모하는 방법이다.

세 학파는 모두 번의 이론에 근간을 두고 있으며, 상호 우호적인 관계를 유지하고 있다. 국제교류분석협회ITAA에서는 교류분석가로서의 자격을 취득하기 위해서는 세 학파의 접근방법을 모두 적용할 수 있어야 한다고 규정하고 있으며, 교류분석가들도 세 학파의 접근방법을 상호배타적으로 생각하지 않고 임상현장에서 통합하여 사용하는 경향이 있다.

2. 주요 개념

교류분석에서는 인간 및 인간의 행동에 대하여 다음과 같은 용어들로 설명한다. 즉, 개인은 일정한 욕구hunger를 가지고 있으며, 특정한 자아상태ego-states에서 사고, 감정, 행동을 하고, 개인 간의 관계는 자아상태를 주고받는 교류패턴transactional patterns에 의하여 이루어진다. 또한 어린 시절 양육자의 스트로크strokes, 드라이버drivers, 금지령injunctions 등에 의하여 형성된 인생각본life-script에 의하여 행동하고, 인생각본

11) 카섹시스(cathexis)란 정신적, 정서적 에너지를 어떤 대상이나 현상에 집중시키는 것을 의미함.

에 의한 행동과정에서 심리적 게임games이나 디스카운트discount를 하면서 자기 인생각본의 신념을 정당화한다. 이 외에 다른 사람과 자신에 대한 신념인 생활자세life positions, 다른 사람들과 함께 시간을 보내는 방법인 시간구조화time structuring 등도 인간의 행동을 이해할 수 있는 주요 개념이다. 이러한 개념들은 상호 영향을 주고받으면서 형성되고, 수정된다. 또한 교류분석에서는 인간의 행동과 관련된 여러 가지 개념들의 초기결정early decisions이 잘못된 경우에 재결정redecision을 통하여 치료될 수 있다고 본다.

이상에서 열거한 용어들에 대한 이해를 돕기 위하여 스튜어트Ian Stewart와 조인스Vann Joines가 저술한 『TA Today』(1996)에 근거하여 각 용어의 개념을 설명하고자 한다. 『TA Today』에서는 번과 번 이후의 교류분석이론가들이 개발한 이론들을 종합하고 있을 뿐만 아니라, 국제교류분석협회(ITTA)의 공식 교육과정인 'TA 101'의 내용을 거의 모두 다루고 있다.

1) 욕구Hunger

인간은 기본적으로 몇 가지 욕구를 지니고 있는데, 신체적 · 심리적 접촉을 원하는 자극욕구stimulus-hunger, 자신이 존재하고 있음을 타인으로부터 인정받고 싶은 인식욕구recognition-hunger, 인생을 어떻게 보낼 것인지에 대한 자신의 양식을 발달시키고자 하는 구조욕구structure-hunger 등이 있다.

2) 자아상태ego-states

자아상태는 다른 이론에서 말하는 성격에 해당되는데, 일관된 감정 및 행동과 관련되는 것으로 구조와 기능 두 측면에서 이해되어야 한다. 자아상태의 구조는 무엇으로 구성되어 있는가를 의미하며, 자아상태의 기능은 어떻게 작용하는가를 의미한다. 구조는 직접 관찰될 수 없지만 기능은 관찰될 수 있으며, 기능에 의하여 구조는 추론될 수 있다.

(1) 자아상태의 구조

자아상태의 구조는 부모자아상태(parent ego-state: P), 성인자아상태(adult ego-state:

A), 아동자아상태(child ego-state: C)로 구성되어 있다. P는 자신의 부모나 부모와 같은 권위적인 인물들이 했던 행동, 감정, 사고를 모방하고 내면화하여 형성된 자아를 의미한다. 그러나 부모다운 행동, 감정, 사고를 한다는 것이 아니며, 부모나 부모와 같은 권위적인 인물들의 P, A, C 가 내면화되어 있는 것을 의미한다. A는 성장한 어른으로서의 '지금-여기'에 대한 반응과 사고 및 감정을 포함한다. C는 자신이 어릴 때에 자주 했던 행동과 그 행동에 수반되는 감정이나 경험에 의하여 형성된 자아를 의미한다. 어린이 같은 행동을 한다는 것이 아니며, 어린 아이였을 때의 욕구나 소망, 그것을 얻기 위한 사고 및 직관적인 전략행동 등으로 구성되어 있다.

(2) 자아상태의 기능

각각의 자아상태는 특유의 기능을 수행하는데, P와 C는 긍정적인 측면과 부정적인 측면의 기능을 지니고 있는 반면에 A는 주로 긍정적인 기능을 가지고 있다. 구체적으로 살펴보면, P는 통제적 또는 비판적 부모자아상태(controlling / critical parent ego-

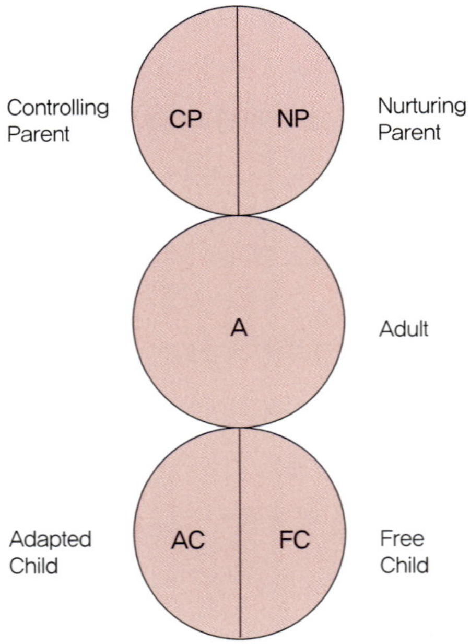

그림 11-1 자아상태의 기능 분석

출처: Ian Stewart & Vann Joines(1996), TA Today, p.21

state: CP)와 양육적 부모자아상태(nurturing parent ego-state: NP)의 두 가지 기능을 가지고 있다. CP는 자기주장을 하는 긍정적인 기능을 하지만, 지나치면 타인에 대하여 비판, 통제, 명령, 꾸중하는 부정적인 기능을 한다. NP는 타인을 보호하고 배려하는 긍정적인 기능을 하지만, 지나치면 타인을 무력하게 만드는 부정적 기능을 한다. A는 논리적, 객관적, 효율적으로 사고하고 느끼고 행동하게 하는 긍정적 기능을 한다. A의 기능은 사고나 감정보다는 행동에 의하여 측정된다. C는 자유로운 또는 자연스러운 아동자아상태(free / natural child ego-state: FC)와 순응적인 아동자아상태(adapted child ego-state: AC)의 두 가지 기능을 가지고 있다. FC는 누구의 제한이나 규칙 등에 의한 구속을 받지 않고 자기가 하고 싶은 대로 행동하여 정서적 긴장을 완화하는 긍정적 기능을 수행한다. 반면에, 지나치면 타인에게 피해를 주거나 사회적으로 공인된 행동양식에 위배되는 비사회적, 반사회적 행동이 되는 부정적 기능을 할 수도 있다. AC는 순종하고 인내심이 있어서 대인관계를 원만하게 유지하는 긍정적 기능을 하는 반면에, 지나치면 자신을 억압하고 타인에게 앙심을 품는 부정적 기능을 한다(그림 11-1).

3) 교류패턴transactional patterns

교류란 자극(stimulus: S)과 반응(response: R)을 주고받는 일련의 과정을 의미한다. 일련의 교류과정에서 자극에 대한 반응은 다시 자극으로 작용하여 또 다른 반응을 유발시킨다. 그래서 교류는 사회적 커뮤니케이션의 기본단위라고 한다.

교류에서는 사회적 수준과 심리적 수준의 두 가지 수준이 있다. 사회적 수준은 겉으로 드러난 메시지이고, 심리적 수준은 마음속에 있는 메시지이다. 사회적 수준의 메시지와 심리적 수준의 메시지가 일치하면 교류에서 문제를 느끼지 않지만, 두 수준의 메시지 간에 차이가 있으면 커뮤니케이션이 불편하거나 원만하지 못하다.

또한 교류는 특정 자아상태에서 자극과 반응을 주고받게 되는데, 주고받는 자아상태에 따라서 교류패턴의 유형을 상보적 교류, 교차적 교류, 이면적 교류로 구분한다. 상보적 교류는 자극을 보냈을 때 기대했던 자아상태에서의 반응이 오는 경우를 의미한다. 자극과 반응의 방향을 벡터vector라고 부르는데, 상보적 교류에서는 자극벡터와 반응벡터의 방향이 평행을 이루게 된다. 예를 들면 A에서 A로 "저녁식사 몇 시

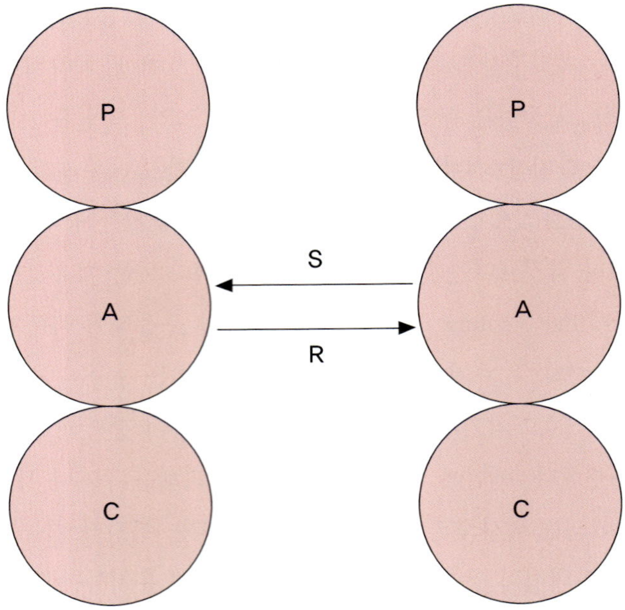

그림 11-2 상보적 교류
출처: Ian Stewart & Vann Joines(1996), TA Today, p.59

에 하나요?" 하고 물었을 때 다시 A에서 A로 "7시요." 라는 대답이 오는 경우이다(그림 11-2). 교차적 교류는 자극을 보냈을 때에 기대한 자아상태가 아닌 다른 자아상태에서 반응이 오는 경우를 의미한다. 교차적 교류에서는 자극벡터와 반응벡터가 서로 교차된다. 예를 들면 A에서 A로 "저녁식사 몇 시에 하나요?" 하고 물었을 때에 "왜? 벌써 배고파?" 라고 P에서 C로 나무라듯이 반응을 보내는 경우이다(그림 11-3). 이면적 교류는 사회적 수준과 심리적 수준의 메시지가 일치하지 않는 경우를 의미한다. 예를 들면 사회적 수준에서는 A에서 A로 "저녁식사 몇 시에 하나요?"라고 물었을 때 반응 역시 A에서 A로 "7시요. 빨리 하고 있어요." 라고 대답하였지만, 마음 속 심리적 수준에서는 A에서 A가 아닌 P에서 C로 '배고픈데 왜 이리 늦어?' 이고, 이에 대한 반응 메시지도 A에서 A가 아닌 P에서 C로 '어린애처럼 보채기는 왜 보채.' 라는 비난하는 메시지를 보내는 경우이다(그림 11-4).

문제되는 교류패턴은 계속적인 교차적 교류와 이면적 교류이다. 교차적 교류의 종류는 가설적으로는 72가지가 나올 수 있지만, 일반적으로 나타나는 종류는 주로

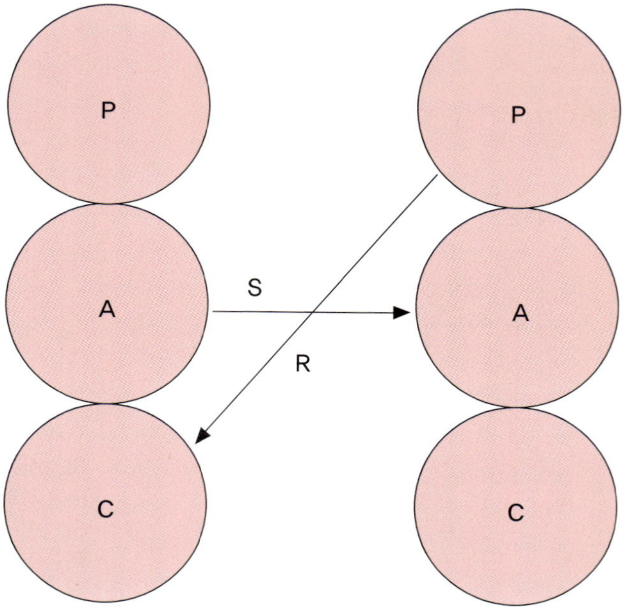

그림 11-3 교차적 교류
출처: Ian Stewart & Vann Joines(1996), TA Today, p.6

A-A의 자극에 대하여 C-P 또는 P-C의 반응이다. 이면적 교류 역시 가설적으로는 여러 종류가 있을 수 있지만, 실제로는 사회적 수준은 A-A 교류인데 심리적 수준은 P-C 또는 C-P의 교류가 대부분이다.

4) 스트로크strokes

스트로크는 말의 주고받음, 알은 체 해주고 그것을 알아차리는 것, 신체적인 접촉 등 대인관계에서 나타나는 상호작용에 대한 인식의 단위(a unit of recognition)로 정의된다. 예를 들어 내가 '날씨가 좋네요.' 했을 때에 상대방이 '네, 그렇군요.'라고 하는 것은 스트로크를 주고받은 것이다.

스트로크에는 언어적 스트로크와 비언어적 스트로크, 긍정적 스트로크와 부정적 스트로크, 조건적 스트로크와 무조건적 스트로크 등이 있다. 언어적 스트로크는 말로 이루어지며, 비언어적 스트로크는 몸짓이나 표정 등으로 이루어지고, 긍정적 스트로크는 기분 좋은 내용의 스트로크이며, 부정적 스트로크는 기분 나쁜 내용의 스트로크

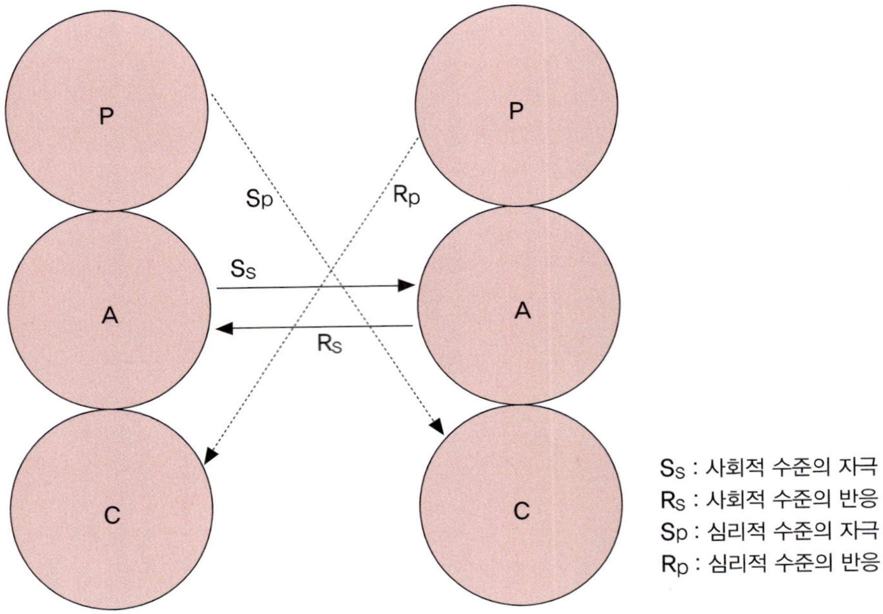

그림 11-4 이면적 교류

출처: Ian Stewart & Vann Joines(1996), TA Today, p.66

이다. 조건적 스트로크는 구체적인 행동과 관련된 스트로크이며, 무조건적 스트로크는 구체적 이유 없이 주어지는 스트로크이다.

예를 들어 두 사람이 마주쳤을 때에 악수하면서 "안녕하셨어요?" 라고 말했다면 "안녕하셨어요?" 는 언어적 스트로크이고, 악수는 비언어적 스트로크이다. 인사를 받은 상대방이 찡그리면서 "악수할 때 힘이 너무 세서 아파요." 했다면, 찡그림은 비언어적 스트로크이면서 부정적 스트로크이고, "악수할 때 힘이 너무 세서 아파요." 라는 말은 부정적인 조건적 스트로크이다. 만약 "아유, 예쁜 내 새끼" 했다면 긍정적인 무조건적 스트로크이다.

사람들은 스트로크를 원한다. 부정적 스트로크보다는 긍정적 스트로크를 더 좋아하지만, 만약 긍정적 스트로크가 없으면 부정적 스트로크라도 받을 수 있도록 행동한다. 스트로크를 전혀 못 받는 것보다는 부정적 스트로크라도 받는 것이 더 좋기 때문이다.

5) 드라이버drivers와 금지령injunctions

드라이버는 내적 명령어로서, 어떠한 행동을 하게 하거나 감정에 빠져들게 하는 심리적 기저이다. 드라이버는 아래와 같은 다섯 가지를 들 수 있으며, 말, 어조, 제스처, 자세, 얼굴 표정 등에 근거하여 진단할 수 있다. 각각의 드라이버를 지닌 사람들이 흔히 사용하는 말과 얼굴 표정은 다음과 같다.

① 완벽하게 하라(be perfect): 말하자면, 확실히, 완전히, 이미 알듯이—긴장한 표정
② 기쁘게 하라(please others): 좋지? 괜찮아? 그렇지 않겠어?—미소 짓는 표정
③ 열심히 하라(try hard): 노력할게, 할 수 없다, 그렇게 하기 어렵다—찡그린 표정
④ 강해져라(be strong): 내 탓이 아니라 네 탓이야, 네가 나를 화나게 해, 자신의 감정을 드러내서는 안돼 —무표정
⑤ 서둘러라(hurry up): 빨리, 지금 하자, 시간 없어—초조한 표정

드라이버를 긍정적으로 사용하면 개인적인 성취나 사회적 적응에 도움이 되지만, 지나치면 스트레스를 받게 된다.

금지령은 드라이버의 상대적 개념으로, 어린 시절 부모나 양육자로부터 받은 '하지 말라' 는 명령어이다. 굴딩은 치료경험에 근거하여 12가지 금지령 목록을 제시하였다. 그 목록과 예를 들면 다음과 같다.

① 존재하지 말라(don't be): 네가 없었으면
② 네 자신이 되어서는 안된다(don't be you): (딸에게)아들이었으면
③ 아이처럼 굴지 말라(don't be a child): (아이에게)너는 이제 다 컸으니
④ 자라지 말라(don't grow up): (막내에게)항상 어린애 같아라
⑤ 성공하지 말라(don't make it): (실패한 부모가 자녀에게)은근히 성공하지 말라
⑥ 아무것도 하지 말라(don't do anything): 하지 않는 것이 안전하다
⑦ 중요한 인물이 되지 말라(don't be important): 핵심역할을 하지 말라
⑧ 소속되지 말라(don't belong): 그런 아이들과 놀지 말라
⑨ 가까이 하지 말라(don't be close): 자신을 보호하기 위해서는 사람들을 멀리 하라
⑩ 건강하지 말라(don't be well): 너는 허약해서 내 보호를 받아야 해
⑪ 생각하지 말라(don't think): 네 마음대로 생각하지 말고 내 뜻에 따르라
⑫ 느끼지 말라(don't feel): 분노를 느끼지 말라

6) 인생각본life-script

인생각본은 어린 시절에 작성한 전의식적인 인생계획으로서, 어린 시절의 경험에 근거하여 최상의 생존전략으로 선택한 것이며, 삶의 방식과 결과payoff를 포함한다. 인생각본은 세상을 인식하고 해석하는 근간이 되기 때문에 세상을 각본에 맞추어 해석하고 인생각본에서 미리 정해놓은 결과를 가져올 수 있는 행동을 하게 된다.

인생각본은 그 자체를 관찰할 수는 없지만 게임, 자아상태, 교류패턴과 같은 관찰가능한 것들로부터 추론될 수 있다. 인생각본은 승자각본, 패자각본, 평범한 각본을 들 수 있다. 승자각본은 자신이 정한 목표를 무리없이 편안하게 달성하고 그 목표에 만족하는 것을 의미하며, 패자각본이란 자신이 정한 목표를 달성하지 못하고 불만과 불평만 하며 사는 것을 의미한다. 승자와 패자의 기준은 남들이 말하는 목표나 성공이 아니라 자신이 정한 목표와 자신의 만족감이다. 평범한 각본은 비승자각본이라고도 하는데 승리도, 패배도, 위기도 없으며, 대단한 만족도 없지만 그렇다고 크게 후회하지도 않는 삶을 의미한다.

문제가 되는 것은 패자각본과 평범한 각본이다. 패자각본은 어린 시절의 부정적인 스트로크, 드라이버, 금지령을 극복하지 못하고, 부정적(not OK) 생활자세, 게임, 디스카운트를 통하여 자신의 패배적인 인생각본을 정당화하면서 계속적으로 불만족스럽게 살아가는 경우이다. 평범한 각본은 패자각본만큼 크게 문제될 것은 없지만 자신의 삶을 보다 충실하게 살아가지 못하는 문제를 내포하고 있다.

7) 게임games

번은 사람들이 고통스러워하면서도 반복하는 행동이 있는데, 이것이 게임이라고 하였다. 게임은 6단계의 게임공식(formula G)에 의하여 이루어진다. 6단계는 속임수con + 약점gimmick = 반응response → 전환switch → 혼란crossup → 결과payoff이다. 약자로 표현하면 C + G = R → S → X → P 이다.

예를 들면, 내담자가 상담자에게 '남편과 이혼하고 싶다' 는 말을 하면서 마음속으로는 '당신은 나를 도울 수 없을 거야' 라는 속임수(C)를 가지고 있다. 이 때 상담자는 도와야만 하는 약점(G)을 가지고 있기 때문에 내담자에게 '기꺼이 돕겠다. 무엇을 도와드릴까요?' 라는 반응(R)을 보인다. 반응과정에서 여러 가지 도움말이 오고가지만 내담자는 그 도움말이 소용없다는 이유만 대고 받아들이지 않는다. 결국 상담자는 더 이상 도움말이 생각나지 않고, 내담자는 '도와주시려고 해서 고맙다'고 전환(S)을 한다. 전환을 하는 순간 상담자는 돕지도 못했는데 고맙다는 말을 듣는 혼란(X)을 느끼면서 상담을 종결(P)하게 된다. 이 게임의 경우 결과적으로 상담자는 자기 역할을 다 못했다는 부적절함을 느끼고, 내담자는 미해결인 채로 남게 된다.

게임의 유형은 수없이 많다. 흔히 사용되는 게임은 카프만이 제시한 삼각드라마 drama triangle에 의하여 설명될 수 있다. 즉 박해자persecutor, 희생자victim, 구원자rescuer라는 세 가지 역할 중 하나의 역할로 마무리를 하는 것이다. 박해자는 상대방을 부정하거나 무시하고, 희생자는 자신을 부정하거나 무시하며, 구원자는 상대방은 능력이 없으니 자신이 도와주어야 한다고 생각한다.

삼각드라마에 의한 게임의 예를 들면 다음과 같다.

- **박해자에서 희생자로 전환한 게임의 예**: 처음에는 상대방을 비난하다가 결국에는 상대방으로 하여금 자신을 어려움에 처하도록 만들게 하거나(나를 차라 Kick me: 예를 들면 '너 때문에 내가 못살아' 하고 큰소리 쳤을 때 상대방이 반격하면 '봐, 또 나를 못살게 하잖아'), 상대방 때문에 원하는 일을 하지 못했다고 불평하는 경우(다 너 때문이야 If it weren't for you: 예를 들면 '너랑 결혼하지 않았더라면 내가 지금 이 꼴은 아닐 텐데')이다.
- **희생자에서 박해자로 전환한 게임의 예**: 희생자의 입장에서 상대방을 유혹한 후에 상대방을 버리는 경우(너 혼 좀 나봐라 Now I've got you, son of a bitch, NIGYSOB: 예를 들면 처음에는 양보하면서 잘 대해주다가 상대방이 자신에게 잘하게 되면 헤어지자고 함), 희생자의 입장에서 도움을 청하면서도 받아들이지 않는 경우(예, 그러나 Yes, but: 예를 들면 '네 말 맞아. 그렇지만 내 사정은 그렇게 할 수가 없어'), 협조할 수 없는 자신의 상황을 핑계로 하여 남에게 비협조적인 경우(의족이라서 Wooden leg: 예를 들면 '나 같이 가방끈 짧은 사람이 무슨 도움을 줄 수 있겠어?')이다.
- **구원자에서 희생자로 전환한 게임의 예**: 도움을 주려고 하다가 상대방이 도움을 거부하면 스스로 자신이 부적합하다고 생각하여 물러서는 경우(단지 도와주려했을 뿐인데 I'm only trying to help you: 예를 들면 '그래 너를 도와주려고 했었는데 내 생각이 모자랐구나')이다.

- 구원자에서 박해자로 전환한 게임의 예: 도와주려고 했다가 뜻대로 되지 않을 때에 갑자기 상대방을 비난하는 경우(열심히 노력했는데 See how I've tried: 예를 들면 시댁 일을 열심히 했는데 비난이 돌아오자 '그럼 어디 나 없이 잘 해봐' 하고 시댁의 모든 일에서 손을 떼버림)이다.

게임이 문제인 이유는 당면한 문제에 대하여 시도한 해결방법이 효과적이지 않을 뿐만 아니라 고통스러운데도 불구하고 반복적으로 행하기 때문이다. 게임을 반복하는 이유는 게임으로부터 얻는 이점이 있기 때문이다. 게임의 이점은 아무 것도 안하는 것보다는 게임이라도 하여 사람들로부터 스트로크를 얻을 수 있거나, 결렬되는 게임의 결말을 통하여 자신의 인생각본(특히 패자각본)이나 부정적(not OK) 생활자세를 정당화하거나, 위장된 친밀관계를 통해서라도 교류를 지속할 수 있는 것이다.

8) 디스카운트discount

디스카운트란 문제 및 문제해결과 관련된 정보를 무의식적으로 무시하거나 인정하지 않는 것을 의미한다. 문제 그 자체, 문제의 중요성, 문제 자체 및 문제해결의 가능성 또는 자신과 타인의 문제해결능력에 대하여 일부 또는 전부를 인정하지 않는 것이다.

부부싸움이 있었을 경우, 부부싸움은 부부라면 누구나 하는 것이라면서 부부싸움 자체를 대수롭지 않게 생각하는 것, 우리 부부가 걸핏하면 싸우는 것은 안싸우는 것보다는 문제이지만 부부싸움으로 인해서 이혼할 것도 아니니까 큰 문제가 아니라고 생각하는 것, 부부싸움이 계속되면 부부관계에 중대한 영향이 있다는 것은 알지만 부부싸움이란 해결될 성질의 것이 아니라고 생각하는 것, 누구도 부부관계의 문제를 해결할 수 없다고 생각하여 해결의 노력을 하지 않는 것 등이 부부싸움을 디스카운트하는 예이다.

디스카운트의 결과는 해결을 위한 어떠한 행동도 하지 않거나, 과잉으로 적응하는 행동을 하거나, 문제해결에 도움되지 않는 행동을 하면서 짜증 또는 불안함을 나타내거나, 무력감을 느끼게 되고, 때로는 오히려 폭력적인 행동으로 나타난다.

9) 생활자세 life positions(OK목장)

인생태도라고도 하는데, 자신과 타인에 대해 본질적인 가치를 부여하는 근본적인 태도를 의미한다. 즉 자신과 타인에 대한 긍정적 또는 부정적 태도이다.

생활자세의 유형은 자신과 타인에 대하여 긍정적 태도(OK)를 지니고 있는지, 아니면 부정적 태도(not OK)를 지니고 있는지에 의하여 구분된다. 자신과 타인에 대한 긍정적 태도·부정적 태도를 조합하여 네 가지 유형으로 구분되며, 네 가지 유형 중 자기긍정-타인긍정의 태도가 가장 바람직하다.

네 가지 유형은 다음과 같으며, 각각의 특성을 그림 11-5와 같이 설명할 수 있다.

① 자기긍정(I'm OK) − 타인긍정(You're OK)
② 자기긍정(I'm OK) − 타인부정(You're not OK)
③ 자기부정(I'm not OK) − 타인긍정(You're OK)
④ 자기부정(I'm not OK) − 타인부정(You're not OK)

U+

I+		I−
I'm OK–You're OK (자타긍정) · 대인관계가 원만함 · 문제해결이 효율적임 · 건강한 태도임 · 승자각본	**I'm not OK–You're OK (자기부정–타인긍정)** · 타인에 대해 열등감 느낌 · 위축된 행동을 함 · 신경증, 우울증 가능성 있음 · 희생자 역할	
I'm OK–You're not OK (자기긍정–타인부정) · 타인에 대해 우월감 느낌 · 고압적이고 공격적인 행동 · 투사, 편집증 가능성 있음 · 박해자, 구원자 역할	**I'm not OK–You're not OK (자타부정)** · 모든 것이 무의미함 · 아무 것도 성취하지 못함 · 정신과적 질환 가능성 있음	

U−

* I는 I(나)를, U는 You(너)를, +는 OK(긍정)를, −는 not OK(부정)을 의미함.

그림 11-5 OK목장

출처: Ian Stewart & Vann Joines(1996), TA Today, p.120

10) 시간구조화time structuring

시간구조화란 사람들과 함께 할 때에 시간을 보내는 양식을 의미한다. 시간구조화 양식에는 철회withdrawal, 의례rituals, 잡담pastimes, 활동activities, 게임games, 친밀intimacy의 여섯 가지가 있다. 철회는 몸은 같이 있으되, 마음은 같이 있지 않아 상호작용이 없는 상태를, 의례는 사회에서 인정되는 정형화된 행동이나 말 등의 익숙한 사회적 상호작용만을, 잡담은 의례와 같이 익숙한 방식이기는 하지만 정형화된 양식이 아니라 좀 더 자유로운 얘깃거리로 시간을 보내는 것을, 활동은 어떤 목적을 달성하기 위하여 의사소통하고 활동하는 것을, 게임은 사회적 수준과 심리적 수준에서의 교류가 불일치한 것을, 친밀은 진실된 감정을 솔직하게 주고받는 것을 의미한다.

친밀에서는 부정적 스트로크보다 긍정적 스트로크가 훨씬 더 많으며, 긍정적 스트로크의 강도가 다른 양식에서보다 가장 높다.

11) 초기결정early decisions 및 재결정redecision

어린 시절 부모나 양육자 또는 권위있는 사람에 의하여 형성된 모든 특성들을 초기결정이라고 한다. 초기결정이 잘못되어 문제행동이 생겼다면 재결정을 통하여 문제행동을 치료할 수 있다. 즉 적절하게 기능하지 않는 자아상태나 패배적 인생각본은 그 자체를 정확하게 인식하는 과정을 거치면서 재결정할 수 있고, 잘못된 교류패턴이나 게임, 디스카운트, 생활자세, 시간구조화 등에 대해서도 인지적 판단을 통하여 새로운 행동 선택이라는 재결정을 할 수 있다.

3. 상담목표와 과정

1) 상담목표

교류분석상담에서의 핵심적인 상담목표는 자율성autonomy 증진이다(박의순 · 이진선 역, 2008). 자율성은 자각, 자발성, 친밀감의 능력이 있는 상태를 의미하는데, 자각이란 자신을 있는 그대로 인식하는 것이며, 자발성이란 모든 대안들 중에서 스스로 선택하는 것이며, 친밀감이란 자신의 감정과 욕구를 다른 사람과 개방적으로 나누는 것이다.

자율성은 자아상태, 교류패턴, 인생각본, 게임 등을 치료하여 증진될 수 있다. 자율성이 획득되면 P, A, C의 자아상태를 가족관계의 상황에 따라 적절하고 자유롭게 표현할 수 있으며, 특히 A 자아상태가 기능적으로 된다. 가족원 간의 교류패턴은 교차적 형태나 이면적 형태가 아닌 상보적 형태를 유지할 수 있으며, 사회적 수준과 심리적 수준이 일치된다. 그리고 패자각본을 승자각본으로 변화시켜 부정적인 인생각본으로부터 자유로워지며, 비효율적임에도 불구하고 반복하고 있는 게임에서 벗어나게 되어 가족관계가 원만해진다.

2) 상담과정

교류분석에서의 상담과정은 잘못된 초기결정을 재결정하여 자율적 행동을 습득하는 과정이다. 상담과정은 일반적으로 다음과 같다(박종삼, 1997a; 박의순 · 이진선 역, 2008).

1단계(계약 단계) 상담자는 NP와 FC의 상태에서 내담자들의 이야기를 경청한 후, 상담적 동맹을 통하여 가족원 각자가 변해야 할 사고, 정서, 행동에 대해 상담계약을 한다.

2단계(초기결정의 발견 단계) 가족원들은 내면의 감정들을 표출하고, 통찰 및 자각을 통하여 자신의 문제의 본질을 인식하도록 한다. 각 가족원의 초기결정을 파악하기 위해서는 과거의 그 상황을 현재형으로 재연해야 하는데, 주로 의자기법을 사용한다.

3단계(초기결정의 체험 단계) 감춰졌던 내면의 감정들과 이와 관련된 기억들을 다시 체험하게 하여 억압되었던 감정을 해소해가는 단계이다.

4단계(재결정 단계) 현재의 가족관계상에서 문제가 되고 있는 자아상태, 교류패턴, 인생각본, 게임, 디스카운트, 시간구조화 등에 대하여 더 만족스러운 상황을 발견하고 새로운 결정을 하는 단계이다. 이 단계에서 상담자의 주요 역할은 내담자들에게 긍정적인 지지를 보내는 것이다.

5단계(종결 단계) 재결정한 사항을 일상생활에서 실천하고, 그 결과를 검토한 후 계약된 상담목표에 도달하면 상담을 종결한다.

4. 상담자 역할과 기법

1) 상담자 역할

교류분석 가족상담자의 역할은 교류분석이론에서 제시하고 있는 인간관에 근거한다. 교류분석의 인간에 대한 신념은 다음과 같다(Stewart & Joines, 1996; 박종삼, 1997a).

첫째, 인간은 본질적으로 괜찮은(OK) 존재이다. 즉 인간의 본성에 대하여 긍정적이다.

둘째, 인간은 사고할 수 있는 능력을 가지고 있다. 즉 인간의 합리적인 사고능력을 인정한다.

셋째, 모든 인간은 자신들의 운명을 결정하고, 그 결정이 잘못되었을 때는 재결정할 수 있다. 즉 생의 초기 또는 과거에 잘못 형성한 결정이라도 새로운 결정을 통하여 운명을 개척할 수 있다.

넷째, 과거와 타인은 변하지 않는다. 변할 수 있는 것은 자신 뿐이다. 즉 자신에 대한 책임성을 강조한다.

교류분석상담에서는 이와 같은 인간관에 근거하여 내담자와 상담자의 관계는 동등하다고 본다. 또한 내담자는 자신의 문제를 해결할 수 있는 사고와 재결정의 능력이 있기 때문에 상담자에게 의존하기 보다는 스스로 해결하려는 의지를 가지고 자신의 합리성을 최대한 발휘한다면 문제는 해결될 수 있다. 따라서 상담자는 내담자로 하여금 내담자 자신의 역기능적인 행동을 인식하게 하고, 합리적으로 사고 및 행동할 수 있도록 도와주어야 한다.

2) 상담기법

(1) 상담계약

교류분석에서는 내담자가 자신의 문제가 무엇인지, 어떤 결과를 바라고 있는지, 어떻게 해결해야 하는지에 대하여 알 수 있다고 본다. 따라서 상담자는 내담자로 하여금 자신의 가족문제를 분석하여 그 내용을 알고, 변화의 가능성을 인지하며, 대안을 선택할 수 있게 하는 상담계약을 중요시한다. 계약의 주요 내용은 관리상의 계약과 임상적 계약으로 구분되는데, 관리상의 계약은 상담료, 상담절차에 대한 동의를 포함하며, 임상적 계약은 가족의 변화목표, 변화를 위해 함께 해야 할 일, 성과를 알 수 있는 방법 등에 대한 내용을 포함한다. 상담계약은 상담과정 중에 협의하여 조정할 수 있다.

(2) 체계적 진단

번은 치료계획을 세우는 데에는 내담자에 대한 상담자의 진단이 중요하다고 하였다. 진단사항은 교류분석의 주요 개념들, 즉 가족관계상에서 나타나고 있는 자아상태, 교류패턴, 계속되는 게임, 인생각본, 생활자세, 시간구조화 등이다. 각각의 개념을 알면 더 쉽게 진단할 수 있을 것이고, 이미 개발된 진단도구들[12)]도 많이 있다.

(3) 의자기법

의자기법은 원래 게슈탈트Gestalt의 기법인데 굴딩이 TA와 게슈탈트이론을 결합하여 발전시킨 것이다. 의자기법은 초기결정이 이루어진 시기의 아동자아상태의 감정을 재경험하도록 돕는 방법이다. 내담자는 두 의자를 자신과 갈등대상으로 설정하고, 각각의 의자에 앉아 자신의 갈등을 떠올리며 갈등대상인 가족원과 현재형으로 대화한다. 결과적으로 억압해왔던 C를 표출한다. 이러한 표출을 통하여 다른 가족원은 그 가족원을 더 이해할 수 있다.

(4) 이고그램 분석 및 자아상태의 수정

이고그램 분석은 고전학파의 주요기법이다. 먼저, 갈등을 느끼는 가족원을 대상으로 자아상태 체크리스트에 응답하도록 한 후 응답점수에 의하여 이고그램을 작성하고, 이고그램에서의 높고 낮은 자아상태가 다른 가족원에게 어떻게 작용한 것인지를 설명한다. 또한 가족원 서로가 서로에게 원하는 자아상태를 측정하여 그 결과에 따라 자아상태를 높이거나 낮추도록 한다. 자아상태의 수정과정에서는 A를 통한 통찰의 중요성이 강조된다.

---

12) 예를 들면 이고그램이나 생활자세를 측정할 수 있는 체크리스트-출처: 우재현(2007). 심성개발을 위한 교류분석(TA) 프로그램-초급과정(TA 101 Course)

각각의 자아상태를 높이는 방법(김규수 · 류태보, 1994; 우재현, 2007)으로는 다음을 들 수 있다.

① CP를 높이는 방법: "내 생각에는……." 등 자기주장의 대화방법을 연습하거나, 의자 기법을 활용하여 자신의 생각을 말한다. 그 외에 리더십 훈련을 받는 것도 효과가 있다.

② NP를 높이는 방법: "정말 잘 하는군요." 등 칭찬하는 말을 연습한다. 상대방의 기분이나 감정을 인정하는 말을 한다. 등을 가볍게 다독이거나 껴안는 등의 긍정적 스트로크 방법을 익힌다. 감수성 훈련을 한다.

③ A를 높이는 방법: "조금 생각할 여유를 주십시오." 하고 사이를 둔다. 육하원칙(六何原則: 누가, 언제, 어디서, 무엇을, 어떻게, 왜)에 의하여 생각하고 말하기를 연습한다. 긴장을 이완시키고 냉정하게 되는 방법을 훈련한다. 가설을 세우고 사실을 관찰하고 결론을 내리는 과학적 사고를 훈련한다.

④ FC를 높이는 방법: "재미있다.", "멋있군요." 등 감정적 표현을 한다. "한번 해보자." 등 적극적인 자기표현을 한다. 유머, 농담, 짧은 공상, 오락을 즐긴다. 동요 부르기를 자주 한다.

⑤ AC를 높이는 방법: "당신이 결정한대로 해보지요." 등 상대방의 의견을 따른다. 자기 감정을 억제한다. 속으로 불만이 있더라도 겉으로 표현하지 않는다. 타인의 입장에서 타인의 감정이나 욕구를 인지하는 공감적 이해를 훈련한다.

(5) 재결정

재결정은 재결정학파의 주요기법이다. 내담자로 하여금 사고thinking, 행동behaving, 감정feeling의 세 차원에서 현재의 상태와 변화된 후의 상태를 기록하게 하고, 일상생활에서 실천하도록 격려한다. 표 11-1과 같은 양식을 사용하면 효율적이다.

표 11-1 재결정표

단 계	현재(변하고자 하는)	상담의 목표(변화된 후)
사 고		
감 정		
행 동		

(6) 재양육

재양육reparenting은 카섹시스Cathexis학파의 주요기법이다. 쉬프가 개발한 기법으로 내담자를 문제가 있었던 아동기로 돌아가게 하여 그 때 경험했던 부모자아상태에서 벗어나게 한 후[이것을 탈집중화(decathexis)라고 함], 긍정적이고 일관성 있는 부모자아상태를 경험하게 하는 방법이다. 재양육기법이 효과적인 이유는 문제의 원인이 파괴적이고 일관성 없는 부모 메시지 때문이라고 전제하기 때문이다(박종삼, 1997b). 어린 시절의 경험은 현재의 가족관계에 영향을 미치기 때문에 재양육의 효과는 현재의 가족관계를 변화시킨다.

5. 가족상담에서의 교류분석 적용

1) 이론적 적용

교류분석에서는 자아상태의 잘못된 구조나 기능, 자아상태의 교차적 또는 이면적 교류패턴, 문제해결이 되지 않는데도 불구하고 반복해서 사용하는 게임, 패배적인 인생각본, 성장과정에서 부모로부터 받은 강박적인 드라이버와 금지령, 부당하게 추구하는 스트로크, 다른 사람과 자신에 대한 부정적인 생활자세 등을 상담한다. 이러한 교류분석적 상담은 가족상담에도 적용할 수 있는데, 다음과 같은 예를 들 수 있다.

① 가족원 간에 표출되는 자아상태를 분석한 후 서로가 원하는 자아상태를 표현하도록 한다.

② 가족원 간의 교류패턴을 분석하여 교차적 교류패턴은 상보적 교류패턴으로, 이면적 교류패턴은 사회적 수준과 심리적 수준이 일치하는 솔직한 교류패턴으로 변하도록 한다.

③ 가족원 간에 반복적으로 사용하는 게임을 직면하게 하고, 재결정을 통하여 바람직한 행동으로 수정한다.

④ 어린 시절 부모로부터 받은 강박적인 드라이버 및 금지령이나 부적절한 스트로크로 인한 문제에 대해서는 의자기법, 재양육 등을 통하여 재경험함으로서 과거의 문제에서 벗어나도록 한다.

⑤ 가족원의 패배적 인생각본이나 부정적 생활자세로 인한 문제에 대해서는 자신과 타인의 장점을 발견하여 긍정적으로 인식하도록 한다.

2) 상담사례: 은퇴하고 아내랑 잘 살고 싶어요

(1) 내담자 기초 정보

남편 김가장씨는 자수성가한 중소기업 사장이다. 직장을 다니면서 야간고등학교와 야간대학을 졸업하였으며 현재 63세이다. 아내 이회피씨는 보수적인 집안에서 성장하였으며 고등학교를 졸업한 57세의 전업주부이다.

(2) 내담자 주 호소문제

주로 남편이 문제를 호소하였고, 아내는 불만이 많은 듯한데 말로 표현하지는 않았다. 남편의 주요 호소문제는 다음과 같다.

① 은퇴를 예정하고 가정을 가까이 하려고 집에 일찍 들어오는데, 아내는 왜 일찍 들어오느냐는 눈치를 준다.

② 저녁식사시간에 맞추어 왔는데, 아내는 밥도 안먹고 왔냐고 귀찮아한다.

③ 이제 사업을 그만 접고 아내랑 재미있게 살아볼까 하는데 아내는 절대 그러기 싫다고 한다.

④ 출퇴근길에 애들이 아버지한테 인사도 안한다. 더 기분이 나쁜 것은 그러는 아이들을 엄마라는 사람은 보고만 있다. 아버지께 인사하라는 교육도 안하고, 야단도 안 친다.

⑤ 이런 대접을 받느니 차라리 이혼할까 생각도 해봤는데, 내가 등골 휘게 번 돈을 아내에게 분할해줘야 한다니 그게 싫어서도 이혼은 못하겠다. 차라리 재산정리해서 고향에 내려가 혼자 살겠다.

⑥ 내가 가난하게 자라서 처자식에게는 돈고생을 안하게 하려고 열심히 돈 벌어다 줬는데, 고마움을 알기는커녕 가장 대접도 안한다.

이 외에도 남편의 불만은 수없이 많았다.

남편이 문제를 호소하는 동안 아내는 남편을 가끔 째려보거나, "누구는 뭐 할 말

없나." "자업자득이지." 등의 혼잣말을 하고, 상담자가 구체적으로 느끼는 문제가 무엇인지 물어도 "말하면 뭐하겠어요. 저 양반(남편)이 화만 낼 텐데." 라고 할 뿐 얘기하려 하지 않았다.

호소 문제를 종합하면, 남편은 경제적인 성공에 대하여 스스로 만족하고 가족에 대한 역할도 충분히 했다고 생각하며 가족원들에게 군림하려 하지만 가족들이 응해주지 않는 것에 대해 용납을 못한다. 반면에 아내를 포함한 가족들은 그러한 가장에 대한 불만을 적극적으로 표현하지도 않고 가급적 회피하면서 살고 있다. 즉 경제적으로 안정은 되었으나 부부간에, 아버지와 자녀 간에 상호이해가 부족하며 소통이 안되는 문제를 안고 있다.

(3) 내담자 가족배경

남편은 빈농의 집안에서 태어나 중학교까지 농촌에서 살았으며, 중학교 졸업 후 혼자 도시로 나와 돈 벌면서 야간고등학교를 어렵게 졸업하였다. 취업 후 몇 년이 지난 다음에 야간대학교에 진학하여 수석졸업하였다. 다니던 회사의 상사로부터 신뢰를 받아 그 상사의 소개로 현재의 아내를 만났으며, 비교적 늦은 나이에 결혼을 하였다. 남편의 출생순위는 둘째이며, 형과 함께 살고 있는 부모에게 경제적 도움을 주고 있다. 부모는 둘째아들이 집안을 일으켰다며 대견해하시고, 둘째며느리도 효부라고 칭찬하신다. 남편 자신이나 아내는 부모와의 관계에서 문제가 별로 없는데, 그것은 다 부모님들께서 순박하시기 때문이라고 하였다.

아내는 중소도시에서 태어나 큰 어려움 없이 고등학교까지 졸업하였으며, 서울로 올라와 경리직의 직장생활을 하였으며, 남편의 성실함이 마음에 들어 결혼을 결정했다. 친정부모는 두 분 다 비교적 전통적 사고를 지녔으며 여자의 참을성을 강조하시기 때문에 친정부모에게는 남편에 대한 불만을 털어놓지 못했다.

(4) 상담과정

① 상담개요

상담목표를 배우자 상호간의 이해, 배우자에 대한 자신의 마음상태 및 행동인지, 부부관계 회복으로 설정하고 상담을 진행하였다. 1회기에는 가족상담을 통하여 가족사정을 하고, 2~3회기에는 아내와 남편 각각의 개인상담을 통하여 그들의 이야기를 경청하고 인정하였다. 4~6회기에는 부부상담을 통하여 현재 나타나고 있는 이고그램과 희망하는 이고그램을 분석하고 그에 적절한 대화법을 교육하였으며, 7회기에는 부부상담으로 재결정기법을 사용하였다. 8회기에는 재결정 사항이 실생활에서 얼마나 실행되었는지 확인하고 종결하였으며, 9회기는 전화로 추수상담을 하였다.

② 회기별 상담 내용과 변화 과정

1회기(문제 파악)

남편 김가장씨가 앞서고, 다음이 아들, 마지막으로 아내 이회피씨가 뒤따라 상담실로 들어왔다. 아들이 부모에게 상담을 권유하였고, 아버지가 적극 찬성하여 내방하게 된 사례이다. 남편이 문제를 호소하였는데, 호소내용은 앞에서 서술한 바와 같다.

전형적인 가부장 의식을 가진 남편과 이제는 가부장적인 남편으로부터 벗어나고 싶은 아내이다. 아내는 30여 년간의 부부관계에서 쌓인 응어리가 많고, 남편은 경제적 책임만 다하면 남편으로서, 아버지로서의 역할과 책임을 다했다고 생각한다.

2회기(아내의 얘기 경청 및 공감)

아내 개인상담으로, 아내의 오랫동안 응어리진 얘기를 경청하고 공감을 해주었으며, 어려움에도 불구하고 가정을 지켜온 것에 대한 책임의식을 칭찬하였다. 그리고 아내들의 가정생활 공로를 남편들은 잘 몰라주는 것에 대하여 얘기를 나누었다.

3회기(남편의 얘기 경청 및 인정)

남편 개인상담으로는, 남편의 가난했던 과거, 자수성가로 이룬 사업, 직업 즉 돈벌기에 충실한 얘기를 경청하고, 우리나라 남자들의 가정에 대한 경제적 책임감을 인정하였다. 남편들의 생각과 아내들의 생각이 일반적으로 다른 것에 대하여 얘기를 나누었다.

4회기(부부의 결혼생활 지속의지여부 파악)

부부상담으로, 2~3회기에서 파악한 그간의 삶에 대한 서로의 생각차이를 상담자가 전달하면서 상호이해를 돕고자 하였다. 부부에게 이혼 후의 생활을 예상하도록 하였는데, 부부 모두 상대방이 변한다면 굳이 이혼할 생각은 없다고 하였다. 그렇다면 이혼 보다는 결혼생활 지속을 위한 방법을 찾아보자는 데에 합의를 하고, 갈등상황에서의 자아상태(활용자료 참조)를 측정하였다.

5회기(부부의 자아상태 파악)

4회기에서 측정한 자아상태에 근거하여 이고그램을 작성하여 보여주고 설명하였다. 남편은 CP만 높고 나머지는 모두 낮은 편이었으며, 아내는 AC가 높고 CP, NP, FC는 낮은 편이고 A는 중간 정도이었다. 그 후 희망하는 이고그램을 측정하여 갈등상황에서의 이고그램과 비교 설명하면서 상호 원하는 바를 이해하도록 하였다. 가장 높게 원하는 것은 남편과 아내 모두 NP였기 때문에 NP를 높이는 대화방법을 교육하였다.

6회기(자아상태 향상 방법 교육 및 연습)

낮은 자아상태를 높이는 방법(278쪽 참고)을 교육하고 연습하였는데, 서로가 어색해하고 쉽게 응하지 않아 연습하는 데에 시간이 많이 소요되었다. 집에서도 연습할 것을 과제로 부과하였다.

7회기(재결정)

6회기의 과제를 점검하고, 부부가 함께 재결정 기법을 통하여 변하고자 하는 내용을 작성하였다. 작성한 결과는 표 11-2와 같았고, 실천을 위한 노력을 약속하였다.

표 11-2 부부가 작성한 재결정표

구분	현재	변화
사고	남편: 집안의 가장은 나다. 아내: 부부관계는 동등해야 한다.	부부관계가 좋아야 나도 편안해진다.
감정	남편: 가장 대접을 못 받는 것 같아 서글프다. 아내: 무시당하는 느낌이다.	존중받고 싶다.
행동	남편: 위엄을 지키기 위해 침묵하거나 큰소리를 지른다. 아내: 남편이 원하는 것을 못들은 체 한다.	일주일에 두 번 외식을 한다(한번은 남편이 좋아하는 것으로, 한번은 아내가 좋아하는 것으로).

8회기(재결정 과제 수행 확인 및 종결)

원래 약속은 면접상담을 하기로 하였으나, 아내가 전화를 하였다. 부부가 어느 정도 잘 지내고 있기도 하고, 집안에 행사가 있어서 상담을 못가겠다고 하면서 다음에 문제가 있으면 다시 연락하겠다고 하였다. 7회기에서 결정한 일주일에 두 번 외식은 했는데, 아내가 양보하여 두 번 다 남편이 가고 싶은 곳으로 갔다. 상담자는 내담자가 종결을 원한다고 판단하여 2달 후에 추후상담전화를 하겠다고 하고, 상담을 종료하였다.

9회기(추수상담)

2달 후 전화로 근황을 문의한 결과, 아직도 문제가 있기는 하지만, 서로 노력하면서 예전보다는 말도 더 많이 하고, 그간에 중국여행도 다녀왔다면서 잘 살고 있다고 하였다.

(5) 상담결과

본 상담사례의 부부는 이혼을 정말로 원하지 않았을 뿐만 아니라, 남편은 처음부터 상담의지가 강하였고, 아내는 뒤늦게나마 남편의 변화의지를 인식하여 상담동기가 높아진 사례이다. 교류분석상담기법 중 이고그램 분석 및 자아상태의 수정과 재결정 기법을 적용하여 부부상호작용에서 나타나는 자아상태를 이해하도록 하고, 배우자가 원하는 자아상태를 전달할 수 있는 대화방법을 훈련하며, 부부관계에 대한 사고, 감정, 행동을 재결정하고 수행함으로써 상담효과가 나타났다고 사료된다.

용어설명

- **자아상태**ego-states : 일관된 감정 및 행동과 관련되는 특성이다.
- **교류패턴**transactional patterns : 자아상태를 주고받는 일련의 과정유형이다.
- **스트로크**strokes : 대인관계에서의 상호작용에 대한 인식의 단위(a unit of recognition)로서, 자극(말, 알은 체, 신체적인 접촉 등)의 주고받음을 뜻한다.
- **드라이버**drivers : 어떠한 행동을 하게 하거나 감정에 빠져들게 하는 내적 명령어이다.
- **금지령**injunctions : 어린 시절 부모나 양육자로부터 받은 '하지 말라'는 명령어이다.
- **인생각본**life-script : 어린 시절에 작성한 전의식적인 인생계획이다.
- **게임**games : 당면한 문제에 대하여 시도한 해결방법이 효과적이지 않음에도 불구하고 반복적으로 행하는 행동양식이다.
- **디스카운트**discount : 문제 및 문제해결과 관련된 정보를 무시하거나 인정하지 않는 것을 말한다.
- **생활자세**life positions : 자신과 타인에 대해 본질적인 가치를 부여하는 근본적인 태도 즉 자신과 타인에 대한 긍정적 또는 부정적 태도를 뜻한다.
- **시간구조화**time structuring : 사람들과 함께 할 때에 시간을 보내는 양식이다.
- **초기결정**early decisions : 어린 시절에 부모나 양육자 또는 권위 있는 사람에 의하여 형성된 모든 특성이다.
- **재결정**redecision : 초기결정이 잘못되어 문제행동이 생겼을 때에 인지적 판단을 통하여 새로운 사고, 감정, 행동을 선택하는 것을 말한다.

활용자료

1) 자아상태(ego-states) 측정을 위해서는 다음과 같은 간편질문지를 활용할 수 있다.

* 배우자를 A로 설정하고, 해당되는 곳에 O표 해주십시오.

질문 사항	예 (2점)	아니오 (0점)	글쎄요 (1점)
1) A가 잘못하면 지적하는 편이다.			
2) A에게 한번 한 약속은 지키도록 요구한다.			
3) 나의 생각을 A에게 주장하는 편이다.			
4) A의 작은 잘못에 대해서 대충 넘기지 않는다.			
5) A에게 '그러면 안돼.', '…해야 해' 라는 말을 자주 한다.			
CP 계			
1) A의 부탁을 대체로 들어주는 편이다.			
2) A에게 위로나 격려를 자주 한다.			
3) A에게 칭찬을 많이 한다.			
4) A의 결점보다는 장점을 더 많이 보려고 한다.			
5) A의 입장이 이해되는 경우가 많다.			
NP 계			
1) A가 잘못했을 때 화내기 전에 왜 그랬을까를 먼저 생각한다.			
2) A를 비난하기에 앞서 사정을 물어본다.			
3) 무언가 분명하지 않을 때는 A에게 다시 물어본다.			
4) A가 내 뜻대로 하지 않아도 화를 내지 않는다.			
5) A의 의견을 물어본다.			
A 계			
1) A와 함께 어울려 논다.			
2) A와 함께 있을 때에 감탄하는 말을 자주 한다.			
3) A에게 농담이나 우스갯소리를 많이 한다.			
4) 내게 즐거운 일이 있을 때 A에게 말이나 행동으로 나타낸다.			
5) A에게 화난 일이 있으면 말이나 행동으로 나타낸다.			
FC 계			
1) A의 눈치를 봐가며 행동한다.			
2) A가 싫어할만한 말은 하지 않는다.			
3) A에게 잘 보이려고 노력한다.			
4) 내 의견보다 A의 의견을 더 따른다.			
5) A에 대해 불만 있어도 잘 표현하지 않는다.			
AC 계			

*본 질문지는 김규수 · 류태보(1994)의 이고그램 체크리스트와 저자의 상담 및 교육 경험에 근거하여 재구성된 것임.

이 외에도 교류분석 가족상담에서 활용할 수 있는 자료는 상담계약서(박의순 · 이진선 역, 2008), 자아상태 체크리스트와 분석표(우재현, 2007), 교류패턴 분석지(이도영 외, 1999), 드라이버 체크리스트(우재현, 2007), 인생각본 질문지(정은, 2006), 생활자세 체크리스트(우재현, 2007) 등이 있다.

CHAPTER

12 현실치료 적용 가족상담

A학교에서 문제가 있는 손불만 학생을 상담 의뢰하였다. 손불만 학생은 학교에서는 문제가 전혀 없으나 집에서 어머니와 동생을 때리고 성적이 하위권인 학생이라고 하였다. 중학교 2학년인 손불만은 자신이 원하는 것을 부모님이 사주지 않으면 사줄 것을 요구하면서 폭력과 폭언을 하였다. 특히 초등학교 5년인 남동생을 방안에 두고 밖에서 문을 잠그고 학교를 간다. 그러면 그날 동생은 학교에 가지 못하고 가족 중 누가 올 때까지 방안에 갇혀 있게 된다. 또한 엄마에게도 욕을 하고 가끔 폭력을 하기도 한다. 이러한 행동이 반복되고 부모가 야단을 쳐도 행동변화가 없고 다른 해결책이 없어 엄마가 학교를 찾아가 도움을 청하게 되어 상담을 의뢰하였다.

현실치료는 글라써William Glasser가 1950년대에 개발하여 우볼딩Robert Wubbolding에 의해 발전된 상담이론이다. 현실치료에서는 신경증적 반응 행동, 정신병적 증상 행동, 신체화 증상 행동, 다양한 중독 증세로 나타나는 행동 등을 개개인의 욕구 충족을 위한 최선의 선택으로 설명한다. 그리고 내담자가 갖고 있는 현실지각이 내담자에게 중요하다. 또한 자신의 욕구 충족을 위한 행동 효과성을 객관적으로 평가하는 자기평가self-evaluation를 중요시 여기며 욕구 충족을 위한 목표 설정want과 행동하기doing, 계획plan까지 평가를 한다. 내담자의 행동은 자신이 선택하며 그 선택 책임이 내담자에게 있다는 선택이론에 근거를 둔다. 모든 인간은 자신의 행동을 선택하는데 그 행동은 글라써가 말한 다섯가지 욕구(힘의 욕구, 사랑과 소속의 욕구, 즐거움의 욕구, 자유의 욕구, 생존의 욕구) 중에서 적어도 한 개 이상 충족시킬 때 행동으로 선택이 되고 그러한 행동이 습관으로 형성될 수 있다는 것이다. 이와 같이 현실치료는 선택이론에 기본을 두고 있기 때문에 성공적인 적용을 위해서는 선택이론을 충분히 이해하는 데 달려 있다.

1. 발달 배경

William Glasser(1925~2008)
ww2.odu.edu/

현실치료reality therapy는 1960년대 중반 미국의 글라써William Glasser에 의해 시작되었으며 그의 동료인 오더넬O'Donnel과 함께 발전시킨 심리치료법이다. 글라써는 현실치료 발달 과정을 다음과 같이 3단계로 설명하고 있다(Glasser, 1965).

1단계(George Harrington기)는 글라써가 캘리포니아의 로스엔젤레스 재향군인병원에서 정신과 수련의로 일할 때 지도교수로 헤링톤George Harrington을 만나 정신분열증 중환자를 치료하기 위한 기법으로 정신분석 치료방법 및 약물치료를 병행하였으나 진전이 없어 새로운 이론 및 치료방법을 찾기 시작한 시기이다.

그 후 글라써는 헤링톤에게 지도를 받고 전통적인 치료방법인 정신분석 치료방법에서 현실에 초점을 두고 미래를 계획하게 하는 치료법으로 바꿔 실시하였다. 그 결과 장기입원 환자들의 퇴원수가 1년에서 3년 사이에 35명에서, 45명, 90명으로 늘기 시작하면서 자신이 새로 적용한 이론에 자신감을 갖기 시작하였다. '현실치료'라는 명칭을 1962년 연차대회에서 처음으로 사용하였고 이 명칭은 과거보다 현실에 초점을 두고 미래를 계획하는 치료라는 의미에서 비롯되었다.

2단계(William Powers기)는 현실치료의 이론적 배경이 된 선택이론을 실제 상담현장에 적용하여 발전시킨 시기이다. 글라써는 파워즈(1973)의 『Behavior: The Control of Perception』에서 인간의 뇌 기능에 관해 직접 파워즈William Powers의 영향을 받아 뇌의 기능을 선택이론에 접목시켜 현실치료에 적용하여 발전시켰다.

3단계(Edward Deming기)는 데밍Edward Deming은 물리학 박사로 '통제적 품질관리 방식' 이론을 주창한 학자이다. 글라써는 데밍의 경영방식인 통제적 품질관리를 분석

해본 결과 종업원들이 자신의 질적세계(quality world : 삶의 질을 높이는 좋은 관계, 행복한 상황, 이상, 꿈 등을 머릿속에 담은 것을 의미)를 추구하고 자기욕구를 충족시키기 위해 끊임없이 자기평가를 하여 결국에는 품질관리 향상을 계속 실현하는 것을 알게 되었다. 글라써는 데밍의 경영방식을 현실치료에 접목시켜 '좋은 학교quality school'와 '좋은 관리자quality manager'가 되는 길을 제시하였다. 글라써는 인간은 생래적으로 누구나 소속, 힘, 자유, 즐거움에 대한 욕구를 자신이 원하는 질적세계에 맞게 충족을 시키려하고 욕구충족을 채운 사람은 자기 행동선택을 책임질 수 있고 또한 자기욕구 충족을 위해 남의 욕구 충족을 방해하거나 무시하지 않는다고 설명하였다. 그는 이러한 욕구충족은 창의적이며 오랫동안 즐겁게 일 할 수 있게 한다고 주장하였다(김인자, 1997).

현실치료에서는 자신의 욕구 충족이 안 되는 것을 문제라고 보고 그 문제 행동을 찾아내어 각자의 책임 하에 좀 더 도움이 되는 행동으로 변화시키는 데에 있다. 상담자는 내담자가 원하는 욕구충족을 시킬 수 있는 계획과 행동방법을 세워서 실행하도록 돕고, 현실을 직시해서 정확한 문제 파악 및 수용을 할 수 있어야 하며, 내담자가 자신의 욕구를 정확히 파악할 수 있도록 도와야 하는 것을 강조한다.

현실치료에서 가장 중요하게 생각하는 것은 현재시점에서 누구나 능동적으로 자신의 행동을 선택할 수 있고, 개인의 문제를 해결하기 위해서 감정을 개선하는 것이 아니라 행동과 사고를 개선한다는 것이다. 감정이라는 요소는 사람의 선택에 의하여 능동적으로 변화시키기 어렵지만 사고와 행동은 선택하고 통제할 수 있기 때문에 변화시키기가 가능하다는 것이다. 즉, 행동과 사고를 통제하면 감정 또한 변화를 시킬 수 있다고 본다.

또한 현실치료는 현재와 미래에 초점을 맞추고 있어 현재의 행동이 지금 원하는 욕구를 얼마나 충족시킬 수 있는지에 대해 평가를 하고 개선책을 모색한다. 즉, 현재의 행동이 개인의 욕구를 충족시키지 못한다면 계속 다른 대안을 탐색하여 욕구충족을 시킬 수 있는 행동을 선택한다(김인자, 1996).

2. 주요 개념

사람들은 각자가 어떻게 느끼고 생각하고 행동하는지는 스스로의 선택에 의해서 결정된다. 따라서 누구나 자기 삶의 주인이며 내부의 심리적인 작용에 의해서 자신의 행동을 조절하고 적절한 선택을 한다. 이러한 속성에 의해 인간은 타고 날 때부터 갖고 있는 다섯 가지 기본욕구들 중 자신이 원하는 우선순위를 결정하게 된다. 우선순위를 결정할 때는 지속적인 갈등이 생기는데 그것을 해결하기 위해서는 자신의 경험이나 교육에 의한 가치관에 비추어 지금까지 경험했던 것을 비교하여 가장 좋은 질적세계에 맞는 것을 선택하게 된다. 즉, 사람들은 삶의 여정에서 각 개인의 질적세계 속에 만들어 놓은 사진들과 현실세계에서 만나는 현실 경험과의 비교에서 생기는 다양한 갈등을 경험하면서 가장 현명하고 도움이 된다고 생각하는 것으로 결정하게 되며 그러한 결정은 곧 자신의 바람을 충족시키는 행동으로 선택한다는 개념이 선택이론이다. 선택이론의 주요개념으로는 태어날 때부터 가지는 기본적인 다섯가지 욕구가 있다.

1) 인간의 기본적인 욕구

사람들은 누구나 타인과 관계를 맺고 사랑하고 사랑 받으며 자신이 가치있게 느끼고 싶어 하는 욕구를 기본적으로 갖고 있다. 글라써는 누구나 다섯 가지 유전적 욕구를 갖고 태어나며 이것은 인간을 움직이는 강렬한 힘으로 작용한다고 주장했다. 5가지 인간의 기본적 욕구 중 4가지는 신뇌new brain라 불리는 자율신경 조직에 자리한 심리적이고 정신적인 욕구로, 힘에 대한 욕구, 사랑과 소속의 욕구, 즐거움에 대한 욕구, 자유에 대한 욕구이며 나머지 1가지는 구뇌old brain라 불리는 대뇌피질에 자리한 생존에 대한 욕구이다.

(1) 힘의 욕구power need

사람들과의 경쟁에서 이기고 싶고, 일이나 목표 등을 성취하며 자신의 의견을 반영시키고자 하는 욕구이다. 살아서 움직이는 모든 생물 중에서 사람만이 힘의 욕구를 끝까지 포기하지 않는다. 힘에 대한 욕구는 종종 우리 주위에 있는 사람들과의 게임이나 경기에서 잘 드러난다. 이러한 힘에 대한 욕구의 충족은 소속과 사랑에 대한 욕구 충족과 대립되기도 한다. 예를 들면 사랑하는 사람에게 사랑과 소속의 욕구를 채우려다가 상대방을 자신의 마음대로 통제하게 되어 서로 힘의 욕구 좌절로 인한 갈등을 경험하기도 하고 자신이 채우고자 하던 사랑의 욕구마저도 채우지 못하는 경우가 종종 발생하게 된다. 또는 사회생활에서 승진이나 자신의 발전을 위해 사랑하는 가족과 함께 행복과 사랑을 나누는 시간을 포기하거나 또는 친구들 모임이나 동아리 모임을 포기하고 자신의 일에 몰두하는 경우 등 힘에 대한 욕구를 끊임없이 채우려고 하는 예를 들 수 있다. 이러한 사람들은 무엇보다 힘의 욕구를 가장 중요시하는 사람이다.

(2) 사랑과 소속의 욕구love & belonging need

사랑을 주고받고 도움을 주고 협력하고자 하는 욕구로, 글라써는 인간관계의 중요성을 특히 강조하였다. 즉, 주변 사람들과 사귀고 싶어 하는 욕구와 그들에게 속하고 싶어 하는 욕구는 사람들의 마음을 움직이게 하는 힘이 된다. 이러한 소속의 욕구는 사람들이 성인이 되면 사랑하는 사람을 찾게 되거나 가정을 만들어 자녀를 낳아 가족을 형성하기를 원하는 것, 아이들이 유치원에 가면 친구를 사귀고 싶어 하는 것, 학교나 회사에서 자신과 같은 취미동아리를 만들거나 참가하기, 동창모임에 나가고자 하는 욕구 등을 예로 들 수 있다. 이러한 것들은 사람들이 살아가는 데 삶의 기쁨을 만드는 원동력이 되는 기본욕구이기도 하다. 어떤 일을 하면서 무엇보다도 인정받고 싶어서 자신에게 과한 힘든 일을 혼신을 다해 모든 시간을 보내기도 하고 또는 남에게 도움을 원하기도 하고 주기도 하며 특정한 사람의 사랑을 받고 싶어서 상대방이 원하는 행동을 하는 것 등도 포함된다. 단체경기에서 소속팀을 열심히 응원하는 것, 우리나라 사람들이 올림픽 축구경기에서 열광하며 붉은 악마옷을 입고 함께 모여 응원하는 것도 소속의 욕구를 충족시키는 행동으로 볼 수 있다.

(3) 즐거움의 욕구pleasure need

즐기고 기쁨을 느끼며 쾌락을 가지려는 욕구로, 인간은 동물과 달리 즐거움을 느끼고 웃을 수 있는 피조물이다. 글라써는 인간의 즐거움에 대한 욕구는 인간의 기본적이고 유전적인 지시instruction라고 확신한다. 어떤 사람들은 즐거움에 대한 욕구를 충족시키기 위해 생명의 위험을 감수하기도 한다. 예를 들면 깊고 위험한 바닷속을 들어가는 스킨스쿠버, 또는 위험한 산을 오르는 전문 등산가들, 자동차 경주를 즐기는 카레이서들은 위험한 활동을 하면 즐거움에 대한 욕구가 충족되어 행복을 느끼기 때문에 위험을 감수하는 것으로 볼 수 있다.

특히 글라써는 놀이playing뿐만 아니라 사람들이 모르는 것을 배우는 모든 학습learning도 매우 중요한 즐거움의 욕구를 채울 수 있는 활동이라고 했다. 글라써는 배운다는 것은 즐거운 활동이기 때문에 사람들은 평생동안 끊임없이 학습하여 즐거움의 욕구를 충족하면서 행복해 한다는 것이다.

(4) 자유의 욕구freedom need

독립적이고 자율적인 자신의 공간을 갖고 싶어 하고 남에게 구속받고 싶지 않은 욕구이다. 사람들은 타인의 구속을 받지 않고 스스로 결정하기를 원하며 마음대로 어느 곳이든지 다니고 싶어 하는 자유의 욕구를 갖고 있다. 또한 모든 대인관계나 신앙 활동 등을 포함한 모든 삶의 영역에서 다른 사람의 지시나 간섭이 없는 상태에서 자신이 자유롭게 선택하고 본인의 의사를 마음대로 표현하려는 욕구를 의미한다.

단지 유의해야 할 것은 자신의 자유의 욕구를 충족하는데 있어 다른 사람의 자유나 권익을 침범하지 않도록 해야 하며 타인의 권리나 그들의 자유를 인정하고 자신의 권리를 인정받는 합리적인 선택과 그 결과에 대한 책임을 지려는 의지가 함께 필요하다.

(5) 생존의 욕구survival need

살고자 하고 생식을 통한 자기 확장을 하고자 하는 욕구로, 사람 뇌의 가장 오래된 구뇌에서 생성된다. 구뇌는 숨을 쉬고, 음식을 소화시키며, 땀을 흘리고, 혈압을 조절하는 등, 신체구조를 움직이고 건강하게 유지하도록 하는 중요한 과업을 수행하고 있다. 인간의 뇌는 두 개의 부분으로 구성되며 작고 의식기능이 없는 구뇌old brain와 크고 의식기능이 있는 신뇌new brain로 되어 있다. 뇌의 작용을 보면 대부분의 경우 구뇌는 단독으로 활동할 수 없기 때문에 신뇌의 도움이 필요하다(Glasser, 1985). 예를 들어 달리기를 하여 땀을 많이 흘리고 목이 마르게 되면 의식적인 행동을 주도 할 수 없는 구뇌는 신뇌에게 목이 마르다고 호소하게 되어 사람들이 갈증 해결을 위해 물을 마시면 목마름의 해소되어 즐거움의 욕구를 충족하게 된다. 이렇게 구뇌의 기능은 우리가 생존하는 데 없어서는 안되는 중요한 요소이지만 우리가 일상생활을 영위할 때에는 직접적으로 지배적인 힘을 발휘하지는 못한다. 그러나 신뇌가 지시하는 4가지의 힘, 소속, 자유, 즐거움 같은 심리적 욕구도 구뇌의 협조 없이 신뇌의 작용만으로 충족하게 되면 문제를 일으키게 된다. 예를 들면 구뇌가 에너지 부족을 신뇌에게 호소하면 신뇌는 만족할 만한 다양한 음식을 생각해 내어 음식을 먹게 된다. 그러나 허기증을 해소하면 더 이상 음식을 섭취할 필요가 없어질 때 구뇌는 더 이상 관여를 하지 않게 되나 신뇌는 음식 섭취할 때의 포만감이나 맛의 풍미를 연상하고 계속해서 음식을 먹고 싶어하면서 쾌감을 계속 추구하기 때문에 지속하게 된다.

2) 현실세계real world, 지각세계perceptual world, 질적세계quality world

현실세계는 감각체계sensory system를 지나 지식여과기knowledge filter와 가치여과기value filter를 거쳐 지각세계에 전달된다. 이때 들어오는 정보는 긍정적, 중성적, 부정적으로 분류되며 자신의 욕구를 가장 잘 충족 시켜주는 정보를 질적세계에 저장하게 된다. 이러한 질적세계는 사람마다 다르고 경험과 환경 속에서 다양하게 만들어 갈 수 있으므로 좋은 질적세계를 형성하는 것은 매우 중요하다. 왜냐하면 개인의 질적세계 안에 다양하고 멋있는 꿈, 행복한 사진, 멋진 미래의 모습이 그려진다면 좀 더 정확하게 자신의 욕구 충족을 위한 좋은 선택을 잘 할 수 있기 때문이다.

3) 전행동total behavior

글라써는 인간의 욕구를 자동차의 엔진과 비교하여 설명하였다. 전륜구동 자동차는 전체 4개의 바퀴가 있는데, 엔진은 핸들과 연결되어 앞바퀴를 움직이게 하며 뒷바퀴는 앞바퀴가 가는대로 따라온다는 것을 토대로 인간의 욕구를 설명한다. 개인의 바람want은 핸들을 이용하여 가고 싶은 방향대로 갈 수 있게 한다. 전행동은 사고, 행동, 감정, 생리적 반응의 네가지로 구성되는데, 생각하기thinking, 활동하기doing는 앞바퀴에, 느끼기feeling, 신체현상 반응하기physology는 뒷바퀴에 비유하여 설명하고 있다. 이 네 가지 요소들이 모여 하나의 전행동으로 나타나기 때문에 모든 행동에는 이 네

요소가 반드시 포함되어 있다고 본다.

사람들은 누구나 자신이 원하는 것을 얻고 싶을 때 전행동을 통해 자신이 원하는 것을 하려고 선택한다. 전행동의 구성요소 중에서 특히 활동하기는 누구나 거의 완전한 통제력을 갖고 있다. 그러나 생각하기는 어느 정도 통제가 가능하기도 하고 통제가 안 되기도 한다. 반면에 뒷바퀴에 해당하는 느낌이나 신체반응은 실제로 직접적으로 통제할 수 없다. 그러므로 사람들이 자신의 전행동을 변화시키기 위해서는 앞바퀴에 해당하는 활동하기와 생각하기를 먼저 변화시키면 뒷바퀴에 해당하는 느끼기와 신체반응은 더불어 따라와서 변화가 가능하게 된다. 예를 들면 육체적으로 건강한 사람이라면 팔다리 움직이기, 눈 깜박하기는 얼마든지 할 수 있으나 과거에 잊고 싶었던 사건을 떠올리고 싶지 않은데 자꾸 머리에 남아 뿌리치고 싶은 경우가 있으며 슬픈 감정이나 기쁜 감정을 자신의 마음대로 만들 수 없다. 또한 두근거리는 가슴이나 붉어지는 얼굴을 내가 원한다고 없어지게 할 수도 없는 것을 경험한다. 매우 힘든 상태가 지속적으로 계속 될 때 그래도 현재 이 정도의 상태인 것이 다행이라는 긍정적 사고를 갖고 밝은 목소리로 노래를 부르거나 가벼운 발걸음으로 걸어보게 되면 기분이 좀 나아지고 가슴도 조금은 시원해질 것이다. 반면에 방안에 가만히 앉아 있으면서 행동하기를 거부하고 움직이지 않으며 나만 불행한 상태라고 생각하면 기분은 더 우울해지고 가슴은 더 답답함을 느끼게 된다.

3. 상담목표와 과정

1) 상담목표

현실치료에서의 상담목표는 첫째, 가족원 간의 내면적 갈등으로 인한 통제력 불능을 회복한다. 둘째, 가족원 개개인의 욕구를 충족시켜준다. 셋째, 가족원이 서로 비난하거나 비판하는 상황에서 벗어나도록 한다. 넷째, 가족원 간의 공동의 좋은 세계를 함께 가지는데 주안점을 두고 질적인 시간을 만든다. 다섯째, 가족원 간에 서로 대하는 태도나 행동을 바람직하게 선택하고 질적 세계와 일치하도록 돕는다.

상담자는 이러한 목표가 달성되도록 조화롭게 엮어 가족들이 모두 스스로 그들의 삶을 평가하고 바람직하게 방향 선택을 결정하여 함께 공동의 질적 세계를 만들어 가도록 도와야 한다.

2) 상담과정

현실치료에서 상담과정은 상담환경 가꾸기와 행동변화를 이끄는 구체적인 절차과정을 의미한다. 다음은 상담과정에 필요한 상담환경 가꾸기와 구체적인 절차과정 중에 상담자가 내담자를 대할 때 친밀한 관계 만들기 위해서 지켜야 할 주의 사항에 대한 것이다(Wubbolding, 1988).

(1) 상담환경 가꾸기

① 상담자는 친근감을 가지고 내담자인 가족들의 이야기를 경청한다. 상담자는 내담자에게 그들의 욕구를 충족할 수 있는 바람직한 방법을 찾는 데 도움을 줄 수 있는 사람이라고 믿을 수 있게 해야 한다.

② 상담자는 내담자 가족들에게 가족의 과거사는 그 과거사가 현재 상황을 설명하는 데 도움이 되지 않는 한 이야기하는 것을 허용하지 않는다.

③ 상담자는 가족 개개인의 느낌이나 신체현상을 전행동과 분리시켜서 논의하지 않도록 한다.

④ 상담자는 가족원에게 각 개인의 무책임한 행동에 대한 변명을 허용하지 않는다.

⑤ 상담자는 가족원 중 개인을 벌하거나 비판하지 않고 보호하지도 않는다. 반드시 개개인의 행동선택에 대한 필연적인 결과는 미리 설명하여 깨닫게 한다.

(2) 구체적인 절차 과정

구체적 절차과정에서 내담자와 친밀한 관계 만들기에 대한 일반적 주의 사항은 다음과 같다.

1단계: 상담자는 내담자에게 주의를 기울이는 행동하기로 이때 AB법칙(practice the AB-CDEFG)을 실시한다. AB법칙이란 5가지로 첫째, 항상 침착하고 내담자에게 예의 바를 것always be calm & courteous, 둘째, 항상 잘 해결 될 거라는 신념을 가질 것 always be determined, 셋째, 항상 상담에 열성적일 것always be enthusiastic, 넷째, 상담자는 일관되고 현실요법의 지침과 결과를 잘 적용할 수 있다는 확신을 가질 것always be firm, 다섯째, 상담자는 자신이 정직하고 진실되게 내담자를 대하고 있는 것을always be genuine 자연스럽게 느낄 수 있도록 해야 한다.

2단계: 상담자는 이때 내담자 가족들의 어떠한 행동이라도 그들의 최선의 선택임을 인정하고 상담자는 주관적인 판단을 보류해야 하며 내담자 가족들이 전혀 기대하기 않았던 행동하기를 하여 잠시 어려운 상황을 제쳐 놓는다.

3단계: 상담자는 상담과정 중 건전한 유머를 사용하여 고통을 치유하는 웃음을 적극적으로 유도하고 이때 자신을 있는 그대로 드러나도록 한다. 이 과정에서 상담자가 개방적인 태도로 내담자에게 다가가면 내담자는 자신의 질적세계에 상담자가 들어오게 할 수 있다.

4단계: 상담자는 이때 내담자의 숨은 표현에 귀를 주의 깊게 기울이기와 내담자 가족들의 목표가 될 수 있는 주제를 잘 들어야 한다.

5단계: 상담자는 내담자 가족들이 말하는 문제의 내용 중 요약과 초점을 맞추도록 한다. 이때 가족원에게 바람직하지 않은 행동에 대한 책임을 지게 한다.

(3) 상담자가 지켜야 할 주의 사항

① 상담자는 가족들의 변명을 받아들이지 않도록 한다.

② 상담자는 가족원을 비판과 비난, 논쟁하지 말고 개인이 저지른 행동결과에 대한 책임을 지도록 한다.

③ 가족 중 한명이라도 절대 포기하지 않도록 주의한다.

(4) 행동변화를 이끄는 구체적 상담과정

상담자는 첫째, 내담자가족이 가장 먼저 무엇을 원하는지를 정확하게 찾는 데 주력하게 한다(want 탐색). 둘째, 내담자 가족이 현재here & now 무엇을 하고 있는지 질문한다(doing 탐색). 셋째, 내담자 가족이 지금 하고 있는 행동하기가 내담자의 가족이 모두 원하는 목표 달성을 위해 도움이 되는지를 살펴본다(evaluation 탐색). 넷째, 그 목표를 달성하기 위한 계획짜기가 적절한지를 평가하게 하는 과정을 하도록 한다. 자기평가 과정은 상담과정에서 반복적으로 실시하여 바람(목표)을 이룰 수 있도록 도움을

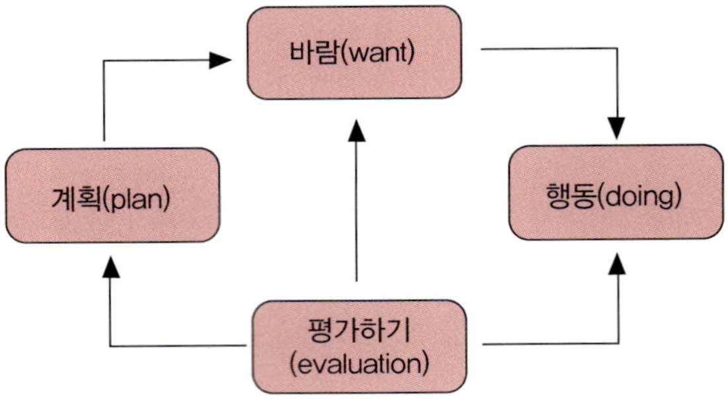

그림 12-1 WDEP 과정

줄 수 있다. 그림 12-1은 상담과정을 그림으로 나타낸 것이며 상담 사이클이라고 우볼딩이 명명하였다. 그림 12-1은 WDEP의 과정을 나타낸 것이다. 상담자는 내담자의 바람want이 무엇인가를 묻는 질문하고 그 바람을 효과적으로 달성하기 위해서 지금 하고 있는 행동하기doing를 탐색하는 질문을 한다. 지금 하고 있는 행동하기가 바람(목표) 달성에 적합한지, 바람이 진정한 바람real want인지를 평가하게 하고 그 다음 단계인 계획하기plan를 하는 질문을 하여 목표달성에 적합한 계획하기를 하고 있는지를 평가하게 한다(wubbolding, 1991).

4. 상담자 역할 및 기법

1) 상담자 역할

현실치료에서 상담자의 역할은 내담자가 욕구 충족을 채우기 위한 행동으로 변하도록 도와주는 역할을 해야 한다. 상담과정에서 내담자의 감정을 무시하는 것이 아니라 상담자는 내담자의 감정 상태를 자신이 어떻게 느끼는지를 알아내는 것에 의미를 둔다. 이때 얼마나 오랫동안 누가 내담자의 감정을 그렇게 상하게 했는지는 중요하지 않다. 현실치료에서는 어떠한 환경이나 사건에 대한 나빠진 기분은 내담자 스스로 그런 기분으로 반응할 것을 선택했으며 그 기분의 책임이 내담자에게 있다고 강조한다. 상담자는 내담자로 하여금 자신이 행동을 선택하며 자신의 반응을 주도적으로 책임지고 질적세계quality world에 적합한 선택을 하여 행복한 삶을 만들어 가도록 도와주는 역할을 한다. 또한 상대방과 환경은 불편하더라도 내담자 자신의 반응으로 나오는 행동이나 기분을 주변 탓으로 돌리지 않도록 하는 내담자 선택의 중요성을 강조한다. 상담자는 구체적인 질문(바람, 행동하기, 평가하기, 계획하기)을 사용하여 내담자의 세계에 들어가고 그들의 질적세계에 있는 정보를 알아내어 내담자가 스스로 자신의 삶에 좀 더 적극적으로 효과적인 선택을 하도록 돕는다.

2) 상담기법

현실치료기법에서 가장 핵심적인 것은 가족의 공동 치료목표 정하기와 이를 실천하기 위한 행동선택과 평가 목표를 달성하기 위한 행동계획하기이다.며 이를 위하여 우볼딩의 WDEP 과정을 적용하고 동시에 가족치료에서 중요하게 다루는 질적시간 quality time가지기를 상담초기에 적용해서 가족간 관계 형성을 잘 하도록 한다. 또한 내담자 가족이 비협조적인 태도를 보이거나 상담에 대한 저항이 있는 경우 역설적 기법을 사용하기도 한다.

(1) 질문 기법

① 바람want 탐색하기

가족원에게 각각 바라는 것과 상담에서 바라는 것을 그들의 '지각체계'에서 점검을 하며 가족이 모두 바라는 공동목표를 탐색하여 상담목표를 설정한다. 예를 들면 다음과 같은 질문을 하여 바람을 찾는다.

- 지금 가족이 가장 행복해지려면 무엇이 변해야 합니까?
- 가족이 모두 바라는 공동의 목표는 무엇이라고 생각합니까?
- 부모님께 바라는 것은 무엇입니까?
- 자녀에게 가장 변화되기를 원하는 것은 무엇입니까?
- 부모님에게 가장 말하고 싶은 것이 있다면 무엇인가요?
- 가족이 함께 무엇을 할 때 가장 가깝다고 느낄 수 있었나요?
- 가장 먼저 이루어지기를 원하는 것은 무엇인지요?

② 행동하기doing 탐색하기– 현재 당신은 가족의 목표를 위해 무엇을 하고 있습니까?

○ 당신 가족 개개인에게 문제 행동의 원인은 남이나 환경 탓이 아니라 자기행동에서 나타나고 행동의 주인임을 깨닫게 해 준다.

○ 무엇 가족 개개인의 내면세계로 들어갈 수 있으며 즉, 자신의 행동의 효과성에 대한 평가와 자기통제가 가능한 영역을 확인하도록 기회를 제공한다. '무엇을'이라는 질문을 통해 자기 탐색을 하게 하는 목적은 가족에게 미치는 자신의 행동을 객관적인 시각에서 바라보게 하는 것이다.

○ 하고 전행동 중의 '활동하기' 요소로 가족원이 가족의 공동목표나 가족들이 원하는 것을 얻기 위해 행동하고 있는지에 대한 탐색을 하게 한다. 예를 들어 장래에 자녀가 신나는 삶을 살게 하고 싶은 부모의 양육태도가 '잔소리' 또는 지나친 '관여나 참견' 일 때 자녀가 잘 받아들이고 도움이 되는지를 부모에게 묻고 평가하게 한다. 자녀에게는 공부대신 '게임하기', '친구들과 밤늦게 돌아다니기'가 부모의 잔소리가 줄어드는데 도움이 되는지를 묻고 잘 지내는 것과는 관련이 있는지를 평가하게 하며 관계를 계속 나빠지게 하는 게임하기 행동을 탐색해본다.

○ 있습니까 가족원 개개인에게 현재의 행동에 초점을 두고 그 행동에서 가족원의 욕구를 충족시킬 수 있는지를 또는 욕구 충족을 시키기 위해 바람직한 행동을 하기 위해 어떻게 변화해야 하는지를 중요시 여긴다. 즉 가족원 모두가 잘 지내기 위해 행동 변화하기에 초점을 두고 있는지를 강조한다.

③ 바람, 행동, 계획에 대한 평가하기evaluation 탐색하기

개인의 행동 및 욕구와 가족 공동의 욕구 및 바람과의 관계를 묻는다. 현실치료의 적용에서 가장 핵심이 되는 것은 가족 개개인이 자신의 행동 변화를 위해 '자기평가'를 하게 하는 것이다.

- 당신의 현재의 행동이 당신과 가족에게 도움이 됩니까?
- 당신이 현재 하고 있는 행동이 당신과 가족이 모두 공동으로 원하는 것을 얻는데 도움이 됩니까?
- 당신이 행동하고 있는 것이 가족규칙이나 가족의 공동 목표 달성에 적절합니까?
- 당신이 원하는 것이 현실적이거나 실현 가능한 것입니까?
- 당신이 보는 지각체계나 가치체계는 가족에게 도움이 됩니까? 당신이 보는 잣대

나 보는 시각이 당신과 가족에게 도움이 됩니까?

- 현재 바람이나 행동하는 것이 개개인 인생의 변화나 가족의 바람에 도달하도록 지속적인 노력을 하고 있습니까?
- 지금하려고 하는 계획이 원하는 것을 해결하는 데 도움이 되고 있습니까?

④ 계획하기plan 탐색하기

계획하기 할 때의 주의점으로는 가장 먼저 가족원 개개인의 욕구가 충족되는 계획과 단순한 계획, 현실적인 계획을 세우는 것이다. 실현 가능한 계획을 세우기, 행위를 중지시키거나(흡연, 약물, 폭력, 폭언 등) 행위를 하도록 하는 계획(일찍 일어나기, 시간에 맞추어 출발하기, 고운 말 사용하기, 칭찬하기, 절약하기, 협동하기), 구체적인 계획세우기(언제, 어디서, 무엇을, 어떻게, 얼마나, 몇 번 등), 측정가능하고 반복적인 계획 세우기(실행 횟수를 측정할 수 있는 계획), 즉시 실행 가능한 계획(오늘 바로 실행 할 수 있는 것), 현실적인 계획(실현가능한 계획, 스스로 시작할 수 있는 계획)

진행 중심적인 계획, 환경 때문에 못하는 것이 아니라 자신이 행동할 수 있는 계획으로 세우는데, 예를 들면 비가 와서 운동을 못하는 것이 아니라 비가 와도 비옷을 입고 나가서 운동하거나 대신 실내에서 할 수 있는 운동으로 대치하하는 것으로, 상담자가 내담자 가족원과 함께 계획하기를 한다.

계행하기 질문으로는 다음과 같은 예를 들 수 있다.

- 가족의 공동 목표를 달성하기 위해 지금 어떤 계획을 하면 도움이 됩니까?
- 계획이 가족원 모두에게 도움이 되는 질적인 세계를 가지게 해주는 것입니까?
- 가족원이 모두 함께 실행이 가능한 계획입니까?
- 모든 가족이 함께 참여하여 꾸준하게 실천할 수 있는 계획입니까?
- 가족원이 함께 목표를 달성하기 위해 활동하기를 할 수 있는 계획은 무엇입니까?

(2) QT quality time 질적인 시간 가지기

상담자는 가족활동 점검을 하면서 자연스럽게 QT가지기를 포함시킨다. 다음은 QT를 갖는 데 주의할 활동사항이다.

① 가족이 모두 함께 상호작용하는 활동을 한다. 예를 들어 끝말잇기, 단어 찾기, 윷

놀이, 노래 부르기, 운동하기 등이 관계 맺기에 도움이 되는 가족활동이다. 가족원의 특성에 알맞은 가족활동을 찾게 한다.

② 행동선택은 가족원이 모두 즐겁고 좋아하는 것을 의논해서 결정한다.

③ 가족원 각자가 참여를 해야 하겠다는 동기가 생기는 행동을 선택하게 한다. 윷놀이나 게임 등에서 편가르기에 주의하며 편을 바꾸어서도 해야 한다.

④ 활동은 부담이 없을 정도로 짧고 간단한 것이 좋다. 처음에는 아주 짧은 시간으로 시작하여 점차 활동하고자 하는 욕구가 늘어나면 시간을 늘려 나간다.

⑤ 활동은 반복적이고 지속력이 있는 활동이 좋으나 가족원의 나이와 취미에 맞게 선택하는 것이 좋다.

⑥ 서로의 실수에 대해 비난 없이 즐거움을 느낄 수 있는 활동으로 가족 개개인의 욕구 충족이 가능한 것을 선택한다.

⑦ 서로 느낌이 좋았던 때의 행동에 대해 이야기하게 한다.

(3) 역설적 기법

역설적 기법이란 바람직하지 못한 행동을 더 많이 하도록 시도함으로써 그 행동의 빈도수를 줄이게 하는 기법이다. 상담자가 가족의 공동목표와 반대되는 것을 가족원에게 실행하게 하면 가족원은 반대로 보다 효과적인 행동을 하게 된다. 예를 들어 불면증에 있는 사람에게 잠을 자지 말고 깨어 있도록 노력하라고 과제를 주거나 음식을 편식하여 그것만 먹을 경우 계속 그 음식만 먹으라고 처방을 내리는 경우이다. 이러한 역설적 기법은 다른 상담기법에서와 마찬가지로 일반적인 기법을 사용해서 효과가 나타나지 않을 때 사용한다.

역설적 기법을 사용할 경우에 반드시 주의할 점으로는 그 행동을 하는데 윤리적, 실제적인 문제를 고려해야 한다. 상담자가 윤리적인 면을 고려하여 가족의 위기 상황, 살인, 폭력, 약물 남용, 학대 등의 상황에서는 역설적 기법을 사용해서는 안 된다. 이러한 역설적 기법은 특히 우울증, 폭식증, 불면증, 공포증, 불안 등 심리적 어려움을 치료하는 데 효과적이며 가끔 가족원이 상담과정에서 저항을 보이는 태도나 비협조적인 행동문제를 보일 때 적절하게 사용할 수 있다. 예를 들면 가족원 간의 지나친 참견을 하여 서로 너무 힘들어 하는 가족에게 계속 더 많이 신경 쓰고 사사건건 참견하게 하는 과제를 내준다. 그러면 서로 참견하는 것이 얼마나 힘들게 하는 것인지를 알게 되어 서로 참견하는 것을 그만두게 된다.

5. 가족상담에서의 현실치료 적용

1) 이론적 적용

가족 문제 해결에 대한 현실치료의 이론적 적용은 '질적세계(목표)'와 '행동하기', '평가하기', '계획하기'와 마지막으로 그러한 모든 것을 가족원 개개인이 선택한다는 것에 초점을 둔다.

첫째, 가족이 원하는 목표가 무엇인지를 정확하게 찾는다. 그 목표가 행복한 가정의 모습을 그리는 질적세계에 맞아야 한다.

둘째, 가족 목표인 좋은 세계를 만들기 위해 가족 개개인은 어떤 행동을 하고 있는지를 탐색한다.

셋째, 자신의 행동이 행복한 가정을 만드는 데에 도움이 되는지를 평가하게 한다.

넷째, 도움이 된다면 그 다음에는 무엇을 어떻게 할 것인지를 가족이 함께 계획한다.

2) 상담사례 : 우리 아이가 이상해요

다음의 상담사례에서 어머니가 원하는 것은 자녀가 폭력적인 행동을 안 하는 것이고 자녀가 원하는 것은 망원경 구입이라고 하였다. 그러면 어머니는 자녀가 원하는 것을 어떻게 마련할 것인지와 자녀는 어떻게 하면 자신이 원하는 망원경을 갖게 되는지를 생각해본다. 특히 자녀가 동생과 어머니에게 하는 폭력과 폭언이 망원경을 얻는데 도움이 되는지를 자기평가하여 도움이 안 되는 것을 알게 한다. 어머니는 자녀가 폭력적인 행동을 하지 않으면 할부로 구입할 수 있다고 하였으며 자녀는 폭력적인 행동을 없애야 망원경을 얻을 수 있는 것을 알게 되어 부모와 상담교사 앞에서 각서를 쓰고 동생과 어머니에게 폭력과 폭언을 하지 않기로 했다. 그 다음의 계획으로는 화가 나면 폭력 대신에 숨을 크게 쉬고 숫자를 1에서 10까지 세는 방법을 택하고 가족이 모두 불안하지 않게 살 수 있도록 자신도 행동을 바꾸기로 약속하게 되었다. 그림 12-2는 가족상담과정을 우볼딩의 WDEP 과정에 적용한 것이다.

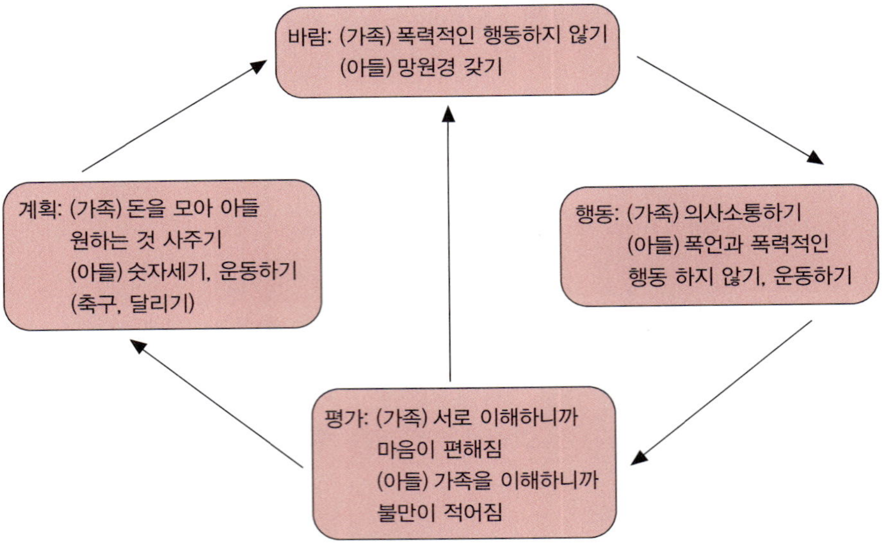

그림 12-2 우볼딩의 WDEP과정 적용

(1) 내담자 가족의 기초 정보

내담자 손불만의 아버지는 37세로, 청소부로 일하고 있으며 학력은 초등학교 중퇴이다. 어머니는 38세로, 가사 도우미로 일하고 있으며 학력은 초등학교 졸업이다. 손불만은 중학교 2학년 학생으로, 형제는 고등학교 1학년인 누나 손똑순과 초등학교 5학년인 남동생 손착한이 있다.

(2) 내담자 주 호소 문제

어머니는 아들인 손불만이 화가 나면 엄마와 동생을 폭행하고 동생을 가두고 밖에서 방문을 잠근 채 학교를 가서 동생이 학교를 가지 못하는 날이 자주 발생하였고 한다. 어머니가 이 문제를 가정에서 통제할 수가 없게 되자 학교에 찾아가 선생님에게 아들의 문제 행동을 상담하게 되어 의뢰된 사례다. 또한 가족간의 대화가 전혀 안되며 부모역할을 어떻게 할지를 몰라 자주 자녀들에게 무시를 당하고 아버지도 어머니에게 폭력을 가하는 경우도 있다. 아버지의 폭력과 자녀들의 어머니에 대한 언어폭력도 문제로 호소하였다.

(3) 내담자 가족배경

아버지와 어머니는 두 분 다 아주 어려운 가정에서 성장하여 학교를 제대로 다니지 못하였다. 그래서 오직 자녀들을 학교에 보내고 공부시키는 것이 가장 큰 보람으로 알고 열심히 일을 하는 부모이다. 아버지는 청소부로, 새벽 5시에 나가 오후 7시에 퇴근하는 막노동을 한다. 어머니는 가사도우미나 식당에서 음식 배달 및 설거지를 하는 일로 일당을 받는다. 어머니는 가끔 남편과의 부부 싸움에서 남편이 폭력을 가하기도 했기 때문에 아이들을 무조건 폭력으로부터 보호해야 된다는 생각을 갖고 있었다. 그래서 자녀를 위해서는 어떠한 어려움도 참는다고 한다. 또한 어려운 가정형편에서도 특히 아들 손불만을 위해서 원하는 것을 가능한 다 해주고 싶은 마음이 있고 자녀에 대한 무한한 사랑때문에 야단을 치지 못한다고 한다. 마음이 강하지 못하여 여리고 자녀들에게 항상 미안한 마음이 가득한 따뜻한 어머니였다.

큰딸은 고등학교를 다니는데 공부를 잘하여 성적이 좋은 편이며 작은 아들은 착하고 형을 무서워한다. 가족간 대화가 안되어 제각각 살며 막내 아들만 엄마를 잘 따른다고 한다.

(4) 상담과정

① 상담개요

10회기의 가족상담을 하였고 상담시간도 매회 1시간~1시간 20분 이내로 진행되었다. 가족상담의 목표는 3가지로 설정하였다. 첫째 상담목표는 손불만이 폭력행위를 하지 않기, 둘째 상담목표는 부모역할 잘 하기와 부모권위 찾기, 셋째 상담목표는 가족간의 친밀한 관계 만들기로 하였다. 상담형태는 손불만과 어머니가 처음에는 매주 함께 와서 상담을 하였고 5회기부터는 아버지에게 협조를 부탁하여 아버지도 따로 개별 상담을 함께 진행하였다. 손불만의 행동변화를 위해 온가족이 합류하고 어머니와 어버지는 주로 부모역할 교육을 상담 받았으며 자녀에게 권위를 갖도록 하는 데 주력하였다. 손불만이 학교 공부도 뒤쳐져 학교 적응에 도움이 되도록 학교 수업 과제도 돌봐주고 가정에서의 가족문제(부모역할과 가족원의 의사소통 방법, 용돈 문제, 형제간의 우애 등)를 지속적으로 다루게 되었다. 이러한 가족간의 문제를 함께 해결해야 한다고 부탁하여 마지막 회기에서는 온가족이 상담에 참여하였다.

② 회기별 상담 내용과 변화 과정

1회기(상담자와의 라포 형성)

어머니가 그동안 자녀들을 양육하면서 감당하기 어려운 문제들과 손불만의 욕구 충족이 안되고 있는 가정형편을 공감해주며 음료와 간식을 제공하였다. 손불만에게는 학교 생활의 어려움도 충분히 이야기하게 하여 상담자와의 좋은 관계 맺기에 초점을 두었다. 상담자가 어머니를 따라서 온 것에 대해 불만이는 용기가 있으며 미래에 자신이 하고 싶은 것을 위해 노력하는 것이라고 하였더니 "아뇨! 오기 싫었는데 선생님이 가라고 해서 왔어요."라고 퉁명스럽게 대답하였다. 상담자는 "그래도 여기까지 온 것은 불만이가 스스로 걸어 온 것이기 때문에 본인의 의지와 결정이 있었기에 가능한 것이야." 라고 응답을 하여 주었다. 그래서 대단한 학생이며 아마도 상담을 하여 좋은 결과를 갖게 될 것 같고 변화를 잘 할 것 같다고 하였더니 어색해 하는 모습을 보였다. 상담자는 관계형성을 위해 내담자들이 편해지도록 하는 데 주력하였다.

2회기(생각과 행동 선택하기)

어머니와 아들이 처음에 상담 하러 왔을 때보다 훨씬 편하게 들어왔다. 음료와 간식을 먹으면서 마음을 편하게 한 후 상담을 진행했다.

상담자 어머니 오늘 상담을 해서 어떠한 것이 바뀌기를 원하시죠?(want 탐색)

어머니 예. 아들이 저에게 폭행과 욕을 안 하고요. 동생을 때리거나 못살게 하지 말았으면 합니다(want 탐색).

상담자 아, 그래요? 많이 힘드셨겠어요. 그럼 불만이는 학교에서 상담을 하라고 해서 왔는데 상담하면서 뭐가 달라지길 바라니?(want 탐색)

손불만 저는 제가 원하는 것이 이루어졌으면 좋겠어요.

상담자 그래? 뭔가 바라는 것이 있나 보구나. 그럼 불만이가 그렇게 원하는 것이 뭘까?(want 탐색)

손불만 망원경을 갖고 싶어요(want 탐색).

상담자 그래? 망원경이 왜 필요할까?(want에 대한 자기평가)

손불만 밤하늘의 별을 관찰하려고요(real want).

상담자 어, 그렇구나. 별 관찰에 관심이 많구나?(want 탐색)

손불만 네, 저는 별을 보면 너무 재미있어서 시간 가는 줄 몰라요.

상담자 어머? 그렇구나. 불만아! 그런데 네가 원하는 것하고 폭력적인 행동하고 관계가 있나? 참 이상하다. 때리면 뭔가 이루어지나?(불만이 대답을 하지 않고 가만히 있는다) 그렇다면 네가 원하는 것을 얻기 위해 동생을 때리고 엄마에게 욕하면 망원경이 불만에게 생기게 된다고 생각해서 그런 행동을 한거니?(doing 탐색)

손불만 아뇨, 그렇게 때리는 것은 안 사주니까 때려요. 사줄 때까지 동생을 계속 때릴 거에요(지각세계 – 폭력을 사용하면 원하는 것을 얻을 수 있다).

상담자 그래? 동생이 왜 맞아야 되는데? 동생을 때리면 망원경이 나오나?(doing 탐색)

손불만 그럼 어떻게 해요? 아무리 졸라도 안 사주는데.

상담자 그래? 불만아! 폭행하면 원하는 것이 이루어진다? 이상하네. 그렇다면 선생님이 한 가지 예를 들어 볼게. 들어볼래? 만약에 학교에서 힘센 선배가 불만이 물건을 갖고 싶다고 너에게 달라고 하고 뺏어가거나 안 준다고 때리면 어떨까?(가치탐색 – 도덕성)

손불만 몰라요.

상담자 그럼 불만이 마음은 어떨까?(doing 평가)

손불만 억울하죠. 그렇지만 어떻게 해요? 할 수 없잖아요(가치관 탐색).

상담자 그래. 많이 억울하겠지. 그럼 그 형은 왜 남의 것을 빼앗거나 때려야 했을까?(행동평가 – 대리적 모델)

손불만 아마도 돈이 없어서 그랬을 거에요.

상담자 으음, 그럼 돈이 없으면 남을 때리거나 물건을 빼앗아도 될까?(가치관 – 도덕성 평가)

손불만 ……. (대답을 못하고 고개를 푹 숙이고 가만히 손가락만 꼼지락거린다)

상담자 불만아! 우리 사회가 그런 힘센 사람들이 마음대로 하면서 살아도 되는 사회일까? 어떻게 생각하니?(행동평가와 도덕성 탐색) 그러면 그런 형에게 맞지 않거나 빼앗기지 않는 방법은 없을까?(want 탐색 – 행동방향 탐색)

손불만 글쎄요. 아마도 선생님에게 말하거나 경찰서에 신고하면 되겠죠?(해결방법 탐색)

상담자 그렇지! 불만이가 정말 바르게 생각하고 정확하게 아주 잘 대답하네! 그렇게 하면 아무리 힘센 사람이라도 약한 사람에게 함부로 행동하거나 자기 맘대로 할 수가 없겠지? 선생님에게 혼나거나 경찰서로 붙잡혀 갈테니까. 불만아! 그럼 불만이가 약한 동생과 엄마를 때리는 것은 어떻게 해야 될까? 경찰서에 신고라도 하면 행동이 멈출까?(가만히 듣고 있는다) 불만아, 너 자신의 행동을 어떻게 생각하지?(행동하기 – 자기평가) 어머니와 함께 학교에서 이리로 보냈는데 불만이가 계속 같은 행동을 하겠다고 하면 경찰에 신고해야 할까?

(불만이가 고개를 못 들고 어머니는 불만이 얼굴만 쳐다본다)

어머니 선생님! 아마도 불만이가 내일부터는 절대로 동생을 때리지 않고 저한테도 잘 할 것 같아요. 그렇지? 불만아!

상담자 그래요? 불만아! 어머니 말씀대로 가족들을 괴롭히는 행동을 하는 것이 잘못된 일임을 알 수 있겠니?(계속 고개를 숙이고 있다. 가만히 듣고 조금 수그러드는 듯하다) 그럼 불만아, 약속을 할 수 있을까? 사람은 실수도 하고 자기의 잘못된 행동을 잊어버릴수도 있어서 종이에 불만이가 해서는 안 되는 것을 간단하게 쓰고 약속을 하면 어떨까?(행동계획 하기)

손불만 (가만히 듣기만 하고 말이 없다)

상담자 불만아! 이렇게 여기까지 왔는데 네가 하고 싶은 것을 도와주려고 해. 엄마와 선생님과 불만이 모두 함께 좋은 방법을 찾아서 네가 원하는 것을 할 수 있도록 하려고 하는데 네가 행동을 변화 시키면 가능할 것 같은데 어떨까? 우리 한번 해볼까?(행동계획 하기)

손불만 어떻게 해야 하는데요? 만약 내가 못 지키면 어떻게 되는데요? 괜히 약속 했다가 나만 손해 보면 어떻해요?(평가하기)

상담자 아! 그렇구나. 불만이가 뭔가 약속을 하고 싶은데 조금은 걱정이 되나 보구나. 그래도 대단하다. 어머니! 불만이가 약속을 잘 지키면 어머니도 불만이가 원하는 것을 들어주시겠네요?

어머니 그럼요. 불만이가 정말 약속만 잘 지키면 저도 사달라는 것을 줄 수 있도록 노력을 하죠. 불만아! 그럼 약속을 하고 노력해보자. 엄마도 열심히 돈 벌어 나중에 꼭 사줄게(행동 계획하기).

손불만 엄마가 사준다고 말만 하고 안 사줄 수도 있어요. 엄마가 언제 사줄 수 있는데?

어머니 엄마가 이번 달에 돈 좀 모아서 꼭 사줄게. 그 대신 너도 동생 때리지 말고 학교 가지 못하게 문 잠그지 않으면 정말 엄마가 약속 지킬게(행동계획 하기).

상담자 그럼 어머니와 아드님이 서로의 약속을 지키기 위한 방법으로 약속이행하기를 글로 써서 하면 어떨까요? 불만아, 그렇지? 어머니도 어떠세요? 확실하게 약속을 지키는 좋은 방법 같은데.

어머니 그래요. 선생님! 약속하기를 쓰면 되겠네요.

상담자 (종이 2장을 내놓음) 그럼 여기 종이에 어머니와 불만이 모두 약속하기와 실천하기를 쓰지요(불만이는 동생과 엄마에게 언어폭력과 신체폭력을 하지 않기를 자필로 쓰고 어머니는 망원경 사주기를 자필로 쓴 후 다음 상담을 약속하였다).

3회기(약속한 것을 행동으로 실천하기 위한 구체적 방법 찾기)

화가 나면 화를 어떻게 풀어 버려야 동생이나 어머니에게 폭력적인 행동을 하지 않을지에 초점을 맞추었다. 불만이는 화가 날 때마다 큰소리로 숫자세기, 신문지 찢기, 공갖고 학교로 가기, 운동장 달리기 등의 행동을 하기로 약속하였다.

4회기(가족과 잘 지내기)

어머니는 불만이가 많이 좋아졌다고 칭찬을 하며 불만이도 얼굴이 환해지고 학교에서도 운동을 많이 한다고 하여 상담자가 칭찬을 해주었다. 어머니는 불만이에게 3주 후에 망원경을 사줄 거라고 약속을 하였고 불만이는 망원경 생각으로 희망에 차서 신이 나 있었다. 어머니도 불만이가 동생과 잘 지내고 자신에게도 욕을 안 할 것을 기대하신다며 맘이 편하다고 하였다.

5회기(행동 평가하기)

상담하러 온 불만이와 어머니가 얼굴이 어두웠다. 이유는 어머니가 용산 전자상가에서 할부로 25만원을 주고 망원경을 사왔는데 불만이가 자신이 원하는 것이 아니라 싼 것을 사왔다고 던져서 박살났다. 어머니는 너무나 억울하고 속상해서 아들하고 말도 하기 싫다고 하였다. 불만에게 물어보니 자신은 그런 시시한 것을 원한 것이 아니라고 그런 것은 없어도 된다고 하였다. 25만원을 벌려면 어머니가 10일 이상 일을 해야 한다. 고생하면서 사주신 소중한 물건을 부수는 행동의 잘못을 알게 해주는데 주안점을 두고 어떻게 해야 자신이 원하는 것을 다시 얻게 될지를 찾아보기로 하였다. 어머니의 아픈 마음도 공감해주고 불만이의 잘못된 생각과 물건을 파괴한 잘못을 깨닫게 하는 작업을 하였다. W(바람: 망원경 갖기) – D(행동하기: 사온 것 부숨) – E(평가하기: 원하는 것 얻는데 도움되지 않음 알기) – P(계획하기: 잘못한 행동을 어머니에게 사죄하기)

6회기(가족원 역할 알기)

불만이가 지난주 망원경을 부순 것 때문에 화가 난 아버지가 함께 상담실을 오셨다. 엄마역할, 아버지역할, 자녀역할을 찾게 하며 역할에 대한 기대, 서로 말하기와 하고 싶은 말하기를 나누었다. 아버지는 불만이가 물건을 던지거나 폭력 행위를 하지 않기를 기대하며 어머니도 물건의 소중함을 알게 되고 어려운 형편에 힘들게 사온 물건을 부숴서 입게 된 경제적인 손해를 알아주기를 바란다고 하였다. 불만이는 자신이 원하는 것을 사는데 함께 의논해서 사주기를 바란다고 하였다. 어머니가 아버지에게 바라는 것은 술 안 먹고 집에 오기와 주일날 성당 가는 것을 잘 지켜주기를 바랬다.

7회기(가족원 간의 친밀을 위한 계획)

불만에게 일주일 동안 가장 기분 좋았던 시간을 찾아보게 하였다. 가족 모두 함께 외식한 것과 개그맨이 나오는 TV보기였다고 한다. 일주일 동안 동생에게 폭력적인 행동을 한 적도 없고 학교도 잘 다녔으며 지각도 안하여 엄마도 많이 좋아졌다고 칭찬을 하였다. 어머니도 가족을 위해 자녀들이 좋아하는 음식(떡볶이, 어묵, 김밥)을 자주 해준다고 약속하고 불만이도 엄마와 아빠가 많은 관심을 쏟고 망원경을 사주기 위해 열심히 일을 하시는 것에 감사하는 마음을 갖게 하는데 주력하였다. 지난번에 산 망원경 값을 다 갚을 때까지는 다시 할부로 구매할 수 없는 것을 알게 하였다. 행동에 대한 책임감과 가정경제의 어려움의 이해에 대해 주력하였다. 가족의 행복은 서로 마음을 주고받고 이해해주며 힘들 때 도와주는 가장 소중한 관계임을 알게 하였다.

불만이가 앞으로는 절대로 물건을 부수지 않기로 했고 폭언과 폭력도 하지 않겠다고 하여 대단한 결심을 했다고 칭찬하고, 집에 가면 다른 가족들에게 알린 다음 동생에게도 잘 대해주기로 한 것을 강조하라고 어머니에게 당부하였다. 본 회기 상담에서는 손불만이의 행동 칭찬과 평가 계획세우기를 반복하였다.

8회기(행동 변화가 다른 사람에게 미치는 영향 알기)

손불만의 행동이 다른 가족에게 미치는 영향에 대해 다루었다. 어머니는 불만이의 변화된 행동을 칭찬해주면서 동생뿐만 아니라 누나도 조금씩 불만이와 말하기 시작한다고 하고 동생도 형을 무서워하는 태도가 없어진 것 같다고 하였다. 불만이의 부드러운 태도 변화로 인하여 가족들이 모두 편한 마음을 가지게 되고 가족원 간의 대화가 시작되었으며 어머니도 불만이의 부드러운 말투에 마음이 놓인다고 하였다. 상담자는 불만이에게 행동 변화에 대한 칭찬을 하고 가족에서의 불만의 역할(누나의 동생, 형의 위치, 불만에 대한 부모의 기대)을 잘 하고 있는 것은 대단한 변화라고 격려하였다.

9회기(가족간 의사소통하기)

가족원 간에 서로 도움이 되고 힘들게 하지 않기 위해서 서로 원하는 것을 분명하게 말하기의 중요함을 다루었다. 불만이가 부모님에게 말하는 방법, 동생에게 형으로서 하는 약속이나 좋은 형 되기, 누나에게 동생으로서 말하는 방법을 다루었다. 내 생각 전달법과 상대방 이야기 경청하기, 공감하기, 역할 바꿔 말하기를 해보게 하였다. 어머니도 아버지에게 부드럽게 말하기, 딸에게 정확하게 의사 표현하기를 해보고 다음 시간은 모든 가족이 함께 모이는 것을 제안하였다. 어머니가 적극적으로 모든 가족을 참석시키겠다는 의지를 보여 전가족상담을 하기로 약속하고 다음 상담이 마지막 상담임을 알렸다.

10회기(가족간의 애정 표현과 부모에게 감사하기)

상담을 하면서 불만이네 가족의 특성 중 자녀들은 부모를 무시하고 돈만 달라고 하며 부모는 넉넉치 않은 형편이므로 돈을 다 주지 못하는 것을 항상 미안해하는 부모역할을 하는 것을 파악하였다. 상담자는 자녀들이 부모의 소중함과 감사함을 알게 하는 시간을 갖게 하였다. 부모에게는 부모로서의 권위를 자녀들에게 보일 수 있는 행동도 알려주는 시간을 가졌다. 특히 부모에게 욕을 해온 불만이와 누나 똑순이에게 자녀로서 해야 하는 예의를 갖춘 행동과 부모에게 함부로 하는 행동에 대한 평가도 하게 하였다. 부모의 권위와 역할을 자녀들에게 확인시켜주며 부모가 자녀들을 위해 고생하는 것과 자녀들이 부모에 대해 감사하는 마음을 표현하고 부모의 노고를 알도록 하는 데 중점을 두었다.

상담자 아버님 안녕하세요? 자녀들과 가정의 행복을 위해 일 끝나시고 힘드실 텐데 오시느라 정말 수고 많으셨어요. 오늘은 어머니, 누나, 동생 모두 다 와서 정말 오붓한 가족 모임이 되었네요.

아버지 예. 감사합니다. 정말 면목이 없네요. 제가 못나서.

상담자 부모님과 자녀들이 이렇게 모두 와주셔서 정말 감사합니다. 그럼 모두 둥글게 의자에 앉아 보세요(어머니, 아버지, 똑순, 불만, 착한).
상담자는 아버지와 어머니의 힘든 생활을 아이들이 듣도록 말씀의 기회를 드렸다(아버지는 새벽 5시에 일어나 일터에 가시고 저녁 7시에 오신단다. 어머니는 오전 10시부터 오후 9시까지 11시간 동안 식당에서 일하신다고 하신다. 두 분 다 중노동을 하고 계신다 – 아이들은 고개를 숙이고 두 분 이야기를 가만히 듣고 있었다. 아버지는 새벽부터 하루 종일 일해야 하므로 노동의 강도가 세고 어머니는 쟁반에 음식을 담아 배달하므로 허리와 다리가 많이 아프다고 하신다)
우선 아버님이 먼저 어머니와 자녀들에게 하시고 싶은 말씀을 해보시겠어요?(want 탐색)

아버지 애들 엄마에게는 그동안 고생 시키고 술 많이 먹고 욕하고 때린 것이 정말 미안하다. 애들한테는 애비 노릇을 잘못 한 것 같아서 그것도 미안하다. 앞으로는 좀 잘할게. 그리고 불만이에게도 부탁하고 싶구나. 불만아!(어깨를 두드리며) 아빠가 네가 원하는 망원경을 못 사주어 미안했다. 나중에 좋은 것 꼭 사줄게. 그리고 착한이와 엄마를 때리지 마라. 만약에 그런 일이 있으면 그 때는 아빠가 가만두지 않을 거다(want 탐색).

손불만 고개를 푹 숙이고 가만히 있다.

상담자 예, 아버님 너무 훌륭하십니다. 그러면 어머니께서 하시고 싶은 말씀하세요(want 탐색).

어머니 아이들에게 제대로 못 해준 것이 가장 미안하죠. 애들아, 정말 미안하구나. 그리고 불만이는 절대로 착한이 때리지 말고 밖에서 문 잠그지 마라. 부탁이다(우신다).(want 탐색)

상담자 예, 그렇죠, 어머니 마음이 얼마나 아프시겠어요? 불만아! 부모님께서 모두 불만이에게 부탁하시는데 불만이는 어떻게 생각하니?(doing평가)

손불만 ……. (말을 안한다. 한참을 기다린다)

상담자 불만아! 네가 뭘 잘못했는지를 아는가 보구나!

손불만 …….

어머니 불만이가 대답을 안해도 알지? 선생님이 우리를 위해 이렇게 자리도 마련해주시고 식구 모두 다 모였는데 네가 대답 좀 해 보렴!(불만이 여전히 묵묵부답하고 고개를 들지 못한다)

상담자 아마도 불만이가 너무 쑥스러워서 자신이 잘못한 것을 말로 표현하기 힘든가 봅니다. 누나 똑순이는 평상시 네가 부모님에 한 태도를 어떻게 생각하니?(특히 어머니를 무시한 행동에 대해 어머니에게 들었음– 행동평가)

손똑순 잘못했어요.

상담자 뭘 잘못했다고 생각하는데?

손똑순 엄마에게 대들고 욕한 것 잘못했어요(울면서 작게 말한다). (행동평가)

상담자 그랬구나. 이제라도 엄마에게 잘못을 인정하는 것은 너무나 용기 있는 행동이고 너는 정말 훌륭한 딸이구나. 정말 똑순아, 고맙구나. 똑순아! 그렇게 말하는 네가 대단히 기특하구나. 동생 불만이도 아마 똑같은 마음일 거야.

상담자 불만아! 그렇게 너도 생각하니? 부모님께 죄송한 마음이 있는 거니?

손불만 (고개를 들지 못하고)……. 고개만 끄덕인다.

상담자 아마도 말로 표현할 용기가 아직 준비가 안 된 것 같습니다. 똑순이, 불만이, 착한이 모두 부모님이 힘들게 일하시고 자녀들을 열심히 키우시려고 고생을 하시는 것을 다 들었어요. 정말 훌륭하신 우리나라의 대표적인 부모라고 할 수 있습니다. 그렇지? 얘들아! (자녀들 모두 고개를 끄덕인다) 그러면 간단한 의식을 갖도록 하겠습니다.

어머님과 아버님께서 자녀들의 마음을 알았고 자녀들도 부모님의 고생에 보답하기 위해 앞으로 잘 할 것이라고 생각하고 있지요? 그러면 다섯식구 모두 서로 돕고 이해하는 가족으로 다시 출발할 수 있게 하는 시간을 가지겠습니다. 모두 어깨를 감싸 안으세요(모두 둥글게 앉아 어깨를 감싸 안게 만들었다).

상담자 여기 모인 가족은 모두 서로 아끼는 가족입니다. 그런데 너무도 각자 힘든 일 때문에 좋은 표현은 못하고 서로에게 상처만 되는 표현만 해왔습니다. 이제부터는 그런 힘든 가족관계에서 가족이라는 이름으로 부모에게 공손하게 하며 좀 더 서로 위해주고 감싸주는 가족이 되려 합니다. 한마디씩 말씀해주세요.

(상담자는 돌아가면서 하고 싶은 말들을 한마디씩 하게 시켰다)

아버지 (어깨를 토닥이며) 애들아! 사랑한다. 아버지도 술 적게 먹도록 노력할게!

어머니 애들아, 정말 그동안 많이 못해주어 미안하다. 그리고 사랑한다.

손똑순 부모님, 그동안 너무 죄송했고요. 사랑해요.

상담자 불만이와 착한이도 말해봐.

손불만 (아주 작은 목소리로) 죄송해요!

손착한 사랑해요!

상담자 정말 대단한 가족입니다. 다섯식구 모두 꼭 안아주세요(가족이 모두 머리를 맞닿도록 안아준다). 자, 이제 팔을 놓으시고 제 말 들으세요(어머니와 딸은 눈물이 흐른다). 앞으로는 서로 이해해주고, 힘들면 도와주며, 자녀들은 부모님의 어려운 생활을 조금이라도 덜어주는 태도로 살면서, 자기 할 일에 충실하면 점점 더 행복한 가정이 될 것입니다. 특히 불만이도 꼭 약속 지키고, 동생과 어머니에게 다시는 폭력행사를 안 할 것이라고 믿어요. 아마도 잘 할 것입니다. 정말 모두들 수고 많았어요.

(5) 상담결과

손불만이네 가족상담은 불만이와 어머니만 하다가 아버지도 오시고 마지막 회기에는 전체 가족을 대상으로 가족상담을 하였다. 부모의 적극적인 상담 참여와 누나가 함께 하여 좋은 상담결과를 가져올 수 있었다. 불만이 역시 학습에서의 과제하기나 영어, 수학과목 질문까지 돌봐주어 상당한 친밀감이 형성되어 처음 상담목표였던 폭력과 가족원 간의 유대감을 가지는 목표 외에 학습향상도 함께 이루어져 상담이 더욱 잘 진행될 수 있었다. 아버지의 알콜 문제도 다루게 되었고 자녀양육방법, 가족원 간의 의사소통방법도 다루게 되어 가족원 간의 애정표현과 부모가 자녀에게, 자녀가 부모에게 원하는 것을 표현할 수 있게 된 것도 상담 효과라고 볼 수 있다.

가정의 경제적 형편이 어려워 교통비 부담 때문에 중간에 상담을 포기한 시기가 있었다. 교통비 문제 해결을 하는데 시간이 걸려 10회의 상담을 6개월 동안 하게 되었다.

마지막 회기에 전체 가족이 모여서 가족 간의 유대감을 형성하고 모두가 감사의 표현을 하여 상담자도 보람을 느낄 수 있는 사례였다. 그 후에도 가끔 전화로 안부를 전해주거나 상담자가 전화하여 학교진로문제도 상담해주었다.

용어설명

- **현실세계**real world : 개인이 현재 경험하는 모든 세계이다.
- **감각체계**sensorysystem : 개인이 경험하는 시각, 청각, 미각, 촉각, 후각 등 감각으로 알 수 있는 체계이다.
- **지식여과기**knowledgefilter : 개인이 갖고 있는 지식에 의해서 만들어진 여과기이다.
- **가치여과기**valuefilter : 개인이 갖고 있는 가치를 거르는 여과기이다.
- **지각세계**perceptual world : 개인이 인지한 사실만 들어오는 세계이다.
- **WDEP 과정**

  W(Want) What Do You Want?(당신은 무엇을 원합니까?)

  D(Doing) What Are You Doing Now?(당신은 무엇을 하고 있습니까?)

  E(Evaluation) Evaluate What You Are Doing(당신이 무엇을 하고 있는지를 평가하거나, 당신이 지금 하고 있는 것 Doing, Want, Plan 모두 평가하기)

  P(Plan) Make a Plan(계획을 세우다)

활용자료

1. WDEP 상담적용 활용 예시

1) 가족 문제

자녀가 부모의 말을 안 듣고 밤늦게 집에 귀가하거나 안 들어오며 공부에 관심이 없다. 부모는 자녀 문제로 부부 싸움을 자주 한다.

상담자의 질문 예시	내담자의 답변 예시
W(바람) : 부모가 자녀에게 바라는 것은 무엇입니까?	★ 자녀와 대화하고 싶다. 자녀가 부모 말을 들었으면 좋겠다. 자녀와의 관계 개선을 하고 싶다. 자녀가 공부에 관심이 있으면 좋겠다. 일찍 귀가 했으면 좋겠다.
D(활동하기): 지금 어떤 행동하기를 하고 있습니까?	◆ 잔소리를 계속하고 있다. 자녀와 말다툼을 한다. 자녀를 야단친다. 자녀와 대화를 안 한다. 부부싸움을 한다.
E(평가하기) · 가족간에 하는 행동이 ★(바람 예시)를 달성하기에 적합한가? · 지금 하고 있는 행동이 가족에게 도움이 되고 있는가? · 가족이 모두 진정으로 원하고 있는 바람인가?(바람 평가) · 가족이 모두 원하는 계획인가?	도움이 안 되고 있다. 어떤 행동을 해야 하는지 모르겠다. 도움이 안 되는 행동을 그만 두고 싶다. 새로운 행동으로 바꾸고 싶다. 바람을 모두 원하는 것으로 협상하고 싶다.
P(계획하기) · 바람을 달성하기 위해 어떤 것을 계획해야 할까? · 부모가 자녀에게 원하는 행동과 자녀가 부모에게 원하는 행동 찾아보기	**부모의 바람**: 자녀가 일찍 집에 오기, 집에 꼭 들어오기, 부모와 대화하기 **자녀의 바람** : 부모가 잔소리 안하기, 귀가시간 늘려주기, 부부싸움 안하기, 공부하라고 간섭 안하기, 폭언과 폭력적인 행동 하지 않기, 따뜻한 격려해주기

2) 계획하기 활동

부모가 자녀에게 원하는 행동 목록	자녀가 부모에게 원하는 행동 목록
실행 가능한 목록 작성하기(부모)	**실행 가능한 목록 작성하기(자녀)**

위 목록 중에서 서로 실행 가능한 목록을 찾으면 행동 변화하기의 계획으로 선택한다.

PART 4

가족상담 적용 실제

CHAPTER

13 부부 상담사례

1. 사례 개요: 황혼이혼을 요구하며 가출한 아내

의뢰과정

아내 이순종씨(63세)는 5개월 전에 가출한 후 남편 최독재씨(68세)에게 이혼을 강력하게 요구하고 있다. 그동안 상담을 공부하기 시작한 큰딸은 어머니의 이혼 요구를 만류하였으나 어머니는 완강하게 거절하고 있다. 이제는 마지막 수단이라며 어머니가 보다 나은 이혼결정을 하기 위해서는 전문가의 도움이 필요하다고 설득해왔다. 내담자는 가출한 지 6개월이 넘으면 이혼소송에서 불리해지고 자신이 원하는 수준의 위자료를 받을 수 없다는 말을 들은 이후에야 좀 더 정확하게 안내를 받고 싶어서 상담을 하게 되었다고 밝혔다.

제시된 문제

이순종씨는 분노, 우울, 불안 및 소심증 등으로 남편과 함께 있으면 너무 고통스러워 집을 나왔는데 이번이 네 번째다. 그 전에는 내담자가 가출하고 나면 남편이 직접 찾아와서 앞으로 잘 하겠다는 약속을 하면 다시 집에 들어가곤 하였다. 하지만 내담자는 남편이 약속한 것과 달리 변하지 않으며 갈수록 더 고통만 가중 되는 것 같아 이제 다시는 똑같은 일을 반복하지 않기로 마음을 굳혔다고 말하였다. 이제는 확실하게 이혼 결심을 하였고, 아무도 자신의 결심을 막을 수 없으며, 주변의 친척들에게도 다시는 남편과 살지 않겠다고 일부러 먼저 말하고 다닌다고 하였다.

1) 내담자 가족의 기초 정보

아내 이순종씨는 육남매 중 셋째 딸이며, 딸 5명 중에서 비교적 순탄하게 자랐고 아버지와 어머니와의 관계는 좋았다. 중매로 결혼했는데, 결혼 초에 남편으로부터 원하지 않은 결혼상대라는 말을 듣고 많이 놀랐다. 그러나 내담자는 남편의 동생들로부터 두터운 신뢰를 받고 있으며, 가출 이후에도 이들로부터 도움과 지지를 받고 있다.

아내보다 5살이 위인 남편 최독재씨(68세)는 7남매 중 장남으로 자수성가했다. 돈이 많고 용모가 준수하며 자신감이 넘치고 대인관계에서 해결사 역할을 잘 한다고 하였다. 몇 년 전에 갑상선암 수술을 하였는데, 당시에는 아내가 잘 보살펴 주었다. 지금은 건강을 위해 새벽마다 운동을 하고 있으며, 운동하는 여자들과 이따금 잘 지내는 것을 아내가 좋아하지 않아 잦은 잔소리를 들어왔다. 4명의 자녀들은 가부장적인 아버지에 대해 적대감을 갖고 있으며 특히 외아들과의 관계가 좋지 않아 내담자는 크게 걱정하고 있다.

큰딸은 명문대학을 졸업할 정도로 명석하여 어려서부터 부모의 자랑거리였으나 아버지로부터 받은 억압이 커서 아버지에 대해서 분노하고 있고 부정적이며 아버지에게 아직도 할 말을 잘 하지 못한다. 또한 엄마 역시 보기만 해도 짜증과 원망이 일어서 상대하고 싶지 않을 때가 많다. 이 딸은 부모에게 가진 양가감정으로 인해 두통과 위장이 좋지 않고 무기력한 상태에 자주 빠지지만 그럼에도 큰딸은 집안의 크고 작은 문제를 맡아서 해결하고 있다. 이번에 지인의 추천으로 사이버대학에서 다시 가족상담학을 공부하게 된 것이 계기가 되어 용기를 내어 어머니를 상담으로 이끌었다.

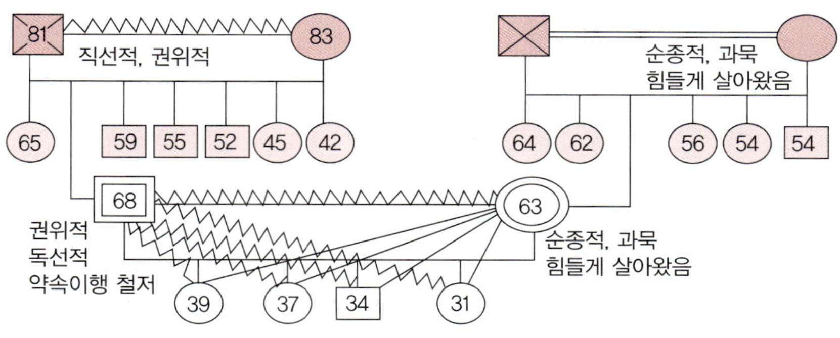

그림 13-1 가계도

2) 문제발생 배경

내담자는 몇 년 전까지만 해도 남편이 하라는 대로 순종하며 살았고, 말없이 집안일을 도맡아 충실하게 지냈다. 그러나 2년 전 외아들을 결혼시킨 이후 남편의 여자문제가 의심되기 시작하였다. 이순종씨는 이것에 대해 남편에게 얘기하고 여러 번 문제를 삼았는데도 남편은 아랑곳없이 자기 하고 싶은 그대로 행동하고 있어서 더 이상 남편과 함께 살 이유가 없다고 생각하고 헤어질 준비를 하였다.

이순종씨는 남편이 전형적인 가부장으로서 자신만 옳다고 주장하고 여자문제에 대해 일체 인정하지 않으므로 전혀 희망이 없는 사람이라고 간주한다. 남편은 결혼 초부터 이순종씨를 무시하고 말을 함부로 하며 자주 수치스러움까지 안겨주었다. 순종씨의 시어머니는 평소 살림을 잘하고 착한 며느리가 자기 아들과 이혼한다는 말을 전해 듣고 몸져 누워 있다.

2. 상담적 접근 모델

1) 구조적 가족상담

구조적 가족상담은 부부의 역기능적인 가족구조를 파악하고 부부의 하위체계, 부부권력, 가족규칙, 경계선 등의 가족역동을 파악하여 가족하위체계의 위계와 질서를 바로잡는 것을 중시 여긴다. 또한 상호작용과 피드백을 통하여 부부의 동등성에 의해 합의 능력을 양성하도록 도와준다. 특히 부부사이의 의사결정력을 재분배하며 삼각관계의 제휴를 검토해보고 부부가 함께 상호 동반하는 체제로 재구성하되 자율성과 연합력의 균형을 이루어가도록 한다. 이러한 과정에서 나타나게 되는 가족규칙이 무엇인지 찾아서 받아들이고 유연성을 확보하면서 서로 받아들이는 기쁨을 맛보도록 기여한다.

2) 경험적 부부상담 모델

경험적 부부상담은 자기(self)를 내적 경험의 근원을 보고 부부 각자의 성장을 목표로 한다. 정서적으로 의미 있는 내적 경험을 통해 자신을 만나면서 더 긍정적이고 효율적인 존재로 변화되거나 자유와 힘을 위한 선택의 기회를 갖도록 하는 데 중점을 둔다. 따라서 분노와 억압된 감정, 무의식적인 신념, 내적 의도 등을 상담자와 내적으로 잘 다루어가는 것이 필수요소가 된다.

3. 상담목표

상담목표는 내담자가 '자신을 찾는 것'이라고 하여 '자기를 바르게 이해하여 잘 알게 되고 자신에게 닥친 문제를 예전보다 잘 대처할 수 있는 것'으로 합의하였다. 그를 위하여 '우울한 마음과 불안정한 마음을 덜어내고 남편 앞에서도 할 말을 할 수 있게 되는 것'으로 일차 목표로 정하였다. 또한 '남편의 과거 행동에 대한 분노감, 적대감을 완화하여 남편의 언행에 덜 영향을 받는 것'을 이차 목표로 삼았다. 또한 상담자가 '이혼 및 별거를 할지 결혼 유지를 할 것인지는 상담과정에서 현명하게 결정을 짓는 것'이 어떻겠냐고 제안하였고 이것을 삼차목표로 정하였다.

상담자는 이 가족이 구조적으로 부부 하위체계의 경계선과 부부간의 권력 및 역할 등 결혼 발달과제들이 잘 이행되지 않아 이순종씨가 아들과 삼각관계를 이루며 살아왔다고 가정했다. 내담자가 아들의 결혼 이후, 부부만이 남는 결혼에 재적응하기 위해 노력해 왔으나 별 진전이 없었다. 그 후 남편의 여자관계가 의심되면서부터 이혼을 결심하고 가출하였다고 보았다. 따라서 상담자는 이순종씨가 자존감을 증진(심리내적인 힘)하고, 바른 선택을 하면서 책임질 수 있는 내적인 태도를 함양하도록 하는 데 두었다. 이를 위해 정직한 자기표현 방법을 익히면서 갈등대처 능력(상호작용적 능력)을 향상하게 도와 아내로서의 권력(힘)을 회복하여 배우자와의 체계 변화를 시도하는 데 상담의 메타목표를 삼았다.

4. 상담 모델의 적용

1회기(관계맺기와 상담목표 설정)

○ 상담내용 상담동의서와 개인 프로파일을 작성하고, 라포를 형성하기 위해 상담

자를 소개한 후, 상담 시 필요한 것에 대해 정보를 알려주었다. 그리고 이순종씨에게 상담 동기와 무엇을 기대하는지에 대해 질문했다. 그 후 이순종씨와 긍정적인 목표설정을 하였으며, 첫시간에는 의도적으로 상담에 딸과 사위를 참여시켜 상담에 대한 기대감을 갖게 하고 혼자서도 상담소에 올 수 있도록 지지하였다.

○ 상담적 개입 이순종씨와 상담적인 관계를 먼저 형성하고 가족구조를 진단하는 상담적 개입을 하였다. 동시에 엄격한 가족 체계와 가족규칙이 많은 남편과의 관계에서 탈출한 내담자를 전적으로 수용하고 공감해 주는 것에 주의를 기울였다. 또한 무엇을 기대하고 소망하는지에 대한 질문을 통해 희망을 갖게 하였고, 이순종씨 자신이 진정으로 무엇을 원하고 있는지에 대해 명료화하도록 도와주었다. 자신을 보호하기 위해 가출과 이혼결정을 하고 가족들에게 자신의 의사표현을 명확히 해 온 것을 받아주었고, 그러면서도 왜 고통스러운 것인지 상호작용적 관점을 갖게 하였다. 즉, 정말 원하고 있는 것이 이혼인지, 다른 무엇이 있는지 탐색해 보도록 하였다.

2회기(감정완화와 지각변화를 위한 개입)

○ 상담내용 상담자는 이순종씨 자신에 대한 이해를 돕기 위해 스스로를 어떻게 생각하고 있는지, 주변 사람들이 본인을 어떻게 생각하고 있는지에 대해 질문했다. 그리고 이 시간에 무엇이 변화되었으면 좋겠는 지에 초점을 맞추었다. 이순종씨는 "남편얘기만 나오면 위축이 되어 싫고, 불안하면서, 복수하고 싶은 감정이 올라오니 이것을 먼저 변화시키고 싶다."고 하였다. "남편이 늘 자신을 무시하며 병신이라고 했던 말 때문에 견딜 수가 없고 너무 분해서 잠을 잘 수 없으니 방법이 없겠냐?"고 하면서 도와달라고 하였다.

상담을 한다고 그런 부분이 단번에 치료될 수 없음을 설명해주고, 어떻게 변하면 치료 되었다는 것을 알 수 있겠느냐는 질문에 "밤에 잠을 잘 잘 수 있고, 자다가 일어나 분노하지 않게 된다면 내 분노가 덜해진 것을 알게 될 것 같다."고 답했다.

상담과정 동안 작은 것부터 해보기로 하였고 관점을 약간 전환하여 이순종씨의 에너지를 끌어올리기 위해 처음에 결혼생활이 어떠했는지, 낭만적인 시기가 있었는지에 대해 질문했다.

이후 치료과정을 통해 배드민턴 모임에서 만난 젊은 여자와의 관계에 대한 의심이 순종씨가 가출하게 된 직접적인 원인인 것을 알게 되었다.

○ 상담적 개입 남편과의 스트레스 상황을 하나 실연해 보고 자신이 얼마나 숨 막히게 살았는지 경험하도록 하였다. '빈 의자기법'으로 남편에게서 받는 정서적 고통과 그 밑에 숨겨져 있는 열망을 말하게 하였고, 자신의 문제를 외현화하여 자신이 구성하고 있는 이야기들을 스스로 돌아보게 했다. 남편에게 이순종씨 자신이 자주 했던 말들을 떠올리게 하여 잘 들어 주고, '남편을 싫다고 하면서도 무엇 때문에 남편 생각만 하루 종일 하는지'에 대한 질문을 통해 이순종씨의 마음속에 남편이 내재해 있음을 보게 해 주었다. 남편에 대해 비난하는 말은 '사실은 잘 지내고 싶다'는 의미일 수 있음을 자각하게 했다.

3회기(현재와 과거의 가족구조를 통한 통찰)

○ 상담내용 이순종씨는 가계도를 그리고 그 구조를 통하여 자기 어머니의 성격과 유사할 것을 알게 되었는데, 자신이 어머니 삶의 형태로 가고 있는 것에 놀랐다. 본인이 어머니에게 갖고 있는 '답답함'이 동일하다고 하였고, 어머니가 착하게는 사셨지만 희생과 양보만 하며 아주 힘들게 살았다고 자각하게 되면서 눈물을 흘렸다. 가족역사에 대해 돌아보았으며 딸들이 보는 아버지, 딸들이 보는 어머니, 막내아들이 보고 있는 아버지와 어머니에 대해서 살펴보고 자신의 삶이 친정어머니와 같다는 것을 확인하였다.

○ 상담적 개입 이순종씨와 가계도를 그리면서 자신의 원가족, 남편의 원가족, 자신의 현재 가족을 돌아보며 자신을 이해하게 하고, 남편을 이해하도록 했다. 이순종씨가 가계도를 탐색하는 가운데 본인이 많은 가족들로부터 지지를 받고 있다는 것을 알게 함으로써 관점전환을 가져오게 하였다. 가족체계 내에서 지지자를 찾도록 도왔는데, 시동생들과 시누이를 자원으로 찾게 되었다.

4회기(성격검사를 통한 자기 인식)

○ 상담내용 이순종씨는 MBTI 검사 이후 본인의 성격유형이 ISFP형임을 알게 되었는데, 자신의 성격유형을 듣더니 조용히 울기 시작했다. 이순종씨는 극단적인 내향성의 소유자로서 감정을 공감 받고 싶고, 자유롭게 살고 싶은 욕구들이 무시되면서 억압되었다는 설명을 들으면서 크게 자각이 되었다. 예상되는 남편의 기질에 대해서 스스로 생각해보면서 반대편 입장이 되기도 하였다. 부부관계상 서로 다른 기질과 성향에 대한 이해가 부족하므로 어려움과 갈등이 컸음을 알게 되었다. 상담

마지막 부분에서 상담자가 이순종씨에게 자신을 어떻게 돌볼 수 있겠냐고 질문하자 자신을 돌보는 방법으로 '수영과 글자를 제대로 배워 쓰기' 등을 잘 하고 싶다는 의욕을 보였다.

○ 상담적 개입 처음에 무엇을 다루고 싶은지 질문하자 남편과 성격이 너무 달라서 자신의 성격을 바꾸고 싶다고 하였다. 그래서 그 주제로서 이순종씨의 문제와 갈등이 일어난 사건들에 대해서 기질과 성향이 다른 사람이 다르게 접근할 수 있는 사례들(자녀들에게 김치를 주지 못하게 하는 행동, 아침운동, 식사준비 등) 중 두 개를 가지고 실연해 보면서 부부갈등을 조명하게 하였다. 그 후 부부의 성격유형을 가지고 상담을 실시하였다.

즉, 상담자가 상호작용적인 정의를 하여 남편과 아내의 갈등이 사실상 서로 사소한 문제들을 잘 해결할 수 없어 일어난 것임을 확인하게 해주었다.

5회기(내담자의 자원 찾기)

○ 상담내용과 개입 이순종씨는 지난 일주일 동안 큰딸 집과 시누이집에서 머물면서 느꼈던 소외감에 대해 속마음을 전해주었다. 자신의 집이 없으니 떠돌이 느낌이 들며 이제는 자신이 초라하고 궁색하다는 생각이 들어 힘들다고 하였다. 그것에 대해 좀 더 깊이 마음속 이야기를 나누면서 "그래도 내 집이 좋은데."라는 말을 하였다. "남편만 달라지면 좋겠는데." 라고 속으로 중얼거려서 상담자가 무엇이 달라지면 좋겠는지 물었고 "자신에게 윽박지르지 않고 돈을 제대로 주면 좋겠다." 는 말을 반복해서 하였다.

여기서 상담자는 이순종씨의 마음이 흔들리고 있음을 감지하고 이를 잘 다룰 수 있는 치료 모멘텀을 모색하고 개입하였다.

상담자가 지난 회기에 내준 과제 '자신의 장점과 자원 20개 찾기'에 대해 이순종씨에게 설명해보라고 하였는데, 자신의 장점 17가지를 기록해 와서 이에 대해 설명하였다. 그러나 마음으로 전달되지 않는 것 같아 상담실에 있는 거울 앞으로 데려가 실제로 자신에게 말하듯이 해보았다. 자신에 대한 장점 이야기를 마치고 나서 느낌이 달라졌다고 하면서 잘 살아갈 수 있다고 말했다. 남들이 칭찬해도 자신은 스스로 잘 믿을 수가 없고 속으로 늘 불안하였는데, 지금 보니까 자신도 가진 게 많고 좋은 점이 진짜 많다는 것을 발견했다고 하며 기뻐하였다.

또한 상담자는 '이혼 이후의 과정을 예측해서 나열해 보기'를 통해 이순종씨가 현실적인 이혼 생활을 구체적으로 간접 경험해보도록 했다. 이 때 이순종씨의 지각상태에 변화가 있었다. "사실은 내 집에서 살면 가장 좋은 것인데……. 그렇게 할 수 없으니."라고 말했다.

상담자가 이순종씨에게 자신의 힘을 키워 남편과 맞서 주장할 수 있게 된다면 어떻게 되겠느냐고 질문하였고 "그렇게 되면 원하는 것을 얻을 수 있을 것 같다."고 하였다. 자신의 힘을 키워서 할 말을 하는 것으로 다시 한 번 목표를 재설정했다.

6회기(내담자의 자아상태 파악)

○ 상담내용과 개입 "그 동안 조금이라도 달라진 것이 있으셨습니까?"라고 질문하자 "불안이 없어지고 맘이 편안해요. 그래서 그런지 눈물 흘리는 횟수도 많았는데 이제 줄었어요."라고 대답했다. 그 후 상담자는 이순종씨가 자신을 인식하는 것에 대해 어려움이 있고 또 자신을 이해하는 것이 상담목표라고도 하였기에 성격진단검사 약식(MMPI-2)을 해보기로 하였다. 불안증세와 우울증세 그리고 편집증 점수가 90이상이 나와서 이에 대해 설명하여 주었다. 본인에게 알려주니 자신의 심리상태에 대해 수긍했다. 그러나 이순종씨는 자신에게도 문제가 있는 것이 객관적으로 드러나자 혼란스러워 했다. 이순종씨는 높은 책임감, 자기 표현성, 아주 높은 열등감으로 인해 내면적 충돌이 많았던 것을 살펴보고 지각이 크게 달라졌다. 특별히 '열등감' 부분에서는 도전의식이 크게 생겼다고 하였다.

"남편도 나와 같이 살기가 무척 힘들었겠네요. 내 열등감 때문에 남편과의 관계가 더 나빠졌을 수도 있다는 생각이 드네요."라는 말을 통해 남편 입장에서 자신을 더 많이 보게 되었다. 따라서 상담자는 이순종씨와 합의하여 상담목표를 재설정하고 이혼보다는 다른 사람의 도움을 받아서라도 남편의 체계를 변화시켜보겠다는 뜻을 갖게 되었다.

7회기(새로운 가족구조 그려보기)

○ 상담적 개입과 내용 상담자는 가족인형을 가지고 가족구조에 대해 탐색하였는데, 남편에 대한 관계성 질문을 하자 남편도 '자기 같은 여자가 얼마나 답답하겠느냐?' 며 남편을 이해하는 말을 거듭했다. 가족인형을 통해 자기 가족의 현실을 마음으로 경험하면서 자신과 남편의 마음이 변해서 지금보다 화목하게 지낼 수 있을 것이라고

했다. 그러나 남편에 대한 기대는 없고 자신이 변하는 방법 뿐인데 여전히 자신감이 없다고 말했다. 또한 자녀들의 심정을 이해하면서 눈물을 흘렸다.

내담자는 상담자와 함께 구조를 그려보면서 남편과의 관계구조에서 통찰이 일어났다. 남편도 자신으로 인해 답답함과 외로움이 있었다는 것을 알게 되었다.

8회기(정서적인 표현 전달: Healing Letter 작성)

○ 상담적 개입과 내용 상담자가 이순종씨의 분노해결을 위해 내적으로 심상치료를 하고 싶어 시도하였으나 내면으로 잘 들어가지 못했다. 그래서 중단하고 무엇을 하고 싶으냐고 물었더니 남편에게 하고 싶은 말이 있다고 하였다. 내담자는 며칠 전에 자녀들에게 이미 이런저런 말과 함께 자신의 입장을 전하며 도와달라고 했다고 하였다. 자신의 생일에 시동생(남편의 사촌 동생)이 남편을 만나 형수 입장을 변호하고 형에게 "그 착한 형수에게 그렇게 하면 벌 받는다." 고 하면서 제발 형수를 데리고 오라고 큰 도전을 주었다고 전하면서 남편이 그 동안 기운이 빠져 있었으며 많이 변했다고 하였다.

자신이 글을 제대로 쓸 수가 없으니 남편에게 하고 싶은 말을 상담자와 함께 쓰자고 하여 같이 편지를 썼다. 만나면 이렇게 말할 수 있겠는지 물으니 아직은 힘이 들겠다고 하였다. 그러나 자신은 현재 행복하고 잘 울지 않게 되었으며 맘이 아주 편안하여 많이 웃고 산다고 했다. 과제로 남편을 만나면 하고 싶은 말, 세가지를 써오라고 하였다.

9회기(자신감 회복과 재결정)

○ 상담적 개입과 내용 내담자는 오늘 남편에게 하고 싶은 말을 준비해 왔다고 하며 힘이 있는 목소리로 말을 하였다. "집에 들어가고 싶은 맘이 전혀 없는 것은 아니고 반 이상 있다."고 하였다. 그러나 남편의 강한 성격과 파괴적인 말 때문에 아직은 아닌 것 같고 약 1~2년 살고 난 이후에 남편에게도 변화가 있으면 그때 가서 생각해 보겠다고 하였다.

남편에게 확실하게 말해 주기 위해 스스로 준비해 온 내용은 다음과 같다.

"그동안 당신도 너무 힘들었겠다. 나도 내 잘못을 인정한다. 그러나 나는 당신의 행동과 태도를 더 이상 받아들일 수 없고 진짜 내 인생을 제대로 살고 싶다. 나는 '나'이고 싶지 더 이상 당신에게 매이고 싶지 않다. 깨끗하게 선을 긋고 살아보면서 우리 결혼생활 40년을 뒤돌아보자. 그리고 제발 돈 좀 주었으면 좋겠다."

이 내용을 가지고 어떻게 하면 잘 전달할 수 있는지를 생각해보고 상담자와 두세 번을 연습하였다. 그러면서 이순종씨가 남편과 직접 상담실에서 만나 제대로 얘기를 했으면 좋겠다고 하였고 이제까지와는 많이 다른 모습으로 딸에게 이야기해서 남편을 데려오기로 하고 9회기를 마쳤다. 그러나 상담을 잡은 날짜에 이순종씨는 본인이 딸집에서 시댁의 형님 집으로 이사해야 한다는 이유를 들어 상담실에 오지 않았다.

그 후 상담자는 큰딸과의 전화통화로 상담 이후의 사실들을 알게 되었는데 남편 최독재씨가 상담실에 가지 말고 둘이서 해결하자고 하여 남편과 전화통화를 여러 번하고 두세 번 만나서 싸우기도 하면서 서로 합의점을 찾아내 내담자 스스로 다시 집으로 들어갔다고 전해주었다. 이순종씨는 여럿이 모였을 때 자녀들에게 고마움과 미안함을 전달하였고 특히 상담을 받게 해준 큰딸에게 크게 고마움을 표현했다고 하였다.

5. 상담자 소견

1) 상담의 효과

(1) 자신에 대한 객관적 이해와 수용, 남편에 대한 관점 변화

상담실에 와서 매번 울면서도 미안해하며 웃는 모습이었던 이순종씨가 자신을 이해하기 시작하면서 과도하게 웃는 태도가 변하기 시작했다. 또한 자신의 고통스러운 문제를 자각하지 못하고 있다가 자기 내면을 들여다보고 자신을 깊이 이해하고 받아주기 시작했다. 그 이후부터 남편에 대한 태도 변화가 일어나기 시작했고, 남편의 입장에서도 자신을 바라볼 줄 알게 되었다. 자신의 열등감으로 인해서 남편을 힘들게 했던 것을 알게 되었고, 남편에 대해 심한 저항과 분노에 찬 표현을 하다가 점차 이해하는 입장으로 말하기 시작했다. 남편과 자신에 대한 연민이 생기면서 결국 자기 자신이 스스로 책임져야 한다는 것을 알게 되었다. 상담 회기가 더해갈수록 자신이 원하는 대로 표현할 수 있게 되고 운동을 하기 시작하였으며, 스스로 많이 당당하게 되어 생활이 즐겁다고 했다. 이혼만이 최선책이 아니라는 것을 알게 된 것이 중요한 변화이다.

(2) 남편과의 관계에서 자신감 회복

이순종씨는 상담 전에는 집안행사 때에도 남편이 싫고 두려워서 만나지 못했으나 이제는 가족이 모일 때도 피하지 않고 가족행사에 참여하기 시작했다.

두세 번 반복해서 남편을 만나면서 직접 이혼하자고 하였고 이순종씨가 적극적으로 남편에게 직접적인 행동을 하기 시작하였으며, 종국에는 이순종씨가 자세하게 조건을 기록한 서약서를 받은 후에 남편의 요청으로 집에 들어가게 되었다. 서약 내용에도 재산, 생활비와 자신의 활동에 대해 명확하게 구분을 지으면서 자기위주의 생활을 할 것을 명시하였다. 생활비도 자신이 당당하게 간섭 없이 받고 싶은 금액을 말해서 받을 수 있게 되었다.

2) 상담의 한계

처음에는 이미 이혼에 대해 이순종씨의 마음이 굳어 있었고 내적인 상태를 표현하는 것이 힘들어 상담진행에 어려움이 컸다. 그럼에도 내담자의 변화하고자 하는 열망이 커서 본 상담자가 예상했던 시기보다 앞당겨 남편과 다시 결합하게 되었다고 생각했다. 부부에게 직접 친밀감 회복을 위한 상호작용적 교류 방법을 알려줄 수 없어 아쉬움이 있다. 아내가 남편에게 자기주장과 표현을 적극적으로 하기 시작할 때 남편이 이제 상담실에 가지 않아도 자기가 요구를 다 들어 줄 테니 상담실에 갈 필요 없다라고 해서 종결회기를 상담실에서 하지 못했다. 남편은 처음부터 자신은 문제가 없고 마음 약한 아내가 문제라며 아내에 대한 문제점을 제공해준다면서 아내가 2회 상담을 받은 직후에 상담실에 다녀갔다. 그 때에 상담자가 남편에게 상담촉진을 하고자 하였으나 이끌어 내지 못하였다. 전화로도 다시 참여를 권유하였으나 완강하게 거절하여 더 이상은 하지 않았다. 상담자는 거부하는 남편을 존중하는 마음으로 아직 상담을 할 준비되지 않았다고 여기면서 보웬Murray Bowen의 '한사람이 참여하여도 가족의 기능 수준이 변하고 향상시킬 수 있다' 는 믿음을 따르며 이 상담을 잘 마쳤다.

Healing Letter

남편 OO에게

지난번에 편지를 주신 것 감사합니다.

1년이고 2년이고 기다리시겠다고 하시니 그 마음이 고맙기도 하고 착잡하기도 합니다. 언제부터 저도 한번은 제 마음의 깊은 속내를 당신에게 전하고 싶다는 생각을 했습니다. 왜냐하면 당신도 다른 사람을 통해서 제 의향을 대략 들었겠지만 제가 오죽하면 40년간 당신과 함께 한 인생을 걷어차고 나오게 되었는지 제대로 알고 있었으면 해서였습니다. 내가 열등감도 많고 당신이 원하지 않는 행동들을 하여 당신도 많이 답답했을 거라고 생각은 합니다. 나도 내가 다 잘했다는 것이 아니에요.

그러나 저는 우선 당신만 생각하면 불안이 올라옵니다. 그리고 두려움이 있습니다. 그것을 가만히 생각해보니 결혼 초부터 당신이 툭하면 하기 싫은 결혼했다고 하며 원망 섞인 말을 하였던 기억이 납니다. 그때부터 가뜩이나 열등감이 있던 나로서는 마음이 무너져 내린 것이 아닌가 생각합니다.

저는 당신 앞에서 늘 움츠러들어 살았어요. 당신에게는 내가 하고 싶은 말을 제대로 할 수가 없었어요. 대부분 당신은 내가 아무 일도 할 수 없는 사람이라고 생각해서 늘 무시하고 '병신'이라고 했지요. 당신이 잘난 체 하면서 당신만 생각하고 사는 것에 대해 저는 더 이상 참고 살 수가 없었어요. 당신은 잘 인정은 안하지만 스스로 너무 자신을 내세우고 다른 사람은 생각하지 않기 때문에 상처를 받았지요. 그래서 제가 지쳤어요. 처음에는 복수하고 싶은 맘뿐이었어요.

제가 기억하는 당신은 이렇습니다.

당신은 그 누구보다도 잘해 왔다고 하면서 "자기보다 잘한 사람 있으면 나와 보라." 며 잘난 척하는 말을 자주 했습니다. 그러면서 나는 잘한 것이 하나도 없다는 듯이 무시하는 말을 많이 했지요. 그런 당신을 좋아하는 사람이 주변에 있을까요? 아이들이 아버지 소리만 나면 깜짝 놀랐다고 몇 번이나 말했잖아요. 내가 여자구실 못한다고 여기저기 다니며 얘기한 것들도 너무 수치스럽고요.

- "생활비 못 주는 남자도 있는데." 하면서 생활비를 조금 주는 것에 대해 내가 타박한다고 뭐라고 하셨죠.
- 내 말을 경시하고 무시하고 우습게 여겼습니다. 아내가 뭐라고 하면 한 번 생각해 볼 줄 알아야 하는 데 일언지하에 자기 생각대로만 했습니다.
- 한 번쯤은 양심선언을 해보았으면 싶어요. 자신의 행동에 대해 변명만 하고 한 가지도 인정을 하지 않는 태도 때문에 오히려 질립니다.
- 자기 입으로 자기가 완벽하다고 하면서 자기 잘난 맛에 사니 질립니다.
- 자기 생각에 자기가 제일 잘났으니 내가 하는 일은 한 번도 눈에 안 들어오죠.
- 뭐든지 혼자 벌었다고 하는데 '나는 아무것도 안했다는 말이냐?' 라고 묻고 싶습니다.
- 아이들에게 김치 같은 것을 주려면 당신 눈치를 보면서 없을 때 줬을 정도로 당신이 나를 힘들게 했어요. 말로는 버릇될까봐 그런다고 하셨지만 인정머리가 없다고 생각해서 속상했습니다.
- 당신이 실제로 어떻게 하는 것이 아닌데도 불안하고 미운 맘이 아주 많아요.
- 어떤 사람들은 자기 아내가 부족해도 잘 가르쳐가면서 오순도순 살아갈 줄 아는데 당신은 늘 타박하고 바보, 병신 취급하였습니다. 나를 더 이상 우습게보지 말라고 하고 싶어요.
- 당신은 내가 당신을 길들이기 위한 수작이라고 하면서, 여태도 잘 살아놓고 이제 와서 병든 다음에 배신할 줄 몰랐다는 말을 하고 다니는 당신이 너무 싫고 무서워서 마음이 불안해진다는 것을 믿어 주었으면 좋겠어요.

나는 아내로서 인정받고 보호받고 싶었습니다.

나는 여자로서 존중받고 사랑받고 싶었습니다.

그렇지 않다면 뭐하러 결혼생활을 유지해야 한답니까? 체면이 중요하기도 하지만 이제는 내 인생을 아주 멋지고 건강하게 살고 싶지, 돈 한 번을 내 맘대로 못쓰게 하는 남편과 허울 좋은 가짜 인생을 살면서 인생을 마감하고 싶지 않습니다.

당신이 나를 무시했어도 나는 나이며 그래도 내 인생을 잘 꾸려갈 자신이 있답니다. 당신이 돈을 주지 않으면 내가 곧 죽거나 돌아갈 것이라고 생각하는데 그렇지 않답니다. 돈이 없어도 내게는 자유가 있고 하고 싶은 것을 할 수 있어서 과거에 함께 살면서 속으로 불안하고 속으로 울던 것보다는 너무 편하고 좋답니다.

제 말을 믿어 주십시오.

당신은 능력도 있고 재산도 있으니 앞으로 10년을 살던지 20년을 살던지 당신이 원하는 길을 가기를 진심으로 바랍니다. 서로 편안하게 살아보면서 나는 남편을 떠나서 남편을 생각해보고 당신은 아내와 떨어져서 다른 사람과 한 번 살아 보면서 나에 대해 느끼는 삶을 꼭 한 번 살아보았으면 합니다. 서로가 느껴보면 당신과 내가 어떤 사람인지 더 잘 알게 되고 내 말이 진실이라는 것을 깨닫게 될 것입니다.

그래서 이제는 내 걱정 하지 마시고요. 걱정하는 대신 내가 원하는 것을 좀 해주면 좋겠어요. 내가 절대로 잘 살아내지 못할 것이라고 바보 취급하는데 나는 그런 사람이 아닙니다. 열심히 살 것입니다. 방을 얻어 다른 사람에게 폐 끼치지 않고 나의 공간을 조그맣게 꾸려서 수영과 등산을 하고 컴퓨터도 배워서 손자들과 글자공부도 하며 재미나게 살 것입니다.

저는 말보다는 행동으로 말하고 살았는데 이제껏 한 번도 제가 존중받고 이해받으며 살고 있지 않은 것에 대해 몹시 서운한 마음이 쌓여 있음을 알았어요. 그런데 지금은 오히려 맘이 편하네요.

불안한 마음도 거의 없고 속이 좋답니다. 아픈데도 많이 사라지고요. 있는 그대로 심정을 말씀드렸는데 오해가 없이 그대로 이해해주었으면 해요. 당신만이 옳은 것처럼 또 말 할까봐 걱정이 되긴 합니다만 당신이 저를 잘 알지요? 제 말은 모두 제 마음 속에 있던 진실한 것들입니다.

아내 OO 드림

CHAPTER

14 부모-자녀 상담사례

1. 사례 개요: 사랑받고 싶은 아들

●●● 의뢰과정

이걱정씨는 평소 아들과의 관계에서 어려움을 겪고 있었는데, 상담 기관에서 실시하는 부모교육을 수강하면서 자신에게 문제가 있었던 것은 아닌지 심각하게 고민하게 되었고, 아들과의 어려움을 해결하고 싶어 스스로 상담을 신청하였다.

●●● 제시된 문제

초등학교 4학년인 아들 소심이는 스스로 자신을 비하하는 말을 자주 하고, 엄마와 아빠가 자신을 사랑하지 않으며 여동생만 예뻐한다는 이야기를 종종 한다. 소심이는 동생을 싫어해서 다툼이 빈번하게 일어나며, 열등감이 심하고 친구와의 관계에서도 많이 위축되어 있다.

1) 내담자 가족의 기초 정보

이걱정씨는 2남 1녀 중 맏딸로 태어났으며, 어머니가 고등학교 2학년 때 갑자기 돌아가시는 바람에 어린 나이에도 집안 살림을 주로 도맡아 하였고, 그 당시 초등학생이었던 남동생들을 돌보면서 성장하였다. 아버지는 무뚝뚝한 편이었으나 가족의 생계를 위해 책임을 다하는 분이셨으며, 어린 나이에 집안 살림을 돌보는 이걱정씨에게는 미안해하며 고마워했다고 한다. 넉넉하지 못한 집안 살림이라 고등학교를 졸업한 후 대학에 진학하지 못했고, 취직을 해서 남동생 공부와 가계에 경제적인 도움을 주는 역할을 해 왔다고 한다. 아버지는 늘 이격정씨에게 늘 미안해하면서 시집을 보내어 독립하게 해 줘야 한다는 생각에 중매로 일찍 이격정씨를 결혼시켰다. 대졸 출신의 평범한 회사원인 김무심씨와 결혼한 후에는 직장을 그만두었으며, 아들(소심), 딸(애정)을 낳고 주로 살림만 하였다.

이격정씨는 무뚝뚝하고 말이 없는 남편에 대해 늘 섭섭해 하고 있으며 자녀 양육을 혼자 떠맡고 있다는 부담감때문에 결혼 초에 많이 싸우기도 하였는데 이제는 지쳐서 싸우기보다는 무관심하게 대하고 있다. 더군다나 아들 소심이가 7살 때 남편이 빚보증을 서게 되면서 빚을 떠안게 되자 갈등이 심화되었고, 빚을 갚기 위해 본의 아니게 일을 해야만 했다. 그때 당시 경제적으로 너무 어려워 7살, 5살 아이를 돌봐주는 사람 없이 그냥 집에 혼자 남겨 둔 채 3년간 마트에서 점원으로 일을 해야만 했다.

소심이는 현재 초등학교 4학년인데 학교에서 친한 친구가 다른 곳으로 이사를 하면서 매우 속상해 하고 있으며 학교생활에 별 다른 재미를 느끼지 못하고 있다. 동생 애정이와는 다투는 경우가 많으며 특히 애정이가 엄마의 사랑을 독차지한다고 느끼고 미워하는 감정을 드러내기도 한다. 애정이는 어려서부터 엄마에게 안겨서 살 정도로 강한 애착을 보이고 의존심이 강하다.

2) 문제발생 배경

이격정씨는 소심이가 7살이었을 때 일을 하러 나가면서 소심이에게 5살인 동생 애정를 잘 보살펴 줄 것을 당부하였다. 아이들 간식으로 과자류를 많이 사다 놓았고, 점심

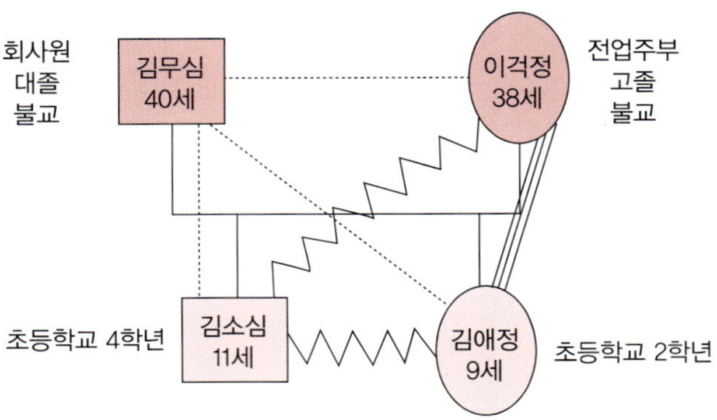

그림 14-1 가계도

은 식탁 위에 차려 놓고 스스로 챙겨먹도록 하였다. 그 당시 아이들은 집을 보면서 주로 과자류로 허기를 채우기 일쑤였고, 텔레비전 시청을 하면서 시간을 보냈다. 둘이서 함께 있으면서 자주 다투었는데, 그 이유는 애정이가 오빠가 하는 것을 사사건건 간섭하고 못하게 하여 힘들게 하기 때문이라고 한다. 소심이는 엄마가 일하고 오후 늦게 집에 돌아오면 동생 때문에 힘들었던 것을 엄마에게 이야기하고 짜증을 많이 부렸으며, 동생 애정이는 그동안 못 보았던 엄마 품에 안겨 있기 일쑤였다. 동생 때문에 힘들었다는 것을 엄마에게 이야기하면 엄마는 "네가 오빠니까 이해해 줘야지. 동생은 아직 잘 모르잖아." 하면서 소심이가 오빠로서 무조건 이해하고 동생을 잘 돌보아야 한다는 식으로 이야기했다. 소심이는 엄마가 자신을 이해하지 못한다고 생각하고 있으며, 동생만 예뻐한다고 생각한다. 아빠와도 대화가 없는 편이고, 아빠도 자신에게 관심이 없다고 생각하고 있다.

초등학교 3학년 때 가까이 살고 계시는 시어머니 댁에 소심이와 함께 가는 도중에 마트에서 과일을 사려고 아들만 먼저 혼자서 할머니 집에 가 있으라고 하였는데, 마침 할머니가 집에 안 계신 바람에 소심이는 엄마가 올 때까지 30분이나 할머니 집 앞에 쪼그리고 앉아 기다리고 있었다. 그런데 그때 소심이가 대뜸 엄마에게 "엄마 나한테 골탕 먹이려고 일부러 그런 거지?" 라고 이야기하는 바람에 엄마가 깜짝 놀랐던 적이 있었다.

또 길을 가다가 넘어져도 스스로에게 "나 같은 놈은 넘어져도 싸.", "나 같은 놈은 항상 이래." 라는 말을 자주 하였다. 학교에서도 친구들이 자신을 돼지라고 놀린다고 하며 엄마에게 왜 돼지 같은 나를 낳았느냐고 이야기를 한다. 엄마와 아빠는 "소심이를 사랑한다."고 아무리 이야기해도 "아니야."라고 하며 믿지 않고 있다. 소심이의 이런 모습에 엄마는 매우 속상해 하고 있으며 아들이 자신에 대해서도 긍정적이고 자신감이 있으면서 동생과 사이좋게 잘 지낼 수 있기를 바란다. 자녀와의 관계에서 어려움이 있자 이걱정씨는 청소년 상담 기관의 부모교육을 종종 수강하고 있는데, 교육을 받으면서 소심이보다도 자신에게 문제가 있던 것은 아니었는지 깊이 생각하게 되었다.

2. 상담적 접근 모델

내담자인 이격정씨는 아들이 친구들과의 관계에서 원만하지 못하고 스스로를 비하하는 말을 자주 하여 자신감 없고 사회성이 떨어지는 삶을 살까봐 매우 염려하는 점에서 아들에 대한 불안이 크다. 이격정씨의 이러한 불안을 탐색하기 위해서는 원가족에서의 부모와의 관계 경험을 함께 살펴볼 필요가 있다.

또한 이격정씨는 소심이를 사랑한다고 이야기하지만 아들인 소심이는 엄마가 자신을 사랑하지 않는다고 생각하고 있어서 7살 어린 시절 엄마와의 관계 경험이 현재에 어떻게 영향을 주고 있는지를 탐색하고 가족조각 기법을 통해 가족관계를 객관적으로 통찰해 보게 하여야 한다. 어린 시절 소심이가 동생 애정이를 돌보느라 힘들었던 마음을 엄마로서 헤아리지 못한 부분을 현재 상담과정에서 다시 경험하게 하며, 감정을 읽어주고 진실한 엄마의 생각을 나누면서 상처받은 마음을 회복하게 하는 과정이 필요하다고 사료되었다. 따라서 본 상담사례는 1회기 상담에서 상담목표를 설정하면서 보웬의 다세대전수과정과 불안을 다루는 것이 도움이 될 것이라고 판단되었다. 사티어의 개인의 빙산을 활용하여 이격정씨의 내면과 아들인 소심이의 내면을 탐색하고 이해하며, 나아가 가족조각 기법을 활용하여 가족의 상호작용 역동에 변화를 가져다주는 작업이 필요하다고 사료되었다. 그러므로 본 사례에서는 보웬의 다세대 가족상담과 사티어의 경험적 가족상담을 주로 적용하여 상담하였다.

3. 상담목표

① 이격정씨가 아들 소심이에 대해 갖고 있는 불안은 자신에게서 나온 것임을 깨닫게 하고 불안을 다스릴 수 있도록 한다.
② 부부 각자의 원가족 경험이 부부관계에 어떻게 영향을 미치고 있는지를 탐색한다.
③ 이격정씨의 원가족 경험이 아들과의 상호작용에 미치는 영향을 탐색한다.
④ 이격정씨가 남편과 소심이, 소심이와 애정이의 상호작용에 개입하여 삼각관계를 이루고 있음을 인식하게 하며, 탈 삼각관계화 하도록 한다.

⑤ 이격정씨와 소심이의 관계에서 소심이가 7살 어린 시절에 해결되지 못한 상처와 기대를 새롭게 재경험하게 한다.

⑥ 새롭게 경험한 가족 상호작용 역동 속에서 소심이가 스스로 자신이 사랑스러운 존재임을 자각하게 하고 자존감을 회복하도록 한다.

4. 상담 모델의 적용

1회기(라포 형성 및 어머니 내면의 불안 다루기)

○ 상담내용 1회기 상담에 이격정씨 혼자 참석하였다. 이격정씨는 초등학교 4학년인 아들 소심이에 대한 걱정과 불안을 호소하였다. 남편과 자신은 어려서 첫 아들을 낳았다고 매우 좋아하였으며, 소심이를 사랑하는 마음으로 키웠다고 생각하였는데, 아이가 그것을 전혀 몰라줘서 안타까워 했다. 남편은 말이 별로 없는 편으로 아이들이 어렸을 때도 사랑 표현을 잘하는 성격은 아니었고, 자신도 남편과 친근감을 표현하는 말을 서로 주고받은 지가 언제였는지 기억이 잘 안 날 정도로 집에서는 필요한 말만 하고 있다. 아이들과 자신에게 무뚝뚝한 남편이 마음에 안 들어 사소한 것에도 예민해져서 남편에게 잔소리하고 종종 짜증을 부린다. 자신이 짜증을 부리면 남편은 못 들은 척 하는 것 같기도 하고, 그냥 자리를 피해 버려 속이 타는 상태이다.

○ 상담적 개입 상담자는 내담자의 하소연을 잘 들어 주었고, 아들의 문제를 아들만의 문제로 보는 것이 아니라 엄마인 자신도 변하고 노력해야 하는 부분이 있음을 알고 있다는 사실에 격려와 지지를 보내주었다. 내담자 자신이 아들에 대해 갖고 있는 불안을 들여다보도록 하였다. 그 불안이 어디에서 왔으며, 누구의 것인지, 앞으로도 그런 불안을 계속 갖고 산다면 어떠할 것 같은지 등등에 대하여 스스로 탐색해 보도록 하였다.

처음부터 상담에 매우 적극적인 태도를 보였던 어머니는 가족이 모두 상담에 참석하였으면 좋겠다는 이야기에 그것이 가능할지에 대해 의아해하면서도 남편을 설득해 보겠다고 하였다.

2회기(어머니 원가족에서의 경험 탐색 및 그 영향력 이해하기)

○ 상담내용 2회기 상담에서는 이격정씨와 아들 소심이만 참석하였다. 남편에게 함께 상담 받으러 가자고 설득해 보았는데, 자신은 상담 받을 필요가 없다고 생각한다며 거절하였다. 소심이는 엄마가 청소년 상담센터에서 부모교육을 받고 있다는 이야기에 엄마를 바라보는 시선이 조금 달라진 것 같고, 같은 기관에서 소심이와 함께 상담 받으러 오면 좋겠다는 이야기에 마음이 움직였는지 순순히 따라 왔다. 소심이가 상담에 참여하게 된 것에 대해 지지와 격려를 해 주었다. 이격정씨의 소심이에 대한 자신의 걱정과 불안을 탐색하면서 그러한 불안은 소심이에 대한 불안이기에 앞서서 본인 자신에 대한 불안임을 깨닫게 되었다. 이격정씨는 성장하면서 일찍 돌아가신 어머니 대신 동생들을 돌보고 집안 살림을 살피느라 자기 스스로를 돌볼 시간이 없었고 친구들과 함께 어울리지 못했다. 친구들과 잘 사귀지 못하고 늘 혼자다니는 편이었으며, 집안 살림을 돌보아야 하는 자신의 상황이 다른 친구들과 다르다는 인식에서 늘 친구들에게 소외되는 느낌이었다. 그러다 보니 모든 일에 자신이 없고, 자신 스스로에게도 만족하지 못했다. 소심이에 대한 불안은 이격정씨 자신에 대한 불안에서 연유한 것이며, 아들이 자신처럼 자신감 없고 불만족스런 삶을 살까봐 염려하는 마음이 불안을 키운 것으로 보였다.

소심이는 2회 상담과정에서 처음에는 고개를 숙이고 있고, 거의 말을 하고 싶어하지 않았다. 소심이가 말하고 싶지 않으면 이야기하지 않아도 된다고 말해 주면서 상담 상황에 편안해질 수 있도록 배려하였다. 소심이가 차츰 상담자와 눈을 마주치고 엄마를 쳐다보면서 상호작용의 가능성을 보여주었다. 소심이는 상담과정에서 엄마가 자신에게 문제가 있다고 이야기하기 보다는 다른 데서 그 원인을 찾는 모습에 편안함을 느끼는 듯했고 차츰 엄마를 쳐다보고 눈을 맞추기 시작하였다. 상담 마무리 시점에서는 엄마가 자신에 대해 걱정하는 마음이 진실로 느껴졌다고 하며, 엄마가 불안해하는 만큼 자신이 꼭 그렇진 않다며 오히려 의젓한 모습을 보여 주었다.

○ 상담적 개입 이격정씨의 불안을 탐색하기 위해 원가족에서의 성장과정을 살펴보게 하였고, 그러한 성장과정이 현재 아들에 대한 불안에 어떤 영향을 주고 있는지 살펴보게 하였다. 소심이에게는 상담 상황에 편안해지도록 배려했다.

3회기(가족원 간의 관계 탐색 및 삼각관계 인식하기)

○ 상담내용 3회기 상담에서는 이격정씨, 소심, 애정이가 참여하였다. 내담자 가족에게 앉고 싶은 의자에 자유롭게 앉도록 권유하였는데, 애정이는 엄마 옆에 붙어 앉았고, 소심이는 두 사람과 멀리 떨어진 곳에 앉았다. 애정이와 엄마의 밀착관계가 두드러져 보였고, 소심이는 그들과 정서적 거리를 두고 있음이 확인되었다. 이격정씨에게 아들 소심이가 멀리 떨어져 앉는 것과, 애정이가 옆에 가까이 앉는 것을 보니 어떤 생각이 드는지, 평소 가족 안에서의 관계와 비슷한지 탐색하게 하였다. 평소 가족 안에서의 모습이 그렇다고 인식했으며, 이격정씨는 아들이 엄마와 가까워지고 싶어 하지 않는 것 같아 속상하고, 소심이에게 가까이 다가가고 싶다고 하였다. 엄마가 가까이 다가가 무릎을 만지자 소심이는 손을 치우며 거부하는 반응을 보였다. 이런 상황에서 엄마로서 감정이 어떠한지 묻자 아들에 대한 섭섭함을 표현하였다. 소심이에게 다가가기 위해서는 엄마와 밀착하려는 딸로부터 조금 떨어질 수밖에 없는데 애정에게 그래도 괜찮은지 물어보자 의외로 자신은 괜찮다며 엄마를 편안하게 해 주었다. 실제 몸을 일으켜 가족조각을 하기 보다는 자연스럽게 앉은 자리의 위치를 통해 가족관계의 모습을 인식하게 하였고, 엄마와 여동생으로부터 떨어져 있는 소심이를 바라보면서 아들의 내면을 들여다보게 하였다. 이격정씨는 소심이가 많이 외로웠을 것 같고, 엄마에게 많이 섭섭할 것 같다는 이야기를 하였다. 소심이에게 물어보니 실제로 엄마가 미울 때가 많다고 이야기하였으며, 특히 자신이 애정이와 싸울 때 엄마가 "네가 오빠니까 참아야지." 하는 식으로 이야기하면서 동생 편만 들 때 그렇다고 하였다.

앉은 자리를 통해 가족관계를 통찰하게 하였으며, 이격정씨는 자신이 소심이에게 늘 오빠임을 강조하면서 동생을 이해해야 한다는 식으로 이야기한 것이 아들에게 어떻게 영향을 주었는지 통찰하게 하였다. 애정이는 오빠와 사이좋게 잘 지내고 싶은데 오빠가 자신에게 화를 잘 낸다고 표현하였다. 오빠가 자신에게 화를 낼 때는 주로 엄마에게 이야기한다고 하였는데, 이격정씨가 아이들이 서로 싸울 때 서로 간에 해결하게 하기 보다는 심판관의 역할을 하고 있음을 통찰하게 하였다.

○ 상담적 개입 상담을 받기 위해 앉은 자리의 위치를 통해 가족 간의 정서적 거리감, 가족관계 등을 탐색하게 하였고, 그 위치에서의 자신의 감정, 생각, 그리고 다른 가족원의 감정, 생각 등을 탐색해 보게 하였다. 남매 간의 갈등때문에 엄마가 삼각관

계에 끼여 있음을 인식하게 하였고, 소심이와 애정이가 스스로 갈등을 해결해 나갈 수 있도록 중립적인 자세를 어떻게 취할 수 있는지에 대해 교육하고 시범을 보여주었다.

4회기(부부 각자의 원가족에서의 경험이 부부관계와 부모-자녀 관계에 미치는 영향력 인식하기)

○ 상담과정 4회기 상담에서는 그동안 상담에 오지 않던 남편 김무심씨가 이격정씨와 함께 왔으며, 자녀 없이 부부 상담으로만 진행되었다. 이격정씨가 상담에 참여할 것을 계속 설득해 왔으며, 소심이가 차츰 가정 안에서 동생과의 싸움이 줄어들고, 마음의 문을 열고 자신의 이야기를 하는 모습을 보면서 남편의 마음에도 변화가 일어났다.

김무심씨의 원가족을 탐색해 보니, 어린 시절부터 감정, 특히 부정적인 감정에 대해서는 드러내놓지 않는 가정 분위기에서 성장하였고, 부모에게 인정받고 싶었으나 인정받지 못한 경험들이 자신에게 위축감을 주었다. 그러다 보니 부인인 이격정씨가 잔소리하는 것이 원가족에서의 경험에서처럼 위축감을 주었으며, 인정받지 못한다는 느낌을 주어 그런 상황을 아예 회피하기 위해 아내나 자녀들에게 무심하게 반응하고 행동해 온 것을 알게 되었다.

반면에 이격정씨는 자신의 원가족에서 스스로 부모의 역할을 하면서 동생들을 돌보고 아버지를 보살펴 왔기 때문에 결혼해서도 남편보다 자신이 주도하여 가정 일을 돌보게 되었으며, 그러다 보니 남편에게 과도하게 관여하는 부분이 있었던 것으로 통찰되었다. 부부 각자의 원가족에서의 경험이 서로 간에 어떻게 영향을 주고 있었는지를 통찰하면서 상대방을 이해하는 시간이 되었다. 또한 이격정씨는 자신의 원가족에서 동생들에게 부모 역할을 하면서 지내온 경험들로 인하여 현재 가족 상황에서 소심이가 어린데도 마치 자신이 원가족에서 해 온 것처럼 동생 애정이를 잘 돌보기를 기대하고 있었음을 통찰하게 되었다.

○ 상담적 개입 부부 각자의 원가족에서의 경험을 통찰하게 하면서 부부관계와 부모-자녀관계에 어떤 영향을 미치고 있는지를 깨닫게 하였다.

5회기(가족조각을 통해 소심이가 인식하는 가족관계 통찰 및 새로운 모-자녀관계 경험하기)

○ 상담과정 5회기에는 가족이 모두 참여하였고, 가족이 서로 사랑하고 있으며, 더 좋은 관계를 만들기 위해 열심히 노력하는 모습을 격려하고 지지해 주었다. 소심이가 7살에 동생을 돌보아야만 했던 경험은 너무나 어렸던 소심이에게는 매우 힘든 부모 역할이 주어진 것이라는 것을 깨닫게 하였다. 소심이의 이러한 경험은 고등학생이던

이걱정씨가 돌아가신 엄마를 대신해 동생들을 돌보아야 했던 것과 유사하며, 더 어린 나이에 부모역할을 감당해야 했던 소심이의 스트레스와 심리적 부담감을 헤아려 보게 하였다. 이걱정씨는 소심이처럼 7살이 아닌 고등학생이었지만 그러한 경험에서 심리적 부담감과 힘듦이 있었음을 떠올리며, 엄마의 사랑을 듬뿍 받아야 할 어린 나이에 동생을 돌보아야만 했던 아들에게 미안함을 느낀다며 눈물로 호소하였다. 상담과정에서 실제로 엄마가 소심이의 손을 잡고 "그때 정말 네가 힘들었구나. 힘든 것을 몰라줘서 엄마가 너무 미안해. 정말 미안하다."라는 이야기를 하게 하면서 엄마와 아이가 모두 눈물을 흘렸고, 새로운 부모-자녀 관계의 경험을 하게 되었다.

또한 소심이에게 인형을 가지고 가족조각을 해 보게 하자 자신을 아빠와 가깝게 두었고, 애정이는 엄마와 가깝게 표현하였다. 엄마는 소심이가 아빠와도 친밀하지 않다고 생각하였는데, 친밀하게 인식하는 것에 놀라워하였고, 가족조각을 본 아빠는 소심이에 대한 사랑이 깊숙이 자리 잡고 있음에도 불구하고 아들이 힘들 때 그 사랑을 표현해 주지 못한 것을 매우 안타까워하고 미안해하였다. 애정이도 이젠 오빠가 엄마와 더 가까워지면 좋겠다고 이야기할 정도로 엄마와의 밀착에서 조금 떨어져도 불안해하지 않을 정도로 변화되었다.

상담적 개입 이걱정씨가 경험한 원가족에서의 부모화가 자신에게 어떤 영향을 주었는지 통찰하게 하면서 어린 시절 소심이가 감당해야 할 부모역할이 얼마나 힘들고 버거운 것인지를 깨닫게 하였다. 7살 어린 아이인 소심이에게는 엄마의 사랑을 듬뿍 받고 싶은 기대가 있었으나 그것이 충족되지 못하였고, 동생을 돌보면서 받은 상처와 힘듦이 있었다고 통찰하게 하였다. 상담과정에서 새로운 부모-자녀 간의 관계 경험을 하게 하였고, 소심이가 인식하고 있는 가족관계를 인형으로 표현하게 하면서 아빠와의 정서적 친밀감을 새롭게 발견하였으며, 아빠도 가슴 속에 따뜻한 사랑이 있었지만 표현하지 못한 것을 알게 하였다.

6회기(소심이의 자존감 회복 및 변화 뿌리 내리기)

상담과정 6회기에도 가족 모두가 참여하였다. 5회기에서 경험한 새로운 가족 상호작용 역동이 그동안에 어떤 변화를 주었는지를 나누었다. 부모가 지각한 소심이는 전과 달리 마음의 문을 열고 엄마와 아빠에게 이야기를 하였으며, 집에서도 종종 잘 웃는 모습을 보였다. 그게 맞냐고 소심이에게 물으니 웃음으로 답해 주었다. 애정이도 오빠가 전과 다르게 자신에게도 별로 화를 내지 않는다고 하였고, 자신은 가족 안에서 다른 불만 없이 편안하다고 이야기하였다. 부부간에도 서로의 원가족을 들여다보면서 상대방을 더 이해하게 되었고, 소원하던 부부관계가 다시 친밀해진 느낌이라고 표현하였다. 그동안의 변화에 대하여 이야기를 나누면서 변하게 된 자신에 대해 칭찬해 주고 감사함을 표현하게 하였다.

상담적 개입 변화에 대해 인지하고 나누는 시간을 가졌으며, 변하게 된 자신 스스로에 대해 인정과 격려를 해 주게 하였으며, 변화가 앞으로 실제 생활에서도 뿌리내리게 하는 작업을 하였다.

소심이가 엄마와 아빠가 자신을 사랑하고 있다고 확신하게 되었으며, 스스로 자신의 존재가 사랑스러운 존재임을 자각하고 자존감을 회복했다고 판단되었다. 자연스럽게 애정이와도 좋은 관계를 형성해 가고 있었으며, 부부간에도 긍정적인 상호작용이 시작되었으므로 6회기로 가족상담을 종결하였다.

5. 상담자 소견

1) 상담의 효과

소심이는 어린 시절 사랑받고 싶은 욕구가 좌절되는 경험을 하면서 부모에게 마음의 문을 닫게 되었고, 어머니가 그런 아들의 모습에 몹시 불안해하고 걱정하면서 상담을 시작하게 되었다. 어머니는 다행히 자신의 불안이 원가족에서의 경험과 관련되어 있고, 자신의 경험이 남편과의 관계에서도 영향을 주고 있음을 깨닫게 되었다. 처음에는 상담을 거부하던 남편이 4회기 상담부터 참여하게 되면서 부부 각자의 원가족에서의 경험이 부부관계와 부모-자녀관계에 어떤 영향을 주고 있었는지 통찰하게 되면서 가족에게도 많은 변화가 생겨나게 되었다. 아버지도 이후 상담에 적극적으로 참여하게 되었으며, 가족조각을 통해 아들이 생각하는 가족의 모습을 살펴보면서 7살 어린 아이인 소심이가 받았을 상처를 바라보고, 그때 제대로 표현하지 못했던 어머니의 감정을 상담과정에서 새롭게 표현해보도록 하면서 새로운 부모-자녀 간의 관계 경험을 하게 되었다. 부모가 모두 소심이를 사랑하고 있었음에도 불구하고 제대로 사랑이 전달되지 못한 점을 인식하면서 행동의 변화를 가져다주었고, 소심이도 어머니와 아버지의 사랑을 진정으로 경험하고 깨닫는 기회가 되었다.

2) 상담의 한계

처음에 내담자였던 이격정씨가 아들 소심이의 문제로 제시한 내용들 중에는 친구와의 관계에서 많이 위축되어 있다고 이야기하였는데, 그러한 친구 관계의 문제도 소심이가 어린 시절 어머니로부터 받은 상처와 긴밀히 연관되어 있다고 보았다. 또한 소심이와 어머니의 관계를 직접적으로 다루기 전에 부부관계가 부모-자녀관계에 어떤 영향을 미치고 있는지를 먼저 다룰 필요가 있다고 판단되었다. 그래서 총 6회기 상담 과정에서는 가족 안에서의 부부관계, 부모-자녀관계 위주로 다루었으며, 회복된 부부관계와 부모-자녀관계가 소심이의 친구관계에 긍정적인 영향을 주리라 여겨졌다. 하지만 소심이의 친구관계에서의 어려움을 직접적으로 다루지 못하였고, 사회기술훈련에는 관심을 두지 못하였다는 점이 본 상담에서의 한계라고 여겨진다.

6. 5회기 상담 축어록

5회기 상담 내용을 축약하면 다음과 같다.

접촉하기

상담자 이제 가족 모두가 모이셨네요. 가족이 모두 오긴 쉽지 않은데 이번에 어떻게 해서 가족이 모두 오게 되신 것 같나요?

아버지 저번 주 상담 받고 나서 많은 생각이 들었어요. 집사람이 소심이 때문에 힘들다고 해서 아들과 집사람 문제로만 생각했는데, 집사람과 나의 관계가 소심이에게 많은 영향을 준 게 아닌지 생각하게 되었어요.

김애정 (발을 동동 구르며) 엄마가 또 오자고 해서 왔어요.

김소심 (호기심 어린 눈빛으로) 엄마가 이번에는 우리 가족 모두 같이 가야 한대요. 그래서 왔어요.

어머니 상담에 정말 관심 없었던 남편이 지난번 상담하고 나서 많이 달라진 것 같은 생각이 들었어요. 사실 속으로는 별 기대 안했는데, 지난번 같이 상담 받으러 왔을 때도 그렇고 지금도 그렇고 내 말을 들어줄 때도 있어서 너무 기뻤어요. 사실 남편이 제 말에는 전혀 관심이 없다고 생각했는데 그게 아니라는 것을 새롭게 알았어요.

상담자 남편에 대해 새로운 사실을 발견하셨다니 저도 기쁘네요. 보통 남편 분은 정말 오시기 힘들어요. 이렇게 아이를 위해 연이어 와 주신 점이 참 대단하시고 고맙습니다.

가족 간의 상호작용 탐색

상담자 평상시에 이렇게 가족이 모두 모여 있을 때 대화를 어떻게 나누세요?

어머니 사실 가족이 다 모여 있는 시간이 거의 없었어요. 주중에는 남편이 늦게 들어와 저녁식사 때도 함께 하기 어렵고 주말이 되어야 모두 같이 있게 되는데 전 어디 다니는 걸 좋아하거든요. 뭐, 산에 간다던지 아니면 아이들과 함께 가까운 공원이나 놀이동산에 간다던지 다니는 걸 좋아해요. 아이와 같이 경험하는 것을 좋아하는데 큰애는 움직이는 걸 싫어하고 남편도 움직이는 걸 싫어해요. 주로 저하고 작은 애가 같이 많이 움직이거든요. 그런데 작은 애랑 같이 어디 갔다 오면 자기는 안 데려가고 동생만 챙긴다면서 소심이가 투덜투덜하고 짜증을 부려요. 자기가 안 간다고 해 놓고 왜 안 데려갔냐고 하고, 처음부터 자기를 데려갈 마음이 없었다면서 억지를 부려요.

상담자 소심이가 자기도 함께 가고 싶은 마음이 있었나 보네요.

어머니 그런 것 같긴 한데 일단 가자고 하면 뒤로 빼니까 억지로 데리고 갈 수도 없고, 그렇다고 안 갈 수도 없고 참 어려워요. 남편은 남편대로 책을 보든지 잠을 자든지 혼자 시간을 보내고 애들이 어려서부터 잘 놀아주는 것 보다는 자기 위주로 혼자 할 일을 했기 때문에 예전에는 잔소리를 많이 하고 싸웠는데, 이제는 말하기도 싫어 그냥 그런가보다 했어요. 주말 저녁에 함께 밥 먹을 때 말고는 우리 가족이 모두 모여 시간을 보낼 때가 별로 없는 것 같아요.

상담자 그럼 어떤 것을 같이 하면 좀 더 잘 모일 수 있을까요?

어머니 네, 사람이 다 똑같이 좋아하는 일을 해야 될 텐데, 넷이 똑같이 좋아하는 것을 찾기가 어렵죠. 뭐, 이렇게 긴 시간이 아니더라도 하루에 한 삼십분이라도 산책을 한다든지 아니면 뭐.

상담자 이렇게 앉아서 얘기를 하시든지.

어머니 이렇게 앉아서 얘기를 하더라도 얼굴을 쳐다보고 이렇게 했으면 좋겠는데 그럴 시간 자체가 없는 것 같아요. 그러고 보니 이렇게 모여 이야기 나누는 것도 참 오랜만인 것 같아요. 애들 아빠가 아들하고 딸하고 이야기도 잘 하면 좋겠는데 남편은 밥숟가락만 딱 내려놓으면 자기 할 일만 딱 해서요.

4회기 상담 후의 변화 탐색

상담자 아, 그러셨군요. 평소에는 그러했지만 그동안 상담 받으면서 그래도 달라진 부분이 있으셨을 것 같은데 어떠세요?

어머니 제가 그동안 솔직히 불만이 많았죠. 그런데 지난 번 상담하면서 정말 많은 걸 깨달았어요. 남편의 어린 시절은 어떻게 지냈는지, 제가 또 어떻게 성장했는지 과거 경험에 대해 서로 이야기를 나눈 적이 없었거든요. 남편이 저에게나 아이들에게 무관심하게 보였던 것이 사랑이 없어서가 아니라 자라온 성장 과정에서 비롯되었다는 것을 알고 남편을 다시 바라보게 되었어요.

상담자 아버님은 어떠셨어요? 지난번 상담하고 나서 부인이 나를 새롭게 다시 바라보고 있는 것을 아실 수 있었나요?

아버지 네. 사실 저도 집사람이 다시 보였어요. 어린 시절에 어머니가 돌아가시고 아내가 집안일을 많이 돌봤다는 것은 알고 있었는데, 그런 경험이 있다 보니 내 일에도 많이 관여하고 의견을 물어보기 보다는 자기가 주도하여 일을 처리하고 통보하는 식으로 했구나. 사실 집사람이 일일이 관여하는 것이 잔소리처럼 느껴졌고, 내가 뭔가 잘못하고 있다고 탓을 하는 식으로 느껴져 위축이 되었거든요. 한 번 이야기를 시작하면 계속 잔소리여서 제가 미리 피해 버렸던 것 같아요. 그게 마음 편해서요. 그런데 지금은 집사람 이야기가 조금씩 마음에 들어와요. 상담 받고 나서 일주일 동안은 나에게 잔소리한다는 것을 잘 느끼지 못했어요. 집사람은 똑같은데 내 마음이 달라져서 그렇게 느꼈는지 모르겠지만 아무튼 집사람을 저도 다시 바라보게 되었어요.

부모 원가족에서의 경험이 자녀와의 관계에 미친 영향 탐색

상담자 지난번 상담으로 서로를 다시 바라보게 되셨다니 저도 기쁩니다. 상담 받으시면서 혹시 소심이에 대해서는 다르게 생각하신 부분은 없으셨어요?

어머니 제가 어머니가 돌아가시고 가족들을 돌보느라 저라는 사람 없이 지내왔는데, 지금 생각해 보면 고등학생이었어도 가족 안에서 감당해야 하는 일들이 사실 참 많이 버거웠고, 다른 친구들은 부모님이 해 주시는 따뜻한 밥 먹고 가족끼리 놀러 다니고 할 때 나는 그런 꿈도 못 꾼다는 생각에 많이 속상했었어요. 그때 아버지가 나를 알아주셔서 그것 때문에 버틴 것 같은데(눈물을 흘리며) 우리 소심이는 7살 어린 나이에 혼자 어린 동생을 돌보아야 했다는 것을 왜 내가 그때는 그 마음을 헤아리지 못했는지 마음이 아파요. 나처럼 소심이도 어린 동생을 돌보았던 것인데, 난 나를 지지해준 아버지가 계셨는데 우리 소심이에게는 아버지가 해준 것처럼 내가 해 주지 못했다는 것이 지금에서야 너무 미안하고 후회되요.

상담자 (같이 눈물짓고 있는 소심이를 바라보며) 소심이는 엄마 이야기를 들으니 마음이 어떠니?

김소심 (말없이 흐느끼고 있다)

상담자 아버님은 소심이가 7살 때 참 힘들었을 거라는 생각을 하셨어요?

아버지 (눈시울을 붉히며) 사실 저 때문에 집사람이 밖에 나가 돈을 벌어야 하는 상황이 가족들에게 너무 미안했고, 입이 열 개라도 집사람에게 할 말이 없었어요. 소심이가 힘들었던 것도 다 나 때문인 것 같아요. 그때는 소심이가 힘들었을 거라는 생각을 잘 못했어요. 집사람에게만 미안한 마음이 컸고 정말 쥐죽은 듯 가만히 있는 게 도와주는 거라 생각했거든요. 지금 생각해 보면 그런 제 행동이 가족들에게는 더 무관심하게 보였을 것 같아요. 지난번 상담하면서 말씀하신 것처럼 어린 시절 경험이 많이 생각이 나네요. 솔직히 제가 별로 기억하고 싶은 과거는 아니죠.

상담자 아아, 많이 힘들었던 거겠죠. 어린애가 그런 마음의 상처를 가지고 있었는데, 자기 마음을 나누거나 힘든 얘기를 할 수 있는 이런 기회는 별로 없었을 것 같아요.

아버지 네, 그렇죠. 그런 기회는 없었죠.

상담자 그때 누군가와 마음을 어떻게 나누었으면 그 어린 아이가 좀 더 편안하고 행복했을 것 같으세요?

아버지 글쎄, 마음에 있는 얘기겠죠. 너무 힘들고 이러다 보니 좀 한쪽으로는 알아줬으면, 알아주는 친구가 있었으면 그런 생각을 많이 해봤습니다.

소심이의 내면 탐색

상담자 소심이는 어떠니? 네 마음이 힘들 때 네 마음을 알아주는 사람이 옆에 있었으면 좋겠다는 그런 바람을 가지고 있진 않니? 어떠니?

김소심 (눈시울이 붉어지면서) 몰라요.

상담자 애정이는 어떠니?

김애정 저는 그냥 친구가 있고요. 엄마한테도 많이 말해요.

상담자 그러니까 애정이는 친구하고 엄마한테 해결한다는 얘기네.
소심이 눈을 보니 눈물 날 것 같이 붉어지던데 마음이 어떠니?

김소심 아무 하고도 이야기할 데가 없어요.

상담자 엄마가 소심이와 이야기를 많이 하고 싶어하는데.

김소심 엄마는 내 이야기를 잘 들어 준 적이 없어요. 예전부터 그랬어요. 내가 전에 애정이 때문에 힘들다고 아무리 이야기해도 안 들어 줬어요.

상담자 그래. 그럼 아무 하고도 이야기 못하고 얼마나 그동안 힘들었니? 아빠에게도 이야기하긴 힘들었니?

김소심 네.

상담자 아버님은 소심이가 하고 싶은 이야기가 있어도 마치 아버님 자신처럼 이야기할 데가 없다는 것을 알고 계셨나요?

아버지 오늘 와서 이야기 나눠보니 그랬겠구나 싶네요. 늘 말이 없고 혼자 있고 싶어 해서 쟤가 이야기하는 것을 싫어하는 줄 알았거든요. 소심이도 나를 멀리 하고 집사람도 나에게 잔소리만 늘어놓는 편이라 내가 필요 없다고 생각했어요.

상담자 그런 생각이 드는 자신에 대해서 어떻게 생각하세요.

아버지 쓸쓸해지네요.

상담자 소심이는 아빠에게 속마음을 이야기해 본 적이 있니?

김소심 전에 애들이 날 '돼지'라고 놀린다고 이야기한 적 있어요. 그때 아빠가 놀라신 것 같고 걱정스런 표정으로 아무런 말 없이 날 쳐다보셨어요. 그래서 내가 뭘 잘못 이야기했나 생각했고, 그런 이야기는 아빠한테 하면 안 된다는 생각이 들었어요.

상담자 어떤 생각에서 그런 생각을 했니?

김소심 아빠가 너무 나에게 실망하시는 것 같아서요.

상담자 아, 그렇구나. 그러니깐 소심이가 아버지하고 말을 하고 싶지만 속상한 일을 이야기하면 아버지가 매우 실망하실 것 같아 말을 못하겠다는 거구나.

김소심 (고개를 끄덕이다)

상담자 아버님은 그때 소심이가 아버지에 대해 느낀 것처럼 정말 그런 심정이셨나요?

아버지 소심이가 그렇게 생각할 줄은 몰랐어요. 소심이에 대해 실망한 게 아니라 아무것도 도와줄 수 없는 제 자신이 무능력해 보였어요.

상담자 아, 그러셨군요. 마치 어린 시절 부모 앞에서 인정받지 못하고 아무것도 못할 것 같은 무능력한 자신처럼 바로 그런 심정이셨나요?

아버지 (한참 침묵이 흐른다) 네, 어린 시절의 제 아픔이 이렇게 지금까지 영향을 주는 줄 몰랐네요. 제 아픔 때문에 소심이가 힘들었다는 생각이 들어요.

남편과 소심이와의 관계에서 어머니의 행동 탐색

상담자 어머니는 소심이가 엄마와는 이야기를 안 해도 그런 이야기를 아빠한테 할 때 어떻게 하셨어요?

어머니 소심이가 학교 갔다 와서 기운 없고 뭔가 이상하다 싶어 자꾸 캐물으면 "엄마가 알면 어떻게 해 줄 건데?"하면서 이야기를 안 하더라고요. 그런데 아빠가 식탁에 딱 앉으면 학교에서 있었던 이야기를 하는 거예요. 아빠도 애한테 말 거는 적이 별로 없고, 애도 아빠와는 거의 말을 안 하고 지냈는데, 그럴 때 보면 참 신기했어요. 그런데 그런 이야기 들으면 애 아빠는 내 대신 좀 자세히 물어보기라도 했으면 좋겠는데, 그랬냐면서 속상한 표정만 잔뜩 짓고 있거든요. 그럴 때 아니 무슨 남자가 그렇게 마음이 약한가 싶기도 하고 저도 더 속상해지는 거 있죠. 그래서 저만 애한테 "네가 이렇게 해 봐라. 애들이 그런다고 울고 들어오니." 하면서 이야기를 늘어놓게 되지요.

상담자 소심이가 어려서부터 엄마로부터 사랑을 받고 싶은데 그 욕구가 채워지지 않아 참 마음이 힘들었을 거예요. 다행히 아빠에게는 마음의 문을 열었는데 아빠도 자신의 힘듦 때문에 아들을 제대로 바라볼 수 없었고, 엄마가 성급하게 그 사이에 들어와 버려 소심이가 더 이상 아빠와의 친밀한 관계를 유지하기가 어려웠을 것 같아요. 엄마로부터 받을 사랑을 아빠에게도 기대했는데 그것이 채워지지 않을 때 소심이의 마음이 어떠했을까요?

어머니 (한참 생각에 잠기다) 소심이가 아빠와 친밀한 관계를 맺으려 할 때 제가 오히려 방해가 되었다는 이야기로 들리네요.

소심이가 지각하는 가족관계 모습

상담자 그럴 수 있지요. 소심이가 가족관계에 대해 지각하고 있는 것을 한번 보도록 할게요. (가족 인형을 보여주며) 소심아, 이 인형들을 가지고 네가 생각하는 가족의 모습을 한 번 만들어보렴. 엄마와 아빠는 어떻게 계시고 너와 동생은 어디에 놓으면 좋을까?

김소심 (엄마와 아빠 인형을 서로를 바라보고는 있으나 멀리 떨어지게 놓았다. 동생 애정는 엄마와 아주 가깝게 놓았고, 자신은 아빠와 아주 가깝지는 않아도 근접한 위치에 놓았다)

상담자 소심이가 생각하는 가족의 모습이 이런 모습이구나. 어머님은 소심이가 가족을 이렇게 지각하고 있다는 것을 아셨나요?

어머니 사실 좀 놀랐어요. 소심이가 그래도 아빠보다는 저와 더 친밀하다고 생각했는데, 아들이 생각하는 가족의 모습이 제가 생각했던 것과는 많이 다르네요.

상담자 (엄마 인형을 아빠와 소심이 인형 사이에 넣었다 뺐다 하며) 소심이는 "엄마는 애정이 밖에 몰라. 내 이야기는 전혀 듣질 않아. 이야기해도 소용없어. 애정이만 예뻐하는 엄마가 미워."라는 마음이 있어요. 그래도 아빠는 자신의 이야기를 들어 줄 거란 희망이 있었는데 아빠에게 다가가 관계 맺으려 하면 엄마가 성급히 이렇게 끼어든 거지요.

어머니 제가 소심이와 남편 사이에 끼여 있었다는 것이 새삼 놀라워요.

상담자 이런 상황에서 소심이 마음이 어떠했을까요?

어머니 엄마가 애정이만 예뻐한다고 생각했으니 제가 참 미웠겠어요. 어린 나이에 동생 돌보느라 참 힘들었을 텐데. (눈물을 흘리며) 그것도 몰라주고 얼마나 제가 미웠겠어요. 엄마한테 받지 못했다고 생각한 사랑을 아빠한테 받고 싶어했나본데 그것도 제가 결국은 방해한 거네요. 소심이 심정을 생각하니 제 가슴이 아파요.

가족조각을 통해 소심이와 엄마 사이에 새로운 관계 경험하기

상담자 어린 나이에 동생을 돌보면서 상처받았던 소심이에게 하지 못했던 말을 지금 이 자리에서 한번 해 보시면 어떨까요? 뭐라고 이야기해 주고 싶으세요? 소심이에게 가까이 오셔서 손을 잡고 이야기해 보세요.

어머니 (소심이 앞으로 와서 손을 잡고) 소심아, 미안해. 엄마가 너희들만 집에 남겨놓고 나가서 네가 동생 돌보느라 정말 힘들었을 텐데. 엄마가 알아주지 못해서 정말 미안해. (눈물을 흘리며) 엄마는 우리 소심이 너무 사랑해.

김소심 (눈물을 하염없이 흘리며)

상담자 아버님은 지금 심정이 어떠세요? 이제는 소심이에게 어떻게 대하고 싶으세요?

아버지 글쎄……. 많은 대화를 해봐야 되겠죠. 나 때문에 소심이가 힘들었겠구나 싶어요.

상담자 아버님도 소심이에게 조금만 가까이 더 오셔서(소심이의 오른손을 아버지에게 내밀게 하면서) 소심이가 이렇게 손을 내밀 때 뭐라고 해 주고 싶으세요?

아버지 사랑한다. 진짜로 사랑한다고.

상담자 소심이 마음은 어때? 어머니, 아버지가 사랑한다고 하는 그 말이 진심인거 같아?

김소심 (울면서) 네.

아버지 울긴 왜 울어.

상담자 굉장히 듣고 싶었던 말인 것 같다. 그렇지? 한번 안아 주실래요?

어머니 아버지 (소심이를 함께 안아준다)

상담자 우리 애정이는 세 식구가 저러고 있으니까 마음이 어때? 너도 이 안으로 들어올래? 아직도 엄마 옆에만 있을래?

김애정 (수줍게 웃으며 고개를 가로 저으며 엄마, 아빠 사이로 들어온다)

상담자 오빠하고도 함께 가까이 있으니 어때?

김애정 (웃으며) 좋아요.

상담자 그래, 너도 오빠와 가까이 있는 게 싫진 않구나. 그럼 네가 엄마랑 조금 떨어지면 엄마, 오빠, 애정이가 좀 더 편안해 보일 것 같은데 애정이가 엄마와 조금 떨어지고 오빠가 엄마에게로 좀 더 가까이 가도 괜찮겠니?

김애정 네, 괜찮아요.

새로운 상호작용을 통한 가족체계의 변화

상담자 이렇게 있으면서 서로 바라 볼 수 있으니 어떠세요?

아버지 좋아요. 마음이.

상담자 소심이는 마음이 어떠니?

김소심 좋아요. (눈물이 난다)

상담자 기분이 좋지? 눈물이 나온 이유는 내 생각에 부모님이 소심이를 사랑하신다는 것을 알게 된 눈물 같은데?

김소심 (고개를 끄덕이다)

상담자 이제 아빠, 엄마한테 네 마음속에 있는 얘기를 할 수 있을 것 같니?

김소심 (고개를 끄덕이다)

상담 마무리 및 추후 계획

상담자 어머니는 어떠셨어요?

어머니 지금 이렇게 잠깐 동안이지만 내가 아무리 소심이를 사랑해도 그것을 말로, 행동으로 표현하지 않으면 모른다는 생각을 하게 되었어요. 소심이가 제 마음을 조금 알아주는 것 같아 고마워요.

아버지 저도 이제 소심이에게(사랑을) 표현해야겠다는 생각이 들어요. 상담을 통해 이런 경험을 한 것에 대해 정말 감사해요.

어머니 그런데 이런 경험이 계속 이어질지 이렇게 열렸던 문이 어느 순간 닫혀버리면 어쩌나 그런 마음도 있어요.

상담자 이런 경험은 참 좋으셨겠지만 우리에게는 습관이 안 되어 있어서 또 소심이 마음이 다치거나 서로 마음을 열지 못하는 일이 생기면 어쩌나 걱정이 되신 거군요. 우리는 습관때문에 다시 되돌아 갈 가능성이 있어요. 그래서 집에 돌아가셔서 일주일동안 생활해 보시면서 여기서 경험하신 것을 계속 이어가시길 바래요. 다음 상담 시간에 어머니는 소심이에게 어떻게 사랑 표현을 하셨는지, 남편과 소심, 소심이와 애정이가 상호작용할 때 둘 사이에서 어떻게 하셨는지 이야기해 주세요. 아버님은 소심이에게 어떻게 사랑을 표현하셨는지 이야기해 주시기 바라고, 또 부모님의 사랑 표현에 소심이는 어떻게 반응을 보였는지 이야기해 주셨으면 합니다.

CHAPTER

15 고부 상담사례

1. 사례 개요: 외동아들과 홀어머니

의뢰과정

아내 김자부씨는 시어머니와 연락만 하면 관계가 너무 안 좋아졌고 너무 힘들어서 혼자라도 상담을 받기로 결정을 하였다. 지금까지 상담을 한 번도 받아 본적은 없었고, 인터넷 검색을 통해 상담실을 알게 되어 내방하였다.

제시된 문제

아내 김자부씨는 시어머니의 황당한 행동과 태도에 자신이 어떻게 대처해야 하는지 알고 싶어 했다. 시어머니는 남편의 관심을 끌려고 하는데, 몸이 아프다고 해서 내려가면 옆집에 가서 식사를 잘하고 계시는 등의 행동들이 이해되지 않으며 항상 어떤 상황이 마음이 들지 않으면 몸이 아프다고 해서 아들을 내려오게 한다.

1) 내담자 가족의 기초 정보

김자부씨는 1남 1녀의 막내로 태어났으며 친정어머니가 독립적으로 양육을 해서 어려서부터 의존하지 않고 스스로 알아서 자신의 일을 하면서 성장했다. 내담자의 친정아버지도 자녀들의 일에 간섭을 하지 않는 편이었고, 아주 부유하지 않아도 어렵지는 않게 평탄하게 살아왔다. 친구인 정효자씨와 결혼해서 부부는 서로 간섭하지 않으며 독립적으로 잘 살아왔다.

정효자씨는 어린 시절 어머니가 아버지의 가정폭력과 음주로 인하여 견디다 못해 자주 가출을 하여 할머니가 양육을 했으며 대학 때 독립을 하였다. 정효자씨가 독립을 한 후 아버지는 돌아가셨고 그 후에 어머니가 집에 들어오셨는데 어머니의 역할보다는 오히려 아들에게 의지를 하며 살아가기 시작하였다. 정효자씨는 그런 어머니에게 한번도 거역을 하지 않고 어머니의 말을 들어주는 편이었다. 결혼을 할 때도 부부는 외국에서 공부를 하여 서로 필요한 것만 준비했다. 그런데 시어머니는 두고 두고 예단이며 혼수에 대해서 아들이 없을 때만 틈타 지속적으로 이야기하여 김자부씨에게 스트레스를 주고 있다.

현재 김자부씨는 회사원으로 근무하다가 잠시 휴식을 취하고 있는 상태이다. 김자부씨는 어머니에 대한 여러 가지 일로 남편과의 관계가 악화되자 자진해서 상담을 신청하게 되었다. 김자부씨는 깔끔한 이미지에 남에게 폐를 끼치는 것을 제일 싫어하였다. 즉 남이 나에게 뭔가를 도와달라고 부탁하면 많이 힘들어하는 성격의 소유자이다. 특히 젊으신데 일을 안 하시고 그저 아들이 주는 돈을 가지고만 살려고 하시며 시도 때도 없이 전화를 하여 오라가라 하는 시어머니의 태도가 가장 싫다고 하였다. 시어머니는 53세, 젊은 나이인데도 의존적이다. 김자부씨는 시어머니의 일만 아니면 부부사이는 좋다고 한다. 현재 시어머니일로 관계가 악화된 상태로, 친정어머니에게도 '니네 엄마' 라는 호칭을 쓸 정도이다.

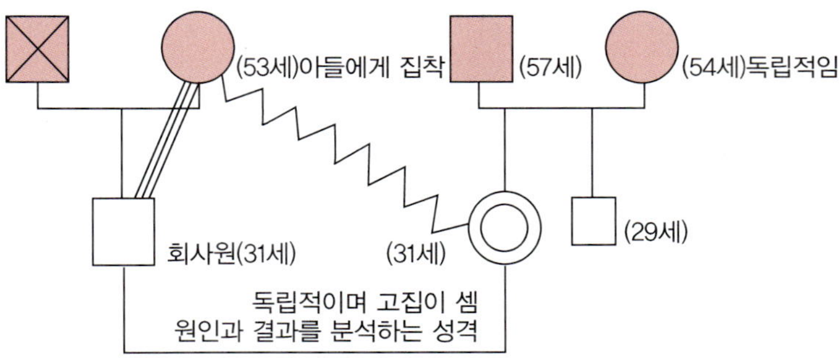

그림 15-1 가계도

2) 문제발생 배경

정효자씨는 어머니와의 관계에 대해 이야기를 하면 모르는 척을 하고 시어머니는 남편이 있을 때와 없을 때 너무나도 다른 모습을 보여서 김자부씨는 힘들어한다. 결혼할 때 혼수이야기며 며느리가 직장을 관두었는데도 "너희 생활비는 줄여도 나한테 주는 돈은 절대 줄이지 말아라." 라고 하는 말을 들으면 어머니라고 하기에는 너무나도 이기적이며 자기밖에 모른다는 생각이 든다고 한다.

또한 자식들에게 경제적으로 기대지 않고 사시는 친정어머니와 비교해보면 더욱 이해가 안되서 아들에게 계속적으로 요구하는 시어머니가 싫지만 요즘 시어머니와는 만나지도 않고 전화통화도 안하고 있어 신경이 쓰인다. 이렇게 신경이 쓰이는 자체도 속상하고 마음에 들지 않는다. 시어머니는 젊어서 돈을 벌어도 될 텐데 돈을 벌려고 하지도 않고 자식에게만 손 벌리는 모습에 너무도 화가 난다. 허리가 아프다고 하시며 일을 안 하시다가 허리가 나아지면 일을 하겠다고 하지만 허리가 나아져도 영 일을 안하며 거의 놀면서 지내기를 반복하고 있다. 남편은 거의 어머니 편만을 들며 용돈도 원하시는 대로 드리라고 하여 김자부씨의 가정은 자신이 일을 하지 않으면 경제적으로 어려워진다. 남편은 어머니가 요구하는 것은 모두 들어주며 관계에서 부딪히는 것을 회피하고 있다.

실질적으로 남편은 어머니에게 양육을 받은 것도 아니라 애정을 느끼고 있지 않은 것 같다고 하였다. 하지만 홀어머니라서 불쌍히 여기는 마음이 있으며 그러한 연유로 반대를 못하고 항상 어머니가 하자는 대로 하면서 지내고 있어 어떻게 보면 남편도 불쌍하다. 내담자는 시어머니의 갖가지 이해할 수 없는 행동들이 지속되고 남편은 계속 시어머니가 하자는 대로 하는 것이 못마땅하고 견딜 수가 없다고 호소하였다.

2. 상담적 접근 모델

1) 다세대 가족치료

가족의 정서체계를 이해하고 인지적 자각을 촉진하기 위해 가계도를 작성하고 질문을 던지고 과제를 주로 사용하여 궁극적으로 삼각관계를 벗어나도록 한다.

2) 인지행동적 가족상담

내담자가 남편에게 자기주장을 할 수 있도록 자기주장훈련을 적용하고 부부의 의사소통을 살펴보고 의사소통 개선을 돕는다. 그리고 내담자의 가족에 대한 비합리적인 신념에 대한 점들을 살펴보고 인지의 변화와 함께 행동의 변화를 가져오고자 한다.

(본 저서 10장에서는 행동주의 가족상담을 소개하였으나 최근에 인지적인 면을 추가하고 있는 추세이므로 본 장에서는 인지적인 면을 추가하여 인지행동적 가족상담을 적용한 사례를 소개하고자 한다)

3. 상담목표

① 내담자와 라포형성을 촉진하다.
② 내담자 가족의 가계도 작성을 통하여 가족을 이해한다.
③ 시어머니와 남편 사이에서 내담자가 벗어날 수 있도록 탈삼각관계화를 이룬다.
④ 내담자가 배우자에게 자신의 생각을 정확하게 표현할 수 있도록 자기주장훈련을 한다.
⑤ 내담자 부부의 의사소통을 개선하도록 돕는다.
⑥ 내담자의 비합리적인 신념을 찾아 인지적 변화와 함께 행동의 변화를 촉진한다.

4. 상담 모델의 적용

1회기(신뢰관계 형성)

o 상담내용 상담을 오게 된 경위와 함께 상담자와 라포 형성을 하도록 분위기를 조성하였다. 무척이나 자기중심적이라 자신의 생각을 이야기하며 다른 사람의 이야기를 들으려 하지 않았다. 남편과 시어머니를 도저히 이해할 수가 없다며 답답한 마음을 호소하였다.

○ 상담적 개입 내담자의 이야기에 귀 기울여 주며 답답한 마음을 충분히 표현하도록 도왔다. 1회기에는 내담자의 이야기에 공감하며 상담자와 관계를 효과적으로 만드는 데 중점을 두었다.

2회기(가계도 작성)

○ 상담내용 가계도 작성을 위해 상담자가 먼저 내담자에게 가계도를 그리는 이유를 설명하였다. 작성과정에서 편안하도록 배려하면서 간단하고 무난한 정보를 묻는 질문에서 시작하여 세대에 걸친 관계패턴과 질병, 문제 등의 정서과정에 관한 질문을 하였다.

시어머니와 시아버지의 관계가 안 좋아 시어머니가 가출을 하여 남편이 할머니 손에 양육된 것이며 시아버지의 가정폭력과 음주에 관한 사항들을 남편에게 들은 대로 차근차근 이야기하였다. 시어머니는 힘든 일만 생기면 가출을 하여 남편에게 부모역할을 제대로 하지 않았다. 친정이야기에서는 친정아버지가 말이 없으시고 무뚝뚝하여 어머니와만 상호작용을 하였는데 어머니는 독립심이 강하고 아버지와 관계가 좋지 않았다. 부모역할에 대해 강조하였으며 성인이 된 후에 부모들이 자식의 도움을 받는 것은 절대로 용납할 수 없다고 하였으며 친정어머니는 지금도 열심히 일을 한다고 하였다. 또한 어려서부터 친구들 관계에서 피해를 주지 않았으며 자신에게 도움을 요청하는 경우 이해가 되지 않아 갈등이 있었다고 한다.

○ 상담적 개입 내담자가 가계도를 그리면서 느낀 생각을 정리하게 하고 이야기하게 하였다. 내담자의 감정을 공감해주면서 힘든 작업을 성심 성의껏 표현한 것을 칭찬해주었다. 가계도를 그리며 상담자가 내담자를 좀 더 이해하려고 노력하였다. 내담자 자신이 현재 어떠한 상황에서 가족관계를 하고 있는지 자신의 이야기를 하도록 하며 내담자가 시어머니와 어떻게 상호작용을 하는지 살펴보라고 과제를 내주었다.

3회기(탈삼각관계화)

○ 상담내용 한 주간 어떻게 지냈는지 이야기를 했는데 남편이 시댁에 돈을 주면서 자신한테 이야기도 하지 않고 보내서 화가 난다고 하였다. 그래서 남편에게 화를 막 내고 시어머니는 너무도 자식에게 무책임하고 어른으로서의 태도가 아니라고 하며 소리를 쳤다고 한다. 처음으로 내담자가 시어머니와 관계를 하지 않자, 남편에게 돈을 달라고 하였다. 남편과의 갈등을 이야기하며 남편의 입장을 이해해 보고 자신이

얼마나 감정적으로 남편을 대했는지 이야기를 하기도 하였다. 시어머니의 이야기에서 "사회적인 체면이 있는데 너희가 어떻게 나를 버릴 수 있겠니?" 하고 아들에게 이야기한 부분을 말하며 남편 역시 피해자인 것 같아 불쌍하다는 생각이 들었다. 비록 내담자에게 이야기를 한 것은 아니지만 듣는 것만으로도 화가 나고 기분이 나쁘다고 한다.

상담적 개입 2회기 과제인 시어머니와의 상호작용을 탐색해보며 내담자에게 남편이 시어머니가 그렇게 이야기(사회적인 체면이 있는데 너희가 어떻게 나를 버릴 수 있겠니?)를 한 것을 들었을 때 어떤 느낌이 들었는지 이야기 해보도록 하였다. 내담자는 이런 말을 하는 시어머니가 도대체 이해가 가지 않는다고 하였다. "많은 사람들이 하고 싶은 이야기를 다 하고 살지는 않는 것 아니냐."하며 격한 감정을 표현하였다. 2회기에 그린 가계도를 보면서 현재 삼각관계를 이루고 있는 것에 대해서 설명을 하였다. 시어머니와 남편의 관계로 인해 내담자가 지속적으로 영향을 받아 결국 부부관계에 영향을 미치고 있다고 설명하였다. 비록 경제적으로 가계에 영향을 미치고 있으나 두 사람의 정서적인 면이 연루되어 지금의 관계를 형성한 것에 대해 생각해 보도록 하였다. 자신이 화나는 원인이 무엇인지, 남편 때문인지, 시어머니 때문인지, 원인 제공을 한 사람은 시어머니인데 남편과 항상 갈등이 되는 것에 대해서 생각해보도록 하였다.

4회기(자기주장훈련)

상담내용 내담자가 불편한 얼굴로 상담실에 들어와서 상담자가 어려운 일이 있는지 물어보았더니 남편이 또 자신에게 이야기를 안 하고 시어머니에게 돈을 보냈다고 이야기를 하였다.

상담자는 내담자가 자신의 생각을 배우자에게 정확하게 표현하고 있는지 살펴보았다. 언제부터인지 시어머니와 연관된 일로 부부관계가 안 좋아지면 자신의 생각을 이야기하지 않고 배우자와 같이 그냥 회피하는 태도를 갖게 되었다고 하였다.

상담적 개입 내담자가 배우자에게 자기표현을 얼마나 하는지 이야기하는 시간을 가졌다. 내담자는 언제부터인지 표현을 하지 않게 되었다고 하며 눈물을 보여 내담자의 마음을 충분히 공감해 주었다. 그리고 자신의 생각을 남편 또는 시어머니에게 정확하게 불쾌하지 않은 범위에서 표현하는 연습을 해보았다.

내담자의 성격이 타인에게 신세지기를 싫어하고 혼자서 잘하는 성향으로 자신의 생각을 정확하게 표현하는 것을 어려워하였다. 그래서 배우자와는 기분이 좋을 때나 관계가 좋을 때는 한없이 좋다가도 시어머니에 대한 일로 힘들어지면 관계가 악화되었다. 남편에게는 내담자 몰래 송금하는 것과 시어머니에게는 전화를 아무 때나 하여 돈을 보내라고 하는 부분에 대해서 내담자 자신의 생각을 표현하도록 해보았다. 남편이 내담자 모르게 시어머니에게 송금한 것을 알고 나서의 생각과 느낌, 소망 등을 표현해보았다.

5회기(의사소통탐색)

○ 상담내용 4회기에서 자기주장 훈련한 것을 남편에게 표현해 보았는지 묻자 어렵지만 시어머니에게 송금하는 것에 대해 내담자의 생각을 표현해 보았다고 하였다. 5회기에는 남편과의 의사소통을 살펴보았다. 남편에 대한 분노 표현을 어떻게 하고 있는지 시어머니와의 관계에서 일어난 일로 남편과 갈등이 일어날 때 어떠한 의사소통을 하고 있는지 살펴보기로 하였다.

○ 상담적 개입 부부대화기법을 살펴보았다. 내담자가 소리를 지르고 남편도 화를 내다가 다시 회피상태로 가는 부부대화에 대해서 생각해 보는 시간을 가졌다.

현재 의사소통으로 인하여 자신에게 끼쳐지는 영향에 대해서 생각해 보았다. 항상 먼저 화를 내는 것에 대해서는 속상한 일이 생겼을 경우 숨을 고르고 자신의 생각을 정리해 보는 시간을 갖도록 하였다. 자신이 화나는 원인이 무엇인지 남편 때문인지 시어머니 때문인지 원인 제공을 한 사람은 시어머니인데 남편과 항상 갈등이 되는 것에 대해서 생각해보도록 하였다.

6회기(비합리적인 신념 찾기)

○ 상담내용 한주간의 이야기를 하며 남편과 관계가 좋다가도 시어머니 이야기만 나오면 힘들어진다고 했다. 남편은 항상 그 상태인데 내담자가 견디지 못하는 것 같다고 하였다. 그러면서 남편도 불쌍하다는 생각을 하고 나니 소리를 지르지 않게 되었으며 불쌍하다고 하면서 눈물을 보였다. 지금까지 남편이 그런 엄마를 감싸려니 얼마나 힘들었을까 하는 생각이 들었다고 한다. 어른이면서 어른 같지 않은 행동을 하는 어머니를 남편이 부모로 인정하며 살기가 얼마나 고통스러울지 짐작할 수 있으며 자신의 어머니이기에 이러지도 저러지도 못하는 것을 조금이나 이해할 수는 있다고

하였다. 그러나 친정어머니와 비교해 볼 때 너무도 다르다고 하였다.

상담적 개입 내담자에게 자신이 가지고 있는 비합리적 신념을 10가지 생각해 보도록 하였다.

① 어른은 어른다워야 한다.
② 남에게 피해를 주면 안 된다.
③ 자신의 일은 자신이 해야 한다.
④ 돈을 빌리는 것은 되도록이면 하지 말아야 한다.
⑤ 부모는 자식에게 키워준 것에 대해 생색을 내서는 안 된다.
⑥ 남에게 신세를 지면 안 된다.
⑦ 부부관계에 다른 가족원이 끼는 것은 안 된다.
⑧ 자기의 아이들은 자기가 관리한다.
⑨ 식당에서 아이들이 막 돌아다니는 것은 있을 수도 없는 일이다. 그건 부모의 문제이다.
⑩ 무위도식하는 것은 절대 안 된다.

위의 10가지 비합리적인 신념에 대해 이야기를 나누는 동안 세상의 사람들이 너무도 많은 사람에게 피해를 주고 산다고 하였다.

내담자는 자신이 매우 개인주의적이라는 생각이 든다고 하며 고등학교 때 친구가 무척이나 개인주의라서 내담자에게는 부탁을 하기가 힘들다고 한 이야기를 조심스레 말하였다. 내담자 이야기를 듣고 솔직히 자신의 이야기를 해준 것에 대해 공감해주고 칭찬해주었다.

7회기(비합리적인 신념을 합리적인 신념으로 수정)

상담내용 6회기에 쓴 비합리적인 신념들을 합리적인 신념으로 '그럴 수도 있다'고 생각해보고 흑백논리가 아님을 이야기하며 수정해보는 시간을 가졌다. 하나하나 살펴보며 내담자의 생각대로만 살 수 없고 계획대로 인생이 진행되지 않을 수도 있으며, 그럴 때마다 선택을 하고 결정을 해야 하며 융통성을 발휘하지 않으면 내담자 자신이 힘들 수도 있다는 것을 이야기하였다.

상담적 개입 내담자가 시어머니와 관계한 내용을 인지적인 면을 다루어 비합리적인 신념에서 합리적인 신념으로 바꾸는 작업을 해보았다. 예를 들어 시어머니가 아무 때나 전화하는 것에 대해서는 "보고 싶을 때 전화를 하는구나."로 바꾸어 보았고 "전화를 하여 내려오라고 하면 무조건 내려가야만 하는 것"에 대해 한 번도 절충해보지 않았는데 앞으로는 현재의 상황을 설명하고 이야기를 하여 오해가 생기지 않도록 해보아야겠다고 하였다.

'돈을 당당하게 달라는 부분'에 대해서는 뒤로 "아들에게 받아가는 것보다는 며느리에게 당당하게 달라는 것이 다행이다."라고 생각을 바꾸어야겠다고 하였다.

내담자의 인지적인 면에서 변화를 일으킨 것에 대해 많은 칭찬을 해드리며 종료 시점을 이야기하였다.

8회기(인지적 변화와 함께 행동의 변화 촉진)

○ 상담내용 남편과 여행을 갔다 왔다고 하였다. 자신이 생각을 바꾸니 훨씬 좋아지는 느낌이라고 하며 환하게 웃었다. 주말 저녁에 우연한 기회에 남편과 술을 마실 일이 있어 내담자가 상담을 받는 이야기와 생각을 바꾸려고 노력 중이라는 이야기까지 하게 되었다. 내담자는 남편에게 자신이 노력하고 있는 것을 이야기하니 남편이 너무도 좋아하였다며 내담자가 조금씩 달라지고 있다고 이야기하였다고 한다. 남편의 그런 모습이 내담자에게 많은 힘이 되었다.

내담자는 자신이 갖고 있는 생각을 바꾸게 되었고 남편과 시어머니의 관계 속에 스스로 너무 들어가서 힘들어 하는 것은 아닌지를 다시 생각해보게 되었다.

내담자는 시어머니와 함께 사는 것도 아니고 한 달에 1~2번 전화통화를 통해 일어나는 일들인데 시어머니 입장에서 생각해 보니 외아들을 생각하는 마음이 이해된다고 하였다. 그리고 마을에서 효자라고 소문이 나 있는데 혼자 사는 어머니를 자주 찾아뵙지 않으니 자꾸 전화를 하시는 것 같아 여행을 다녀오며 시어머니에게 들렀더니 너무 좋아하셨다고 한다. 물론 시어머니가 아직도 마음에 들거나 좋은 것은 아니다. 그러나 "내가 살아가기 위해서 생각과 행동을 바꾼 것뿐이다."라고 하였다.

○ 상담적 개입 생각을 바꾸면 세상이 달라진다는 것을 이야기하며 내담자가 갖고 있는 틀을 조금 바꿀 수 있도록 하기 위해 퀴즈문제를 적용하였다. 아홉 개의 점을 4개의 직선으로 이어보도록 요청했다. 내담자가 풀지 못하여 정답을 알려드리고, 풀려고 시도할 때나 정답을 전해 들으면서 어떤 생각이 들었는지 물어보았다. 내가 갖고

있는 틀에서 벗어나면 많은 세상을 볼 수 있고 행동에도 많은 변화가 있을 수 있다고 이야기하였다.

9회기(마지막 회기)

○ 상담내용 시어머니가 돈을 보내라고 아침부터 전화를 하여 많이 속상했다고 하였다. 남편 역시 출근 전에 불편해 보였다고 하였다. 내담자가 그렇게 남편을 바라 본 것인지도 모르겠다고 하였다.

생각해보니 내담자가 시어머니와 불편해지면서 상호작용을 하지 않자 낮에는 바빠서 핸드폰을 잘 받지 않는 아들과 편하게 통화를 하려면 아침에 출근 전에 전화를 해야 자식과 통화를 할 수 있어서 아들에게 전화를 하는 것 같다는 생각이 들었다고 한다. 그래서 남편에게 "내가 부쳐드릴게." 하고 이야기를 하였더니 남편이 놀라는 것 같았다고 하였다. 상담자는 내담자를 칭찬해 드리면서 달라진 모습을 알 수 있겠냐고 질문을 하였다. 내담자의 생각을 바꾸니 행동이 변한 것과 시어머니가 어떻게 보이는지에 대해 이야기하였다.

○ 상담적 개입 내담자의 생각을 바꾸니 내담자의 행동이 바뀌었다는 것에 대해 관심을 갖도록 하였다. 또한 현재 내담자의 상황에서 시어머니가 어떻게 보이는지 시어머니를 어떻게 보았는지 느껴보도록 하였다. 내담자의 생각이 변한 것에 대해 칭찬을 해드렸다. 그동안 남편에게도 시어머니에게도 칭찬을 받아 본적이 없었다고 하며 미소를 지었다. 누군가 나를 인정해주고 칭찬을 해준 것이 얼마만인지 모르겠다고 하였다. 앞으로도 자신의 생각을 잘 정립하기를 바라고 자신에게 끼쳐지는 영향을 알면서 긍정적인 사고를 하여 행동의 변화를 가지기를 말씀 드리며 종료하였다.

5. 상담자 소견

1) 상담의 효과

비교적 잘 된 사례이기에 종료할 수 있었으며 내담자의 경우 고학력이고 자신의 생각을 잘 정립하는 경우라서 가계도와 인지행동상담을 잘 이해하고 적용하여 행동변화를 일으켰다.

2) 상담의 한계

고부 갈등을 다룬 상담이나 시어머니와 남편이 상담에 참여하지 않아서 내담자만 상담을 한 사례이다. 남편이 상담에 참여하였더라면 좀 더 역동적인 관계개선의 효과가 있었을 것으로 생각된다. 이러한 경우 내담자가 다시 원점으로 돌아오기도 하여 내담자의 특성을 잘 파악하여 상담적 개입을 하여야 할 것이다.

6. 4회기 상담 축어록

4회기 상담 내용을 축약하면 다음과 같다.

상담자 잘 지내셨어요?

내담자 네… 그냥 뭐.

상담자 일주일 동안 어떻게 지내셨어요?

내담자 …….

상담자 힘든 일이 있으셨나요?

내담자 (약간 상기된 얼굴로) 실은 남편이 나한테 이야기도 하지 않고 또 시어머니에게 송금했어요. 아니 어떻게 이야기를 안 하고 돈을 보낼 수 있는지 모르겠어요. 요새 내가 돈을 안 벌어서 그렇지 작지만 항상 나도 돈을 벌었는데 자기 돈인가요? 우리의 돈인데…….

상담자 아, 남편이 김자부씨에게 이야기를 안 하고 또 어머니한테 돈을 드려서 속상하신 건가요?

내담자 네. 나는 항상 어떤 일이 있으면 이야기하는데 남편이 이야기를 안 하고 슬금슬금 하는 것 같아서 화가 나요.

상담자 거짓말한 것은 아닌데 꼭 남편이 나를 속이는 것 같은 느낌이 드시나 봐요.

내담자 속이는 것 아닌가요? 이야기를 안 하는 것이?

상담자 거짓말을 하는 것과 이야기를 하지 않는 것은 다른 것 같은데요.

내담자 …….(상담자가 공감해주지 않아 약간 불편한 감정을 들어내며)

상담자 김자부씨께서는 남편에게 이야기를 하지 않은 것이 없나요?

내담자 (주저하지 않고) 네.

상담자 그렇군요. 김자부씨께서는 그런 적이 없어서 남편이 나와 다른 것이 이해하기 힘든 것 같아요.

내담자 시어머니도 이해가 가지 않고 남편도 이해가 안가요. 어쩌면 나와 이렇게도 다른지…

상담자 많이 다르지요. 사람은 각기 다른 성격을 소유하고 있어서 서로 힘든 상황이 되면 관계가 어렵게 되지요. 제가 보기에는 김자부씨께서 남편에게 자신의 생각을 잘 표현해보시면 어떨까요?

내담자 전에도 수도 없이 이야기했어요. 소리도 지르고 울기도 하고요. 그런데 도대체 변하는 것이 없어요. 그래서 언제부터인가 내 주장을 하지 않기로 했어요.

상담자 그러셨어요. 그럼 이번에는 남편에게 자신의 생각을 표현해보는 시간을 가져 볼까요?

내담자 뭐, 그래도 되요. 제가 남편에게 뭘 잘못하고 있나요?

상담자 잘못한다기보다는 대화 방법을 좀 바꾸어 보면 어떨까 해요. 상대방을 인정하고 존중하면서 나의 의사표현을 해보는 거요.

내담자 어떻게 하면 되지요?

상담자 남편이 김자부씨에게 말을 안 하고 어머님께 송금한 것에 대해서 이야기를 해보지요.

내담자 네.

상담자 제가 남편이라고 생각하고 말을 해보시겠어요?

내담자 네. 자기 왜 나한테 말을 안 하고 어머니께 돈을 보냈어?

상담자 이렇게 이야기를 하셨군요. 그러면 남편의 반응은 어떠셨나요?

상담자 화를 내고 그러다가 회피를 해버리고 했지요.

상담자 그러면 이번에는 제가 김자부씨가 되고 김자부씨가 남편이 되어서 이야기를 해보지요.

상담자 네.

상담자 자기 어머님께 돈을 보냈어?

내담자 응.

상담자 어머님께 송금할 때 나한테 이야기하지 않고 보낸 것을 알고 나니 나를 무시하는 것 같기도 해서 많이 속상했어. 앞으로는 어머님께 돈을 보내기 전에 나한테 알려주었으면 좋겠어.

내담자 돈 보낸다고 하면 자기가 화내잖아!

상담자 전에는 내가 화를 내서 그랬는지 모르겠는데 앞으로는 자기가 어머님께 돈을 드린다고 해도 화를 내지 않도록 노력할게.

내담자 알았어.

상담자 어떠셨나요? 자기주장을 하는 것에 대해서 입장을 바꾸어서 해보니까요.

내담자 이렇게 나의 생각을 표현하면 화를 덜 낼 것 같은데요.

상담자 돈 보내는 것을 이야기하는 부분은 보고 들은 구체적 사실을 말하는 것이고요. 돈을 보내기 전에 알려주었으면 좋겠다는 자신의 생각을 표현하는 것이에요. 그리고 감정표현을 하고 앞으로의 소망을 이야기하는 것이지요.

내담자 아, 화가 나도 화를 내지 말고 조절하라는 의미 같네요.

상담자 네, 본인이 하고 싶은 이야기를 화를 내지 말고 남편에게 자기의 생각을 정확하게 표현하는 것이지요. 해보시겠어요?

내담자 자기야? 나 자기가 어머님께 돈을 보낸 것을 알고 많이 화가 났었어. 나한테 이야기를 하지 않고 보낸 것에. 앞으로는 어머님께 돈을 보낼 때는 나한테 꼭 이야기를 해주었으면 좋겠어. 나도 화내지 않도록 할게.

상담자 잘하셨어요.

내담자 어렵네요.

상담자 이번에는 어머님께 자신의 생각을 표현해보시겠어요?

내담자 네! 아, 뭐.

상담자 어머님께 무슨 말씀을 드리고 싶나요?

내담자 아무 때나 남편에게 전화를 해서 돈을 보내라고 하지 말았으면 좋겠어요. 새벽에도 전화를 하면 깜짝 깜짝 놀라요.

상담자 아, 네. 그럼 한번 이야기를 해보세요.

내담자 어머니, 어머니께서 새벽에 효자씨에게 전화를 해서 돈을 보내라고 하시는 것을 들으면 저를 신뢰하지 못하시나 하는 생각이 들어서 속상해요. 앞으로는 저한테 전화해서 말씀하셨으면 해요. 이렇게 이야기하면 될까요?

상담자 잘 하셨어요. 그런데 이야기를 할 때 전화로 하시니까 김자부씨의 마음이 전달되도록 최대한 부드럽게 하셔야 할 거에요. 얼굴을 보지 않고 나의 이야기를 하는 만큼이요. 얼굴을 보고 이야기를 하는 것이 가장 좋겠지만 여의치 않으면 이렇게라도 말씀드리는 것이 좋지 않을까 해요.

내담자 무슨 말씀인지 알겠어요. 어제 마침 남편이랑 큰소리내고 하여 많이 속상했는데 오늘 상담을 왔다가니 훨씬 마음이 가볍네요.

상담자 그럼 이번에는 들을 때 어떻게 하시는지 한번 이야기 해보시겠어요?

내담자 음, 들을 때요?

상담자 네, 보통 남편과 이야기를 할 때 어떻게 하시는지, 아니면 어머님과 이야기를 할 때 어떻게 하시는지요?

내담자 실은 주로 다른 생각을 해요. 뭐, 남편이랑 어머님 이야기를 할 때도 남편이 저한테 어떤 상황을 이야기하려고 하면 '네가 그렇게 하니까 그렇지' 하면서 속으로 남편 욕을 한다든지, 웃긴다 등 안 좋은 생각을 많이 해요. 간혹 남편 말이 끝나기가 무섭게 공격을 하기도 하고 회피해버리기도 하고요.

상담자 아, 그러셨군요. 상대방의 이야기를 들을 때 상대방의 이야기를 비판하거나 다른 생각을 하거나 공격할 말을 생각하는 것은 하지 말아야 할 것들입니다. 잘 알고 계시겠지만요.

내담자 힘들어요. 남편의 이야기를 듣다 보면 중간 중간 제가 이야기를 끊거나 아주 무시해버리고 회피해버리거든요.

상담자 다음에 오실 때는 부부의 의사소통에 대해서 이야기하는 시간을 가지기로 하지요. 지금 연습하신 자기주장훈련을 잘 적용하여 김자부씨의 생각을 남편과 시어머니께 잘 표현해보시기를 바래요.

내담자 네.

부 록

사단법인 한국상담학회 윤리강령

전문

한국상담학회는 교육적, 학문적, 전문적 조직체이다. 상담자는 각 개인의 가치, 잠재력 및 고유성을 존중하며, 다양한 조력활동을 통하여 내담자의 전인적 발달을 촉진한다. 상담자는 내담자의 신체적, 정신적, 사회적, 영적 안녕을 유지·증진하는 데 헌신한다. 이러한 역할을 수행하는 과정에서 상담자는 내담자의 복지를 가장 우선시한다. 상담자는 내담자와의 관계에서 의사소통의 자유를 갖되, 그에 대한 책임을 지며 내담자의 성장과 사회공익을 위하여 최선을 다한다. 이를 위해 상담자는 다음의 윤리규준을 준수한다.

1. 전문적 태도

가. 전문적 능력

(1) 상담자는 상담에 대한 이론적 지식, 전문적 실습, 교수, 상담활동, 연구를 통해 전문성을 발달시키기 위해 지속적으로 노력해야 한다.

(2) 상담자는 자신의 능력 및 기법의 한계를 인식하고, 전문적 기준에 위배되는 활동을 하지 않는다. 만일, 자신의 개인 문제 및 능력의 한계 때문에 도움을 주지 못하리라고 판단될 경우에는 내담자에게 동의를 구한 후, 다른 동료 전문가 및 관련 기관에 의뢰한다.

(3) 상담자는 자신의 활동분야에서는 최신의 과학적이고 전문적인 정보와 지식을 유지하기 위해 지속적인 교육과 연수에 참여한다.

(4) 상담자는 윤리적 책임이나 전문적인 상담 실시에 대해 의문이 생길 때 다른 상담자나 관련 전문가들에게 자문을 구하는 절차를 따른다.
(5) 상담자는 정기적으로 전문가로서의 능력과 효율성에 대해 자기반성과 자기평가를 해야 하며, 필요한 경우 자신의 효율성을 증진시키기 위해 지도감독을 받아야 한다.

나. 충실성

(1) 상담자는 내담자를 보다 효과적으로 도울 수 있는 방법에 관하여 꾸준히 연구·노력하고, 내담자의 성장촉진과 문제의 해결 및 예방을 위하여 최선을 다한다.
(2) 상담자는 자신의 능력 한계나 개인적인 문제로 내담자를 적절하게 도와줄 수 없을 때에는 상담을 시작해서는 안 되며, 다른 전문가에게 의뢰하는 등의 적절한 방법으로 내담자를 돕는다.
(3) 상담자는 자신의 질병, 사고, 이동, 또는 내담자의 질병, 사고, 이동이나 재정적 한계 등과 같은 요인에 의해 상담을 중단할 경우, 이에 대한 적절한 조치를 취해야 한다.
(4) 상담자는 상담을 종결하는 데에는 어떤 이유보다도 우선적으로 내담자의 관점과 요구에 대해 고려해야 하며, 내담자에게 다른 전문가가 필요한 경우에는 적절한 과정을 통해 의뢰한다.
(5) 상담자는 자신의 기술이나 자료가 다른 사람들에 의해 오용될 가능성이 있거나, 개선의 여지가 없는 활동에 참여해서는 안 되며, 이런 일이 일어난 경우에는 이를 시정하여야 한다.

2. 정보의 보호

가. 비밀보장

(1) 상담자는 사생활과 비밀유지에 대한 내담자의 권리를 최대한 존중해야 할 의무가 있다.
(2) 상담자는 내담자에 대한 상담 기록 및 보관을 윤리 규준에 따라 시행한다. 또한 상담자는 상담내용의 녹음 및 기록에 관해 내담자의 동의를 구해야 한다.

(3) 상담자는 내담자가 기록에 대한 열람이나 복사를 요구할 경우, 그 기록이 내담자에게 잘못 이해될 가능성이 없고 내담자에게 해가 되지 않으면 응하는 것이 원칙이다. 다만 여러 명의 내담자를 상담하는 경우, 다른 내담자와 관련된 사적인 정보는 제외하고 열람하거나 복사하도록 한다.

(4) 상담자는 상담과 관련된 기록을 보관하고 처리하는 데에는 비밀을 유지해야 하며, 이를 타인에게 공개할 때에는 내담자의 직접적인 동의를 구해야 한다.

(5) 상담자는 내담자 개인 및 사회에 임박한 위험이 있다고 판단되는 등의 비밀보호의 예외가 존재하는 경우를 제외하고는, 내담자의 서면 동의 없이는 제삼의 개인이나 단체에게 상담기록을 공개하거나 전달해서는 안 된다.

나. 집단 및 가족상담의 비밀보장

(1) 상담자는 특정 집단을 대상으로 집단 상담을 시작할 때 비밀보장의 중요성과 한계를 명확하게 설명한다.

(2) 상담자는 가족상담을 할 때 각 개인의 비밀보장에 대한 권리와 그 비밀보장을 유지해야 할 의무와 관련해 참여한 모든 사람으로부터 동의를 구하고 그 동의 사항을 문서에 기록한다.

(3) 상담자는 자발적인 동의 능력이 불가능하거나 미성년인 내담자를 상담할 때, 부모나 보호자가 참여할 수 있음을 알린다.

다. 전자 정보의 비밀보장

(1) 상담자는 컴퓨터를 사용한 자료 보관의 장점과 한계를 알아야 한다.

(2) 상담자는 내담자의 기록이 전자 정보의 형태로 보존되어 제삼자가 내담자의 동의 없이 접근할 가능성이 있을 때, 적절한 방법을 통해 내담자의 신상이 드러나지 않도록 조치를 취한다.

(3) 상담자는 컴퓨터, 이메일, 팩시밀리, 전화, 음성메일, 자동응답기 그리고 다른 전자 테크놀로지를 사용해 정보를 전송할 때는 비밀이 유지될 수 있도록 사전에 주의를 기울인다.

라. 비밀보장의 한계

(1) 상담자는 상담 시작 전이나 상담과정 중 내담자에게 비밀보장의 한계를 수시로 알리고 비밀보장이 불이행되는 상황에 대해 주지시킨다.

(2) 상담자는 아래와 같은 내담자 개인 및 사회에 임박한 위험이 있다고 판단될 때 매우 조심스러운 고려 후에, 내담자에 관한 정보를 적정한 전문가 혹은 사회 당국에 제공할 수 있다.

① 내담자의 생명이나 사회의 안전을 위협하는 경우

② 내담자가 감염성이 있는 치명적인 질병이 있다는 확실한 정보를 가졌을 경우

③ 내담자가 심각한 학대를 당하고 있을 경우

④ 법적으로 정보의 공개가 요구되는 경우

(3) 상담자는 만약 내담자에 대한 상담이 여러 전문가로 구성된 집단에 의한 지속적인 관찰을 포함하고 있다면, 그러한 집단의 존재와 구성을 내담자에게 알릴 의무가 있다.

(4) 상담자는 내담자의 사적인 정보의 공개가 요구될 때 오직 기본적인 정보만을 공개한다. 더 많은 사항을 공개하기 위해서는 사적인 정보의 공개에 앞서 내담자에게 알리고 동의를 얻어야 한다.

(5) 상담자는 비밀조장의 예외 및 한계에 관한 타당성이 의심될 때에는 다른 전문가나 지도감독자 및 우리 학회 윤리위원회의 자문을 구한다.

3. 내담자의 복지

가. 내담자 권리 보호

(1) 상담자의 최우선적 책임은 내담자의 존엄성을 존중하고 내담자의 복지를 증진시키는 것이다.

(2) 상담자는 상담활동의 과정에서 소속 기관 및 비전문가와의 갈등이 있을 경우, 내담자의 복지를 우선적으로 고려하고 자신이 소속된 전문적 집단의 이익은 부차적인 것으로 간주한다.

(3) 상담자는 내담자에게 전문적인 도움을 주는 것이 어렵다고 판단되면 상담자는 상담관계를 시작하지 말아야 하며, 이미 시작된 상담관계인 경우는 즉시 종결하여야 한다. 이 경우 상담자는 내담자에게 적절한 다른 대안을 제시해 주어야 한다.

(4) 상담자는 내담자의 잠재력을 개발하여 건강한 삶을 영위하도록 도움을 주며, 어떤 방식으로도 해를 끼치지 않는다.

(5) 상담자는 상담관계에서 오는 친밀성과 책임감을 인식하고, 전문가로서의 개인적 욕구 충족을 위해서 내담자를 희생시켜서는 안 되며, 내담자로 하여금 의존적인 상담관계를 형성하지 않도록 노력하여야 한다.

나. 내담자 다양성 존중

(1) 상담자는 모든 인간의 기본적인 권리, 존엄성, 가치를 존중하며 연령이나 성별, 인종, 종교, 성적 선호, 장애 등의 어떤 이유로든 내담자를 차별하지 않는다.

(2) 상담자는 내담자의 발달단계와 문화에 적합한 방식으로 정보를 전달한다.

(3) 상담자가 사용하는 언어를 내담자가 이해하는 데 어려움이 있을 때는 내담자가 명확하게 이해할 수 있도록 통역자나 번역자를 배치하여 필요한 서비스를 제공한다.

(4) 상담자는 자신의 고유한 가치, 태도, 신념, 행위가 사회에서 어떻게 적용되는지를 인식하고 내담자에게 자신의 가치를 강요하지 않는다.

(5) 상담자는 훈련이나 수련감독 실천에 다문화 · 다양성 역량 배양을 위한 내용을 적극적으로 포함시키고 수련생들이 이에 대한 인식, 지식, 기술을 습득할 수 있도록 적극적으로 훈련시킨다.

4. 상담관계

가. 다중관계

(1) 상담자는 내담자와의 친밀한 관계를 인식하고, 내담자에 대한 존중감을 유지하며 내담자를 이용하여 상담자 개인의 필요를 충족하고자 하는 활동 및 행동을 하지 않는다.

(2) 상담자는 상담 전에 상담관계에 영향을 줄 수 있는 상담의 목표, 기술, 규칙, 한계 등에 관해서 내담자에게 알려 주어야 한다.

(3) 상담자는 객관성과 전문적인 판단에 영향을 미칠 수 있는 다중 관계를 피해야 한다. 단 내담자의 복지를 위해 상담자와 내담자가 사전 동의를 한 경우와 그에 대한 자문이나 감독이 병행될 때는, 상담관계를 맺을 수도 있다.

(4) 상담자는 특별한 경우를 제외하고는, 내담자와 상담실 밖에서 사적인 관계를 맺지 않는다.

(5) 상담자는 내담자와의 관계에서 상담료 이외의 어떠한 금전적, 물질적 거래관계도 맺지 않는다.

나. 성적 관계

(1) 상담자는 내담자와 어떤 형태의 성적 관계를 갖지 않는다.

(2) 상담자는 내담자와 성적 관계를 맺었거나 유지하는 경우 상담관계를 형성하지 않는다.

(3) 상담자는 상담관계가 종결된 이후에도 최소 2년 내에는 내담자와 성적관계를 맺지 않는다.

(4) 상담자는 상담 종결 이후 2년이 지난 후에 내담자와 성적관계를 맺게 되는 경우에도 이 관계가 착취적이 아니라는 것을 철저하게 검증할 책임이 있다.

(5) 상담자는 성적 유인, 신체적 접근 또는 성적인 성격을 지닌 성적 위협에 관여하지 않는다. 이를 알게 되거나 듣게 되었을 때 묵과하지 않고 적절한 조치를 취한다.

5. 사회적 책임

가. 사회관계

(1) 상담자는 사회윤리 및 자신이 속한 지역사회의 도덕적 기준을 존중하며, 사회공익과 자신이 종사하는 전문직의 올바른 이익을 위하여 최선을 다한다.

(2) 상담자는 경제적 이득이 없는 경우라 하더라도 전문적 활동에 헌신함으로써 사회에 봉사한다.

(3) 상담자가 되기 위해 교육을 받고 수련하는 우리 학회 회원에게는 교육비 책정에서 특별한 배려를 한다.

(4) 상담자는 내담자의 재정 상태를 고려하여 상담료를 적정 수준으로 정하여야 한다. 정해진 상담료가 내담자의 재정 상태에 비추어 적정 수준을 벗어날 경우에는, 가능한 비용으로 적합한 상담 서비스를 받을 수 있도록 내담자를 돕는다.

(5) 상담자는 수련생에게 적절한 훈련과 지도감독을 제공하고, 수련생이 이 과정을 책임있고 유능하게 수행할 수 있도록 돕는다.

나. 고용 기관과의 관계

(1) 상담자는 자신이 재직하고 있는 상담기관의 설립 목적에 기여할 수 있는 활동을 할 책임이 있다.

(2) 상담자는 자신의 전문적 활동이 재직하고 있는 상담기관의 목적과 모순되고, 직무수행에서 갈등이 해소되지 않을 때는 상담 기관과의 관계를 종결해야 한다.

(3) 상담자는 자신이 재직하고 있는 상담기관의 관리자 및 동료들과의 관계를 통해서 상담업무, 비밀보장, 기록된 정보의 보관과 처리, 업무분장, 책임에 대해 상호간의 동의를 구해야 한다.

(4) 상담자는 자신이 재직하고 있는 상담기관의 고용주에게 해를 끼칠 수 있는 상황 혹은 기관의 효율성에 제한을 줄 수 있는 상황에 대해 미리 통보를 하여야 한다.

(5) 상담기관에 재직 중인 상담자는 해당 기관의 상담 활동에 적극적으로 종사하고 있지 않다면, 자신의 이름이 상업적인 광고나 홍보에 사용되지 않도록 해야 한다.

다. 상담기관 운영

(1) 상담기관 운영자는 상담 기관에 소속된 상담자의 증명서나 자격증은 그 중 최고 수준의 것으로 하고, 자격증의 유형, 주소, 연락처, 직무시간, 상담의 유형과 종류, 그와 관련된 다른 정보 등이 정확하게 기록된 목록을 작성해 두어야 한다.

(2) 상담기관 운영자는 자신과 현재 종사하고 있는 직원의 발전에 책임 의식을 가져야 하고, 직원들에게 상담기관의 목표와 상담 프로그램에 대해 알려주어야 한다.

(3) 상담기관 운영자는 고용, 승진, 인사, 연수 및 지도감독 시에 연령, 성별, 문화, 장

애, 인종, 종교, 혹은 사회경제적 지위 등을 이유로 차별하지 않는다.

(4) 상담기관 운영자는 상담기관을 홍보하고자 할 때 일반인들에게 해당 상담기관의 전문적 활동, 상담 분야, 관련 자격 등을 정확하게 알려주어야 한다.

(5) 상담기관 운영자는 내담자나 교육생을 모집하기 위해 개인 상담소를 고용이나 기관가입의 장소로 이용하지 않는다.

라. 타 전문직과의 관계

(1) 상담자는 상호 합의한 경우를 제외하고는 타 전문가로부터 도움을 받고 있는 내담자를 대상으로 상담을 하지 않는다. 다만, 공동으로 도움을 줄 경우에는 타 전문가와의 관계와 조건에 관하여 분명히 할 필요가 있다.

(2) 상담자는 자신이 아는 전문 · 비전문가의 윤리적 행동에 관하여 중대한 의문을 발견했을 경우, 그러한 상황을 시정하려는 노력을 할 책임이 있다.

(3) 상담자는 자신의 전문적 자격이 타 전문분야에서 오용되는 것에 적절하게 대처하며, 자신의 이익을 위해 타 전문직을 손상시키는 언어 및 행동을 삼간다.

(4) 상담자는 자신의 상담 접근 방식과 차이가 있는 다른 전문가의 접근 방식 및 전통과 관례를 존중한다.

(5) 상담자는 상담 전문가로서의 자신의 관점, 가치, 경험과 다른 학문 분야에 종사하는 동료의 관점, 가치, 경험을 활용하여 내담자의 복지에 영향을 미칠 수 있는 결정에 참여하고 기여하다.

6. 상담연구

가. 연구 책임

(1) 상담연구자는 연구의 결과가 상담의 이론과 실제에 바람직한 기여를 하도록 노력해야 하고, 연구로 인한 문제에 대해 책임을 져야 한다.

(2) 상담자는 연구 참여자를 대상으로 하는 연구를 수행할 때 윤리규정, 법, 기관 규정, 과학적 기준에 합당한 방식으로 연구를 계획, 설계, 실행, 보고한다.

(3) 상담자는 윤리적인 연구수행에 대한 궁극적인 책임이 연구책임자에게 있다는 것을 인식하고 연구 활동에 참여하는 모든 사람이 윤리적 책임을 공유하며 각자의 행동에 대해 책임을 진다는 사실을 주지시킨다.
(4) 상담자는 연구 참여 때문에 연구 참여자의 삶에 혼란이 초래되는 것을 피하기 위해 합당한 사전 조치를 취한다.
(5) 상담자는 연구 목적에 적합하다면 문화적인 고려를 통해 연구 절차를 구체화 하도록 한다.

나. 연구 참여자의 권리

(1) 상담자는 피험자에게 연구의 필요성을 포함하여 연구에 관한 전반적인 사항에 대해 상세히 설명하여 동의를 얻어야 하며, 그들이 자발적으로 연구에 참여하도록 해야 한다.
(2) 상담자는 내담자를 포함시키는 연구를 수행할 때 사전 동의 절차에서 내담자가 연구 활동에 참여할 것인지에 대해 자유롭게 선택할 수 있다는 점을 명확하게 한다.
(3) 상담자는 연구 과정에서 연구 참여자에 대해 획득한 정보를 비밀로 유지한다.
(4) 상담자는 자료가 수집된 후 연구에 대해 참여자들이 가질 수 있는 오해를 해소하기 위해 연구의 특성을 명확하게 설명한다.
(5) 상담자는 학술 프로젝트나 연구가 완료되면 합당한 기간 내에 연구 참여자의 신분을 확인할 수 있는 자료나 정보가 포함된 오디오, 비디오, 인쇄물과 같은 기록이나 문서를 파기하는 조치를 취한다.

다. 연구결과의 보고

(1) 연구결과를 발표할 때에는 그 결과와 관련된 모든 정보를 정확하게 서술해야 하며, 객관적이고 공정한 발표가 되게 하고, 연구결과가 다른 상담자의 연구를 위한 자료가 될 수 있도록 해야 한다.
(2) 상담자는 출판된 연구에서 중대한 오류를 발견하면, 정오표나 다른 적절한 출판 수단을 통해 그 오류를 수정하는 합당한 조치를 취한다.
(3) 상담자는 모든 연구 참여자의 신분을 보호하고 복지를 위해 자료를 각색 · 변형하

고 결과에 대한 논의가 연구 참여자에게 해를 끼치지 않도록 합당한 조치를 취한다.

(4) 상담자는 다른 사람의 저작을 자신의 것처럼 표절하지 않는다.

(5) 상담자는 공동 저자, 감사의 글, 각주 달기 등의 적절한 방법을 통해 연구에 상당한 기여를 한 사람들에게 그런 기여에 합당하게 공로를 인정하고 표시한다.

7. 심리검사

가. 일반 사항

(1) 상담자는 내담자의 환경(사회적, 문화적, 상황적 특성 등)과 개별적 특성을 고려한 후, 내담자를 조력하기 위한 목적에 적합한 심리검사를 선택해야 한다.

(2) 심리검사를 실시할 때에는 자격이 있는 사람이 표준화된 절차에 따라 실시해야 하며, 그 과정을 경시해서는 안 된다.

(3) 상담자는 검사 채점과 해석을 수기로 하건, 컴퓨터를 사용하건, 혹은 다른 서비스를 사용하건 상관없이 내담자의 요구에 적합한 검사 도구를 적용, 채점, 해석, 활용한다.

(4) 상담자는 검사 전에 검사의 특성과 목적, 잠재적인 결과 수령자의 구체적인 결과의 사용에 대해 설명한다. 이 때 상담자는 내담자의 개인적 · 문화적 상황, 내담자의 결과 이해 정도, 결과가 내담자에게 미치는 영향을 고려한다.

(5) 상담자는 피검자의 복지, 명확한 이해, 검사 결과를 누가 수령할 것인지에 대한 결정에서 사전 합의를 고려한다.

나. 검사 도구 선정과 실시 조건

(1) 상담자가 검사 도구를 선정할 때 도구의 타당도, 신뢰도, 실용도, 객관도, 심리측정의 한계를 신중하게 고려한다.

(2) 상담자는 제삼자에게 내담자에 대한 검사를 의뢰할 때, 적절한 검사도구가 사용될 수 있도록 내담자에 대한 구체적인 의뢰 문제와 충분한 객관적인 자료를 제공한다.

(3) 상담자는 문화적으로 다양한 집단을 위한 검사 도구를 선정할 경우, 그러한 내담

자 집단에게 적절한 심리측정 특성이 결여된 검사 도구를 사용하지 않도록 합당한 노력을 한다.

(4) 상담자는 검사도구의 표준화 과정에서 설정된 동일한 조건하에서 검사를 실시한다.

(5) 상담자는 기술적 또는 다른 전자적 방법들이 검사 실시에 사용될 때, 실시 프로그램이 잘 기능하고 있는지 그리고 정확한 결과를 제공하는지에 대해 점검한다.

다. 검사 채점 및 해석

(1) 상담자는 개인 또는 집단검사 결과 발표에 정확하고 적절한 해석을 포함시킨다.

(2) 상담자는 검사 결과를 보고할 때, 검사 상황이나 피검사자의 규준 부적합으로 인한 타당도 및 신뢰도와 관련하여 발생하는 제한점을 명확히 한다.

(3) 상담자는 연령, 피부색, 문화, 장애, 민족, 성, 인종, 언어 선호, 종교, 영성, 성적 지향, 사회경제적 지위가 검사 실시와 해석에 영향을 미친다는 것을 인식하고, 내담자와 관련된 다른 요인들을 고려하여 적절하게 검사 결과를 해석한다.

(4) 상담자는 기술적인 자료가 불충분한 검사 도구의 경우 그 결과를 해설할 때 주의해야 한다. 그러한 도구를 사용하는 특정한 목적을 내담자에게 명확히 알린다.

(5) 상담자는 내담자에게 심리검사 결과의 수치만을 알리거나 제삼자에게 알리는 등 검사 결과가 잘못 통지되지 않도록 해야 한다.

라. 정신장애 진단

(1) 상담자는 정신장애에 대해 적절한 진단을 하도록 특별하고 세심한 주의를 기울인다.

(2) 상담자는 치료의 초점, 치료 유형, 추수상담 권유 등의 내담자 보살핌을 결정하기 위해 사용되는 개인 상담을 포함한 검사 기술을 신중하게 선택하고 합당하게 사용한다.

(3) 상담자는 정신장애를 진단할 때는 내담자의 문제를 규정하는 방식에 문화가 영향을 미친다는 것을 인식하고 내담자의 사회경제적 · 문화적 경험을 고려한다.

(4) 상담자는 어떤 개인이나 집단들에 대해 오진을 내리고 정신병리화 하는 역사적 · 사회적 편견과 오류에 대해 충분히 이해하고 이러한 편견과 오류가 발생하지 않

도록 특별한 주의를 기울인다.

(5) 상담자는 심리검사의 결과가 내담자나 다른 사람들에게 해를 끼칠 수 있다고 판단되면 진단이나 보고를 해서는 안 된다.

8. 윤리문제 해결

가. 윤리위원회와의 협력

(1) 상담자는 본 윤리강령 및 시행세칙을 숙지하고 이를 실천할 의무가 있다.

(2) 상담자는 본 학회의 윤리강령뿐만 아니라 상담관련 타 전문기관의 윤리 규준에 대해서도 충분히 이해하고 있어야 한다. 상담자에게 주어진 윤리적 책임에 대한 지식의 결여와 이해 부족이 상담자의 비윤리적 행위에 대한 면책사유가 되지 않는다.

나. 윤리 위반

(1) 상담자가 윤리적인 문제에서 의구심을 유발하는 근거가 있을 때, 윤리위원회는 본 윤리강령 및 시행세칙에 따라 적절한 조치를 취할 수 있다.

(2) 상담자는 윤리강령을 위반한 것으로 지목되는 사람에 대해 윤리위원회의 조사, 요청, 소송절차에 협력한다. 또한 자신이 연루된 사안의 조사에도 적극 협력해야 한다. 아울러 윤리문제에 대한 불만접수로부터 불만사항 처리가 완료될 때까지 본 학회와 윤리위원회에 협력하지 않는 것 자체가 본 윤리강령의 위반이며, 위반 시 징계 등 상응하는 조치를 취할 수 있다.

(3) 상담자는 윤리적 책임이 법, 규정, 또는 다른 법적 권위자와 갈등이 생기면 본 학회 윤리규정에 따른다는 것을 알리고 갈등을 해결하기 위한 조치를 취한다. 만약 갈등이 그러한 방법으로 해결되지 않으면, 법, 규정, 다른 법적 권위자의 요구 사항을 따른다.

(4) 상담자는 명백한 윤리강령 위반이 비공식적인 방법으로 해결되지 않거나, 그 방법이 부적절하다면 윤리위원회에 위임한다.

(5) 상담자는 그 주장이 그릇됨을 증명할 수 있는 사실을 무모하게 경시하거나 계획적으로 무시해서 생긴 윤리적 제소를 시작, 참여, 조장하지 않는다.

9. 회원의 의무

본 학회의 정회원, 준회원 및 평생회원은 본 학회 회원의 자격을 부여 받기 이전이라 할지라도 본 윤리강령을 준수할 의무가 있다.

부칙

(1) 본 윤리강령은 2002년 8월 17일부터 시행한다.
(2) 본 개정 윤리강령은 2008년 8월 19일부터 시행한다.
(3) 본 개정 윤리강령은 2011년 12월 25일부터 시행한다.

출처: (사)한국상담학회 http://www.counselors.or.kr

가족상담학회 윤리강령

전문

가족상담학회는 가족, 부부 및 개인의 심리적 및 관계적 문제와 관련된 교육, 연구, 상담 활동을 하는 전문 상담자들의 조직체로서, 공공의 신뢰를 얻고 유지하기 위해 노력한다. 가족상담자는 각 가족 및 개인의 가치, 잠재력 및 고유성을 존중하며 다양한 조력 활동을 통하여 상담 수혜자가 전인적 발달을 할 수 있도록 촉진하고 보다 바람직한 가정생활 및 사회생활을 할 수 있도록 돕는 데 헌신한다. 이러한 역할을 수행하는 과정에서 가족상담자는 상담 수혜자의 복지를 가장 우선시한다. 상담 수혜자를 돕는 과정에서 가족상담자는 문의 및 의사소통의 자유를 갖되, 그에 대한 책임을 지며 상담 수혜자의 성장과 사회 공익을 위하여 최선을 다한다. 이를 위해 가족상담자는 다음의 윤리 내용을 준수한다.

1. 사회관계

(1) 가족상담자는 자기가 속한 기관의 목적 및 방침에 모순되지 않는 활동을 할 책임이 있다. 만일 그의 전문적 활동이 소속 기관의 목적과 모순되고, 윤리적 행동 기준에 관하여 직무 수행 과정에서의 갈등을 해소할 수 없을 경우에는 그 소속 기관과의 관계를 종결해야 한다.

(2) 가족상담자는 사회윤리 및 자기가 속한 지역사회의 도덕적 기준을 존중하며, 사회공익과 자기가 종사하는 전문직의 바람직한 이익을 위하여 최선을 다한다.

(3) 가족상담자는 자기가 실제로 갖추고 있는 자격 및 경험의 수준을 벗어나는 인상을 타인에게 주어서는 안 되며, 타인이 실제와 다른 인식을 가지고 있을 경우 이를 시정해 줄 책임이 있다.

2. 전문적인 태도

(1) 가족상담자는 가족상담에 대한 이론적 지식, 전문적 실습, 교수, 상담활동, 연구를 향상시키기 위한 지속적인 노력을 통해 전문성을 발달시키도록 해야 한다.

(2) 가족상담자는 상담 수혜자를 보다 효과적으로 도울 수 있는 방법에 관하여 꾸준히 연구 · 노력하고, 상담 수혜자의 성장 촉진과 문제의 해결 및 예방을 위하여 최선을 다한다.

(3) 가족상담자는 자기의 능력 및 기법의 한계를 인식하고, 전문적 기준에 위배되는 활동을 하지 않는다. 만일 자신의 개인 문제 및 능력의 한계 때문에 도움을 주지 못하리라고 판단될 경우에는, 적절한 전문적 도움을 받거나 다른 동료 전문가 및 관련기관에 의뢰한다.

3. 정보의 보호

(1) 상담관계에서는 한 사람 이상의 상담 수혜자들이 동시에 참여할 수 있기 때문에, 가족상담자는 상담 수혜자들 각각의 정보를 존중하고 보호해야 할 책임이 있다. 따라서 상담 수혜자들이 이외의 사람들에게 뿐만 아니라 상담 수혜자들 사이에 서도 각 사람의 정보가 노출될 때는 해당 상담 수혜자의 동의가 반드시 있어야 한다.

(2) 가족상담자는 상담 수혜자 개인 및 사회에 임박한 위험이 있다고 판단될 때만, 매우 조심스러운 고려 후에 상담 수혜자에 관한 정보를 적절한 전문인 혹은 사회 당국에 공개한다.

(3) 가족상담자는 상담 수혜자에 대한 정보를 동료 상담자 혹은 슈퍼바이저에게 제공할 경우 사실적이고 객관적인 정보로 구성하며, 상담 수혜자의 구체적 신분에 대해 파악할 수 없도록 할 책임이 있다.

(4) 상담 수혜자에 관한 정보를 교육 및 연구의 목적으로 사용할 경우에는 상담 수혜자와 합의를 거쳐야 하며, 그의 정체가 전혀 노출되지 않도록 해야 한다.

4. 상담 수혜자의 복지

(1) 가족상담자는 상담 활동의 과정에서 소속 기관 및 비전문인과의 갈등이 있을 경우, 상담 수혜자의 복지를 우선적으로 고려하고 자신의 전문적 집단의 이익은 부차적인 것으로 간주한다.

(2) 상담 수혜자에게 적절한 전문적인 도움을 주는 것이 어렵다고 판단되면 가족상담자는 상담관계를 시작하지 말아야 하며, 이미 시작된 상담관계인 경우는 즉시 종결하여야 한다. 이 경우 가족상담자는 상담 수혜자에게 적절한 다른 대안을 제시해 주어야 한다.

(3) 가족상담자는 상담의 목적에 위배되지 않는 경우에 한하여 검사를 실시하거나 상담 수혜자 이외의 관련 인물을 면접한다.

(4) 가족상담자는 상담 수혜자가 동거, 결혼, 이혼, 별거, 재결합, 자녀 양육권, 자녀 방문 등의 가족 관계와 관련하여 결정을 내릴 수 있는 권리를 존중하며, 그 결정의 결과를 이해할 수 있도록 도와야 한다.

(5) 가족상담자는 상담 장면을 녹화 또는 녹음하거나 제삼자로 하여금 관찰하게 하고자 할 경우, 사전에 상담 수혜자에게 알리고 그로부터 동의를 얻어야 한다.

5. 상담관계

(1) 가족상담자는 상담 수혜자와의 친밀한 관계를 인식하고, 상담 수혜자에 대한 존중감을 유지하며, 상담 수혜자 및 상담 수혜자의 가족을 이용하여 상담자 개인의 필요를 충족하고자 하는 활동 및 행동을 해서는 안 된다.

(2) 가족상담자는 상담 전에 상담관계에 영향을 줄 수 있는 상담의 목표, 기술, 규칙, 한계 등에 관해서 상담 수혜자에게 알려 주어야 한다.

(3) 가족상담자는 상담 수혜자 및 상담 수혜자의 가족과 성적으로 친밀한 관계를 맺어서는 안 된다.

(4) 가족상담자는 상담 수혜자 및 상담 수혜자의 가족과 상담관계 외에 사업적인 또는 개인적인 관계 등의 이중적 관계를 맺지 않도록 최선의 노력을 기울여야 한다.

만일 이중적 관계로 인하여 전문적인 판단이 흐려지거나 관계 남용의 가능성이 발생하는 경우, 상담자는 적절한 조치를 취하거나 상담관계를 종결하여야 한다.

6. 학생 및 피감독자에 대한 책임

(1) 가족상담자는 학생이나 피감독자에 대한 영향력을 이용하여 부당한 이득을 취해서는 안 된다. 가족상담자는 교육 또는 감독 관계 외에 사업적인 또는 개인적인 관계 등의 이중적 관계를 맺지 않도록 최선의 노력을 기울여야 한다. 만일 이중적 관계로 인하여 전문적 판단이 흐려지거나 관계 남용의 가능성이 발생하는 경우, 상담자는 적절한 조치를 취하거나 교육이나 감독 관계를 종결하여야 한다.

(2) 가족상담자는 현재 교육하고 있는 학생이나 피감독자와 별도의 상담관계를 가져서는 안 된다.

(3) 가족상담자는 학생 또는 피감독자와 성적으로 친밀한 관계를 맺어서는 안 된다.

(4) 가족상담자는 자신의 학생 또는 피감독자로 하여금 그들의 훈련, 경험, 능력 이상의 전문적 상담을 제공하지 않도록 해야 한다.

(5) 가족상담자는 피감독자가 제공하는 상담이 전문적 수준을 유지하도록 적절한 통제와 감독을 실시하여야 한다.

(6) 가족상담자는 피감독자의 개인 정보를 보호해야 하며, 타인에게 그 정보를 노출할 경우 피감독자의 동의를 반드시 얻어야 한다. 단, 교육이나 행정적인 이유로 인하여 두 사람 이상의 감독자가 동시에 감독할 경우, 해당 피감독자의 훈련 및 감독에 참여하고 있는 다른 감독자 또는 고용자에게는 정보 공개가 가능하다.

7. 상담 연구

(1) 상담 연구자는 연구의 결과가 상담의 이론과 실제에 바람직한 기여를 하도록 노력해야 하고, 연구로 인한 문제에 대해 책임을 져야 한다.

(2) 상담 연구자는 피험자에게 연구의 필요성을 포함하여 연구에 관한 전반적인 사항

에 대해 상세히 설명하여 동의를 얻어야 하며, 그들이 자발적으로 연구에 참여하도록 해야 한다.

(3) 연구 결과를 발표할 때는 그 결과와 관련된 모든 정보를 정확하게 서술해야 하며, 객관적이고 공정한 발표가 되게 하고, 연구 결과가 다른 상담자의 연구를 위한 자료가 될 수 있도록 해야 한다.

8. 심리검사

(1) 가족상담자는 검사 대상자를 조력하기 위한 목적에 적합한 심리검사를 선택해야 한다.

(2) 심리검사를 실시할 때는 자격이 있는 사람이 표준화된 절차에 따라 실시해야 하며, 그 과정을 경시해서는 안 된다.

(3) 가족상담자는 검사대상자에게 심리검사 결과의 수치만을 알리거나 제삼자에게 알리는 등 검사 결과가 잘못 해석되거나 통지되어 오용되지 않도록 해야 한다.

(4) 가족상담자는 미성년자에게 심리검사를 실시할 경우 성인 보호자의 동의를 얻은 후에 실시하여야 하며, 그 결과 또한 성인 보호자에게 알려 주어야 한다.

9. 타 전문직과의 관계

(1) 가족상담자는 상호 합의한 경우를 제외하고는 타 전문인으로부터 도움을 받고 있는 상담 수혜자를 대상으로 상담을 하지 않는다. 공동으로 도움을 줄 경우에는 타 전문인과의 관계와 조건에 관하여 분명히 할 필요가 있다.

(2) 가족상담자는 자기가 아는 타 전문인의 윤리적 행동에 관하여 중대한 의문을 발견했을 경우, 그러한 상황을 시정하는 노력을 할 책임이 있다.

(3) 가족상담자는 자신의 전문적 자격이 타 전문 분야에서 오용되는 것에 적절하게 대처하며, 자신의 이익을 위해 타 전문직을 손상시키는 언어 및 행동을 삼간다.

출처: 강진령 외(2009), 상담자 윤리.

상담동의서

상담동의서

* 상담자와 내담자 ________________ 는(은) 상담 내용에 관해서 상담자와 내담자의 동의 없이는 어떠한 내용도 발설하지 않을 것을 약속합니다.

* 내담자 ________________ 는(은) 상담 내용에 대해서 내담자의 동의하에 (녹음, 녹화)할 것을 허락합니다.

* 녹음, 녹화의 목적은 상담자가 더 나은 상담을 위한 슈퍼비전, 사례회의를 위해서 녹음, 녹화를 하며 수퍼바이저만 녹음의 내용을 확인할 수 있습니다. 비밀보장을 위하여 녹음, 녹화된 자료는 6개월 내에 폐기 됩니다.

* 상담기간 중 자살 행동을 시도하지 않을 것이며, 이에 따른 책임은 상담센터나 상담자에게 있지 않음을 약속합니다.

* 상담 약속 시간 변경 시 24시간 전에 센터로 변경 연락을 해주셔야 합니다. 그렇지 않을 경우 다음 상담시간을 잡아드릴 수 없습니다.

* 사전 연락이 없이 상담 약속 시간에 늦을 경우에는 상담 약속시간에 한해서 상담을 받으실 수 있습니다.

상담일자 : 년 월 일

내 담 자 (사인)

상 담 자 (사인)

출처: 서초구건강가정지원센터

상담신청서

I. **인적사항**

1. 내담자 정보

이름		성별	남 · 여	연령	년 生(만 세)
주소				전화번호	집: 휴대폰:

2. 결혼관계: 미혼, 결혼, 이혼, 사별, 기타: ____________________
3. 종교: 기독교, 천주교, 불교, 무교, 기타: ____________________
4. 하는 일(자세하게)
5. 학력: 초등 (학년), 중학교 (학년) 고교 (학년), 고교 졸업 / 중퇴
   전문대, 대학 재학 (학년), 휴학중, 전문대졸업, 대학졸업, 대학원(석사, 박사)
   재학 · 졸업
6. 가족 관계:
   원가족 또는 결혼 전 가족: 부모생존, 부(모) 별세, 남 녀 중 째, 외동
   결혼 후 가족구성: 배우자, 자녀(남 녀)
7. (기혼자의 경우) 결혼배경: 중매, 연애, 기타: ____________________
   1) 결혼연령: 세 때 결혼
   2) 결혼 전 배우자와 성관계 여부: O · X

II. **해결하고 싶은 내용**

1. 해결하고 싶은 문제(해당하는 곳에 모두 체크해 주세요)
   1) 정서문제: ①불안 ②공포 ③의욕상실, 자신감결여 ④미움 ⑤원한 ⑥분노
   ⑦우울 ⑧죄의식 ⑨자살충동 ⑩기타:
   2) 습관 또는 행동문제: ①알코올 ②흡연 ③도박 ④중독(종류:)
   ⑤식욕부진, 과식 ⑥성문제 ⑦주의력결핍 ⑧과잉행동
   ⑨학습부진 ⑩불면 ⑪기타:
   3) 대인관계 - ①일반 ②가족관계 ③부부관계 ④이성관계 ⑤직장관계 ⑥기타: _____
   4) 진로문제 - ____
   5) 종교(신앙)문제 - ____

* 이 외에 하고 싶은 말이 있으면 자유롭게 써 주세요.

____

____

가족사정척도The Family Assessment Denice – 맥매스터 모델McMaster Model

* 다음은 귀하의 가족을 나타낸 질문입니다. 해당되는 숫자를 쓰시오.

매우 그렇다			전혀 그렇지 않다
1	2	3	4

우리 가족은

1. 서로를 잘 이해하지 못하기 때문에 우리가 해야 할 일을 계획하지 못한다.
2. 누군가가 기분이 나쁘면 왜 그런지를 안다.
3. 위기가 닥치면 서로에게 도와 달라고 부탁할 수 있다.
4. 갑자기 큰일을 맞게 되면 어떻게 할 바를 모른다.
5. 서로에 대한 애정표현을 하지 않으려고 한다.
6. 슬픈 일이 있어도 서로에게 그런 얘기를 하지 않는다.
7. 자신에게 중요한 일일 때만 서로에게 관심을 가진다.
8. 집에서 할 일이 충분히 나뉘어져 있지 않다.
9. 규칙을 어겨도 그냥 지나간다.
10. 빗대어 말하기보다는 직접 솔직하게 얘기한다.
11. 감정적으로 반응하지 않는 식구들이 있다.
12. 우리가 두려워하는 일이나 걱정에 대해 얘기하기를 꺼린다.
13. 각자의 역할을 다하지 못한다.
14. 집단문제를 해결하려고 애쓴 후에 그것이 잘되었는지 아닌지에 대해 얘기하곤 한다.
15. 지나치게 자기중심적이다.
16. 서로에게 감정을 표현할 수가 있다.
17. 화장실을 사용하는 방식이 정해져 있지 않다.
18. 서로에 대한 사랑을 표현하지 않는다.
19. 우리에게 관계있는 일에만 서로 관여하게 된다.
20. 식구들이 개인적인 관심사를 알아볼 시간이 별로 없다.
21. 개인적으로 얻는 것이 있다고 생각할 때 서로에게 관심을 보인다.
22. (나쁜) 감정 문제가 나타나면 거의 풀고 지나간다.
23. 다정다감한 편은 아니다.
24. 어떤 이득이 있을 때에만 서로에게 관심을 보인다.
25. 서로에게 솔직하다.

26. 어떤 규칙이나 기준을 고집하지 않는다.
27. 어떤 일을 부탁하고 나서 나중에 다시 일러줘야 한다.
28. 집에서 지켜야 할 약속들을 어기면 어떻게 되는 건지 잘 모른다.
29. 함께 있으면 잘 지내지를 못한다.
30. 가족으로서 각자가 해야 할 일에 대해 불만을 가지고 있다.
31. 비록 좋자고 하는 것이지만 서로의 생활에 너무 많이 개입한다.
32. 서로를 믿는다.
33. 누가 해 놓은 일이 마음에 들지 않으면 그 사람에게 말한다.
34. 문제를 해결하려고 할 때 여러 가지 방법을 생각해 본다.

FAD 하위영역

하위영역		문항
문제해결 차원	가족이 효과적인 기능을 유지하는 데 요구되는 수준으로 문제를 해결할 수 있는가?	14, 22, 34
의사소통 차원	효과적인 기능을 위해서 의사소통이 모호하고 위장되어 있기보다는 개방적이고 명백하게 이루어지는가?	2, 10, 25, 33
역할 차원	가족원이 매일 일상생활을 하기 위해서 수행해야 하는 특수한 행동들이 잘 분담되고 있는가?	8, 13, 20, 27, 30
정서적 반응성 차원	가족이 주어진 자극에 따라 적절한 내용과 적절한 양의 감정으로 반응할 수 있는 능력	5, 11, 18, 23
정서적 관여 차원	가족이 그 구성원의 관심사나 활동에 얼마나 관심을 보이는가?	15, 17, 19, 21, 24, 31
행동 통제 차원	가족원의 행동을 다스릴 규범과 기준들을 가지는가?	4, 9, 17, 26, 28
가족의 일반적 기능 차원	가족의 건강 및 병리를 총체적으로 측정하는 것, 즉 가족기능의 효과성을 살펴보는 차원	1, 3, 6, 12, 16, 29, 32

출처: 정수경(1993), 정신분열증 환자의 질병기간에 따른 가족기능의 효과성 연구, 연세대학교 대학원 박사학위 논문

참고문헌 REFERENCE

국내문헌

강기정, 김연화, 박미금, 송말희, 이미선(2010). 건강가정론. 서울 : 양서원.

고미영(2004). 이야기치료와 이야기의 세계. 청목출판사.

고미영(2010). 이야기치료의 변천과 발전 – 이야기확장을 추구한 마이클 화이트의 이야기 치료의 여정. 한국가족치료학회지18(1), p.83-106.

골든버그, I. & 골든버그, H.(2003). 가족치료(김득성, 윤경자, 전영자, 전영주, 조명희, 현은민 역). 제5판. 서울: 시그마프레스.

글라써, W.(1991). 당신의 삶은 누가 통제하는가(김인자 역). 한국심리상담연구소.

글라써, W.(1975). 현실치료 – 정신치료에 대한 새로운 접근(김양현 역). 서울: 원미사.

김규수, 류태보(1994). 교류분석치료. 서울: 형설출판사.

김규수, 오현숙(2010). 가족치료 – 이론과 실제. 서울 : 양서원.

김도애(2011). 보웬 가족치료이론의 실제 – 내 마음의 뿌리. 경남가족상담연구소.

김도애, 황경란, 이선희(2009). 가족상담과 형제자리. 경남가족상담연구소.

김명희(2010). 가족치료와 상담 – 가족회복과 내적치유중심. 경기도 : 교문사.

김성섭(2011). 해결중심 단기 집단상담이 초등학생의 시험불안 감소에 미치는 효과. 전남대학교 석사학위논문.

김수연(2012). 정신장애인 종합훈련시설의 직원의 협력적 관계구축. 해결중심네트워크 2012컨퍼런스.

김승미(2010). 해결중심상담이 초등학생의 학업적 효능감과 학습태도에 미치는 효과. 대구교육대학교 석사학위논문.

김유숙(2002). 가족치료 – 이론과 실제. 개정판. 서울 : 학지사.

김유숙(2006). 가족상담. 서울 : 학지사.

김유숙(2008). 아동과 청소년 심리치료. 서울 : 학지사.

김유숙, 전영주, 김수연(2003). 가족평가핸드북. 서울 : 학지사.

김윤주(2012). 해결중심상담에서의 원척도 활용. 해결중심네트워크 2012컨퍼런스.

김인수 & 서보, P.(2011). 해결중심 단기코칭(김윤주, 노혜련, 최인숙 역). 서울: 시그마프레스.

김인수 & 스타이너, T.(2009). 아동과 청소년을 위한 해결중심 상담(유재성, 장은진 역). 서울 : 학지사.

김인수 & Miller, S.(1995). 해결중심적 단기가족치료(가족치료연구모임 역). 서울: 하나의학사.

김인자 (1997). 현실치료의 이론과 실제. 한국심리상담연구소.

김인자(1997). 현실요법와 선택이론. 한국심리상담연구소.

김정택(2004). 가족상담. 서강대학교 교육대학원.

김혜숙(2011). 가족치료 이론과 기법. 제2판. 서울 : 학지사.

노안영(2009). 상담심리학의 이론과 실제. 서울 : 학지사.

니콜스, M. & 슈워츠, R.(2009). 가족치료 : 개념과 방법(김영애, 김정택, 송성자, 심혜숙, 정문자, 제석봉 역). 제7판. 서울: 시그마프레스.

니콜스, M. & 슈워츠, R.(2009). 가족치료 : 핵심 개념과 실제 적용(김영애, 김정택, 심혜숙, 제석봉 역). 제3판. 서울: 시그마프레스

룽, L. & 영, M.(2009). 부부상담과 치료(이정연 역). 제2판. 서울: 시그마프레스.

류현수, 김주아(2009). 가족상담 및 치료. 서울 : 동문사.

리스터 포드, C.(2008). 기법을 중심으로 한 TA 상담과 심리치료(박의순, 이진선 역).

서울: 시그마프레스.

맥골드릭, M., & 거슨, R(1992). 가족분석가계도(이영분, 김유숙 역). 서울 : 홍익재.

미누친, S.(1990). 가족과 가족치료(김종옥 역). 서울 : 법문사.

미누친, S., 니콜스, M. & 리, W.(2007). 부부 · 가족 상담의 4단계 모델 – 증상에서 체계까지 상담사례의 적용(오진미, 신희천, 유계식, 김만권 역). 서울: 시그마프레스.

박윤정(2012). 학교폭력예방교육 차원에서 위스타트 학교사회복지실의 프로그램. 해결중심네트워크 2012컨퍼런스.

박종삼(1997a). 생활각본분석과 재결단치료. 한국교류분석임상연구회 워크숍 자료.

박종삼(1997b). 재결단치료의 이론과 임상적 접근. 한국교류분석임상연구회 워크숍 자료.

박종삼(1997). TA심리치료에서의 치료계약 이론과 임상기술. 한국교류분석임상연구회 워크숍 자료.

박종삼(1997). TA심리치료에서 Natural Child(NC)의 접근 – 이론과 임상기술. 한국교류분석임상연구회 워크숍 자료.

박태영(2001). 집단따돌림 당하는 고등학생에 대한 상호작용적 가족치료와 구조적 가족치료의 적용. 정신보건과 사회사업12, p.95-119.

박태영(2002). 틱장애 아동을 둔 부모에 대한 MRI의 상호작용적 가족치료모델과 구조적 가족치료 모델의 적용. 한국사회복지학회 2002년도 춘계학술대회 자료집, p.471-496.

벡바르, D. & 벡바르, J.(2001). 가족치료 - 체계론적 통합(정혜정, 이형실 역). 서울: 도서출판 하우.

사티어, V., 밴맨, J., 거버, J. & 고모리, M.(2000). 사티어 모델(한국버지니아사티어연구회 역). 김영애가족치료연구소.

서보업(2011). 초등학교 고학년의 자아탄력성 증진을 위한 해결중심 집단상담 프로그램 개발. 한국교원대학교 교육대학원 석사학위논문.

서종남(2003). 고부갈등이 빚어낸 시모의 우울증 심리치료 - Salvador Minuchin의 구조적 가족치료를 중심으로. 한국기독교상담학회지6, p.100-142.

서종남(2004). 시모에 남편 빼앗긴 주부의 우울증 심리치료. 한국기독교상담학회지7, p.340-384.

셔먼, R. & 프리드먼, N.(2006). 부부 · 가족치료 기법(김영애 역). 서울 : 김영애가족치료연구소.

송성자(1989). 가족관계와 가족치료. 홍익제.

송성자(1993). Satir 모델의 가치체계와 치료적 개입. 한국가족치료학회지1, p.67-88.

송성자, 정문자(1994). 경험적 가족치료 - Satir 이론과 기법. 서울 : 중앙적성출판사.

송정아, 최규련(2002). 가족치료 이론과 기법. 서울: 도서출판 하우.

송정애(2010). 가족상담의 이론과 실제. 서울 : 양서원.

스튜어트, I. & 조인스, V.(2010). 현대의 교류분석(제석봉, 최외선, 김갑숙, 윤대영 역). 서울 : 학지사.

스튜어트, I.(2009). 에릭 번 - 교류분석의 창시자(박현주 역). 서울 : 학지사.

스피글러, M. & Guevremont, D.(2009). 행동치료(전윤식, 강영심, 황순영 역). 시그마프레스.

양혜경, 유성은(2012). 해결중심 접근 기본과정. 해결중심네트워크 세미나 자료집.

오코너, J. & 맥더모트, I.(2000). NLP의 원리(설기문 역). 서울 : 학지사.

올슨, D.(2006). 통합적인 가족치료 - 효과적인 가족치료를 위한 새로운 접근(윤상철 역). 서울: 쿰란출판사.

우재현(2007). 심성개발을 위한 교류분석(TA) 프로그램 - 초급과정(TA 101 Course). 대구: 정암서원
유영주(2001). 건강가족연구. 경기도 : 교문사.
유영주(2004). 가족강화를 위한 한국형 가족건강성 척도 개발 연구. 한국가족관계학회지 9(2), p.119-151.
유영주, 김순옥, 김경신(2008). 가족관계학. 경기도 : 교문사.
이기영, 송선희, 조양순(2010). 가족복지와 상담. 서울 : 화학사.
이도영, 김남옥, 추석호, 이수연, 김규식(1999). 교류분석 - 이론과 실제. 서울: 중앙적성출판사.
이숙, 우희정, 최진아, 이춘아(2009). 훈련중심 - 부모교육. 제2판. 서울 : 학지사.
이순형, 민하영, 권혜진, 정윤주, 한유진, 최윤경, 권기남(2010). 부모교육. 서울 : 학지사.
이영분, 신영화 ,권진숙, 박태영, 최선령, 최현미(2010). 가족치료 - 모델과 사례. 서울 : 학지사.
이영실, 이현우, 강윤경, 신화식, 최정자, 김경례, 김성철, 김지철(2010). 가족치료. 서울 : 양서원.
이윤주, 양정국(2007). 밀턴 에릭슨 상담의 핵심 은유와 최면. 서울 : 학지사
이정숙(2009). 가족치료. 경기도 : 교문사.
이현경(2010). 임상장면에서의 가족상담과 치료. 서울 : 양서원.
이현림(2009). 상담이론과 실제. 서울 : 양서원.
이혜경(2009). 청소년이 지각하는 가족건강성과 학교생활부적응과의 관계. 중앙대학교 대학원 박사학위논문.
이화자(2008). 경험적 부부집단치료 프로그램의 개발과 효과성 검증: Satir 성장모델과 비폭력대화(NVC) 모델의 통합. 성균관대학교 박사학위논문.
인구보건복지협회(2010). 2010세계인구현황보고서
장승옥(1998). 청소년 약물 남용에 대한 구조적 가족치료. 청소년학연구5(1), p.137-154.
정문자(2007). 사티어 경험적 가족치료. 서울 : 학지사.
정문자, 송성자, 이영분, 김유순, 김은영(2008). 해결중심단기치료. 서울 : 학지사.
정문자, 정혜정, 이선혜, 전영주(2012). 가족치료의 이해. 제2판. 서울 : 학지사
정수경(1993). 정신분열증 환자의 질병기간에 따른 가족기능의 효과성 연구. 연세대학교 대학원 박사학위논문.

정옥분, 정순화(2008). 부모교육. 서울 : 학지사.
정은(2006). 가족치료 이론과 실제. 서울 : 창지사.
정혜정(2004). 가족치료의 태동과 발전과정에서 본 인식론에의 변화에 관한 연구. 한국가족치료학회지12(1), p.1-35.
정혜정, 조은경(2007). 한국형 자아분화척도 개발과 타당성에 관한 연구. 한국가족치료학회지15(1), p.19-46.
차준, 최인숙(2012). 한국백혈병소아암협회에서 소아암 환자 가족과 함께하는 치유여행. 해결중심네트워크 2012컨퍼런스.
천성문, 박명숙, 박순득, 박원모, 이영순, 전은주, 정봉희(2009). 상담심리학의 이론과 실제. 서울 : 학지사.
최규련(2011). 가족상담 및 치료. 경기도 : 공동체.
최은선(2011). 해결중심 집단상담이 여고생의 자아존중감과 대인관계에 미치는 효과. 전주대학교 상담대학원 석사학위논문.
커어, M. & 보웬, M.(2005). 보웬의 가족치료이론(남순현, 전연주, 황영훈 역). 서울 : 학지사.
코리, G.(1995). 상담과 심리치료의 제기법(안창일, 박경 역). 서울 : 중앙적성출판사.
토드, T. & 스톰, C.(2008). 가족치료 슈퍼비전의 이론과 실제(한국가족치료학회 역). 서울: 학지사.
통계청(2010). 2010출생통계.
통계청(2010). 경제활동인구조사.
통계청(2011). 2010인구주택총조사.
통계청(2011). 2010혼인이혼통계.
통계청(2011). 다문화 인구동태 통계.
한국여성정책연구원(2011). 2010한국의 성 인지 통계.
해결중심네트워크 운영위원회(2007). 해결중심네트워크 설립 취지문.
화이트, M.(2004). 이야기치료 워크숍 자료집. 한림대학교 사회복지대학원.
화이트, M.(2010). 이야기치료의 지도(이선혜, 정슬기, 허남순 역). 서울 : 학지사.

국외문헌

Baldwin, M.(1991). *The triadic concept in the work of Virginia Satir*. In B. J. Brothers(Ed.). Virginia Satir: Foundational ideas. New York: The Haworth Press.

Bandler, R. & Grinder, J. & Satir, V.(1976). *Changing with families*. Palo Alto, CA: Science & Behavior Books.

Banmen, J.(2002). *Satir model workshop, unpublished manuscript*. Seoul, Korea.

Banmen, J.(2002a). The Satir Model: Yesterday and Today. *Contemporary Family Therapy* : An International Journal. 24(1). 7-22.

Bowen, M.(1966). The use of family theory in clinical practice. *Comprehensive Psychiatry*. 7. 345-374.

Brown, J. & Christensen, D.(1999). *Family therapy: Theory and practice*. New York: Brooks/Cole.

Corey, G(1982). *Theory and Practice of Counseling and Psychotherapy*. Thomson Brooks/Cole.

Epstein, N., Bishop, D. & Levin, S.(1978). The McMaster Model of Family Functioning, *Journal of Marriage and Family Counseling*. 4. 19-31.

Glasser, W.(1965). *Reality Therapy*. New York: Haper & Row.

Glasser, W.(1976). *Positive Addition*. New York : Haper & Row.

Glasser, W.(1981). *Stations of the Mind*. New York : Haper & Row.

Goldenberg, L. & Goldenberg, H.(2000). *Family therapy: An overview*(5th ed.). New York: Brooks/Cole.

Haley, J.(1963). *Strategies of Psychotherapy*. New York: Grune & Stratton.

Haley, J.(1973). *Uncommon therapy*. New York: Norton.

Haley, J.(1976). *Problem-solving therapy*. San Francisco: Jossey-Bass.

Haley, J.(1984). *Ordeal Therapy. San Francisco*: Jossey-Bass.

Haley, J.(1996). *Learning and teaching theory*. New York: Guilford Press.

Jacobs, B.(1991). *Virginia Satir triad theory for couple therapy*. In B. J. Brothers(Ed.). irginia Satir: Foundational ideas. New York: The Haworth Press.

Madanes, C.(1981). *Strategic family therapy*. San Francisco: Jossey-Bass.

Nichols, M. & Schwartz, R.(1998). *Family Therapy: Concepts and Methods*(4th ed.). Boston and London: Allyn & Bacon.

Papero, D.(1990). *Bowen Family System Theory*. A Division of Simon & Schuster, Inc.

Satir, V.(1964). *Conjoint family therapy*. Palo Alto. CA: Science & Behavior Books.

Satir, V. & Baldwin, M.(1983). *Satir step-by-step*. Palo Alto. CA: Science & Behavior Books.

Satir, V.(1988). *New people making*. Mountain View. CA: Science & Behavior Books.

Shazer, D.(1991). *Putting Difference to Work*. New York: Norton.

Stewart, I. & Joines, V.(1996). *TA Today*. England: Lifespace Publishing.

Stinnett, N. & DeFrain, J.(1985). *Secrets of Strong Families*, Little, Brown.

Toman, K.(1969). *Family constellation*. New York: Springer.

Watzlawick, P.(1978). *The Language of Change: Elements of Therapeutic Communication*. New York: W.W. Norton & Company.

Watzlawick, P., Bavelas, Janet B. & Jackson, Don D.(1967). *Pragmatics of human communication: A Study of Interactional Patterns, Pathologies, and Paradoxes*. New York: W.W. Norton & Company.

Watzlawick, P., Weakland, J. & Fisch, R.(1974). *Change: Principles of problem formation and problem resolution*. New York: Norton.

Weakland, J., Fisch, R., Watzlawick, P., Bodin, A.(1974). *Brief therapy: Focused problem resolution*. Family Process. 13. 141-168.

Wubbolding, R.(1988). *Using Reality Therapy*. Haper & Row.

Wubbolding, R.(1991). *Understanding Reality Therapy* :a Metaphorical Approach. Perennial(HarperCollins).

인터넷 사이트

솔루션센터 http://www.solution-center.org

한국단기가족치료연구소 www.brief-therapy.or.kr

한국코치협회 www.kcoach.or.kr

해결중심네트워크 cafe.daum.net/sfnetwork

Minuchin center for the Family(in New York) www.minuchincenter.org

en.wikipedia.org/wiki/William_Glasser

erickson-foundation.org

www.aamft.org

www.cloemadanes.com

www.covenant-counseling.com/structuralfamilytherapy.html

www.dulwichcentre.com.au

www.emofree.com

www.jay-haley-on-therapy.com

www.mri.org

www.odu.edu/~eneukrug/therapists/glasser.html

www.robbinsmadanes.com

찾아보기 INDEX

ㅂ

ㅅ

ㅇ

ㅈ

ㅊ

ㅋ

ㅌ

저자소개

김순옥 성균관대학교 소비자가족학과 교수
서울남부지방법원 협의이혼상담위원

곽소현 한국가족상담교육연구소 선임연구원
경희대학교 아동가족학과 강사

노명숙 전주비전대학교 아동복지과 교수

류경희 창원대학교 아동가족학과 교수

배선희 성균관대학교 소비자가족학과 겸임교수
한국가족상담교육연구소 소장

송현애 백석대학교 사회복지학부 조교수
한국가족상담교육연구소 연구위원

왕석순 전주대학교 가정교육과 교수
한국아동심리치료학회 상임이사

이광자 이광자진로상담연구소 소장
서강대학교 교육대학원, 성균관대학교 소비자가족학과 강사

이현주 한국가족상담교육연구소 책임연구원
화성시 건강가정지원센터 전문상담위원

이화자 (사)아하가족성장연구소 소장
상명대학교 복지상담대학원 가족상담 · 치료학과 겸임교수

한상금 한국가족상담교육연구소 선임연구원
성균관대학교 소비자가족학과 강사

가족상담

FAMILY THERAPY

2012년 8월 31일 초판 발행 | 2018년 8월 17일 2쇄 발행

지은이 김순옥 외 | **펴낸이** 류원식 | **펴낸곳** **교문사**

편집부장 모은영 | **책임편집** 손선일 | **본문편집** 이혜진 | **표지디자인** 신나리
제작 김선형 | **영업** 이진석 · 정용섭 · 진경민

출력 현대미디어 | **인쇄** 동화인쇄 | **제본** 한진제본

주소 (10881)경기도 파주시 문발로 116 | **전화** 031-955-6111 | **팩스** 031-955-0955
홈페이지 www.gyomoon.com | **E-mail** genie@gyomoon.com
등록 1960. 10. 28. 제406-2006-000035호
ISBN 978-89-363-1297-8(93590) | 값 18,000원

* 저자와의 협의하에 인지를 생략합니다.
* 잘못된 책은 바꿔 드립니다.